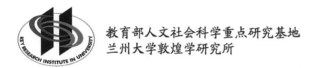

教育部人文社会科学重点研究基地
兰州大学敦煌学研究所

U0639089

敦煌历史与艺术

郑炳林◎主编

天津出版传媒集团

天津人民出版社

图书在版编目(CIP)数据

敦煌历史与艺术 / 郑炳林主编. -- 天津 ： 天津人民出版社, 2025.6

ISBN 978-7-201-20315-7

Ⅰ. ①敦… Ⅱ. ①郑… Ⅲ. ①敦煌学 Ⅳ. ①K870.6

中国国家版本馆CIP数据核字(2024)第062239号

敦煌历史与艺术
DUNHUANG LISHI YU YISHU

出　　版	天津人民出版社
出 版 人	刘锦泉
地　　址	天津市和平区西康路35号康岳大厦
邮政编码	300051
邮购电话	(022)23332469
电子信箱	reader@tjrmcbs.com

责任编辑	王　玚
封面设计	汤　磊

印　　刷	天津新华印务有限公司
经　　销	新华书店
开　　本	710毫米×1000毫米　1/16
印　　张	22.5
插　　页	1
字　　数	400千字
版次印次	2025年6月第1版　　2025年6月第1次印刷
定　　价	96.00元

敦煌学研究未来发展趋势(代序)

郑炳林

《敦煌的历史与艺术》是在我承担的甘肃省社科规划重点招标项目《敦煌通史与敦煌艺术史》(20ZD011)的基础上修改完成的,承蒙天津人民出版社王琤女士的厚爱,给予编辑出版。这部书是2019年8月19日参加完习近平总书记在敦煌研究院主持的座谈会后,甘肃省委宣传部布置的一项任务。3个月时间完成了10万字,虽然结项了但是我心里还是不满意,2023年之后陆续对其中部分章节进行了重写和调整,形成了今天这个书稿。相对于《敦煌通史》来说,这部书稿体量并不大,尽管这样,还是能够将敦煌历史和艺术发展的脉络叙述清楚。在此,我要说明的是,这部书是兰州大学敦煌学研究所同仁共同完成的,而我只是挂名的主编而已,贡献最少。这几年我作为兰州大学敦煌学研究所所长考虑最多的是研究所今后的发展方向和研究计划,不得不对敦煌学的下一步趋向进行评估,加上近五年来沉迷于对西汉敦煌历史的探讨,在很多场合不停地鼓动敦煌学界关注西汉敦煌历史和敦煌汉简的研究,这里将我自己的想法提出来,权作为这部书的序。

敦煌学从20世纪初诞生,发展到现在已有一百多年的历史。一百年多年中敦煌学在各个方面都取得了瞩目的成绩,今后敦煌学将如何发展,是21世纪以来学术界非常关注的问题,学术界围绕着敦煌学的发展趋势和走向,进行过多方面的探讨。以我们多年从事的敦煌史地文献和西北历史地理的研究来说,敦煌学界在这一领域的研究成绩卓著,但今后将如何发展,值得学术界思考。

我多年前曾提出敦煌学的发展既要注意主要研究内容的拓展,也要注意同其他学科的交叉融合,实现优势互补,为敦煌学补充新的研究内容和研究热点。敦煌学要发展,就要东进西出,南北延伸,前后贯通。敦煌要拓宽研究领域并扩大学术视野,就不仅仅是关注敦煌学学科内部研究的内容,同时还要关注与敦煌学相关研究领域的资料及成果,如吐鲁番学、西夏学、简牍学等,敦煌学研究的很多突破就是在与其他学科交叉中取得的。

近年来,我的主要任务就是完成《敦煌通史》,该丛书从2007年开始筹划,2014年开始实施,到2023年终于完成。《敦煌通史》共七卷,分为两汉卷、魏晋北朝卷、隋及唐前期卷、吐蕃卷、晚唐归义军卷、五代宋初归义军卷、西夏元明清卷。①我参与其中的两汉卷部分,实际上我过去主要从事晚唐五代宋初归义军敦煌历史的研究,并不涉及秦汉史领域,只是为了完成这部书,我才开始从事西汉敦煌历史的研究。从2020年正月开始到目前为止,我对西汉敦煌历史进行了全面的梳理。为了研究西汉敦煌历史,我对敦煌出土的汉简进行了全面阅读,力求对西汉敦煌历史形成全面整体的认识。《敦煌通史·两汉卷》完成之后,我在西汉敦煌史领域的研究工作仍在继续。我原先从事敦煌碑铭赞研究,完成敦煌碑铭赞整理工作后,我想就碑铭赞写本进行文献学方面的研究,完成《敦煌碑铭赞研究》的撰写,同时结合敦煌历史完成一部书——《汉唐敦煌史研究》。汉唐敦煌史的研究,也是以西汉为开端。原先这部书准备2023年暑假完成,从目前的进度看,这项工作已然超期,且距离完成依旧遥遥无期。目前我的主要工作就是完成汉唐敦煌史研究的西汉部分,即《西汉敦煌史研究》上下册,争取明年完成。今天我们提出敦煌学研究未来发展的重要方向之一是加强西汉历史的研究,正是基于近年来的研究总结出来的一点心得。

敦煌悬泉汉简中有字简牍合计二万三千余枚,整理编号者一万八千余枚,甘肃简牍博物馆计划用八册出完,现已由中西书局出版四册。就我们目前了解的情况,研究只是刚刚展开。单从历史学而言,现在的研究工作还远远不够。将悬泉汉简、马圈湾汉简等敦煌汉简与传世文献、敦煌文书等记载相结合进行研究,将会给西汉敦煌历史研究带来巨大突破。下面结合我们近年来的研究略作发覆。

居卢仓,又称居卢訾仓,是西汉宣帝甘露元年(前53)为对乌孙用兵而修筑的粮储设施,居卢訾仓城修筑及其附属漕渠的开凿是西汉与乌孙关系恶化的结果。根据我们的考察,居卢訾仓城的位置并非在土垠遗址或敦煌郡塞外至罗布泊以东地区,而应当在玉门关塞内,且很可能就是大方盘城遗址所在。居卢訾仓及其附属漕运系统是一个庞大工程,其大致可分为两个阶段:甘露元年至二年(前53—前52),工程由破羌将军辛武贤主持,主要修建居卢訾仓城及塞内水渠,是为对乌孙作战储备军资;甘露四年(前50)开始,居卢訾仓城应已改属西域都护府,故工程由西域都护单独或加上敦煌太守协同主持,主要推进玉门关塞外的穿渠、作仓工程,是为西域都护府转运物资。总之,居卢訾仓及其附属漕运系统的修建对于西汉政府保障西域都护府及西域各屯田机构物资供应,乃至经营西域全局而言,都有着举足轻重的意义。②学术界过去将居卢訾仓归之为罗布泊

① 郑炳林、司豪强:《敦煌通史·两汉卷》,杜海:《敦煌通史·魏晋北朝卷》,吴炯炯:《敦煌通史·隋及唐前期卷》,陈继宏:《敦煌通史·吐蕃卷》,李军:《敦煌通史·晚唐归义军卷》,杜海:《敦煌通史·五代宋初归义军卷》,陈光文:《敦煌通史·西夏元明清卷》,兰州:甘肃教育出版社,2023年。
② 郑炳林、司豪强:《西汉敦煌居卢訾仓城修筑与归属》,《敦煌学辑刊》2022年第1期。

的土垠遗址,我们经过对敦煌汉简和传世文献中关于居卢仓的记载进行梳理,元康二年(前64)乌孙昆弥因常惠上书西汉政府,愿以汉外孙为嗣,乌孙王死后,乌孙贵人从本约立泥靡为昆弥,号为狂王。狂王与解忧公主关系紧张,发生了刺杀狂王事件,后匈奴外孙乌就屠杀狂王,自立为昆弥。《汉书·西域传》记载:"汉遣破羌将军辛武贤将兵万五千人至敦煌,遣使者案行表,穿卑鞮侯井以西,欲通渠转谷,积居卢仓以讨之。"①后在冯夫人的斡旋下汉外孙得以立为大昆弥,而匈奴外孙为小昆弥,危机得到化解,辛武贤不出塞。居卢訾仓的地望,《三国志》裴松之注引《魏略·西戎传》记载:"从玉门关西出,发都护井,回三陇沙北头,经居卢仓,从沙西井转西北,过龙堆,到故楼兰。"②有学者指出,东汉玉门关已东移到敦煌的东部地区,基于这种观点,我们得出居卢訾仓可能即今大方盘城遗址的推测。

西汉时期敦煌开始成为华戎交融的都会和西汉政府经营西域的基地。悬泉汉简ⅡT0115③:80记载敦煌"郡当西域空道"③,西汉使者和西域诸国客使都经敦煌往来于东西,从悬泉汉简的记载中得知,西域地区的鄯善、且末、扜弥、莎车、于阗、疏勒等南道诸国,渠犂、危须、焉耆、龟兹等北道诸国,车师前、后王等车师诸国,还有葱岭以南以西的罽宾、大月氏、大宛、康居、乌孙等国向西汉政府奉献畜牧物种及各种贡品都是经敦煌进入汉地,随之而来的还有中西文化的交流首先是畜牧物种的引进。西域诸国以奉献名义将大批良马、橐驼、牛、驴、骡等都是经过长城,进入敦煌,在敦煌和酒泉郡平直之后,然后再调配到陇右各地畜牧机构饲养。④因此,敦煌是西域畜牧物种进入西汉的第一站,也是西汉与西域各国物品交易的第一站。西汉与西域诸国畜牧物种贸易不仅频繁而且规模很大,动辄数百匹牲畜是常见的事,通过敦煌将西域诸国畜牧物种引进到西汉地区,改良西汉畜牧物种的品种,使西汉政府很快变得更加强盛。除了畜牧交流,西域地区的商品也经过交通线路进入西汉地区。随着东西交流日益频繁,西域地区的酿酒技术和酒麹也出入敦煌,悬泉汉简91DXF13C①:9记载:"客胡人持麹来者,辄亭次传诣廷,勿令有遗脱到民间者。"⑤由此可证西域胡携带酒曲来到敦煌,敦煌地方政府下令禁止酒曲流散到民间,表明西汉与西域已经开始酒的相关贸易,西域的酿酒技术已于此时传入敦煌。敦煌地区饮酒成风,政府和驿站都酿酒,存储大量的酒曲,平时因招待过往使客过多,不能满足需要,还要向敦煌民间酿造者

① (汉)班固撰:《汉书》卷96下《西域传下》,北京:中华书局,1962年,第3907页。
② (晋)陈寿撰:《三国志》卷30《魏书·乌丸鲜卑东夷传》,北京:中华书局,1959年,第859页。
③ 张俊民:《敦煌悬泉置出土文书研究》,兰州:甘肃教育出版社,2015年,第473页。
④ 郑炳林、张静怡:《西汉经敦煌与西域间畜牧物种的交流——以敦煌悬泉汉简为中心的探讨》,《中国经济史研究》2023年第6期。
⑤ 张俊民:《悬泉汉简所见丝绸之路》,《档案》2015年第6期。

购买大量的酒。敦煌地区的酿酒业是在移民基础上发展起来的,很多酿酒技术都是他们传播到敦煌的,这在敦煌悬泉汉简中有明确的记载。①西汉经敦煌与西域地区进行科技交流表现最为明显的是医药技术的传播。敦煌悬泉汉简记载了很多敦煌郡医者和他们使用过的药方,如Ⅱ90DXT0114②:28AB记载:"甘草三分,乌喙三分/□□凡□物冶合以□□□。"②悬泉汉简还记载了敦煌地区派员前往丝路沿线和长安采购药材,这些采购记录很常见,说明敦煌地区药材主要靠中原地区提供,采购地点有酒泉、张掖、武威、天水、北地、三辅等。途经敦煌的医者甚至包括太医,这些情况说明西汉时期中西医学交流较为频繁。

阳关是西汉经敦煌郡前往西域的重要关隘,结合悬泉汉简、敦煌文书对其进行考证,能够得出不少新的见解。如阳关的得名,传世史籍与敦煌文献皆有记载,一般认为阳关因在玉门关之南,故曰阳关。另有记载称阳(杨)姓某官逃出此官,因名阳关。还有今人学者根据山南水北原则,推测阳关是因在龙头山之南、渥洼池以北而得名。在此之外,《史记集解》引李斐曰:"南阳新野有暴利长,当武帝时遭刑,屯田敦煌界。"③敦煌写本《阴处士碑》记载:"公姓阴,字加(嘉)政,其先源南阳新野人也。……就阴山之封秩,大漠斯平;据火候于敦煌,阳关得势。"④我们根据这些记载分析,元狩三年(前120)屯田阳关附近的是来自南阳新野一带组成的部队。这批人中有可能就来自南阳郡附近的阳关聚,阳关聚属西汉颍川郡阳翟县。《后汉书·光武帝纪》记载阳翟县有阳关:"光武将数千兵,徼之于阳关。"李贤注曰:"聚名也。郦元《水经注》曰:'颍水东南经阳关聚,聚夹颍水相对。'在今洛州阳翟县西北。"⑤阳关聚是西汉颍川郡聚落名称,敦煌名族陈氏等就从颍川郡迁徙而来。⑥古代移民有将其原居住地名带到新的地方的习惯,建成村落并使用原籍名称,以表示不忘祖籍。因此,阳关得名有可能就是这批屯田吏卒中有来自颍川郡阳关聚。西汉龙勒县的东郡里、万年里就是明证;敦煌的北府渠、北府庄和都乡河、都乡里也是这样。据此推测,当时在龙勒县已经有了阳关聚一类的村落,其后由此发展为关隘之名。经过对悬泉汉简研读,我们发现西汉敦煌郡诸县的很多里名,都来自中原地区。敦煌郡设置后,将中原各个地区

① 郑炳林:《西汉敦煌郡酿酒业研究》,《敦煌研究》2023年第5期。
② 郑炳林、张静怡:《西汉敦煌郡医事研究——兼论西汉敦煌市场药材来源与销售》,《敦煌学辑刊》2022年第3期。
③ (汉)司马迁撰:《史记》卷24《乐书》,北京:中华书局,2014年,第1401页。
④ 郑炳林、郑怡楠辑释:《敦煌碑铭赞辑释(增订本)》,上海:上海古籍出版社,2019年,第214页。
⑤ (南朝宋)范晔撰:《后汉书》卷1上《光武帝纪上》,北京:中华书局,1965年,第5—6、7页。
⑥ P.3720《张淮深造窟功德碑》、P.2913《归义军节度使张淮深墓志铭并序》皆有记载,参见郑炳林、郑怡楠辑释:《敦煌碑铭赞辑释(增订本)》,上海:上海古籍出版社,2019年,第686、748页。

的百姓经移民实边的形式迁徙到敦煌，又将中原地区的罪犯及其家属迁徙到敦煌，还将中原吏卒、弛刑士等以屯戍形式运送到敦煌地区屯田。这些人进入敦煌郡设聚置里的同时，也将其原来的聚落名称用到新的屯戍据点，这样在敦煌就出现了很多与中原地区郡县乡里名称一样的里，如东郡在内地是一个郡，而在龙勒县就变成了一个聚落名东郡里，效谷县大穰里应当就是由南阳郡穰县移民建立。①这种现象类似于内地郡县同敦煌郡形成了对口援助性质，也为阳关的得名提供了新的思路。

西汉敦煌阳关的设置应当分为两个阶段，即敦煌阳关一带设置塞城的时间和阳关设置的时间。敦煌文书S.5448《敦煌录一本》记载："州西有阳关，即故玉门关，因沙州刺史阳明诏追拒命，奔出此关，后人呼为阳关。"②据此记载推测，太初四年（前101）李广利伐宛得胜的同一时期，西汉将玉门关移至敦煌西部，今阳关镇位置。又据敦煌文书记载，阳关设置于武帝后元元年（前88），则玉门关当在此年北移至敦煌西北，而后将故玉门关更名为阳关。除了玉门关，阳关边塞还有其他名称。悬泉汉简Ⅱ90DXT0114S:193记载："遣守属张充国为玉门塞过西。"③玉门塞应即指玉门关一带的长城边塞，阳关与玉门关相对存在，然敦煌所出汉简中无阳关塞之名。而悬泉汉简中记载却有敦煌塞记载，Ⅱ90DXT0114③:463记载："初元年八月戊子，御史少史任增谊迎护敦煌塞外穿治渠漕。"④ⅤT1311③:228记载："☐刑士诣敦煌塞外穿海廉☐。"⑤如此敦煌塞当有两种解释，一是泛指敦煌郡所有边塞之意，二是如玉门塞一样，专指某一段边塞。如为后者，我们推测敦煌塞很可能就是指阳关一带的边塞，亦即阳关都尉所辖边塞。《汉书·李广传》记载太初四年（前101）记载李陵："数年，汉遣贰师将军伐大宛，使陵将五校兵随后。行至塞，会贰师还。上赐陵书，陵留吏士，与轻骑五百出敦煌，至盐水，迎贰师还，复留屯张掖。"⑥元康二年（前64）乌孙昆弥因常惠上书，愿以汉外孙元贵靡为嗣，复令尚公主，结婚重亲，汉以解忧弟子相夫为公主，神爵二

---

① 郑炳林、魏迎春：《西汉敦煌郡聚落与移民、水渠关系研究——以敦煌出土文献记载大穰里为中心》，《敦煌研究》2024年第4期。

② 图版参见中国社会科学院历史研究所等编：《英藏敦煌文献（汉文佛经以外部分）》第7卷，成都：四川人民出版社，1992年，第94页；录文参见郑炳林：《敦煌地理文书汇辑校注》，兰州：甘肃教育出版社，1989年，第87页。

③ 甘肃简牍博物馆等编：《悬泉汉简（叁）》，上海：中西书局，2023年，第282页。

④ 甘肃简牍博物馆等编：《悬泉汉简（叁）》，上海：中西书局，2023年，第452页。

⑤ 张俊民、贾丽英：《西北汉简中"海廉渠"初探》，张德芳主编：《甘肃省第三届简牍学国际学术研讨会论文集》，上海：上海辞书出版社，2017年，第94页。

⑥ （汉）班固撰：《汉书》卷54《李广传》，北京：中华书局，1962年，第2451页。

年(前60)送少主前往乌孙成亲。①《汉书·西域传》记载:"使长罗侯光禄大夫惠为副,凡持节者四人,送少主至炖煌。未出塞,闻乌孙昆弥翁归靡死,乌孙贵人共从本约,立岑陬子泥靡代为昆弥,号狂王。"②这两处记载只提到"敦煌"和"塞",即敦煌塞,应当指阳关,似表明当时敦煌阳关应当还有一个俗称——敦煌塞。敦煌悬泉汉简永光五年(前39)《康居王使者册》记载:"康居王使者杨伯刀、副扁阗,苏薤王使者姑墨、副沙困即贵人为匿等皆叩头自言:前数为王奉献橐驼入敦煌关。"③按照西汉惯例,康居王使者大多经阳关进入敦煌,简册将康居王使者所经关塞称之为敦煌关,似表明直到汉元帝永光五年(前39)西汉政府还将阳关称之为敦煌关,由此亦可佐证敦煌塞应当即指阳关塞。

阳关是西汉敦煌郡西行交通西端,阳关附近的龙勒置是进入敦煌的第一个驿站。Ⅱ90DXT0115③:80记载甘露二年(前52):"郡当西域空道,案厩置九所,传马员三百六十匹。"④九所厩置,根据悬泉汉简记载,有龙勒、敦煌、遮要、悬泉、鱼离、鱼泽⑤、广至、冥安、渊泉等九置。敦煌郡的厩置东起渊泉,行经冥安、广至、鱼泽、鱼离、悬泉、遮要、敦煌,最西到达位于阳关附近的龙勒县龙勒置。正因龙勒县地理位置特殊,故敦煌郡将郡仓设置于此。西域诸国客使进入敦煌的第一站是龙勒置,表明他们是经由阳关进入敦煌的,这在敦煌悬泉汉简中有很多记载。甘露三年(前51)解忧公主返回长安时行经敦煌郡,Ⅱ90DXT0114③:522记载了解忧公主经敦煌的情况:"甘露三年十月辛亥朔,渊泉丞贺移广至、鱼离、县泉、遮要、龙勒厩,啬夫昌持传马送公主以下过,禀穈麦各如牒,今写券墨移书,到受簿入十一月报。毋令缪,如律令。"⑥渊泉县行文给广至、鱼离、悬泉、遮要、龙勒厩置,用传马送解忧公主以下经过。表明西汉迎接解忧公主返回长安,经过龙勒置,龙勒置在阳关附近,表明公主经阳关入塞。根据悬泉汉简记载,解忧公主甘露二年二月给西汉政府上书请求归汉,是经长罗侯常惠上书给西汉中央政府的,过了一年才得到西汉政府的批准。甘露三年她才得到批准,于同年十月经敦煌阳关进入东行,敦煌悬泉汉简的记载是当时敦煌郡迎接解忧公主经过的安排档案,这个档案将敦煌郡阳关的性质功能充分反映出来。通过敦煌悬泉汉简的有关记载得知,西汉敦煌阳关是通使关塞,经敦煌郡往来汉使和西域诸国客使、

① 郑炳林、司豪强:《西汉敦煌居卢訾仓城修筑与归属》,《敦煌学辑刊》2022年第1期。

② (汉)班固撰:《汉书》卷96下《西域传下》,北京:中华书局,1962年,第3905—3906页。

③ 郝树声、张德芳:《悬泉汉简研究》,兰州:甘肃文化出版社,2009年,第217页。

④ 胡永鹏:《西北边塞汉简编年》,福州:福建人民出版社,2017年,第146页。

⑤ 西汉敦煌郡的厩置名称看法不同主要是鱼泽置和效谷置,我们认为,西汉以鱼泽障置效谷县,因此鱼泽置和效谷置有可能是同一个厩置的两个不同名称。

⑥ 甘肃简牍博物馆等编:《悬泉汉简(叁)》,上海:中西书局,2023年,第175页。

行商很多都是经过阳关塞出入的,西汉遣送到西域的戍卒和弛刑士也是经由阳关塞出入的,西汉与西域乌孙国通婚的公主也是经由阳关往返的,因此阳关的设置就是为了满足同西域诸国通使、和亲的需求。

悬泉汉简的记载很多能够改变西汉敦煌西域史的研究。ⅡT0115②:47记载:"楼兰王以下二百六十人当东,传车马皆当柱敦☒。"[1]该简内容是楼兰王等二百六十人携带物品入朝奉献,悬泉置派遣运输工具到敦煌迎接、运送物资。《汉书·西域传》记载楼兰王两次来朝都发生在汉武帝时期,西汉与匈奴争夺车师时,曾借助楼兰等西域六国出兵攻打车师,楼兰王还曾两次被西汉派兵俘获至长安。汉昭帝元凤四年(前77)傅介子刺杀楼兰王,改国号为鄯善,因此这次入朝只能发生在元凤四年(前77)或之前。汉武帝征和元年(前92)之后,楼兰王多年不入朝且为匈奴反间,数次遮杀汉使。因此这次入朝或发生于汉武帝征和元年(前92)之前,或发生于元凤四年(前77)。傅介子杀楼兰王后,派人送楼兰王首经敦煌到长安,西汉政府很可能立即派遣楼兰质子尉屠耆前往楼兰接管政权,待到楼兰局势稳定后,率领属下按照惯例入朝奉献,悬泉汉简记载楼兰王带领二百六十人携带物资入贡,规模非比一般,因此很可能处在某个大事件的节点,很可能就是尉屠耆感念西汉扶立之情入朝谢恩。改楼兰为鄯善和派兵屯田伊循事宜,应当是这次入朝之后西汉政府为保障其政权安全采取的举措。

神爵二年(前60)匈奴日逐王归附西汉事件,是西域历史上一个重大事件。根据《汉书·郑吉传》记载,匈奴内讧,日逐王率小王将十二人、部众一万二千人降汉,西汉郑吉率领屯田吏士及西域渠犁、龟兹诸国兵五万人迎接日逐王于河曲,日逐王部下有临时叛逃者,被郑吉追斩。[2]关于河曲的地望,《资治通鉴》胡三省注云:"黄河千里一曲,此当在金城郡界。"[3]据此说法,日逐王率部下一万二千人行程数千里长途跋涉才产生叛逃想法,这是极其荒唐不符合逻辑的结论。在中国古人的地理观念中,黄河发源于昆仑上,于阗河和疏勒河是其上源,塔里木河及其罗布泊属于黄河上游,因此这里的河曲应当在西汉郑吉屯田区域与匈奴控制区的接触地带,这个地方应在焉耆一带,即开都河与塔里木河交汇的地方,西汉渠犁、尉犁之北塔里木河段,而不是相距数千里的金城郡。悬泉汉简Ⅰ91DXT0309③:167记载:"广至移十一月谷簿,出粟六斗三升,以食县泉厩佐广德

---

① 张俊民:《敦煌悬泉置出土文书研究》,兰州:甘肃教育出版社,2013年,第486页。

② (汉)班固撰:《汉书》卷61《张骞传》,北京:中华书局,1962年,第3005页。

③ (宋)司马光编著,(元)胡三省音注:《资治通鉴》卷26《汉宣帝神爵二年》,北京:中华书局,2013年,第884页。

所将助御效谷广利里郭市等七人送日逐王往来。"①由此可见,匈奴日逐王途经敦煌郡时并未有很多部下随行,这表明日逐王进入敦煌之前,已与部众分离。此简内容证明了日逐王部众叛逃被郑吉追杀的河曲,应当在敦煌郡以西的地方。

悬泉汉简Ⅱ90DXT0115①:114记载:"送精绝王诸国客凡四百七十人。"②西域诸国组成的朝见使团以精绝王为主。精绝为西域南道小国,民少兵弱,但是精绝能够将西域诸国客四百余人组织在其名义下前往西汉长安奉献,似表明其在西域诸国中有着不容小觑的影响力。除了精绝之外,于阗也见载于悬泉汉简中。Ⅰ91DXT0309③:134记载:"各有数。今使者王君将于阗王以下千七十四人,五月丙戌,发禄福度用庚寅到渊泉。"③于阗王率一千七十四人入朝奉献,在当时属于超大型的入贡使团,不论这个使团此行的目的为何,如此规模的使团朝汉,都可佐证西域诸国与西汉政府间交流交往程度之深,也足见于阗与西汉政府间关系的密切。悬泉汉简还记载了龟兹王多次行经敦煌来往长安,可以作为研究西汉与龟兹关系的佐证。汉宣帝时期,龟兹王绛宾娶解忧公主之女为妻,元康元年(前65)首次入朝觐见,之后又数次朝贺汉朝。Ⅰ90DXT0114①:112A载:"右使者到县置共舍弟一传大县异传食如式,龟兹王、王夫人舍次使者传。堂上置八尺床卧一张卓若青帷,阁内□上四卧,皆张帷床内置传舍门内张帷,可为贵人坐者,吏二人道。"④这应当是龟兹王及夫人经过敦煌悬泉置保留下的接待记录。可见,西汉对龟兹王夫妇的招待规格很高,这反映出西汉对龟兹交流交往的重视程度。

悬泉汉简中保留了大量西汉与西域间交流交往的内容,这些内容的丰富程度远超《汉书·西域传》的记载,从而将一个全新的西汉与西域交流交往关系史展现在我们的面前。因此,从事敦煌学研究不能绕开对敦煌汉简的研究,特别是其中对西汉敦煌史、西域史等相关史事的记载,往往很多是史籍中记载很少或者根本没有记载的内容,极具研究价值。这些汉简记录不仅仅是对西汉敦煌史的补充,更是填补空白,可以帮助我们了解到很多前所未闻的内容。总之,重视敦煌简牍资料,加强西汉历史研究,会对敦煌历史文化形成有一个全新的认识,这就是我们强调的目的。

---

① 甘肃简牍博物馆等编:《悬泉汉简(贰)》,上海:中西书局,2020年,第79页。
② 张德芳:《悬泉汉简中有关西域精绝国的材料》,《丝绸之路》2009年第24期。
③ 甘肃简牍博物馆等编:《悬泉汉简(贰)》,上海:中西书局,2020年,第72页。
④ 甘肃简牍博物馆等编:《悬泉汉简(贰)》,上海:中西书局,2020年,第193页。

目　录

第一章　两汉时期的敦煌历史

西汉初年,敦煌是月氏、乌孙的生活区域,之后又为匈奴占据,划归匈奴右部管辖。元狩二年(前121),汉武帝拓地河西,随后又移民置郡,将包括敦煌在内的河西纳入西汉统治。两汉敦煌郡的主要定位之一就是作为汉朝中央政府经营西域的军事基地,这也是敦煌置郡最重要的初衷。两汉是敦煌发展史上的奠基时期,这一时期历史文化的形成对敦煌后世发展影响深远。

第一节　张骞出使西域行经敦煌及河西

汉武帝取得河西之前最大的壮举就是张骞出使西域。张骞出使西域的目的是为联合大月氏共击匈奴,打通西汉同西方联系的通道,同时获取西域地区相关信息。《史记·大宛列传》记载张骞出使西域:

> 张骞,汉中人。建元中为郎。……汉方欲事灭胡,闻此言,因欲通使。道必更匈奴中,乃募能使者。骞以郎应募,使月氏,与堂邑氏胡奴甘父俱出陇西。经匈奴,匈奴得之,传诣单于。①

由此可知,张骞出使西域时被匈奴擒获,后匈奴对其监控减弱,张骞得以逃出匈奴抵达大宛、大月氏等西域诸国。张骞从大月氏、大夏返汉时,"并南山,欲从羌中归,复为匈奴所得"②,其归程行经的主要地方是羌中,即指羌人生活的洮河以西的河湟地区和柴达木盆地等地。

图1-1　莫高窟第323窟汉武帝获金人及张骞出使西域故事画

---

① (汉)司马迁撰:《史记》卷123《大宛列传》,北京:中华书局,2014年,第3833页。
② (汉)司马迁撰:《史记》卷123《大宛列传》,北京:中华书局,2014年,第3835页。

　　张骞被匈奴俘虏后,在匈奴中生活了十余年时间。其活动区域主要在包括河西走廊在内的匈奴右部地区,这一点既见载于《汉书·张骞传》"居匈奴西",还可以从汉武帝对匈奴的战争中得到证实。张骞被封博望侯的主要功绩是出使西域和作为卫青的行军向导助其取得胜利。元狩二年(前121)霍去病两次分别从陇西郡、北地郡出兵攻打匈奴都取得胜利,除了赵破奴对匈奴地区情况很了解,很可能也得益于张骞出使西域得到的情报信息。最了解匈奴右部河西地区山川形势和物产水草的人,当属在这一带生活了十余年时间的张骞,因此敦煌及河西地区的取得其中也有张骞的重要贡献。张骞出使西域的目的是联合大月氏共同对付匈奴。因大月氏适应了西域的环境,不愿再与匈奴为敌,故张骞此次出使没有达到预期的目的。但是,"骞身所至者,大宛、大夏、康居,而传闻其旁大国五六,具为天子言其地形"。[①]这些信息的获得,使汉武帝首次对西域有所了解,更是增强了汉武帝出兵征伐匈奴的决心和信念。张骞之后,了解地方风土人情、山川形势等成为汉代使者、官员赴外公干的重要使命,如张安世长子张千秋与霍光子霍禹以中郎将击乌桓,"还,谒大将军光,问千秋战斗方略,山川形势,千秋口对兵事,画地成图,无所忘失"[②]。同样,汉武帝也向张骞询问了西域诸国的山川地形和人文物产等信息。这些信息为汉武帝对匈奴战争的胜利发挥了重要作用。张骞出使大月氏收集的情报主要包括西汉通往西域的交通道路及西域各国的物产气候居民等内容。另外,张骞长期生活在匈奴右部,还收集了匈奴地区的交通和自然环境等情况,这为其日后在与匈奴作战中充当向导储备了知识。张骞所获的情报中有些是其实际勘察的,有些是道听途说的,如西南夷通西域的消息就是道听途说,因此汉武帝打通西南夷的战争未能取得预期成效。但是在张骞实际勘察过的地区,战争进行得非常顺利,这些得益于其情报的准确。《史记·大宛列传》记载:

　　　　骞以校尉从大将军击匈奴,知水草处,军得以不乏,乃封骞为博望侯。是岁元朔六年也。其明年,骞为卫尉,与李将军俱出右北平击匈奴。匈奴围李将军,军失亡多;而骞后期当斩,赎为庶人。[③]

可见,卫青在朔方作战的主要对手是匈奴右部之右贤王。张骞在对匈奴右部作战的过程中,"知水草处,军得以不乏",可见其对匈奴右部山川地形较为熟悉。而对于右北平以北的匈奴左部张骞就比较陌生,所以其所率军队延误了军期。

　　① (汉)班固撰:《汉书》卷61《张骞传》,北京:中华书局,1962年,第2688—2689页。
　　② (汉)班固撰:《汉书》卷59《张汤传》,北京:中华书局,1962年,第2656—2657页。
　　③ (汉)司马迁撰:《史记》卷123《大宛列传》,北京:中华书局,2014年,第3845页。

霍去病攻打河西地区的匈奴则显得异常顺利,这可能与张骞两次被俘期间主要活动于匈奴右部有关。敦煌名称的使用也与张骞有关,是他首先从西域带回的情报信息中将该地区记为敦煌,而后被中央政府使用。

第二节 汉武帝对匈奴的战争与对河西敦煌的占领

1.秦汉政府对西北的经营和匈奴对西汉西北疆域的威胁

秦汉之际中原王朝西北疆域的外来威胁主要是西羌和月氏,匈奴击败月氏占领河西后,西部疆域的外来威胁就变成匈奴和西羌。匈奴占领河西和东胡之后,对中原王朝北方和西北形成了半包围之势,也隔断了中原王朝与西域间的交往。

秦国经过数代艰苦经营,在西北边疆先后设置陇西、北地、上郡。《汉书·匈奴传上》记载:

> 而魏有西河、上郡,以与戎界边。其后,义渠之戎筑城郭以自守,而秦稍蚕食之,至于惠王,遂拔义渠二十五城。惠王伐魏,魏尽入西河及上郡于秦。秦昭王时,义渠戎王与宣太后乱,有二子。宣太后诈而杀义渠戎王于甘泉,遂起兵伐灭义渠。于是秦有陇西、北地、上郡,筑长城以距胡。①

秦始皇并六国后,西北边疆仍以陇西郡、北地郡、上郡与匈奴、月氏、西羌等分界,当时秦朝西北边疆未及黄河,大抵至天水、平凉、庆阳一带。至秦始皇三十三年(前214),"西北斥逐匈奴。自榆中并河以东,属之阴山,以为三十四县,城河上为塞。又使蒙恬渡河取高阙、陶山、北假中,筑亭障以逐戎人。徙谪,实之初县"②。至此秦朝西北边疆得到进一步开拓,得以沿河筑塞,移民置县。概言之,秦朝在北部取得河南地,西部陇西、北地二郡辖境亦向西扩展至黄河沿线。

楚汉相争之际,冒顿单于初次击败月氏,匈奴势力扩展至河西走廊东部,其对西汉边境③的威胁从单一北部,变成北部和西北部。不仅如此,冒顿还"南并楼烦、白羊河南王。悉复收秦所使蒙恬所夺匈奴地者,与汉关故河南塞,至朝那、肤施,遂侵燕、代"④。致使秦始皇对河南地及黄河沿线的经略功亏一篑,西汉北

---

① (汉)班固撰:《汉书》卷94上《匈奴传上》,北京:中华书局,1962年,第3747页。

② (汉)司马迁撰:《史记》卷6《秦始皇本纪》,北京:中华书局,2014年,第323页。

③ 关于西汉继承、接受秦朝西北疆域的历程。《汉书·高帝纪上》记载汉王二年(前205),汉军还定关中。十一月,"汉王还归,都栎阳,使诸将略地,拔陇西……缮治河上塞";正月,"诸将北地,虏雍王弟章平";六月,"雍地定,八十余县,置河上、渭南、中地、陇西、上郡。……兴关中卒乘塞"。由此观之,西汉二年汉高帝刘邦已经基本全盘接手了秦朝的西部边疆。仍以陇西、北地二郡为支撑,以黄河一线为边界,并注重恢复巩固黄河边塞防线。

④ (汉)司马迁撰:《史记》卷110《匈奴列传》,北京:中华书局,2014年,第3494—3495页。

部防线被迫收缩。

匈奴进犯西汉的重点虽在北部边疆的上郡、云中、代、雁门等地,然对西部边疆的进犯亦不乏有之。高后五年(前183),"发河东、上党骑屯北地。……(六年)匈奴寇狄道,攻阿阳。……七年冬十二月,匈奴寇狄道,略二千余人"[1]。狄道、阿阳在汉初皆属陇西郡,这表明匈奴从月氏夺取河西走廊东部后,从西面进犯西汉西疆更为便捷。

汉高帝、高后时对匈奴基本以防御为主,匈奴来犯即驱赶出境而已,不主动进行战争,并采取和亲政策缓解匈奴对西汉边境的进犯。这种局势到汉文帝时期没有发生大的变化,然而匈奴对西汉西北边疆的进犯却愈演愈烈。

图1-2　汉文帝(清人绘)

(采自中国历史博物馆保管部编:《中国历代名人画像谱》,福州:海峡文艺出版社,2003年,第26页。)

文帝前元三年(前177)五月,"匈奴入北地,居河南为寇。帝初幸甘泉。六月,帝曰:'汉与匈奴约为昆弟,毋使害边境,所以输遗匈奴甚厚。今右贤王离其国,将众居河南降地……非约也。其发边吏骑八万五千诣高奴,遣丞相颍阴侯灌婴击匈奴。'匈奴去"[2]。上郡治所高奴距离长安七百余里,右贤王所居河南地距离长安千余里,北地郡治所方渠距离长安也很近,约七百里。因此,一旦匈奴右部进犯北地、上郡,长安便面临威胁。匈奴右贤王此次进犯西汉失败后,转而攻灭月氏。随着右贤王击败月氏完全占据河西走廊,匈奴右部对西汉西北边疆的威胁愈演愈烈。《汉书·文帝纪》记载:

十四年冬,匈奴寇边,杀北地都尉印。遣三将军军陇西、北地、上郡,中

---

① (汉)班固撰:《汉书》卷3《高后纪》,北京:中华书局,1962年,第99页。

② (汉)司马迁撰:《史记》卷10《孝文本纪》,北京:中华书局,2014年,第538页。

尉周舍为卫将军,郎中令张武为车骑将军,军渭北,车千乘,骑卒十万人。上亲劳军,勒兵,申教令,赐吏卒。自欲征匈奴,群臣谏,不听。皇太后固要上,乃止。于是以东阳侯张相如为大将军,建成侯董赫、内史栾布皆为将军,击匈奴。匈奴走。①

匈奴右部已经不仅控制着北方诸多领地、部落,还占据着河南地及河西走廊,对陇西、北地、上郡等西北诸郡乃至汉都长安都造成很大威胁,汉文帝限于国力对来犯的匈奴继续采取防御战略与和亲政策。

汉景帝即位后(前155),"遣御史大夫青翟至代下与匈奴和亲"。景帝前元二年(前155),"秋,与匈奴和亲"。前元五年(前152),"遣公主嫁匈奴单于"②。表明景帝继续奉行和亲政策。前元六年(前151),封"陇西太守浑邪为平曲侯"③,封侯的原因没有说明,我们推测可能与防御匈奴和西羌有关。这时期匈奴入边为寇,仍多在北部边塞。如景帝中元二年(前148),"匈奴入燕";中元六年(前144),"匈奴入雁门,至武泉,入上郡,取苑马";④后元二年(前142)匈奴入雁门,太守冯敬战死。至于西北边疆的陇西、北地郡则相对安静。这种局势一直维持到汉武帝即位之后。

综上,从武帝之前的西汉与匈奴关系得知,匈奴占领河南地后,不断派兵入侵西汉北部疆域的上郡、云中、代、雁门等郡,威胁西汉北部疆域的安全,特别是进犯上郡,迫使西汉不得不派兵驻防高奴,高奴距离长安仅七百余里。同时匈奴右贤王又出兵进犯北地、陇西二郡,而北地郡与陇西郡管辖范围紧邻关中,距离长安都很近,匈奴的入侵,也会直接威胁长安。所以为使都城长安稳固,西汉除在陇西、北地、上郡组织防线之外,还在长安周边地区组成第二道防线,以备不虞。在此背景下,要彻底解除匈奴对西汉统治中心——关中长安地区的威胁,须从北部与西部两个方向下手。第一,最好是将北部疆域推进到黄河以北或者阴山北部地区,收复河南地,最低要求是恢复秦代的疆域范围;第二,取得河西地区,从而解除匈奴右部从陇西、北地二郡渡过黄河入侵西汉西北边境的威胁。因此,汉武帝在对匈奴战争取得初步胜利,收复河南地并越河取得阳山北假,将匈奴的势力驱逐至阴山以北地区之后,就着手经营河西地区。如果不取得河西地区,那么匈奴右部还能够通过陇西、北地入侵关中,截断西汉政府经营北部的后路,使西汉政府经营北部策略不能首尾相顾,已有的成绩化为泡影。

① (汉)班固撰:《汉书》卷4《文帝纪》,北京:中华书局,1962年,第125—126页。
② (汉)班固撰:《汉书》卷5《景帝纪》,北京:中华书局,1962年,第140、141、144页。
③ (汉)司马迁撰:《史记》卷111《孝景本纪》,北京:中华书局,2014年,第563页。
④ (汉)班固撰:《汉书》卷5《景帝纪》,北京:中华书局,1962年,第145、150页。

2.汉武帝对河西匈奴的战争与浑邪王投降西汉

汉武帝元光六年(前129)开始对匈奴进行战争,其中对占领河西走廊起到决定性作用的是元狩二年(前121)汉武帝派遣霍去病主持的两次战争。第一次霍去病出陇西郡至皋兰,斩首八千级;第二次霍去病与公孙敖出北地二千里过居延,斩首虏三万级。《史记·匈奴列传》记载取得河西的过程:

> 其明年春,汉使骠骑将军去病将万骑出陇西,过焉支山千余里,击匈奴,得胡首虏万八千余级,破得休屠王祭天金人。其夏,骠骑将军复与合骑侯数万骑出陇西、北地二千里,击匈奴。过居延,攻祁连山,得胡首虏三万余人,裨小王以下七十余人。①

《汉书·匈奴传上》记载:

> 明年春,汉使票骑将军去病将万骑出陇西,过焉耆山千余里,得胡首虏八千级,得休屠王祭天金人。其夏,票骑将军复与合骑侯数万骑出陇西、北地二千里,过居延,攻祁连山,得胡首虏三万余级,裨小王以下十余人。②

《西河旧事》记载祁连山的位置:

图1-3 霍去病雕像

> 山在张掖、酒泉二界上,东西二百余里,有松柏五木,美水草,冬温夏凉,宜畜牧。匈奴失二山,乃歌云:"亡我祁连山,使我六畜不蕃息;失我燕支山,使我嫁女无颜色。"祁连一名天山,亦曰白山。③

这里的祁连山有两指,一是指酒泉、张掖间的祁连山,二是指伊吾北部的天山。因为对祁连山位置的争论颇多,所以对霍去病行军的具体路线难以最终敲定。④这次战争之所以这样顺利,很可能得益于张骞对河西及其周边地区地理形势情报的掌握。《汉书·霍去病传》记载:"校尉张骞从大将军,以尝使大夏,留匈奴中久,道军,知善水草处,军得以无饥渴,因前使绝国功,封骞

---

① (汉)司马迁撰:《史记》卷110《匈奴列传》,北京:中华书局,2014年,第3514页。
② (汉)班固撰:《汉书》卷94上《匈奴传上》,北京:中华书局,1962年,第3768页。
③ (汉)司马迁撰:《史记》卷110《匈奴列传》,北京:中华书局,2014年,第3515页。
④ 李艳玲对关于"祁连"位置的诸家争论已有梳理,其文也是关于祁连山最新的研究成果。详见李艳玲《西汉祁连山考辨》,《敦煌学辑刊》2021年第2期。

为博望侯。"①虽然没有记载张骞为霍去病行军做向导,但是不能排除这种可能。事实上,无论张骞是否亲身参与河西之战,其所获取的情报应当都对这次攻打匈奴起了非常重要的作用。元狩二年(前121)春,骠骑将军霍去病出陇西,过焉支山千余里,鏖战皋兰下,杀折兰王,斩卢侯王,执浑邪王子,收休屠王祭天金人。《汉书·卫青霍去病传》记载:

> 其夏,去病与合骑侯敖俱出北地,异道。博望侯张骞、郎中令李广俱出右北平,异道。广将四千骑先至,骞将万骑后。匈奴左贤王将数万骑围广,广与战二日,死者过半,所杀亦过当。骞至,匈奴引兵去,骞坐行留,当斩,赎为庶人。而去病出北地,遂深入,合骑侯失道,不相得。去病至祁连山,捕首虏甚多。上曰:"票骑将军涉钧耆,济居延,遂臻小月氏,攻祁连山,扬武乎䗩得,得单于单桓、酋涂王,及相国、都尉以众降下者二千五百人,可谓能舍服知成而止矣。捷首虏三万二百,获五王,王母、单于阏氏、王子五十九人,相国、将军、当户、都尉六十三人,师大率减什三,益封去病五千四百户。赐校尉从至小月氏者爵左庶长。鹰击司马破奴再从票骑将军斩遬濮王,捕稽且王,右千骑将得王、王母各一人,王子以下四十一人,捕虏三千三百三十人,前行捕虏千四百人,封破奴为从票侯。校尉高不识从票骑将军捕呼于耆王王子以下十一人,捕虏千七百六十八人,封不识为宜冠侯。校尉仆多有功,封为煇渠侯。"合骑侯敖坐行留不与票骑将军会,当斩,赎为庶人。诸宿将所将士马兵亦不如去病,去病所将常选,然亦敢深入,常与壮骑先其大军,军亦有天幸,未尝困绝也。②

霍去病此次西征取胜,首先得益于张骞前期获取的情报信息;其次张骞、李广从右北平出兵吸引了匈奴的兵力,减轻了霍去病的压力;最后霍去病所率皆是选取之精锐,又"敢深入"。这些都是霍去病能够取得河西之战胜利的重要因素。

元狩二年(前121)秋,在霍去病的攻势下,浑邪王、休屠王谋降西汉。《史记·匈奴列传》记载:

> 其秋,单于怒浑邪王、休屠王居西方为汉所杀虏数万人,欲召诛之。浑邪王与休屠王恐,谋降汉,汉使骠骑将军往迎之。浑邪王杀休屠王,并将其众降汉。凡四万余人,号十万。于是汉已得浑邪王,则陇西、北地、河西益少胡寇,徙关东贫民处所夺匈奴河南新秦中以实之,而减北地以西戍卒半。③

---

① (汉)班固撰:《汉书》卷55《卫青霍去病传》,北京:中华书局,1962年,第2479页。
② (汉)班固撰:《汉书》卷55《卫青霍去病传》,北京:中华书局,1962年,第2480—2481页。
③ (汉)司马迁撰:《史记》卷110《匈奴列传》,北京:中华书局,2014年,第3515页。

《汉书·卫青霍去病传》记载：

> 其后，单于怒浑邪王居西方数为汉所破，亡数万人，以票骑之兵也，欲召诛浑邪王。浑邪王与休屠王等谋欲降汉，使人先要道边。是时大行李息将城河上，得浑邪王使，即驰传以闻。上恐其以诈降而袭边，乃令去病将兵往迎之。去病既度河，与浑邪众相望。浑邪禅王将见汉军而多欲不降者，颇遁去。去病乃驰入，得与浑邪王相见，斩其欲亡者八千人，遂独遣浑邪王乘传先诣行在所，尽将其众度河，降者数万人，号称十万。既至长安，天子所以赏赐数十巨万。封浑邪王万户，为漯阴侯。封其禅王呼毒尼为下摩侯，雁疵为辉渠侯，禽黎为河綦侯，大当户调虽为常乐侯。……乃分处降者于边五郡故塞外，而皆在河南，因其故俗为属国。①

《汉书·金日磾传》记载：

> 金日磾字翁叔，本匈奴休屠王太子也。武帝元狩中，票骑将军霍去病将兵击匈奴右地，多斩首，虏获休屠王祭天金人。其夏，票骑复西过居延，攻祁连山，大克获。于是单于怒昆邪、休屠居西方多为汉所破，召其王欲诛之。昆邪、休屠恐，谋降汉。休屠王后悔，昆邪王杀之，并其众降汉。封昆邪王为列侯。日磾以父不降见杀，与母阏氏、弟伦俱没入官，输黄门养马，年十四矣。②

可见，浑邪王与休屠王是匈奴派驻在河西走廊地区的统帅，从其"亡数万人"③后仍能率"四万余人"投降，加之亦有"颇遁去"之不愿降者来看，浑邪王与休屠王掌管的部众规模应不下十万之数。这也大致是匈奴部署在河西走廊及周边的主要军事力量。又，《史记·汲黯列传》载："居无何，匈奴浑邪王率众降来降，汉发车二万乘。"④征发如此众多的车辆，也可佐证此次投降规模之大。这些投降的匈奴先到长安，然后才置五属国而处之。浑邪王和休屠王部众投降西汉后，来自西部河西地区的威胁基本解除，"而金城、河西西并南山至盐泽空无匈奴"⑤。敦煌地处罗布泊以东，该地自然也"空无匈奴"开始纳入西汉管辖之下。

---

① （汉）班固撰：《汉书》卷55《卫青霍去病传》，北京：中华书局，1962年，第2482—2483页。

② （汉）班固撰：《汉书》卷68《金日磾传》，北京：中华书局，1962年，第2959页。

③ 《史记·平准书》记载："其明年，骠骑仍再出击胡，获首四万。其秋，浑邪王率数万之众来降。"则霍去病两次西征浑邪王与休屠王驻地，斩获匈奴大致四万人。又按《汉书·卫青霍去病传》记载，霍去病俘斩匈奴超过四万五千人。

④ （汉）司马迁撰：《史记》卷120《汲郑列传》，北京：中华书局，2014年，第3777页。

⑤ （汉）司马迁撰：《史记》卷123《大宛列传》，北京：中华书局，2014年，第3845页。

图1-4　居延遗址——A8障（甲渠候官遗址）

第三节　西汉敦煌郡的设置与敦煌城的修筑

元狩二年（前121），匈奴浑邪王杀休屠王投降西汉，河西纳入西汉版图。汉武帝占领河西地区后，最初计划是让原来居住在河西后被匈奴赶到西域的乌孙人迁回河西地区，恢复冒顿单于击败月氏之前河西的格局，实现断匈奴之右臂的目的。张骞出使乌孙，并对乌孙王承诺"乌孙能东居浑邪地，则汉遣翁主为昆莫夫人"。但是，乌孙国王年老远汉，"其大臣皆畏胡，不欲移徙，王不能专制。骞不得其要领"①。张骞请乌孙返徙河西故地的目的没有达到，迫使西汉政府开始移民实边，进行直接管辖，敦煌郡就是在这种背景之下设置的。

汉敦煌郡是分酒泉郡而设置的，至于敦煌郡的设置时间，由于《史记》《汉书》等记载的矛盾，故学术界有多种说法，②总之最早设置年代为元鼎六年（前111），最晚为后元年间（前88—前87）。首先是《汉书·地理志下》记载："敦煌郡，武帝后元年分酒泉置，正西关外有白龙堆沙，有蒲昌海。"③后元（前88—前87）是汉武帝死亡前最后使用的年号，前后只使用了两年。元狩二年（前121）夏，霍去病出居延征

①（汉）司马迁撰：《史记》卷123《大宛列传》，北京：中华书局，2014年，第3846页。

②《汉河西四郡建置年代考疑》，张维华：《汉史论集》，济南：齐鲁书社，1980年，第309—328页；《汉代河西四郡的建置年代与开拓过程的推测：兼论汉初向西扩张的原始与发展》，张春树：《汉代边疆史论集》，台北：食货出版社，1977年，第77—91页；刘光华：《汉武帝对河西的开发及其意义》，《敦煌学辑刊》1980年总第1集；王宗维：《汉代河西四郡始设年代问题》，《西北史地》1986年第3期；周振鹤：《西汉政区地理》，北京：商务印书馆，2017年，第171—183页；李并成：《河西走廊历史地理》第1卷，兰州：甘肃人民出版社，1995年，第33—34页；吴礽骧：《河西汉塞调查与研究》，北京：文物出版社，2005年，第13—16页。

③（汉）班固撰：《汉书》卷28下《地理志下》，北京：中华书局，1962年，第1614页。

匈奴,同年秋,浑邪王杀休屠王投降西汉,若要等到三十年后的后元年间才置敦煌郡,就显得太晚。根据《汉书·韦贤传》记载,汉武帝"北攘匈奴,降昆邪十万之众,置五属国,起朔方,以夺其肥饶之地;东伐朝鲜,起玄菟、乐浪,以断匈奴之左臂;西伐大宛,并三十六国,结乌孙,起敦煌、酒泉、张掖,以鬲婼羌,裂匈奴之右肩"[1]。似乎敦煌郡的设置时间是在东伐朝鲜置朝鲜四郡之后。又据《汉书·西域传》记载:"其后骠骑将军击破匈奴右地,降浑邪、休屠王,遂空其地,始筑令居以西,初置酒泉郡,后稍发徙民充实之,分置武威、张掖、敦煌,列四郡,据两关焉。"[2]西汉置酒泉郡后,发徙民充实之,设置敦煌郡。因此,敦煌郡不会推迟到三十年之后才设置,根据当时的情况来看元鼎六年(前111)置敦煌郡比较可靠。敦煌文献多处记载西汉敦煌郡的设置是赵破奴所为,因此赵破奴在河西的活动就成了敦煌郡设置的关键。《汉书·武帝纪》元鼎六年(前111)记载:

> 秋……又遣浮沮将军公孙贺出九原,匈河将军赵破奴出令居,皆二千余里,不见虏而还。乃分武威、酒泉地置张掖、敦煌郡,徙民以实之。[3]

匈河水在令居北一千里匈奴境内,大概指今天蒙古国的拜达里格河,在居延的正北方,赵破奴返还的最佳路线就是沿着李陵的退军路线回到居延。《史记·匈奴列传》记载:

> 乌维单于立三年,汉已灭南越,遣故太仆贺将万五千骑出九原二千余里,至浮苴井而还,不见匈奴一人。汉又遣故从骠侯赵破奴万余骑出令居数千里,至匈河水而还,亦不见匈奴一人。[4]

《汉书·匈奴传》记载元鼎三年(前114)乌维单于立,汉武帝出巡郡县,南诛两越,不击匈奴,匈奴亦不入边:

> 乌维立三年,汉已灭两越,故遣太仆公孙贺将万五千骑出九原二千余里,至浮苴井,从票侯赵破奴万余骑出令居数千里,至匈奴河水,皆不见匈奴一人而还。[5]

以上二者所记载是同一件事情,根据这些记载,汉先置武威、酒泉二郡,然后从中分出张掖、敦煌郡。而《汉书·西域传》记载:

> 汉兴至于孝武,事征四夷,广威德,而张骞始开西域之迹。其后骠骑将

---

① (汉)班固撰:《汉书》卷73《韦贤传》,北京:中华书局,1962年,第3126页。
② (汉)班固撰:《汉书》卷96上《西域传上》,北京:中华书局,1962年,第3873页。
③ (汉)班固撰:《汉书》卷6《武帝纪》,北京:中华书局,1962年,第189页。
④ (汉)司马迁撰:《史记》卷110《匈奴列传》,北京:中华书局,2014年,第3518页。
⑤ (汉)班固撰:《汉书》卷94下《匈奴传下》,北京:中华书局,1962年,第3771页。

军击破匈奴右地,降浑邪、休屠王,遂空其地,始筑令居以西,初置酒泉郡,后稍发徙民充实之,分置武威,张掖、敦煌,列四郡,据两关焉。自贰师将军伐大宛之后,西域震惧,多遣使来贡献,汉使西域者益得职。于是自敦煌西至盐泽,往往起亭,而轮台、渠犁皆有田卒数百人,置使者校尉领护,以给使外国者。①

从这个记载中看,汉武帝先置酒泉郡,而后再置武威、张掖、敦煌郡。敦煌文献虽然没有记载设置敦煌郡的具体时间,但是记载了沙州城的筑造时间,修筑敦煌城应当是和设置敦煌郡同时进行的。

P.2691《沙州城土境》记载敦煌郡设置时间是元鼎六年(前111):

> 沙州城,案从前汉第六武帝元鼎六年甲子岁,将军赵破奴奉命领甘、肃、瓜三州人士筑造,至大汉乾祐六年己酉岁,算得一千五十年记。②

这条资料有些错误:汉武帝是西汉第五位皇帝而不是第六位,但若算上吕后执政时期,汉武帝就是第六位皇帝,《史记》《汉书》将吕后列入本纪,这说明史官承认吕后曾为西汉政府实际执政者,因此这篇文书将汉武帝排为西汉的第六位皇帝就是基于这个事实;元鼎六年(前111)岁次庚午而不是岁次甲子,岁次甲子是元狩六年(前117);五代后汉乾祐年号只使用三年,而乾祐六年是后周广顺三年(953),岁次癸丑,而己酉是乾祐二年(949),从乾祐二年岁次己酉往前推一千五十年应当是太初四年(前101),此处的一千五十年应当是一千六十年。剔除这些文献抄写错误,由此得知,沙州城的筑造时间应当是元鼎六年(前111),因此敦煌郡的设置时间也是元鼎六年。元鼎六年(前111)修筑敦煌城,还可以从S.5693《瓜沙两郡史事编年并序》和P.3721《瓜沙两郡史事编年并序》的记载得到印证:"自前汉高祖姓刘名邦乙未年登极,至武帝元鼎六年庚午岁筑沙州城。"③

---

① (汉)班固撰:《汉书》卷96上《西域传上》,北京:中华书局,1962年,第3873页。

② 图版参见上海古籍出版社等编:《法藏敦煌西域文献》第17册,上海:上海古籍出版社,2001年,第266页;录文参见郑炳林:《敦煌地理文书汇辑校注》,兰州:甘肃教育出版社,1989年,第39页。

③ 图版参见中国社会科学院历史研究所等编:《英藏敦煌文献(汉文佛经以外部分)》第9卷,成都:四川人民出版社,1994年,第79页;上海古籍出版社等编:《法藏敦煌西域文献》第27册,上海:上海古籍出版社,2002年,第119页;录文参见郑炳林:《敦煌地理文书汇辑校注》,兰州:甘肃教育出版社,1989年,第80、82页。

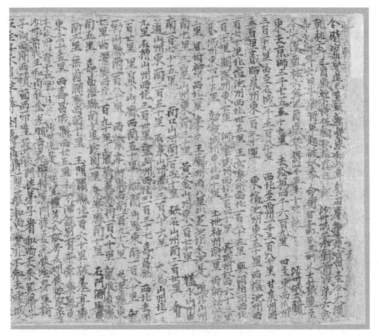

图1-5 P.2691《沙州城土境》

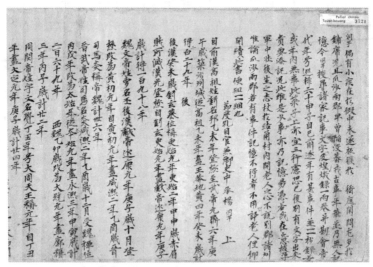

图1-6 P.3721《瓜沙两郡史事编年并序》

这两件文献的记载印证了P.2691《沙州城土境》筑造敦煌郡城的时间是汉武帝元鼎六年(前111),应当是在赵破奴主持下设置敦煌郡。

筑造敦煌郡城和设置敦煌郡就发生在赵破奴为匈河将军攻打匈奴至匈河水的同年,因出兵匈奴是在秋季,彼时岁首尚为十月,秋季实为岁末,故筑城、置郡时间当在元鼎六年（前111）冬季至夏季之间。《史记·匈奴列传》记载元封六年（前105）："乌维单于立十岁而死，子乌师庐为单于。年少，号为儿单于。是岁元封六年也。自此之后，单于益西北，左方兵直云中，右方直酒泉、燉煌郡。"①

这个时期匈奴在西汉的打击之下西移，右部管辖地域在酒泉、敦煌郡之北，表明元封六年（前105）敦煌郡已经设置，这正可印证敦煌郡应当设置于元鼎六年（前111）。

图1-7　沙州城遗址

第四节　汉代敦煌建置沿革

汉代敦煌郡设置完成后，下辖六县。《汉书·地理志下》记载："敦煌郡，户万一千二百，口三万八千三百三十五。县六：敦煌，冥安，效谷，渊泉，广至，龙勒。"②《续汉书·郡国志五》记载："敦煌郡，六城，户七百四十八，口二万九千一百七十。敦煌，冥安，效谷，拼泉，广至，龙勒。"③西汉时期，敦煌地区得到了很好的开发，而东汉时期河西动荡，敦煌人口数量下降，除了因为动乱的局势，可能与敦煌地区豪族的隐匿户口、土地兼并也有一定的关系。西汉敦煌郡六县规模形成之后，此后直到《续汉书·郡国志五》记载的东汉时期，敦煌郡的行政区划基本没有发生变化。

---

①（汉）司马迁撰：《史记》卷110《匈奴列传》，北京：中华书局，2014年，第3520页。

②（汉）班固撰：《汉书》卷28下《地理志下》，北京：中华书局，1962年，第1614页。

③（晋）司马彪撰：《续汉书·郡国志五》，（南朝宋）范晔撰：《后汉书》，北京：中华书局，1965年，第3521页。

图1-8　寿昌城遗址(汉龙勒县治)

西汉末,随着王莽掌权,推行改制,位于边地的敦煌郡受其改制波及,周边局势愈发动荡。随着其篡位野心实现,敦煌郡成为新莽雍州属郡,并曾更名为"文德""敦德"。然新莽统治不过昙花一现,王莽改制失败,导致天下大乱,敦煌与其所属河西地区成为命运共同体,隗嚣、更始、窦融等先后控制这一地区。与此同时,西汉皇族苗裔——刘秀悄然崛起于关东河北之地,重建汉室,史称"东汉"。东汉政权建立后,短短数年之间,便夺取二京,控制了原西汉之大部分疆土。彼时窦融已主政河西,又历经数年徘徊,窦融及河西诸郡太守们最终决定归顺东汉,其后他们又为这一决定的落实付出了诸多努力。最终,饱经战乱、饥荒与权力更迭的敦煌郡及河西地区重新归于刘氏汉室统治。

敦煌郡纳入东汉统治后,归凉州统辖。据《续汉书·郡国志五》记载,凉州下辖陇西、汉阳、武都、金城、安定、北地、武威、张掖、酒泉、敦煌,以及张掖属国、张掖居延属国。[①]东汉在敦煌郡设置有专门负责西域事务的官员。如中郎将、西域副校尉,但这两个官职的设置具有临时性,而非常设官职。《后汉书·班勇传》载班勇言:"昔永平之末,始通西域,初遣中郎将居敦煌,后置副校尉于车师。"[②]《后汉书·班勇传》记载班勇上书:"旧敦煌郡有营兵三百人,今宜复之,复置护西域副校尉,居于敦煌,如永元故事。"[③]同传又云:"于是从勇议,复敦煌郡营兵三百人,置西域副校尉居敦煌。"[④]可见在永元时期(89—105)及元初六年(119)采纳班勇进言后的一段时期,西域副校尉不是设于西域,而是居于敦煌。

①（晋）司马彪撰:《续汉书·郡国志五》,（南朝宋）范晔撰:《后汉书》,北京:中华书局,1965年,第3516—3521页。

②（南朝宋）范晔撰:《后汉书》卷47《班勇传》,北京:中华书局,1965年,第1588页。

③（南朝宋）范晔撰:《后汉书》卷47《班勇传》,北京:中华书局,1965年,第1587—1588页。

④（南朝宋）范晔撰:《后汉书》卷47《班勇传》,北京:中华书局,1965年,第1589页。

东汉末,中央政府式微,逐渐无力掌控河西局面。于是,这一地区的行政建置经常发生调整。《后汉书·献帝纪》记载:"(汉平元年)夏六月丙子,分凉州河西四郡为雍州。"①《三国志》裴松之注引《典略》记载:"建安初,猛仕郡为功曹,是时河西四郡以去凉州治远,隔以河寇,上书求别置州。诏以陈留人邯郸商为雍州刺史,别典四郡。"②《晋书·地理志上》亦载:"献帝时,凉州数有乱,河西五郡去州隔远,于是乃别以为雍州。"③

关于雍州辖郡数量。《晋书》称以河西五郡置雍州,即"汉置张掖、酒泉、敦煌、武威郡。其后又置金城郡,谓之河西五郡"④;《后汉书》《典略》皆称以河西四郡置雍州,《后汉书》李贤等注云四郡"谓金城、酒泉、敦煌、张掖"⑤,竟缺武威郡。河西置州当不会唯缺武威郡,《典略》所载"商治舍与猛侧近",显然雍州与武威郡皆治武威,则武威郡无疑当为雍州属郡。另外《三国志·魏书·庞淯传》记载庞淯:

> 初以凉州从事守破羌长,会武威太守张猛反,杀刺史邯郸商,猛令曰:"敢有临商丧,死不赦。"淯闻之,弃官,昼夜奔走,号哭丧所讬,诣猛门,衷匕首,欲因见以杀猛。猛知其义士,敕遣不杀,由是以忠烈闻。⑥

《三国志》裴松之注引《魏略》云:

> 猛兵欲来缚淯,猛闻之,叹曰:"猛以杀刺史为罪。此人以至忠为名,如又杀之,何以劝一州履义之士邪!"遂使行服。⑦

破羌县属金城郡。⑧破羌长庞淯冒死为雍州刺史邯郸商临丧、报仇,可见其"至忠"对象为雍州刺史,即庞淯应为雍州属官。否则若庞淯为凉州属官不当为雍州刺史之死行如此非常之事,张猛亦应不会以别州义士劝励雍州"一州履义之士"。至于"凉州从事"或为"雍州从事"之误,抑或庞淯曾任凉州从事守破羌长,后随破羌县改属雍州,其身份也由凉州属官变为雍州属官。破羌长庞淯为雍州属官,意味着其所属之金城郡当为雍州属郡。由此可证:雍州当辖敦煌、酒泉、张掖、武威、金城五郡,而非四郡。

关于雍州设置时间。《后汉书》与《典略》的记载有所出入。《后汉书》将雍州设

---

① (南朝宋)范晔撰:《后汉书》卷9《献帝纪》,北京:中华书局,1965年,第376页。
② (晋)陈寿撰:《三国志》卷18《魏书·庞淯传》,北京:中华书局,1959年,第547—548页。
③ (唐)房玄龄等撰:《晋书》卷14《地理志上》,北京:中华书局,1974年,第432—433页。
④ (唐)房玄龄等撰:《晋书》卷14《地理志上》,北京:中华书局,1974年,第432页。
⑤ (南朝宋)范晔撰:《后汉书》卷9《献帝纪》,北京:中华书局,1965年,第376页。
⑥ (晋)陈寿撰:《三国志》卷18《魏书·庞淯传》,北京:中华书局,1959年,第547页。
⑦ (晋)陈寿撰:《三国志》卷18《魏书·庞淯传》,北京:中华书局,1959年,第547页。
⑧ (晋)司马彪撰:《续汉书·郡国志五》,(南朝宋)范晔撰:《后汉书》,北京:中华书局,1965年,第3519页。

置系于兴平元年(194),《典略》则系于建安初。此外,《后汉纪》记载兴平元年(194):"六月丙子,分河西〔四〕①郡为雍州。"②《资治通鉴》亦从此系年,并将邯郸商就任雍州刺史时间系于六月丙子。③《后汉书》《后汉纪》将雍州设置时间系于兴平元年(194)六月丙子日,相比《典略》之建安初要精确很多,因此也更为可靠。又,《晋书·地理志上》"西海郡"条云:"故属张掖,汉献帝兴平二年,武威太守张雅请置。"④《太平寰宇记·陇右道三》"甘州删丹县"条云:"删丹县,本汉旧县也,属张掖郡。后汉兴平二年分置西郡,以删丹县属焉。"⑤雍州是分河西五郡设置,彼时张掖郡应尚未分置西海郡、西郡,否则雍州设置时不止五郡之数。既然西海郡、西郡设置时间靠后,那么雍州设置是在兴平二年(195)之前,由此亦可证雍州设置于兴平元年(194)。

敦煌郡改属雍州时间不久,至献帝建安十八年(213),雍州地域范围扩大,"诏书并十四州,复为九州"⑥,雍州下辖弘农、京兆、左冯翊、右扶风、上郡、安定、陇西、汉阳、北地、武都、武威、金城、西平、西郡、张掖、张掖属国、酒泉、敦煌、西海、汉兴、新平、永阳、安南。⑦献帝延康元年(220),曹丕继承魏王之位,敦煌复归属凉州。《三国志·魏书·张既传》载:"文帝即王位,初置凉州……凉州卢水胡伊健妓妾、治元多等反,河西大扰。"⑧同年十月,曹丕代汉建魏,敦煌等河西诸郡仍归凉州统辖。

第五节　敦煌郡在西汉经营西域中的战略定位

敦煌郡作为汉朝西北边陲重要战略基地,在汉朝经略西域过程中发挥着极为关键的作用。由于目前出土汉简资料对汉朝经敦煌郡经营西域的记录集中于西汉至新莽时期,且西汉对西域的经营具有开创性,而东汉对西域"三绝三通"是对西汉传统的延续,故此本节将利用悬泉汉简等出土资料深入探究敦煌郡在西汉经营西域中的战略定位。

汉武帝取得河西后,设置酒泉郡以绝胡羌之道,通西北国,并将酒泉郡作为西汉经营西域最初的基地。元鼎六年(前111),汉武帝命赵破奴分酒泉郡置敦

---

① 原缺"四"字,据《后汉书·献帝纪》补,故此条史料不可作为雍州辖四郡的证据。

② (晋)袁宏撰,张烈点校《后汉纪》卷27《孝献皇帝纪》,北京:中华书局,2017年,第529页。

③ (宋)司马光编著,(元)胡三省音注:《资治通鉴》卷61《汉献帝兴平元年》,北京:中华书局,2013年,第2020页。

④ (唐)房玄龄等撰:《晋书》卷14《地理志上》,北京:中华书局,1974年,第434页。

⑤ (宋)乐史撰,王文楚点校:《太平寰宇记》卷152《陇右道三》,北京:中华书局,2007年,第2943页。

⑥ (晋)陈寿撰:《三国志》卷1《魏书·武帝纪》,北京:中华书局,1959年,第37页。

⑦ (晋)司马彪撰,(南朝宋)范晔撰:《续汉书·百官志五》,《后汉书》,北京:中华书局,1965年,第3618页。

⑧ (晋)陈寿撰:《三国志》卷15《魏书·张既传》,北京:中华书局,1959年,第474页。

煌郡,敦煌郡就成为西汉经营西域最前沿的基地。此后,经昭帝、宣帝的持续建设,敦煌郡作为西汉经营西域的基地,功能日臻完善。赵破奴破姑师、虏楼兰王及李广利征大宛皆以敦煌为基地,屯田积谷。而自张骞出使西域后,"西北外国使,更来更去"①,敦煌郡又成为西汉对外交往通道上的咽喉之地。随着悬泉汉简等简牍资料被广泛使用,学界对西汉经营西域的探讨不断深入。②现有研究者已关注到西汉设敦煌郡与经营西域存在密切关联,③但对敦煌郡在西汉经营西域中的具体定位等相关问题,尚缺乏细致的探讨。因此,本节拟围绕敦煌郡设置与经营西域间存在的紧密联系,以及敦煌郡在西汉经营西域过程中发挥的物资存储与转运、驻军及将卒中转、迎送接待往来使者等相关职能展开论述。

1.西汉设置敦煌郡与经营西域间的关系

敦煌郡的设置与西汉经营西域的战略有着密不可分的关联。《史记·匈奴列传》记载:"西置酒泉郡以隔绝胡与羌通之路。汉又西通月氏、大夏,又以公主妻乌孙王,以分匈奴西方之援国。"④《汉书·张骞传》记载:"汉始筑令居以西,初置酒泉郡,以通西北国。"⑤约在元鼎二年(前115),西汉置酒泉郡⑥,目的是为隔绝"胡与羌通之路"及通"西北国","西北国"即指西域诸国。敦煌未置郡前归酒泉郡管辖,则元鼎六年(前111)西汉置敦煌郡应当也是为了经营西域。

敦煌郡的设置,主要是为保障西汉与西域的通道更加安全、便捷。酒泉郡郡治偏东,难以保障其西部广阔区域的交通安全,也难以满足大量中外使团、商旅

---

① (汉)司马迁撰:《史记》卷123《大宛列传》,北京:中华书局,2014年,第3851页。

② 相关研究已有学者进行过梳理。参见马智全:《近20年敦煌悬泉汉简研究综述》,《丝绸之路》2011年第16期;刘全波、李若愚:《敦煌悬泉汉简研究综述》,《甘肃广播电视大学学报》2018年第4期;王子今:《秦汉时期中外关系史研究40年》,《贵州社会科学》2021年第6期。

③ 相关研究主要参见徐乐尧、余贤杰:《西汉敦煌军屯的几个问题》,《西北师大学报》1985年第4期;朱绍侯:《两汉对匈奴西域西羌战争战略研究》,《史学月刊》2015年第5期;翟少冬:《敦煌烽燧与陆上丝绸之路的变迁》,《甘肃社会科学》2017年第5期;郑炳林、张静怡:《西汉敦煌郡西域间骏马贸易与李广利征大宛》,《敦煌研究》2022年第1期;魏迎春、郑炳林:《西汉敦煌郡通西域南道与对鄯善的经营》,《敦煌学辑刊》2022年第2期;郑炳林、司豪强:《西汉敦煌郡迎送接待外客研究》,《西北民族研究》2022年第5期。

④ (汉)司马迁撰:《史记》卷110《匈奴列传》,北京:中华书局,2014年,第3519页。

⑤ (汉)班固撰:《汉书》卷61《张骞传》,北京:中华书局,1962年,第2694页。

⑥ 酒泉置郡时间大致有元狩二年(前121)说、元鼎二年(前115)说、元鼎四年(前113)以降说、元鼎六年(前111)说、太初元年(前104)说、不确定说等六种说法(参见池田雄一著,郑威译:《中国古代的聚落与地方行政》,上海:复旦大学出版社,2017年,第311—314页)。我们认为酒泉置郡应在元鼎二年(前115)张骞招乌孙归故地失败而归国之后。另外,"始筑令居以西"与酒泉置郡时间接近。据拙文考察,令居塞或在元狩四年(前119)开始修筑,至元鼎二年(前115)具备置县条件后得以置县。又至元鼎六年(前111),令居塞再次得到强化(参见郑炳林、司豪强:《西汉敦煌郡长城的修筑——兼论酒泉都尉、酒泉候官的设置》,《敦煌学辑刊》2023年第2期)。"始筑令居以西"应在元鼎二年(前115)令居置县之后,因为令居县的设置与稳固是西汉向西推进的基础。也可能令居置县的同时继续向西修筑障塞工程,使酒泉具备置郡条件,这再次印证了酒泉置郡当在元鼎二年(前115)或此年之后。

频繁往来所产生的迎送接待需求。因此,敦煌郡设置的重要目的就是进一步巩固西汉通西域之路。悬泉汉简ⅡT0115③:80记载:

> (1)甘露二年七月戊子朔壬寅,敦煌大守千秋、长史惠、丞破胡谓县,律曰:"诸乘置,其传不名急,及乘传者驿驾皆令葆马三日,三日中死,负之。"郡当西域空道,案厩置九所,传马员三百六十匹,计以来死者。①

空道,即孔道,表明敦煌郡是西汉与西域间的交通枢纽。敦煌郡有厩置九所,其中龙勒置位置最靠西,也是西汉经阳关通西域的最后一个厩置,之后可经白龙堆道前往鄯善(即楼兰)。《汉书·西域传上》记载:"然楼兰国最在东垂,近汉,当白龙堆,乏水草,常主发导,负水儋粮,送迎汉使。"②白龙堆道是西汉与西域诸国交往的主要通道,在北新道开辟前更是西汉通西域的必经之路,足见敦煌郡在西汉经营西域中占据着极为重要的地位。《汉书·赵充国传》记载:"羌侯狼何果遣使至匈奴藉兵,欲击鄯善、敦煌以绝汉道。"③正因敦煌通鄯善之路极为关键,故这一带也是狼何等诸羌与匈奴的重点打击目标。《汉书·韦贤传》记载王舜、刘歆议曰:

> 孝武皇帝……南灭百粤,起七郡;北攘匈奴,降昆邪十万之众,置五属国,起朔方,以夺其肥饶之地;东伐朝鲜,起玄菟、乐浪,以断匈奴之左臂;西伐大宛,并三十六国,结乌孙,起敦煌、酒泉、张掖,以隔婼羌,裂匈奴之右肩。单于孤特,远遁于幕北。四垂无事,斥地远境,起十余郡。④

由此观之,夺取河西、经营西域是汉武帝拓边四方的重要组成部分。敦煌及酒泉、张掖诸郡的设置与"西伐大宛,并三十六国,结乌孙"等经略西域活动都服务于汉武帝"裂匈奴之右肩"的战略意图,这一战略又与进攻朔方攻匈奴之中部、夺取朝鲜"断匈奴之左臂"等战略共同构成西汉打击匈奴的宏观战略。匈奴由此遭到削弱,西汉得以向西北、北方、东北三个方向扩展势力。因此,西汉设置敦煌郡既是为了更好地经营西域,也是为了隔绝胡羌通道。同时,西汉政府设置敦煌郡与经营西域的根本意图都是为了在西北构筑屏障,压缩匈奴的生存空间。

2.西汉经营西域的物资存储与转运基地

西汉经营西域需要大量物资支撑,以维持屯田机构的运转与军事行动的展开。敦煌郡就是西汉最西北端的物资存储与转运基地,而仓库系统的建设,是物资存储与转运方面的关键所在。斯坦因所获敦煌"旧简"记载:"(2)昌安仓□惠

---

① 甘肃简牍博物馆等编:《悬泉汉简(肆)》,上海:中西书局,2024年,第379页。
② (汉)班固撰:《汉书》卷96上《西域传上》,北京:中华书局,1962年,第3878页。
③ (汉)班固撰:《汉书》卷69《赵充国传》,北京:中华书局,1962年,第2973页。
④ (汉)班固撰:《汉书》卷73《韦贤传》,北京:中华书局,1962年,第3126页。

□十一日,支民□。(2104)"①敦煌马圈湾出土汉简记载:

(3)假敦德②库兵弩矢五万枚,杂驱三千匹。令敦德禀食吏士,留休马,审更。(80)③

(4)☑昌安仓莋检绳遣车输☑。(1074)④

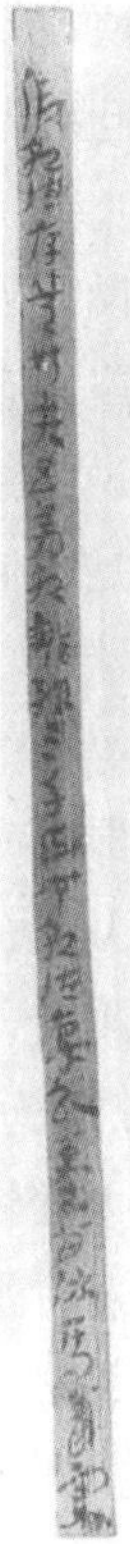

悬泉汉简中也有很多关于敦煌郡仓、库的记载:

(5)■右出交龙锦百五十三匹一丈一尺四寸,直八万四千三百六钱,付郡仓。(ⅤT1309④:4)⑤

(6)☑年六月丙寅朔庚辰,酒泉库令长寿以近秩次兼行大守事、禄福仓丞未央兼行丞事谓☑□得府佐梁禹以诏书将护转敦煌郡,当舍传舍,从者如律令。(ⅤT1311③:223)

(7)二百枚属使主兵、少府中丞延年调当行舆车分载致敦煌郡玉门仓,给缮塞外转舆车,臣昧死请。(ⅤT1311③:215)

(8)·长、丞数循行,仓谷、库兵毋令中南隰,张补边具,谨备火。边谷、器重事,毋得设备火边☑。(ⅡT0216②:656)

(9)河平四年十一月庚戌朔癸酉,敦煌大守贤、长史谭、丞信德谓过所:遣冥安库佐冯庆治传车长安,当舍传舍,如律令。(ⅠT0207④:5)⑥

(10)客柱敦煌,假郡库骑重车以送客☑。(ⅡT0216②:484)

(11)长史十月乙亥过东还,庚子西,乙亥库丞何传一乘。(ⅠT0309③:65B)

(12)遣库啬夫猛、佐未央迎钱姑臧别库☑。(ⅡT0215S:118)

(13)入钱三千五百八钱。□□□□□□□□□□□□。绥和二年九月甲辰,县泉置佐熊嘉受库啬夫□,七月尽九月,樵采钱直。(ⅠT0210①:49)⑦

(14)入铁镡剑,永始三年六月癸卯,郡库掾成受罢己校前曲后……(Ⅳ0617③:17)

图1-9 敦煌马圈湾汉简80

---

① 白军鹏:《敦煌汉简校释》,上海:上海古籍出版社,2018年,第97页。

② 新莽时,"敦煌"更名"敦德",今将之并入西汉时期进行讨论。

③ 甘肃省文物考古研究所编,张俊民著:《马圈湾汉简整理与研究》,兰州:甘肃教育出版社,2023年,第175页。

④ 甘肃省文物考古研究所编,张俊民著:《马圈湾汉简整理与研究》,兰州:甘肃教育出版社,2023年,第234页。

⑤ 此简为未刊布简文,以下引用悬泉汉简凡未注明出处者皆属此类。

⑥ 甘肃简牍博物馆等编:《悬泉汉简(壹)》,上海:中西书局,2019年,第294页

⑦ 甘肃简牍博物馆等编:《悬泉汉简(贰)》,上海:中西书局,2020年,第59、32页。

敦煌所出汉简记载有"郡仓""郡库""敦煌郡玉门仓""冥安库""昌安仓"等,其中玉门仓应指玉门关属仓,冥安库应指冥安县库。又据ⅠT0208④:2载:"□昌安亭长束护逐杀人贼盖登亡徒"[1],可知昌安仓应指昌安亭属仓[2]。由此可见,敦煌郡设有郡库、郡仓,其所属冥安等诸县,昌安等诸亭,乃至玉门关等边防关塞也都普遍设有仓库。仓和库都是存储物资的机构,虽常统称"仓库",但二者也有差别。《说文解字》云:"仓,谷藏也。""库,兵车藏也。"[3]可见敦煌的仓是粮储机构,而库是存储兵器、车辆等器物的机构。从简(3)可知,敦煌郡库除藏有兵弩箭矢等兵器外,还掌管着大量的牲畜。从简(12)来看,敦煌郡库还肩负着转运、存储钱币等相关职能。[4]敦煌郡的仓库系统有专门的官吏进行管理。由简(6)可知,酒泉郡库库令能"兼行大守事",禄福县仓仓丞"兼行丞事",郡县仓库长官地位较高。ⅤT1311③:315记载:"使乌孙长罗侯惠遣斥候恭,上书诣行在所。以令为驾一乘传。甘露二年二月甲戌,敦煌骑司马充行大守事,库令贺兼行丞事谓敦煌,以次为,当舍传舍,如律令。"Ⅱ0215③:3记载:"神爵四年正月丙寅朔壬辰,敦煌太守快、库丞何兼行丞事,告领县(悬)泉置史光……"[5]敦煌郡库库令、库丞都能兼行丞事,足见敦煌郡库在郡内行政事务管理中占据重要地位。除库令、库丞外,敦煌郡"库"系统管理人员还有库啬夫、库佐、库掾等。而"仓"系统也有仓守、仓丞、仓卒等。[6]简(8)所载"长、丞"应指县长、县丞,长、丞数次巡查仓、库,强调"边谷、器重事",告诫仓库管理人员防潮、防火等事宜,反映出敦煌郡诸县对所属仓、库极为重视,且有着严格的管理。

另外,简(3)的背景是王莽遣军队征伐西域,[7]大军在敦煌集结并向敦煌郡库借"兵弩矢五万枚,杂驱三千匹"。又,简(14)记载"罢己校前曲后"自西域返回敦煌,将

① 甘肃简牍博物馆等编:《悬泉汉简(壹)》,上海:中西书局,2019年,第297页。

② 李正宇认为敦煌大方盘城是昌安仓遗址,李岩云支持其说。参见李正宇:《敦煌大方盘城及河仓城新考》,《敦煌研究》1991年第4期;李岩云:《敦煌河仓城址考》,《敦煌研究》2013年第6期。我们认为此说有误,并主张昌安仓应指昌安亭属仓,大方盘城应为西汉居卢訾仓遗址。参见郑炳林、司豪强:《西汉敦煌居卢訾仓城修筑与归属》,《敦煌学辑刊》2022年第1期。

③ 许慎:《说文解字》,北京:中华书局,2013年,第104、190页。

④ 郑炳林、司豪强:《西汉敦煌郡钱币的使用与调配——以敦煌出土简牍文献为中心》,《敦煌学辑刊》2023年第1期。

⑤ 胡平生、张德芳:《敦煌悬泉汉简释粹》,上海:上海古籍出版社,2001年,第68页。

⑥ 关于敦煌郡的仓、库方面还有一些细致的研究成果,参见徐乐尧:《汉简所见长城的后勤供给系统》,中国长城学会编:《长城国际学术探讨会论文集》,沈阳:吉林人民出版社,1995年,第116—122页;李永平:《河西汉简中的库及其源流》,《敦煌研究》1998年第1期;马智全:《汉代敦煌郡库与西域戍卒兵物管理》,《敦煌研究》2020年第1期。

⑦ 胡平生:《敦煌马圈湾木简中关于西域史料的辨证》,《胡平生简牍文物论稿》,上海:中西书局,2012年,第196—212页。

铁镡剑上交敦煌郡库。二者分别反映出中央政府征伐西域时需要征借敦煌郡库的战略物资,待西域吏士罢时要将配发的兵器归还敦煌郡库。马智全认为敦煌郡库在西域兵物方面的借与还,反映出其对西域兵物的管理。[①]这也充分体现出敦煌郡库为西汉经营西域所需军资的存储与转运,做出了应有的贡献。

汉简中所见敦煌郡的仓,除玉门仓、昌安仓外,还有居卢訾仓、西候仓等,敦煌马圈湾汉简记载:

> (15)……普属从酒泉来,到会左曼卿,当西候,仓卒为记,不及一√二。前普所寄弓及鞶辛为付,左曼卿来,弓鞶皆。(7A)
> (16)西域都护领居卢訾仓守司马鸿再拜言鸿□□☑。(57)
> (17)西域都护领居卢訾仓守司马鸿叩头死罪死罪。(95)[②]

《汉书·西域传下》记载:

> 汉遣破羌将军辛武贤将兵万五千人至敦煌,遣使者案行表,穿卑鞮侯井以西,欲通渠转谷,积居庐仓以讨之。[③]

李正宇列举敦煌西北古代仓储时,论及西候仓。[④]简(15)出自马圈湾遗址,故徐乐尧以地望推测西候仓为大煎都候官仓。[⑤]居卢訾仓,《汉书·西域传下》称之为"居庐仓",《三国志》注引《魏略·西戎传》又作"居卢仓"。[⑥]居卢訾仓位于敦煌郡境内,由辛武贤负责修建,初归敦煌郡管辖,用于对乌孙作战。后转归西域都护府管理,用于西域都护府及下属各屯田机构的物资存储和转运。与此同时,西汉政府还在敦煌郡塞内、塞外推进水渠漕运及仓储工程的建设:

> (18)☑刑士诣敦煌塞外穿海廉☑(ⅤT1311③:228)
> (19)甘露四年六月辛丑,郎中马仓使护敦煌郡塞外漕作仓穿渠,为驾一乘传,载从者一人,有请诏。外卌一。御史大夫万年下,谓以次为驾,当舍传舍,从者如律令。七月癸亥食时西。(ⅡT0115④:34)[⑦]

敦煌塞内以"卑鞮侯井"工程为代表,塞外以"海廉渠"工程为代表。居卢訾仓与塞外所作诸仓及配套的漕运工程的主要职责就是将内地物资(主要是粮食)先集

---

① 马智全:《汉代敦煌郡库与西域戍卒兵物管理》,《敦煌研究》2020年第1期。

② 甘肃省文物考古研究所编,张俊民著:《马圈湾汉简整理与研究》,兰州:甘肃教育出版社,2023年,第171、174、176页。

③ (汉)班固撰:《汉书》卷96下《西域传下》,北京:中华书局,1962年,第3907页。

④ 李正宇:《敦煌大方盘城及河仓城新考》,《敦煌研究》1991年第4期。

⑤ 徐乐尧:《汉简所见长城的后勤供给系统》,中国长城学会编:《长城国际学术探讨会论文集》,第116—122页。

⑥ (晋)陈寿撰:《三国志》卷30《魏书·乌丸鲜卑东夷传》,北京:中华书局,1959年,第859页。

⑦ 甘肃简牍博物馆等编:《悬泉汉简(肆)》,上海:中西书局,2024年,第437页。

中于敦煌,后经水道转运至居卢訾仓,再经此转运至西域地区,以满足西域屯田机构所需。①除仰仗漕运外,敦煌郡仓库转运物资及向西域输送物资也常利用陆路运输,使用牲畜拉车,简(4)(7)所载"☒昌安仓啬检绳遣车输☒""当行舆车分载致敦煌郡玉门仓"正体现了这一点。又,ⅡT0115③:433所载"役使元元筑治道□□定□□□"②,亦可反映出敦煌郡对道路修筑维护的重视。

敦煌郡向西域输送的物资主要包括粮食、兵器、钱币、铁器、丝织品、药物等,前文对敦煌郡供应西域的兵器、粮食已有介绍,悬泉汉简中关于钱币、铁器、丝织品及药物的记载也有很多:

(20)永光五年正月己巳朔乙卯,弘农大守平谓过所:遣都乡啬夫卫贺送大司农所调钱输敦煌,当舍传舍,从者如律令·四月癸巳,过西。掾禹、守卒史忠、书佐良。(ⅤT1712②:77)

(21)守御器:长斧卅,长椎廿,棓廿,连梃廿,出火隧三,布茹十,射长辟十。(ⅠT0210①:32A)③

(22)……出铁器,凡三万三千七百,出。(ⅡT0214①:76)④

(23)十月旦见吴斧二百九十枚。(ⅠT0110①:60)⑤

(24)市药记:乌喙,远职,封叶,泽昔,削石,椒,椒,橐吾,桂,芍药,石南草。分猪膏一斗及药白易马刀。(ⅡT0112②:42A+72A)⑥

(25)凡出青汉纯锦六匹,直九千六百,率匹四千六百。(ⅤT1309④:5)

(26)出落真锦一匹,直九百,付效谷,十一月●。(ⅤT1309④:6)

(27)出□交龙锦一匹,直五百五十。(ⅤT1309④:13)

上述各类物资除了满足敦煌郡日常需求,应当也有部分输入西域。

敦煌郡的仓库机构及相关水陆运输的建设和发展,为西汉经营西域时存储、转运物资奠定了坚实的基础。同时,物资的存储与转运也是敦煌郡供给驻军、迎送接待将卒及使者等工作顺利开展的前提。

3.西汉经营西域的驻军及将卒中转基地

西汉经营西域需要大量军队屯田、备战,敦煌郡就有大量屯兵,作为经营西域的支援力量。《史记·乐书》记载渥洼水出天马:

又尝得神马渥洼水中,复次以为《太一之歌》……中尉汲黯进曰:"凡王者作乐,上以承祖宗,下以化兆民。今陛下得马,诗以为歌,协于宗庙,先帝

---

① 郑炳林、司豪强:《西汉敦煌居卢訾仓城修筑与归属》,《敦煌学辑刊》2022年第1期。

② 甘肃简牍博物馆等编:《悬泉汉简(肆)》,上海:中西书局,2024年,第429页。

③ 甘肃简牍博物馆等编:《悬泉汉简(贰)》,上海:中西书局,2020年,第29页。

④ 甘肃简牍博物馆等编:《悬泉汉简(肆)》,上海:中西书局,2024年,第563页。

⑤ 甘肃简牍博物馆等编:《悬泉汉简(壹)》,上海:中西书局,2019年,第60页。

⑥ 甘肃简牍博物馆等编:《悬泉汉简(贰)》,上海:中西书局,2020年,第236页。

百姓岂能知其音邪?"上默然不说。丞相公孙弘曰:"黯诽谤圣制,当族。"①

《史记集解》注云:

> 李斐曰:"南阳新野有暴利长,当武帝时遭刑,屯田燉煌界。人数于此水旁见群野马,中有奇异者,与凡马异,来饮此水旁。利长先为土人持勒靽于水旁,后马玩习,久之,代土人持勒靽,收得其马,献之。欲神异此马,云从水中出。"②

《汉书·武帝纪》记载元鼎四年(前113):"秋,马生渥洼水中。作《宝鼎》《天马之歌》。"③汉武帝占领河西后,于其地驻军屯田。若按《汉书·武帝纪》,则渥洼水出天马,即指元鼎四年(前113)屯田卒在渥洼水获野马之事。然《汉书·礼乐志》记载:"元狩三年马生渥洼水中作。"④《资治通鉴》亦将渥洼水出天马事系于元狩三年(前120)。⑤《资治通鉴考异》考证:

> 公孙弘以元狩二年薨。汲黯以元狩三年免右内史,五年为淮阳太守,元鼎五年卒。又黯未尝为中尉。或者马生渥洼水作歌在元狩三年,汲黯为右内史而讥之,言当族者非公孙弘也。⑥

因此,渥洼水出天马发生于元狩三年(前120)。那么,早在浑邪王降汉的次年,西汉就已在敦煌地区展开移民屯田活动了。这个时间要远远早于敦煌郡的设置。《汉书·食货志下》记载:"初置张掖、酒泉郡,而上郡、朔方、西河、河西开田官,斥塞卒六十万人戍田之。"⑦

敦煌置郡前属于酒泉郡,这一记载也恰与暴利长"屯田燉煌界"之事相印证,表明河西从纳入西汉版图到设置郡县的早期开发过程中,最早进入的就是边塞戍卒。敦煌的移民活动也早于置郡,其最初的移民就是军事性质的屯田士卒。⑧《汉书·陈汤传》记载:"后数岁,西域都护段会宗为乌孙兵所围,驿骑上书,愿发城郭敦煌兵以自救。"⑨《汉书·地理志下》记载敦煌郡敦煌县有"中部都尉治

---

①　(汉)司马迁撰:《史记》卷24《乐书》,北京:中华书局,2014年,第1400—1401页。

②　(汉)司马迁撰:《史记》卷24《乐书》,北京:中华书局,2014年,第1401页。

③　(汉)班固撰:《汉书》卷6《武帝纪》,北京:中华书局,1962年,第184页。

④　(汉)班固撰:《汉书》卷22《礼乐志》,北京:中华书局,1962年,第1060页。

⑤　(宋)司马光编著,(元)胡三省音注:《资治通鉴》卷19《汉武帝元狩三年》,北京:中华书局,2013年,第654页。

⑥　(宋)司马光编著,(元)胡三省音注:《资治通鉴》卷19《汉武帝元狩三年》,北京:中华书局,2013年,第655页。

⑦　(汉)班固撰:《汉书》卷24下《食货志下》,北京:中华书局,1962年,第1173页。

⑧　魏迎春、郑炳林:《西汉敦煌郡移民研究》,《敦煌学辑刊》2021年第1期。

⑨　(汉)班固撰:《汉书》卷70《陈汤传》,北京:中华书局,1962年,第3022页。

步广候官",广至县有"宜禾都尉治昆仑障",龙勒县"有阳关、玉门关,皆都尉治"。颜师古注又称效谷县"本渔泽障也。桑钦说孝武元封六年济南崔不意为鱼泽尉,教力田,以勤效得谷,因立为县名"①。《汉书·孙宝传》又载哀帝时:"上以林朋党比周,左迁敦煌鱼泽障候。"②都尉、障候等为军职,这些记载表明敦煌郡是西汉重要的驻军基地,敦煌郡六县中至少有敦煌、广至、龙勒、效谷四县设置都尉进行驻军。敦煌郡能设置中部都尉、宜禾都尉、阳关都尉、玉门都尉、鱼泽都尉等,足见其军事战略地位之重要及驻军地点分布之广泛。

图1-10 巴州二号古城

注:黄银洲等人提出,巴州二号古城(95°28′00.6″E,40°28′16.1″N)为昆仑障所在。参见黄银洲等:《汉敦煌郡之昆仑障、昆仑塞新考》,《敦煌研究》2023年第2期。

关于敦煌郡驻军的明确数量,史不见载。《汉书·赵充国传》载宣帝责让赵充国称:

> 将军计欲至正月乃击罕羌,羌人当获麦,已远其妻子,精兵万人欲为酒泉、敦煌寇。边兵少,民守保不得田作……今诏破羌将军武贤将兵六千一百人,敦煌太守快将二千人,长水校尉富昌、酒泉候奉世将婼、月氏兵四千人,亡虑万二千人。③

可见,敦煌、酒泉二郡的"边兵少",仅凭驻军难以应付叛羌精兵万人袭击,故须依靠当地百姓协防。一般汉军战斗力高于羌胡兵,陈汤曾言:"夫胡兵五而当汉兵

---

① (汉)班固撰:《汉书》卷28下《地理志下》,北京:中华书局,1962年,第1614、1614、1614、1615页。

② (汉)班固撰:《汉书》卷77《孙宝传》,北京:中华书局,1962年,第3261页。

③ (汉)班固撰:《汉书》卷68《赵充国传》,北京:中华书局,1962年,第2979—2980页。

一,何者？兵刃朴钝,弓弩不利。今闻颇得汉巧,然犹三而当一。"①则汉与西域胡兵因武器技术悬殊所造成的战斗力比为一比三乃至一比五。

《汉书·食货志下》记载:"边兵不足,乃发武库工官兵器以澹之。"②说明西汉政府会将中央"武库工官"所造精良兵器配给边塞地区。又,悬泉汉简记载:

> (28)建平二年十一月甲申朔壬子,敦煌大守永、长史临、丞涉谓过所:使龙勒少内啬夫氾政与守部千人古成迁市缮兵物长安,当舍传舍,从者如律令。二人。(ⅠT0114①:50)③
>
> (29)市缮兵财物长安,用乘马二匹,当舍传舍,□□从者如律□。(ⅤT1312④:20)

这是敦煌郡遣人赴长安购买、修缮兵器的两条记载,可见除西汉政府配给外,敦煌郡还会额外从长安市场上购买兵器,其中部分兵器损坏后,敦煌无法修缮,只能送回长安修缮,这似表明西汉中央有意对一些高端兵器进行技术封锁。另外,这两条记载也可佐证敦煌郡的兵器很多都是从长安输入的,这对保障敦煌驻军的装备乃至战斗力都极有必要。如此一来,装备精良的敦煌汉兵应对羌兵也具有一定的优势。参照汉兵与胡兵的战斗力对比推算,若羌兵攻击敦煌,敦煌郡很可能只需两千到三千多汉军就能抵挡。敦煌太守能调动两千兵进行对羌作战,而敦煌郡屯兵应当不会倾巢而出攻击罕羌,会有部分留守要塞,则宣帝时期敦煌郡屯兵数量至少超过两千。但其人数应当也不会在五千以上,否则敦煌郡不仅防范羌兵进攻绰绰有余,还应能出动更多军队参战。对此,可参考马圈湾汉简的记载:

> (30)二十六日,上急奏正月河西三郡精兵,□度以十一月□。(51)
> (31)之。张掖宁发卢水五百人,公卿与同心士六十人,俱未有发。曰:此近谓第一部千八十人者也,议遣君威来出。(58)
> (32)五人分属三辈。第一辈校士千八十人,第二。(155)④

以上诸简反映的是焉耆之战失利后,王莽调河西四郡精兵驰援西域战场的情况。⑤援兵分三批向西域出发,第一批出兵一千零八十人,其中仅卢水兵就有五百人,占近半数,则其余敦煌四郡出兵平均只有百人规模。即便出兵三次,敦煌

① (汉)班固撰:《汉书》卷70《陈汤传》,北京:中华书局,1962年,第3023页。
② (汉)班固撰:《汉书》卷24下《食货志下》,北京:中华书局,1962年,第1173页。
③ 甘肃简牍博物馆等编:《悬泉汉简(壹)》,上海:中西书局,2019年,第184页。
④ 甘肃省文物考古研究所编,张俊民著:《马圈湾汉简整理与研究》,兰州:甘肃教育出版社,2023年,第174、174、179页。
⑤ 胡平生:《敦煌马圈湾木简中关于西域史料的辨证》,《胡平生简牍文物论稿》,上海:中西书局,2012年,第196—212页。

郡出兵规模恐也难以达到一千。这一方面是由于焉耆之战已抽调了部分敦煌郡兵，另一方面反映出新莽时期敦煌郡屯兵数量可能有所减少。并且上述记载能够在一定程度上印证敦煌屯兵数量本就有限，故而无法派出更多士卒支援西域战场。马圈湾汉简 154 记载："☑为郡少谷，今戍部众复到，前先入。"[1]以此推知敦煌郡粮食产量不足，制约了该地驻军规模。

敦煌汉简 1780A 记载：

> （33）制诏酒泉大守：敦煌郡到戍卒二千人，茇酒泉郡，其徼、候如品。司马以下，与将卒长吏，将屯要害处。属大守察地刑，依阻险，坚辟垒，远候望，毋。[2]

王国维判断此简是神爵元年（前61）宣帝赐酒泉太守制书，内容是敦煌戍卒征调至酒泉，由时任酒泉太守的辛武贤负责。[3]故此条记载可能与宣帝诏令"敦煌太守快将二千人"跟随辛武贤作战同属一事。当然无论是否同属一事，这条记载都能佐证敦煌郡能够调动出郡作战的军队，而其规模应当就在两千人左右。到东汉时期司徒鲍昱提议援救戊己校尉耿恭时，提出"可令敦煌、酒泉太守各将精骑二千，多其幡帜，倍道兼行，以赴其急"[4]。这进一步说明以汉代敦煌郡的条件难以供应庞大驻军，因此该郡能调动的机动军队规模不过两千人，而驻军总数应当大于两千，但也不会太多。当然这是以宣帝时期为背景展开的分析，其他时期情况或有差异。如李广利征大宛时期，集结于敦煌的军队规模庞大；辛武贤筹备征乌孙时，"汉遣破羌将军辛武贤将兵万五千人至敦煌"[5]。可见西汉若经敦煌出塞对西域作战，会向敦煌临时增兵，有时还会征调归义的婼羌、月氏兵，以满足战事需求。

西汉敦煌郡除是驻兵基地外，还是西域屯田士卒的中转基地，这是由其扼守中西交通咽喉的地理位置决定的。西汉政府在西域的鄯善伊循城、轮台、渠犁、车师、乌孙赤谷城等地驻兵屯田，《汉书·西域传》记载："而轮台、渠犁皆有田卒数百人。""于是徙屯田，田于北胥鞬。""于是汉遣司马一人，吏士四十人，田伊循以填抚之。""汉复遣长罗侯惠将三校屯赤谷。""吉乃与校尉尽将渠犁田士千五百人

---

① 甘肃省文物考古研究所编，张俊民著：《马圈湾汉简整理与研究》，兰州：甘肃教育出版社，2023年，第179页。

② 白军鹏：《敦煌汉简校释》，上海：上海古籍出版社，2018年，第58页。

③ 王国维著，黄爱梅点校：《王国维手定观堂集林》，杭州：浙江教育出版社，2014年，第340—341页。

④（南朝宋）范晔撰：《后汉书》卷19《耿恭传》，北京：中华书局，1965年，第722页。

⑤（汉）班固撰：《汉书》卷96下《西域传下》，北京：中华书局，1962年，第3907页。

往田。""其后置戊己校尉屯田,居车师故地。"①可见,西汉在西域设有很多屯田机构,并拥有数量可观的屯田戍卒,这些屯田军队都是经敦煌郡前往西域的。

悬泉汉简有很多关于悬泉置接待戍卒的记录。ⅡT0216③∶83记载,"戍卒五百六人,五☐";ⅡT0216③∶84记载,"乙亥,卒三百一十六人,廪冥安米廿八石四斗四升,盐☐"。悬泉置一次接待三百多乃至五百多的戍卒,可谓数量庞大,这些戍卒中很可能就包括前往西域戍边的,西汉通过敦煌及河西地区的邮驿系统将这些戍卒传送至敦煌及西域地区。悬泉汉简中关于经敦煌前往西域的戍卒及西域屯田吏士罢归,有更为明确的记载:

(34)甘露三年四月甲寅朔庚辰,金城大守贤、丞交谓过所县、道官:遣浩亹亭长桑贺以诏书送施刑伊循,当舍传舍,从者如律令。(ⅡT0114④∶338)②

(35)甘露三年九月壬午朔甲辰,上郡大守信、丞欣谓过所:遣守属赵称逢迎吏骑士从军乌孙罢者敦煌郡,当舍传舍,从者如律令。十月,再食。(Ⅱ0115③∶99)③

(36)屯田渠犁斥候丞王常、赵忠更终罢,诣北军,诏为驾一封轺传,二人共载,有请。甘露四年五月☐☐朔庚子使都护西域……☐候谓敦煌以……(ⅡT0214③∶67)

(37)……永光元年十二月廿二日发北军二年,二月廿九日至敦煌,积五十九日;出阳关,积三月。三月五日发敦煌,十九日至文候,积十五日。留四日。廿三日☐☐☐·闰月八日至伊循,积十六日。(ⅡT0115②∶66B)④

(38)水少至五└六月中,禾稼隤焦伤数助县春靡过军,传送迎继夷客、施刑士、良家子☐。(ⅡT0114③∶492)⑤

(39)凡徒施刑五十人,凡徒施刑五十人戍边。(ⅡT0114③∶443)⑥

由上可知,西汉政府会派遣官吏护送戍卒前往西域。有时是地方政府遣亭长等小吏护送,如"浩亹亭长桑贺",还有ⅠT0209S∶157记载的"☐亭长张良送戍卒☐"皆属此类;有时中央政府会遣专人护送,如ⅠT0309③∶237记载的"神爵四年十一月癸未,丞相史李尊送获神爵六年戍卒河东、南阳、颍川、上党、东郡、济阴、魏郡、淮阳国诣敦煌郡、酒泉郡。因迎罢卒送致河东、南阳、颍川、东郡、魏郡、淮

---

① (汉)班固撰:《汉书》卷96下《西域传下》,北京:中华书局,1962年,第3873、3874、3878、3907、3923、3924页。

② 甘肃简牍博物馆等编:《悬泉汉简(叁)》,上海:中西书局,2023年,第234页。

③ 甘肃简牍博物馆等编:《悬泉汉简(肆)》,上海:中西书局,2024年,第384页。

④ 甘肃简牍博物馆等编:《悬泉汉简(肆)》,上海:中西书局,2024年,第336页。

⑤ 甘肃简牍博物馆等编:《悬泉汉简(叁)》,上海:中西书局,2023年,第169页。

⑥ 甘肃简牍博物馆等编:《悬泉汉简(叁)》,上海:中西书局,2023年,第158页。

阳国,并督死卒传橐,为驾一封轺传。御史大夫望之谓高陵,以次为驾,当舍传舍,如律令。"①这些来自全国各地的戍卒先集结于长安,再由中央派人护送至敦煌,乃至西域。这种情况很可能适用于长安以东地区,长安以西地区如金城郡则直接遣亭长护送即可。这些戍卒有的出身施刑徒,有的出身北军,待他们完成西域戍边任务罢归时,也须经敦煌遣返,而其原籍所在政府或隶属机构会派人赴敦煌郡迎接。简(35)的赵称,就是上郡太守派遣到敦煌郡负责迎接戍守乌孙的上郡籍士卒回归本郡的。西域戍边吏士罢归时,到达敦煌,悬泉置给他们的车马待遇也有区别:北军出身者,能够享受"为驾一封轺传",至于一般戍卒虽有原籍官员迎接,但应当不能享受这种车马待遇。简(37)是一份敦煌郡到伊循城的具体行程记录。它揭示出从敦煌郡前往西域鄯善国伊循城的路线是先抵达敦煌城,经阳关出塞,复经文侯(阳关以西的一处地名,史籍缺载),最终抵达伊循。戍卒自敦煌郡前往伊循屯田,亦应经此路线。

西汉政府派往西域的军官也都需要行经敦煌郡,悬泉汉简对此也有记载:

(40)河平二年十一月壬子,县泉置啬夫尊付遮要厩佐顺,以食将军,东。(ⅠT0111②:10)②

(41)□□□寻以十九日宿悬泉置·将军以二十日到寻谨责。(ⅡT0212②:37)

(42)县泉啬夫敞付遮要佐霸,送将军柱马。(ⅡT0113③:37)③

(43)□□□□。白龙□□□槩十七薪三故故□□赤韦鱼爵卌六枚。君威坐前间过将军、夫人,得毋有它遣,叩头叩头。因。(ⅠT0205②:23A)

(44)以食使大宛车骑将军长史□。(ⅠT0112③:30)④

(45)元康元年十月乙巳,前将军臣增、大仆臣延年承制诏侍御史曰:将田车师军候强将士诣田所,为驾二封轺传,载从者一人。传第二百世。御史大夫吉下扶风厩,承书以次为驾,当居传舍,如律令。(ⅡT0214③:45)⑤

简(40)中的将军向东行进,应是完成西域戍边任务或执行军事行动后经敦煌东返的;简(41)(42)(43)反映的都是某位将军经过敦煌郡悬泉置的记录;简(44)中的车骑将军长史经敦煌赴大宛执行出使任务;简(45)记载军候强率领士卒赴车师屯田。这些经过敦煌郡的军官包括将军、长史、军候等,他们级别不一,使命各

① 甘肃简牍博物馆等编:《悬泉汉简(贰)》,上海:中西书局,2020年,第24、92页。

② 甘肃简牍博物馆等编:《悬泉汉简(壹)》,上海:中西书局,2019年,第88页。

③ 甘肃简牍博物馆等编:《悬泉汉简(叁)》,上海:中西书局,2023年,第7页。

④ 甘肃简牍博物馆等编:《悬泉汉简(壹)》,上海:中西书局,2019年,第283、154页。

⑤ 张俊民:《敦煌悬泉汉简所见人名综述(四)——以中央机构职官为中心的考察》,卜宪群、杨振红主编:《简帛研究2007》,桂林:广西师范大学出版社,2010年,第107页。

异,经过敦煌时有的轻车简从,有的携带家眷,还有的率领军队。

总之,前往敦煌郡的西汉戍卒或是直接屯驻敦煌当地,或是经敦煌进入西域。西汉时往返西域的军官、士卒都以敦煌郡为中转基地,他们在敦煌郡进行休整并补充行资,若逢战事还要补充武器。

4.西汉经营西域的迎送接待基地

敦煌郡作为连接西汉与西域的交通枢纽,也是西汉遣使进行外事活动及迎送接待外来客使的重要基地。

《汉书·西域传上》载汉成帝时西域都护郭舜上言称:"敦煌、酒泉小郡及南道八国,给使者往来人马驴橐驼食,皆苦之。"①这表明,西汉接待西域客使的任务主要由敦煌、酒泉二郡和南道八国承担。其中南道鄯善等八国遣使入汉时所经站点更少,但无论西域哪国入汉朝贡,敦煌、酒泉二郡都是必经之地。西汉与西域间通使频繁对于中西文化、经济交流及西汉西北边疆的开拓与稳定都有着积极的促进作用。但与此同时,也给西汉政府尤其是敦煌郡等交通枢纽地区带来了沉重的负担。西汉政府素有遣使报送客使归国的传统,②敦煌郡就承担着迎送接待西域客使的任务。据ⅠT0205②:15记载,"□敢言之。敦煌、龙勒、广至、冥安、渊泉遣吏御送使者出"③,此处涉及敦煌郡五县,加之悬泉置所在效谷县,意味着敦煌郡及其下辖六县均须承担迎送接待往来客使的任务。

行经敦煌郡的使者既有西汉方面的,也有西域方面的。西汉派往西域最早的使者是张骞。早在河西尚属匈奴管辖时,张骞就已被派遣出使西域。到张骞二次出使西域,劝乌孙东返故土时,敦煌之地虽归汉朝但尚未置郡,因此当时还未成为迎送接待使者的基地。张骞之后,西汉出使西域者"一辈大者数百,少者百余人……汉率一岁中使多者十余,少者五六辈"④。而酒泉郡、敦煌郡先后设置,成为西汉接待出访西域汉使的基地。悬泉汉简中保留了很多关于敦煌郡接待来往汉使、驻西域汉官乃至和亲公主的记载:

(46)出鸡一只,以食使者王君所将客留宿,再食,东。(ⅠT0112③:114)⑤

(47)永光五年五月甲辰朔己巳,将田车师己校尉长乐兼行戊校尉事,

---

① (汉)班固撰:《汉书》卷96上《西域传上》,北京:中华书局,1962年,第3893页。
② 《匈奴传上》云:"汉遣使者报送其使,单于使左右难汉使者。"(汉)班固撰:《汉书》卷94上《匈奴传上》,北京:中华书局,1962年,第3780页。《西域传上》云:"汉使关都尉文忠送其使。"(汉)班固撰:《汉书》卷96上《西域传上》,北京:中华书局,1962年,第3885页。
③ 甘肃简牍博物馆等编:《悬泉汉简(壹)》,上海:中西书局,2019年,第281页。
④ (汉)司马迁撰:《史记》卷123《大宛列传》,北京:中华书局,2014年,第3848页。
⑤ 甘肃简牍博物馆等编:《悬泉汉简(壹)》,上海:中西书局,2019年,第165页。

右部司马丞行……（Ⅱ0215②:21A）

（48）□骑士六人，持马送戍校。（Ⅱ0215②:173）①

（49）迎戍已校罢校□□客往来，食如牒，前与政相见。（ⅠT0112①:27）

（50）仓啬夫敞付县泉御张博，送都护敞车。（ⅠT0110②:5）

（51）出粟三石。建始五年正月庚申，县泉厩佐霸付敦煌厩佐宋昌，以食迎都护柱马。（ⅠT0110②:34）

（52）教以过都护官属。（ⅠT0208S:19）②

（53）送都护韩君还□之。（ⅡT0111①:269）③

（54）出传车三乘，完送都护麻君千人官属。其一乘……后乘毋横梯驾一被具皆……千人……被具皆·建平三年五月癸丑，县泉置佐嘉□。（ⅠT0112②:41）④

（55）☑县泉置度侍少主长罗侯用吏。（ⅡT0214②:298）⑤

悬泉汉简中还有很多关于敦煌郡迎送接待外来使者的相关记载：

（56）以食守属孟敞送自来鄯善王副使者卢匡等，再食，西。（ⅠT0116②:15）⑥

（57）各有数，今使者王君将于阗王以下千七十四人，五月丙戌发禄福，度用庚寅到渊泉。（ⅠT0309③:134）⑦

（58）送精绝王诸国客凡四百七十人。（Ⅱ0115①:114）⑧

（59）客大月氏、大宛、疏勒、于阗、莎车、渠勒、精绝、扜弥王使者十八人，贵人□人。（ⅠT0309③:97）

（60）乌孙、莎车王使者四人，贵人十七，献橐驼六匹，阳赐记教。（ⅠT0309③:20A）⑨

（61）出粟一斗八升。六石八斗四升，五石九斗四升。以食守属周生广送自来大月氏使者积六食三升。（Ⅱ0214①:126）⑩

（62）制：黄龙元年六月壬申，使主客、给事中、侍谒者臣荣诏侍御史曰：使送康居诸国客，卫候盖典副□，为驾二封诏传，二人共载。（ⅡT0114④:277）

（63）建平五年十一月庚申，遣卒史赵平，送自来大宛使者乌陵奉献，诣

---

① 胡平生、张德芳：《敦煌悬泉汉简释粹》，上海：上海古籍出版社，2001年，第120、130页。

② 甘肃简牍博物馆等编：《悬泉汉简（壹）》，上海：中西书局，2019年，第116、70、76、300页。

③ 甘肃简牍博物馆等编：《悬泉汉简（贰）》，上海：中西书局，2020年，第162页。

④ 甘肃简牍博物馆等编：《悬泉汉简（壹）》，上海：中西书局，2019年，第137页。

⑤ 郝树声、张德芳：《悬泉汉简研究》，兰州：甘肃文化出版社，2009年，第229页。

⑥ 甘肃简牍博物馆等编：《悬泉汉简（壹）》，上海：中西书局，2019年，第245页。

⑦ 甘肃简牍博物馆等编：《悬泉汉简（贰）》，上海：中西书局，2020年，第72页。

⑧ 胡平生、张德芳：《敦煌悬泉汉简释粹》，上海：上海古籍出版社，2001年，第114页。

⑨ 甘肃简牍博物馆等编：《悬泉汉简（贰）》，上海：中西书局，2020年，第66、51页。

⑩ 胡平生、张德芳：《敦煌悬泉汉简释粹》，上海：上海古籍出版社，2001年，第106页。

在所。以。(ⅡT0114④:57A)

(64)出麦四斗,□,建平五年闰月壬寅,县泉啬夫付宜禾书佐王阳,给食传马二匹,迎昆□。(ⅡT0114④:53)①

(65)出粟五斗二升,以食安远侯副卫司马遣假千人尊,所将送匈奴归义拵类王使十一人,质子三人,凡十三人,人一食四升,东。(Ⅱ0115④:39)②

(66)□□□□马廿九匹·其三匹送卫卿东,四匹送胡客□。(ⅡT0113②:119)③

由上可知,敦煌郡迎送接待的来客成分复杂,既包括西汉方面的西域都护、戊己校尉、使者乃至和亲公主等,又包括西域方面的国王、贵人、使者、副使、质子等,其中最常见的还是西汉与西域诸国使者。西域使团访汉、归国时,西汉政府及敦煌郡方面会遣人进行迎接护送。西汉中央为了适应中外交流的频繁节奏,设有专门的外事机构。敦煌郡为迎送接待外客,也进行了基础设施的规范化建设,并设置了相关的外事机构、官吏、译者等,这为其接待外客提供了坚实的保障。此外,西汉敦煌郡还有甄别外客身份等一系列的规定。其接待外客也体现出尊卑贵贱的等级差异,对待不同国家、身份的来客,敦煌郡迎送接待的规格有所区别。

西汉敦煌郡接待的汉使众多,他们职责不尽相同,主要包括迎客使、送客使、劳边使及其他身负特殊任务的使者等。西汉身负特殊任务出使西域的使者,最著名的当数张骞与傅介子。张骞两次出使,就是执行劝说大月氏、乌孙东迁,共抗匈奴的重大使命。又,汉昭帝元凤四年(前77),"大将军霍光白遣平乐监傅介子往刺其王……既至楼兰,诈其王欲赐之……壮士二人从后刺杀之"④。傅介子赴楼兰须经敦煌,他名义上是赏赐楼兰王的使者,实际上担负刺杀使命。ⅠT0110①:3记载,"酒九月甲寅,送大行使者还,病中涕出,饮食不尽,度马医奴偃之"⑤。《汉书·百官公卿表上》云:"典客,秦官,掌诸归义蛮夷,有丞。景帝中六年更名大行令,武帝太初元年更名大鸿胪。"⑥《汉书·景帝纪》颜师古注"大鸿胪""大行"云:"大鸿胪者,本名典客,后改曰大鸿胪。大行令者,本名行人,即典客之属官也,后改曰大行令。故事之尊重者遣大鸿胪,而轻贱者遣大行也。"⑦则行经敦煌的大行使者或指中央外事机构大鸿胪的属官大行令,或指大行令所派使者。

---

① 甘肃简牍博物馆等编:《悬泉汉简(叁)》,上海:中西书局,2023年,第222、198、197页。

② 张德芳:《西北汉简中的丝绸之路》,《中原文化研究》2014年第5期。

③ 甘肃简牍博物馆等编:《悬泉汉简(贰)》,上海:中西书局,2020年,第298页。

④ (汉)班固撰:《汉书》卷96上《西域传上》,北京:中华书局,1962年,第3878页。

⑤ 甘肃简牍博物馆等编:《悬泉汉简(壹)》,上海:中西书局,2019年,第52页。

⑥ (汉)班固撰:《汉书》卷19上《百官公卿表上》,北京:中华书局,1962年,第730页。

⑦ (汉)班固撰:《汉书》卷5《景帝纪》,北京:中华书局,1962年,第145页。

大行使者此行目的不详,据其职官性质推测,其使命应与西域归义势力有关。另据颜注来看,大行使者出访的西域小国地位应相对"轻贱"。悬泉汉简中很多路经敦煌的汉使都如此处"大行使者"一般未载其具体使命,但也有部分简文明确记载了汉使的具体职责。如简(64)记载的"迎昆□",或是反映西汉遣使迎接乌孙昆弥(王号)入朝之事。简(65)中的"假千人尊",就是西域都护郑吉派遣的负责迎接护送匈奴归义蒲类王使团向东入朝的迎客使者①。悬泉置接待了这位西域都护派遣的迎客使及其所迎护的蒲类使团。《汉书·西域传上》记载:"其后日逐王畔单于,将众来降,护鄯善以西使者郑吉迎之。"②郑吉在担任西域都护前也做过迎客使,迎日逐王入朝亦当路经敦煌郡。这说明西汉所遣迎客使未必皆由中央直接派出,很可能就近从西域汉官中委派使者进行迎客。

另外,ⅡT0113④:122+151A记载,"使云中太守安国、故教未央仓龙、屯卫司马鲜于武彊,使送车师王、乌孙诸国客……为驾二封轺传,二人共载"③;ⅤT1411②:35记载,"甘露二年三月丙午,使主客郎中臣超承制诏侍御史曰:顷都内令霸、副侯忠,使送大月氏诸国客,与庌侯张寿、侯尊具。为驾二封轺传,二人共载……"④ⅡT0216②:54记载,"永光五年七月癸卯朔丁巳,使送于阗王诸国客,卫司马参、副卫侯临,移敦煌太守……"⑤ⅠT0309③:134记载,"各有数,今使者王君将于阗王以下千七十四人,五月丙戌发禄福,度用庚寅到渊泉"⑥。以上这些人负责护送西域使团归国,皆属送客使。如云中太守安国、卫司马参等人各以本官临时充任送客使者,而王君未载官职,似是专职的送客使者,或为中央外事机构属官。关于送客使的具体职能,《汉书·西域传》记载:

> 凡遣使送客者,欲为防护寇害也。起皮山南,更不属汉之国四五,斥候士百余人,五分夜击刀斗自守,尚时为所侵盗。驴畜负粮,须诸国禀食,得以自赡……今遣使者承至尊之命,送蛮夷之贾,劳吏士之众,涉危难之路,罢弊所恃以事无用,非久长计也。⑦

送客使送客归国时还须吏士保卫安全,吏士规模多的可达百余人。送客使与吏士的主要职责是保障西域使团的行路安全,另外送客使既"承至尊之命",则还负有将西汉皇帝意志宣谕西域诸国的使命。其实不光送客使有保障西域使团安全

---

① 郑炳林、司豪强:《西汉敦煌郡迎送接待外客研究》,《西北民族研究》2022年第5期。
② (汉)班固撰:《汉书》卷96上《西域传上》,北京:中华书局,1962年,第3873—3874页。
③ 甘肃简牍博物馆等编:《悬泉汉简(叁)》,上海:中西书局,2023年,第28页。
④ 郝树声、张德芳:《悬泉汉简研究》,兰州:甘肃文化出版社,2009年,第148页。
⑤ 甘肃省文物考古研究所:《敦煌悬泉汉简释文选》,《文物》2000年第5期。
⑥ 甘肃简牍博物馆等编:《悬泉汉简(贰)》,上海:中西书局,2020年,第72页。
⑦ (汉)班固撰:《汉书》卷96上《西域传上》,北京:中华书局,1962年,第3886—3887页。

的职责,迎客使也同样需要保障所迎接使团的安全。ⅠT0110①:32记载,"使者所将客柱马廿匹,匹再食"①,其中,"柱"大致表"负载"之义,"柱马"即指驮马,主要负责驮运物品。②又,ⅠT0111②:3记载,"永光三年正月丁亥朔丁未,渊泉丞光移县泉置:遣厩佐贺持传车马迎使者董君、赵君所将客柱渊泉,留禀茭,今写券墨移书,受簿入,二月报,毋令缪,如律令"③,其内容为渊泉县丞移书悬泉置,使其派遣厩佐持传车马迎接使者董君、赵君、客使及他们所驮运物品至渊泉的记录。自悬泉至渊泉向东行进,则董君、赵君应属迎客使,他们负责保护西域客使及其驮运的物品,敦煌郡还为这次迎客任务提供传马等交通工具。由此观之,西域客使进贡西汉的物品或西汉赏赐使团的物品,有时需要由使者负责护送押运。即迎客使、送客使的职责不仅是保护客使的人身安全,还要负责其货物安全。

送客使多数是中央直接派遣的,也有敦煌郡派出的,如罽宾使者归国时,"汉使关都尉文忠送其使"④。此关都尉或指阳关都尉。西汉送西域使团归国时,送客使者往往由中央委派,而护送的吏士则多由敦煌郡派遣。ⅠT0110①:10A记载,"建昭三年三月丁巳朔丁丑,冥安丞光移效谷遣吏御送迎过客,往来过禀,今移券墨书到,簿入,四月报,如律令"。ⅠT0110②:11A记载,"广至尉通行丞事移县泉置:遣吏御持传马送使者公孙君,到簿入,正月报,毋令缪,如律令"。ⅠT0205②:15记载,"□敢言之。敦煌、龙勒、广至、冥安、渊泉遣吏御送使者出"⑤。ⅡT0114②:54A记载,"米。以食骑士百卌人,传马送迎客往来积八百人,人三升"。ⅡT0114③:318载,"渊泉假亭长许参送康居"⑥。这些简文中的使者未必皆是送客使,还可能包含迎客使。可见西汉敦煌郡常会派遣官吏、军队执行护送外客任务,其部分迎送任务是配合迎客使或送客使完成的。另从"御""传马"等记载观之,敦煌郡的驿置还需要为迎客使、送客使及西域使团提供传马等交通工具及驾马的御者。又,ⅠT0110①:29记载,"□白牡,左剽,齿八岁,高六尺三寸,名曰成佳。给从者丁君"⑦,则敦煌郡不仅为往来使者提供交通工具,还会为使者的随行人员提供交通工具。

除迎客使、送客使外,悬泉汉简还记载有劳边使。ⅡT0115④:198记载:"☐望送劳边使者☐。"ⅤT1311③:305记载:"黄龙元年十二月戊辰朔,县泉置丞禄

①甘肃简牍博物馆等编:《悬泉汉简(壹)》,上海:中西书局,2019年,第56页。
②王志勇:《汉简所见"柱马"新解》,《南京师范大学文学院学报》2018年第3期。
③甘肃简牍博物馆等编:《悬泉汉简(壹)》,上海:中西书局,2019年,第87页。
④(汉)班固撰:《汉书》卷96上《西域传上》,北京:中华书局,1962年,第3885页。
⑤甘肃简牍博物馆等编:《悬泉汉简(壹)》上海:中西书局,2019年,第71、281、53页。
⑥甘肃简牍博物馆等编:《悬泉汉简(叁)》,上海:中西书局,2023年,第69、142页。
⑦甘肃简牍博物馆等编:《悬泉汉简(壹)》,上海:中西书局,2019年,第56页。

移敦煌,敦煌骑士昌利里胡赏等十人送劳边使者,廪马食粟小石六石,为大石三石六斗,茭七石二钧,今移名籍,书到,出入迎簿,入正月□。"① ⅠT0111②:110记载,"阳朔四年十月丁亥朔戊子,鱼泽候圣,以私印行事移效谷,遣吏御持传马送劳边使者"②。简文所载劳边使者,应指西汉中央派遣到敦煌、西域等边地执行犒劳赏赐任务的使者。《汉书·陈汤传》记载:"汤上疏言:'臣与吏士共诛郅支单于……万里振旅,宜有使者迎劳道路……'上立出吏士,令县道具酒食以过军。"③此处所言使者当指劳边使者。又,《汉书·淮南王传》记载:"陛下遣使者赍帛五十匹,以赐吏卒劳苦者。"④劳边使者应即奉皇帝命令慰劳敦煌等边地的使者,主要负责给"吏卒劳苦者"赏赐布帛、酒水、食物等。而犒劳之物有的是使者携带,有的由地方县、道提供。从以上诸简记载看,劳边使者负责犒赏任务,敦煌郡要为其提供食物及其他招待服务,离开时劳边使者还能享受敦煌郡给予的遣人护送、提供传马等交通方面的待遇。

此外,悬泉汉简中对西汉敦煌郡迎送接待往来汉使的具体情况也有诸多记载。如ⅠT0109S:42+81记载,"使者二人用鸡四枚□"。ⅠT0112①:3记载,"出穬麦小石二石。时为使者堂仲君柱鱼离,马十二匹。元始三年六月庚戌,县泉啬夫并付遮要佐齐相"。ⅠT0114③:25A记载,"甘露元年七月甲午朔甲午,广至置丞彊友移县泉书曰:遣啬夫禹御笥福持传马送丞相史任卿,所送敝车过稟,穬麦小石七石六斗"。ⅠT0114③:144记载,"初元五年七月壬申朔丁亥,万岁候广、丞昌移效谷:万岁出穈小石十石一斗,为大石六石六升,付效谷仓佐充、御肥赏□以食传马,为行太守事司马张君送迎丞相史柱,今写券墨移书到,愿令史受簿入,八月报,毋令缪,如律令"。ⅠT0112①:29记载,"以食大农史庞弘,积三人,人六升"⑤。以上诸简所载使者不称客使,应皆属汉使。另外,丞相史任卿、丞相史柱、大农史庞弘虽未明言为使者,但亦是被西汉中央派遣经敦煌郡或至敦煌郡进行公干的汉官。根据政府规定,这些汉使与汉官在敦煌郡会享受相应的待遇,如汉使能享用鸡蛋、穬麦等食物,就是悬泉置按接待标准给其提供的。敦煌郡还会根据身份等级差异,给汉使与汉官们提供不同的车马待遇。ⅠT0116②:53记载,"以故折伤寖寖益甚,今且必坐,自今以来,非使者、丞相御史,毋得乘用新车,如律令"⑥,使者能够享受更好的车马待遇,而对待"使者、丞相御史"之外的低级

---

① 张俊民:《简牍学论稿:聚沙篇》,兰州:甘肃教育出版社,2013年,第443页。
② 甘肃简牍博物馆等编:《悬泉汉简(叁)》,上海:中西书局,2023年,第102页。
③ (汉)班固撰:《汉书》卷70《陈汤传》,北京:中华书局,1962年,第3016页。
④ (汉)班固撰:《汉书》卷44《淮南王传》,北京:中华书局,1962年,第2141页。
⑤ 甘肃简牍博物馆等编:《悬泉汉简(壹)》,上海:中西书局,2019年,第24、112、222、239、116页。
⑥ 甘肃简牍博物馆等编:《悬泉汉简(壹)》,上海:中西书局,2019年,第251页。

官吏,西汉敦煌郡的接待规格会有所降低。

　　综上,敦煌郡的设置初衷与西汉经营西域乃至打击匈奴的战略有着千丝万缕的联系。我们对敦煌郡在西汉经营西域过程中发挥的三种作用进行了考察,即物资存储与转运基地、驻军及将卒中转基地、迎送接待往来使者基地。通过以上考察不难发现,作为汉朝西陲重要战略基地的敦煌郡,在西汉经营西域过程中发挥着极为关键的作用。敦煌出土汉简,尤其是悬泉汉简中丰富而翔实的记载不仅印证了敦煌郡在西汉经营西域过程中展现的巨大价值,还进一步丰富了这段历史的微观细节。当然,敦煌郡在西汉经营西域过程中发挥的作用,不仅仅局限于本节讨论的这三类,它还是西汉与西域间的商品贸易基地、公文及各类消息传递的中转站,等等。这些问题之后还有继续深入研究的空间。总而言之,西汉敦煌郡的设置及其与西域的交通,为西汉王朝注入了新的风气和元素。西汉敦煌郡不仅是西汉与西域交往的纽带,还是古代中西方之间人员、物资、科技、文化汇聚交流的桥梁,更是古代中国跨地区、跨民族、跨阶层移民群体共存交融的区域。持续发掘和研究西汉敦煌郡及西域历史,对于揭示丝绸之路的整体面貌,追溯中华民族形成的历程都有着非凡的意义。

第二章　魏晋北朝时期的敦煌历史

第一节　魏晋北朝时期敦煌建置沿革

清人对三国时期敦煌下辖诸县进行了考证,洪亮吉、谢钟英《补三国疆域志补注》考三国时期敦煌郡有九个县:敦煌、龙勒、效谷、冥安、渊泉、广至、宜禾、拼泉、伊吾。①其中的"渊泉"出现在《汉书·地理志》,"拼泉"出现在《后汉书·郡国志》,应为同一地。②谢钟英在《三国疆域志》中把敦煌八县(敦煌、龙勒、效谷、冥安、渊泉、广至、宜禾、拼泉)的位置情况与清代敦煌诸县的相对位置做了说明。姜博对诸说法进行了辨析后认为,与汉代相比,三国时期敦煌郡控制范围基本上没有变化,此时敦煌郡有敦煌、龙勒、效谷、广至、宜禾、冥安、渊泉七县。③据《元和郡县志》,曹魏时期还设立伊吾县,④那么曹魏时期敦煌郡应有敦煌、龙勒、效谷、广至、宜禾、冥安、渊泉、伊吾八县。

西晋敦煌郡仍属凉州,晋初敦煌郡下辖诸县应当与曹魏时期有所变化。据《晋书·地理志》记载,敦煌统县十二:

> 敦煌郡,汉置。统县十二,户六千三百。昌蒲、敦煌、龙勒、阳关、效谷、广至、宜禾、冥安、深泉,伊吾,新乡,乾齐。
>
> ……
>
> 元康五年(295),惠帝分敦煌郡之宜禾、伊吾、冥安、深泉、广至等五县,分酒泉之沙头县,又别立会稽、新乡,凡八县为晋昌郡。⑤

《晋书·地理志》记载的敦煌下辖郡县比汉代多出四县,即昌蒲、阳关、新乡、乾齐。其中昌蒲县不可考,《元和郡县图志》记载:"蒲昌县,贞观十四年置。本名金蒲城,车师后王庭也。"⑥据敦煌文书P.2005《沙州都督府图经》,唐代西州有蒲昌府⑦,又汉代敦煌西有蒲昌海。⑧《敦煌实录》记载:"蒲海,绕蒲海肥美良田,水草

---

① (清)洪亮吉、谢钟英:《补三国疆域志补注》,二十五史刊行委员会编:《二十五史补编》第3册,上海:开明书店,1937年,第3080—3081页。

② 钱林书:《续汉书郡国志汇释》,合肥:安徽教育出版社,2007年,第361页。

③ 姜博:《魏晋南北朝时期敦煌历史研究》,南京师范大学,硕士学位论文,2011年,第11页。

④ (唐)李吉甫撰,贺次君点校:《元和郡县图志》卷40《陇右道下》,北京:中华书局,1983年,第1029页。

⑤ (唐)房玄龄等撰:《晋书》卷14《地理志》,北京:中华书局,1974年,第434页。

⑥ (唐)李吉甫撰,贺次君点校:《元和郡县图志》卷40《陇右道下》,北京:中华书局,1983年,第1032页。

⑦ 郑炳林:《敦煌地理文书汇辑校注》,兰州:甘肃教育出版社,1989年,第16页。

⑧ (汉)班固撰:《汉书》卷96《西域传上》,北京:中华书局,1962年,第3871页。

沃衍。有高昌壁,故属敦煌。"①蒲昌县、蒲昌海均在敦煌西,《晋书·地理志》中的昌蒲县,或在敦煌以西。而阳关县并非西晋时所有,据《元和郡县图志》,北魏时期设置阳关县。②新乡县为元康五年设置,属晋昌郡。乾齐县,《汉书·地理志》中属酒泉郡,元康年间在敦煌、酒泉之间设置晋昌郡,并未提到敦煌有乾齐县。又《晋书·地理志》所载酒泉郡下辖九县,比汉代减少了乾齐,但新增骍马,骍马或是故乾齐改名而来。那么元康五年以前,敦煌郡应当有昌蒲、敦煌、龙勒、效谷、广至、宜禾、冥安、深泉、伊吾九县,昌蒲县或为西晋新设。元康五年后,敦煌郡东部诸县划归晋昌郡,晋昌郡包括宜禾、伊吾、冥安、深泉、广至、沙头、会稽、新乡八县。敦煌郡仅保留昌蒲、敦煌、龙勒、效谷四县。

　　西晋永宁元年(301),张轨为凉州刺史,史称前凉,敦煌始终在前凉的控制范围之内。前凉建兴十二年(324),张骏即位后改革,于前凉建兴三十三年(345),分凉州置河州、沙州。③白须净真认为,张骏分置三州是从335年开始,至345年完成。④但据《前凉建兴廿四年(336)三月廿三日周㧛妻孙阿惠墓券》云:"建兴廿四年三月癸亥朔廿三日乙酉,直执。凉州建康[郡]表是县显玉亭部、前玉门主领妻孙阿惠得用。"⑤可知336年时建康郡归属于凉州,前凉尚未设置沙州。前凉沙州的疆域包括敦煌、晋昌、高昌,西域都护、戊己校尉、玉门大护军,刺史为杨宣。⑥可知沙州的设置,首要目的是更好地控制其西部疆域。张骏时期,前凉在西域地区的统治逐渐稳固,其中高昌郡在咸和二年(327)设立。⑦《晋书·张骏传》记载:"初,戊己校尉赵贞不附于骏,至是,骏击擒之,以其地为高昌郡。"⑧前凉建兴二十三年(335),张骏遣将杨宣讨伐龟兹、鄯善,西域诸国皆至姑臧朝贡,张骏大约于此年设立西域都护。⑨前凉张骏时期,还分酒泉置建康郡和玉门大护军,并将玉门大护军划归沙州,玉门大护军所在地应即旧酒泉郡玉门县。《元和郡县图志》记载:"前凉张骏于此置沙州……以西胡校尉杨宣为刺史,后三年宣让州,复改为敦煌郡。"⑩可知前凉设置沙州的时间在345年,废置沙州的时间在348

① (清)张澍辑,李鼎文点校:《续敦煌实录》,兰州:甘肃人民出版社,1985年,第4页。
② (唐)李吉甫撰,贺次君点校:《元和郡县图志》卷40《陇右道下》,北京:中华书局,1983年,第1027页。
③ (宋)司马光编著,(元)胡三省音注:《资治通鉴》卷97《晋穆帝永和元年》,北京:中华书局,2013年,第2570页。
④ [日]白须净真:《前凉·张骏の行政区劃改編と凉州·建康郡の設置—改編年次に係わる司馬光の見解と考古資料による新見解》,《敦煌写本研究年報》第八号,京都:京都大学人文科学研究所,2014年,第1—18页。
⑤ 何双全、狄晓霞:《甘肃省近年来新出土三国两晋简帛综述》,《西北师大学报》2007年第5期。
⑥ (北齐)魏收撰:《魏书》卷99《张寔传》,北京:中华书局,1974年,第2195页。
⑦ 王素:《高昌史稿·统治篇》,北京:文物出版社,1998年,第120—131页。
⑧ (唐)房玄龄等撰:《晋书》卷86《张骏传》,北京:中华书局,1974年,第2238页。
⑨ 魏俊杰:《十六国疆域与政区研究》,上海:复旦大学出版社,2018年,第179页。
⑩ (唐)李吉甫撰,贺次君点校:《元和郡县图志》卷40《陇右道下》,北京:中华书局,1983年,第1025页。

年前后。前凉和平元年(354),置商州。《晋书·地理志上》:"张祚又以敦煌郡为商州"①,前凉建兴四十三年(355),张祚被杀,商州当被废除,敦煌郡属凉州。

前凉时期新设凉兴县,据《资治通鉴》胡三省注:"凉兴郡,河西张氏置,在唐瓜州常乐县界。"②此处凉兴郡,应为凉兴县。据敦煌文书S.1899记载:"至后凉主即位,(氾)曼以佐命之功,封安乐亭侯,拜凉兴令"③,可知凉兴至后凉时期仍为县。前凉以后,设置了高昌郡、西域都护、戊己校尉等机构,加强了对西域的管辖,昌蒲县不见记载。且前凉时期可能增设了乌泽县。④前凉时期敦煌下辖有敦煌、龙勒、效谷、凉兴、乌泽诸县。

376年前秦灭前凉,前秦时期敦煌郡仍旧归属凉州。《资治通鉴》卷106《孝武帝太元十年》记载张统劝梁熙:"东兼毛兴,连王统、杨璧,合四州之众",此四州为凉州、河州、秦州、南秦州,河西即属凉州。又吕光军"至玉门,熙移檄责光擅命还师,以子胤为鹰扬将军,与振威将军南安姚皓、别驾卫翰帅众五万拒光于酒泉。敦煌太守姚静、晋昌太守李纯以郡降光"⑤。可知前秦时期敦煌郡应当归属凉州。据《晋书·吕光载记》曰:"苻坚高昌太守杨翰说其凉州刺史梁熙距守高桐、伊吾。"可知高昌郡亦归属凉州,也可以证明前秦时期敦煌郡归属于凉州。吕光进入姑臧后,并未完全控制河西诸郡。太元十一年(386),王穆袭据酒泉,自称大将军、凉州牧,同时以索嘏为敦煌太守。⑥敦煌郡暂时归属王穆管辖。太元十二年(387),吕光克酒泉,进屯凉兴,⑦敦煌郡归属后凉。

隆安元年(397),段业据建康郡、酒泉郡自立,吕氏后凉政权此时已经很难控制酒泉以西的地区。隆安二年(398),晋昌太守王德、敦煌太守孟敏皆以郡降段业,段业以孟敏为沙州刺史。⑧敦煌文书P.2005记载:"孟庙 右在州西五里。按《西凉录》神[玺]二年,敦煌太守赵郡孟敏为沙州刺史,卒官,葬于此,其庙周回三百步,高一丈三尺"⑨,可知孟敏以敦煌太守兼任沙州刺史。北凉段业在敦煌设沙州,是因为敦煌西邻西域,沙州应兼有经营西域的功能。孟敏去世以后,"业以

①(唐)房玄龄等撰:《晋书》卷14《地理志》,北京:中华书局,1974年,第434页。

②(宋)司马光编著,(元)胡三省音注:《资治通鉴》卷107《晋孝武帝太元十二年》注,北京:中华书局,2013年,第2830页。

③王仲荦著,郑宜秀整理:《敦煌石室地志残卷考释》,上海:上海古籍出版社,1993年,第182页。

④郑炳林:《前凉行政地理区划初探》,《敦煌学辑刊》1993年第2期。

⑤(宋)司马光编著,(元)胡三省音注:《资治通鉴》卷106《晋孝武帝太元十年》,北京:中华书局,2013年,第2806页。

⑥(唐)房玄龄等撰:《晋书》卷122《吕光载记》,北京:中华书局,1974年,第3056、3057—3058页。

⑦(宋)司马光编著,(元)胡三省音注:《资治通鉴》卷107《晋孝武帝太元十二年》,北京:中华书局,2013年,第2830页。

⑧(宋)司马光编著,(元)胡三省音注:《资治通鉴》卷110《晋安帝隆安二年》,北京:中华书局,2013年,第2938页。

⑨郑炳林:《敦煌地理文书汇辑校注》,兰州:甘肃教育出版社,1989年,第14页。

玄盛为安西将军、敦煌太守,领护西胡校尉"。段业以李暠为敦煌郡守,同时兼领护西胡校尉,但实际上此时西域诸国并不受北凉管辖,至隆安四年(400),李暠称凉公后,才派遣宋繇"击玉门已西诸城",并"遂屯玉门、阳关"。西凉初期,治敦煌,后迁酒泉。李暠上表曰"又敦煌郡大众殷,制御西域,管辖万里,为军国之本,辄以次子让为宁朔将军、西夷校尉、敦煌太守,统摄崐裔,辑宁殊方"。①可知,李暠可能未在西域置郡,在迁往酒泉后,敦煌郡遥领西域,敦煌太守有统摄西域的职责。

　　段业时期,敦煌郡统县也有所变化。隆安四年,段业"分敦煌之凉兴、乌泽、晋昌之宜禾三县为凉兴郡"②,可知隆安四年以前,敦煌郡有凉兴县、乌泽县,乌泽县设立的时间在前凉至北凉初期,具体时间暂不可考。段业设立凉兴郡,是为了限制敦煌李暠势力的发展,隆安四年以后,李暠实际控制敦煌郡敦煌、龙勒、效谷诸县。但是很快李暠被推为"都督、大将军、凉公、领秦凉二州牧、护羌校尉",并且"东伐凉兴"。西凉时期县制变化较大,然而在西凉灭亡后,李恂曾返回敦煌,此时的敦煌太守索元绪东奔"凉兴",说明西凉时期的敦煌郡管辖范围依旧是敦煌、龙勒、效谷诸县。

　　北凉沮渠蒙逊灭西凉后,大约在玄始九年(420)设置沙州,③敦煌郡归属沙州,敦煌郡管辖的郡县变化不大。442年沮渠无讳放弃敦煌西逃,李宝势力入据敦煌,并遣使内附北魏政权。④北魏时期置敦煌镇,《元和郡县图志》记载:"后魏太武帝于郡置敦煌镇,明帝罢镇立瓜州,以地为名也,寻又改为义州,庄帝又改为瓜州";"后魏太武帝平沮渠氏,以酒泉为军,属敦煌镇";"福禄县,本汉乐涫县……后魏太武帝平沮渠茂虔,改县为戍,隶敦煌镇,孝文帝改为乐涫县"。⑤可知敦煌镇治敦煌,下设酒泉军和乐涫戍,乐涫戍在孝文帝时期(477—499)又改为乐涫县,此外敦煌镇还设置有晋昌戍。⑥北魏孝明帝时期,敦煌郡属瓜州。据敦煌文书S.0788等记载,敦煌郡龙勒县在正光六年(525)改为寿昌郡;寿昌郡领龙勒、阳关二县;⑦效谷县亦在北魏时期改县为郡,⑧东乡原为效谷县下辖乡,北魏时期升格为东乡县,后又以效谷县、东乡县为效谷郡。北魏时期敦煌

　　①(唐)房玄龄等撰:《晋书》卷87《凉武昭王李玄盛传》,北京:中华书局,1974年,第2258、2259、2264页。

　　②(唐)房玄龄等撰:《晋书》卷87《凉武昭王李玄盛传》,北京:中华书局,1974年,第2258页。

　　③魏俊杰:《十六国疆域与政区研究》,上海:复旦大学出版社,2018年,第432页。

　　④朱艳彤:《北凉史新探——多元史料的交错论证》,兰州大学,博士学位论文,2014年,第33页。

　　⑤(唐)李吉甫撰,贺次君点校:《元和郡县图志》卷40《陇右道下》,北京:中华书局,1983年,第1023-1025页。

　　⑥李并成:《北朝时期瓜州建置及其所属郡县考》,《敦煌学辑刊》1995年第2期。

　　⑦李并成:《北朝时期瓜州建置及其所属郡县考》,《敦煌学辑刊》1995年第2期。

　　⑧陈国灿:《唐五代敦煌县乡里制的演变》,《敦煌研究》1989年第3期。

郡下辖县有：敦煌县、鸣沙县、平康县。①西魏时期应当亦是如此。《隋书·地理志》记载："敦煌，旧置敦煌郡，后周并效谷、寿昌二郡入焉，又并敦煌、鸣沙、平康、效谷、东乡、龙勒六县为鸣沙县。"北周时期，敦煌郡、效谷郡、寿昌郡合并，三郡所辖县合并为鸣沙县。《北周地理志》载："敦煌郡治鸣沙，领县一。"②北周时期，敦煌郡属瓜州，领鸣沙县。

汉武帝时期设立敦煌郡，敦煌成为经营西域的重要基地，魏晋南北朝时期，敦煌郡也发挥着经营西域的功能；魏晋南北朝时期，郡县的划分不断细化，增设的郡县有伊吾、凉兴、乌泽等，随着敦煌地区的开发，还有乡升级为县的情况，说明敦煌地区社会经济总体上是持续发展的；汉晋时期大量中原人口迁徙至敦煌，敦煌大族势力得到发展，西凉政权就是在敦煌大族的支持下建立的。魏晋南北朝之际，敦煌既是经营西部疆域的战略要地，也是承载中原文明的文化重镇。

晋昌与敦煌关系紧密。晋元康五年（295），晋昌郡始设，归属凉州。此后的凉州包括：金城郡、西平郡、武威郡、张掖郡、西郡、酒泉郡、敦煌郡、西海郡、晋昌郡。据《晋书·地理志》记载，敦煌郡统县十二：

> 昌蒲　敦煌　龙勒　阳关　效谷　广至　宜禾　冥安　深泉　伊吾　新乡　乾齐。
> …… ……
> 元康五年，惠帝分敦煌郡之宜禾、伊吾、冥安、深泉、广至等五县，分酒泉之沙头县，又别立会稽、新乡，凡八县为晋昌郡。③

由此可知，元康五年增设晋昌郡，下辖宜禾、伊吾、冥安、深泉、广至、沙头、会稽、新乡八县，而敦煌郡仅保留昌蒲、敦煌、龙勒、效谷四县。西晋晋昌郡的增设，表明汉晋时期敦煌郡相对安定，地方经济、人口有了相当程度的发展，尤其是原敦煌郡东部诸县，有了独立设郡的需要。因此晋昌郡设立之初，即下辖八县，成为河西大郡。对于西晋晋昌郡诸县的地理位置，学者已做了大量的考证，其中又以李并成先生成果最为丰富。广至县的位置位于今安西县踏实乡西北破城子，即唐代的悬泉堡。④晋昌郡宜禾县非汉代敦煌郡之宜禾都尉，而是位于今安西县六工破城，即唐代常乐县。⑤冥安县的位置汉晋之间有所变动，变动的时间即在晋昌郡设置时期。据考汉代冥安县位于锁阳城东北4.5公里之南岔大坑古城址，

---

① 李并成：《北朝时期瓜州建置及其所属郡县考》，《敦煌学辑刊》1995年第2期。
② 王仲荦：《北周地理志》，北京：中华书局，1980年，第223—224页。
③ （唐）房玄龄等撰：《晋书》卷14《地理志》，北京：中华书局，1974年，第434页。
④ 李并成：《河西走廊历史地理》，兰州：甘肃人民出版社，1995年，第130页；李并成：《汉敦煌郡冥安县城再考》，《敦煌研究》1997年第2期；孙修身：《唐代瓜州晋昌郡郡治及其有关问题考》，《敦煌研究》1986年第3期；李并成：《汉敦煌宜禾都尉府与曹魏敦煌郡宜禾县城考辨》，《敦煌学辑刊》1996年第2期。
⑤ 李并成：《汉敦煌郡宜禾都尉府与曹魏敦煌郡宜禾县城考辨》，《敦煌学辑刊》1996年第2期。

晋元康五年新设晋昌郡,冥安升格为晋昌郡治,其主城向西迁至锁阳城遗址。[①]深泉,即汉代渊泉,汉敦煌郡渊泉县的位置在今四道沟一带,管辖范围在今疏勒河中游绿洲的安西县东半部和玉门镇以西部分地区。[②]伊吾县在晋昌北境,据《元和郡县图志》"晋立伊吾都尉,并寄理敦煌北界,非今之伊州",李并成认为巴州故城是魏晋时期的伊吾县,伊吾县距离宜禾县较近,约在其城东略偏南13公里处。[③]沙头县的位置在玉门市花海镇毕家滩故城,[④]会稽县,即今安西县小宛破城。[⑤]新乡一城,晋元康五年之前应当位于敦煌郡东部,敦煌新乡县位于敦煌郡与酒泉郡之分界线。[⑥]又据《晋书》记载:"(张)骏观兵新乡,狩于北野,因讨轲没虏,破之。"[⑦]可知新乡县位于晋昌郡北部。

对于晋昌郡部分属县的位置,学者亦存有不同的看法,贾小军对渊泉、沙头等县的位置提出了疑问,考证"渊泉县故城"或为汉酒泉郡乾齐县遗址。同时认为沙头县在玉门镇中渠村东南1公里处的魏晋古城城址。[⑧]悬泉里程简记载:"玉门去沙头九十九里,沙头去乾齐八十五里,乾齐去渊泉五十八里"[⑨],学者对于渊泉、沙头县位置的不同看法主要是出于对各县位置关系判断的不同。贾小军认为汉简所载驿置玉门、沙头、乾齐、渊泉之间的里程是自东向西行走的距离,而李并成认为沙头至乾齐是自南向北的,[⑩]因此对于晋昌郡东部渊泉、沙头县位置的判断亦不相同。此外,对于晋昌郡伊吾县的位置,亦有不同看法。李正宇据《太平寰宇记》所载汉广至县的位置,认为广至县在巴州故城。[⑪]如此则伊吾县的位置就不在巴州。据《晋书·吕光载记》记载:"苻坚高昌太守杨翰说其凉州刺史梁熙距守高梧、伊吾二关,熙不从。光至高昌,翰以郡迎降。"[⑫]高昌郡太守杨翰建议凉州刺史梁熙主动防御吕光东进,此建议的提出在吕光进入高昌以前,因此高梧关或是位于高昌郡附近的要塞,而伊吾关应当位于晋昌郡西北的交通要

①　孙修身:《唐代瓜州晋昌郡郡治及其有关问题考》,《敦煌研究》1986年第3期;李并成:《汉敦煌郡冥安、渊泉二县城址考》,《社科纵横》1991年第2期;李并成:《汉敦煌郡冥安县城再考》,《敦煌研究》1997年第2期。

②　李并成:《汉敦煌郡冥安、渊泉二县城址考》,《社科纵横》1991年第2期。

③　李并成:《魏晋时期寄理敦煌北界之伊吾县城考》,《敦煌研究》2003年第3期。

④　李并成:《甘肃玉门花海比家滩古绿洲沙漠化的调查研究》,《中国边疆史地研究》2003年第2期。

⑤　李并成:《归义军会稽镇考》,《敦煌吐鲁番研究》第3卷,北京:北京大学出版社,1998年,第225—226页。

⑥　范英杰:《五凉侨置及相关问题研究》,兰州大学,硕士学位论文,2019年,第93页。

⑦　(唐)房玄龄等撰:《晋书》卷86《张轨传》,北京:中华书局,1974年,第2235页。

⑧　贾小军:《汉代酒泉郡驿置道里新考》,《敦煌研究》2020年第1期。

⑨　胡平生、张德芳:《敦煌悬泉汉简释粹》,上海:上海古籍出版社,2001年,第56页。

⑩　李并成:《酒泉郡十一置新考》,《敦煌研究》2014年第1期。

⑪　李正宇:《汉敦煌郡广至新城考》,《敦煌研究》1999年第3期。

⑫　(唐)房玄龄等撰:《晋书》卷122《吕光载记》,北京:中华书局,1974年,第3056页。

道。那么伊吾县虽寄理于敦煌北界,是否就是冥安县北之巴州故城,尚待进一步考证。虽然晋昌郡部分县城位置尚无法最终确定,但经学者细密的考证,加之出土汉简文献的印证,晋昌诸郡的位置关系基本可以确定。西晋时期设立的晋昌郡包括了汉代敦煌郡东半部及酒泉郡西部之沙头县,成为河西重镇。

自西晋至后凉时期,晋昌郡建置变化应当不大。前凉建兴三十三年(345)时,以敦煌、晋昌、高昌、西域都护、戊己校尉、玉门大护军三郡三营为沙州。[①]可知前凉时期晋昌郡归属沙州管辖。前秦灭前凉后,晋昌郡行政建置应当承袭前代。淝水之战后,吕光回师凉州,《资治通鉴》记载:"(梁)熙移檄责光擅命还师,以子胤为鹰扬将军,与振威将军南安姚皓、别驾卫翰帅众五万拒光于酒泉。敦煌太守姚静、晋昌太守李纯以郡降光。"[②]可知太元十年(385)以前晋昌属前秦凉州,太元十年吕光入据河西后,晋昌郡归属吕凉政权。史载太元十一年(386),王穆袭据酒泉,自称大将军、凉州牧,同时以索嘏为敦煌太守,[③]此时晋昌郡应在王穆控制范围内。太元十二年(387),吕光克酒泉,进屯敦煌郡凉兴县,[④]此后晋昌郡归属后凉。至隆安二年(398),晋昌太守王德、敦煌太守孟敏以郡降段业,[⑤]晋昌郡属北凉段业政权。又据《晋书》记载:

> 时蒙逊兄男成将兵西守晋昌,闻蒙逊反,引军还,杀酒泉太守垒滕,推建康太守段业为主。业自号龙骧大将军、凉州牧、建康公,以男成为辅国将军。男成及晋昌太守王德围张掖,克之,业因据张掖。蒙逊率部曲投业,业以蒙逊为镇西将军、临池太守,王德为酒泉太守。[⑥]

由此可知,晋昌守将沮渠男成助段业取酒泉,晋昌太守王德助段业取张掖,可知晋昌地区军政力量是北凉政权的有力支持。这一时间段,晋昌郡所辖郡县的变化基本没有变动。隆安四年(400),段业"分敦煌之凉兴、乌泽,晋昌之宜禾三县为凉兴郡",可知隆安四年以后宜禾不再属晋昌管辖,晋昌郡之管辖范围为宜伊吾、冥安、深泉、广至、沙头、会稽、新乡。晋昌郡为河西大郡,西凉李暠政权是在晋昌唐氏的支持之下建立的,史载:"隆安四年,晋昌太守唐瑶移檄六郡,推玄盛

---

① (唐)房玄龄等撰:《晋书》卷14《地理志》,北京:中华书局,1974年,第434页。

② (宋)司马光编著,(元)胡三省音注:《资治通鉴》卷106《晋孝武帝太元十年》,北京:中华书局,2013年,第2806页。

③ (唐)房玄龄等撰:《晋书》卷122《吕光载记》,北京:中华书局,1974年,第3057—3058页。

④ (宋)司马光编著,(元)胡三省音注:《资治通鉴》卷107《晋孝武帝太元十二年—十三年》,北京:中华书局,2013年,第2830页。史载隆安四年(400),段业"分敦煌之凉兴、乌泽、晋昌之宜禾三县为凉兴郡",可知凉兴属敦煌郡,参见(唐)房玄龄等撰:《晋书》卷87《凉武昭王李玄盛传》,北京:中华书局,1974年,第2258页。

⑤ (宋)司马光编著,(元)胡三省音注:《资治通鉴》卷110《晋安帝隆安二年》,北京:中华书局,2013年,第2904页。

⑥ (梁)沈约撰:《宋书》卷98《氐胡传》,北京:中华书局,1974年,第2412页。

为大都督、大将军、凉公、领秦凉二州牧、护羌校尉。"①至李暠迁都酒泉,西凉郡县设置再度发生变化,史载:

> 初,苻坚建元之末,徙江汉之人万余户于敦煌,中州之人有田畴不辟者,亦徙七千余户。郭黁之寇武威,武威、张掖已东人西奔敦煌、晋昌者数千户。及玄盛东迁,皆徙之于酒泉。分南人五千户置会稽郡,中州人五千户置广夏郡,余万三千户分置武威、武兴、张掖三郡,筑城于敦煌南子亭,以威南虏。②

由此可知,李暠迁都酒泉后,新置会稽、广夏、武威、武兴、张掖诸郡,对于李暠侨置诸郡的位置,学者多有讨论。李暠自敦煌迁都酒泉后为了巩固统治,将敦煌、晋昌境内的民众迁徙至酒泉,一方面是要增加酒泉郡的人口数量,另一方面是为了更好对付北凉。但其侨置诸郡是否都在酒泉郡之内,相关材料不足以说明。李暠侨置诸郡中武威、武兴、张掖诸郡与晋昌郡无涉,洪亮吉《十六国疆域志》认为:"李暠于敦煌城外筑城,侨置三郡,并无实地。"③亦有研究认为西凉武威、武兴、张掖诸郡所置之子亭,即唐五代敦煌南紫亭镇。④而会稽郡的位置,冯培红认为其位于今玉门赤金堡附近,⑤尹波涛认为李暠所置广夏、会稽诸郡位于酒泉境内。二者的推断似乎符合史料记载。

但是亦有学者有不同看法,李并成认为西凉侨置会稽郡即晋昌郡之会稽县,广夏郡在安西县东部肖家古城之南城,会稽郡与广夏郡一起分辖晋昌郡之城。⑥范英杰梳理诸家观点后认为,广夏、会稽二郡的位置当在双塔堡以东截山子北面的绿洲地带。⑦也就是说,隋李暠东徙民众并不一定如《晋书》记载完全迁徙至酒泉境,其侨置之会稽、广夏郡是位于原晋昌郡。如果从李暠统治策略上看,会稽郡位于原晋昌郡会稽县的可能性比较大,李暠于敦煌南筑子亭城,在晋昌郡会稽县基础上置会稽郡,都是其迁都酒泉之后巩固统治的举措。晋昌郡原有伊吾、冥安、深泉、广至、沙头、会稽、新乡诸县,至李暠迁都酒泉后,会稽县升格为郡,其余诸县或仍属于晋昌郡管辖。《宋书》记载:"高祖践阼,以歆为使持节,都督高昌、敦煌、晋

①　(唐)房玄龄等撰:《晋书》卷87《凉武昭王李玄盛传》,北京:中华书局,1974年,第2258、2259页。
②　(唐)房玄龄等撰:《晋书》卷87《凉武昭王李玄盛传》,北京:中华书局,1974年,第2263页。
③　洪亮吉:《十六国疆域志》,二十五史刊行委员会编:《二十五史补编》第3册,上海:开明书店,1937年,第4175页。
④　范英杰:《五凉侨置及相关问题研究》,兰州大学,硕士学位论文,2019年,第97页。
⑤　冯培红:《河西走廊上的会稽与建康》,冻国栋、李天石主编:"唐代江南社会"国际学术研讨会暨中国唐史学会第十一届年会第二次会议论文集》,南京:江苏人民出版社,2015年,第266页。
⑥　李并成:《归义军会稽镇考》,《敦煌吐鲁番研究》第3卷,北京:北京大学出版社,1998年,第224—225页;李并成:《北朝时期瓜州建置及其所属郡县考》,《敦煌学辑刊》1995年第2期。
⑦　范英杰:《五凉侨置及相关问题研究》,兰州大学,硕士学位论文,2019年,第98页。

昌、酒泉、西海、玉门、堪泉七郡诸军事,护羌校尉,征西大将军,酒泉公。"①又《魏书》记载:"(李宝)父翻,子士举,小字武强,私署骁骑将军,祁连、酒泉、晋昌三郡太守。"②可知西凉时期,晋昌郡当一直存在。

西凉李歆东伐沮渠蒙逊,战败被杀。蒙逊据酒泉,继而攻灭敦煌。沮渠蒙逊灭西凉后,在玄始九年(420)设置沙州,南朝宋景平元年(423)"进蒙逊侍中、都督凉秦河沙四州诸军事、骠骑大将军、领护匈奴中郎将、西夷校尉、凉州牧,河西王,开府、持节如故"③。蒙逊灭西凉的过程中,晋昌郡似未进行激烈抵抗,而降于蒙逊。史载蒙逊灭西凉后,以索元绪为敦煌太守,④以唐契为晋昌太守,史载:"晋昌太守唐契反"⑤,可知唐契任晋昌太守之职,先降于蒙逊,后反抗失败而奔伊吾。北凉沮渠蒙逊时期,晋昌郡属于沙州。北魏太延初年,沮渠牧犍降于北魏,沮渠无讳奔晋昌,晋昌成为沮渠无讳抵抗北魏之据点。⑥后虽无讳又短暂占据酒泉,但终在北魏太平真君二年(441)为奚眷所败。

北魏时期设立敦煌镇,晋昌郡改为晋昌戍。《元和郡县图志》记载:"后魏太武帝于郡置敦煌镇。"敦煌镇下设酒泉军,乐涫戍、晋昌戍。北魏孝文帝时期,乐涫戍改为乐涫县。⑦但晋昌戍至迟在熙平二年(517)仍未改县,肃宗熙平二年,"敦煌镇上言晋昌戍木连理"⑧,可知晋昌戍此时仍属于敦煌镇。⑨北魏明帝时期,改敦煌镇为瓜州,《元和郡县图志》载:"明帝罢镇立瓜州,以地为名也,寻又改为义州,庄帝又改为瓜州。"⑩李并成认为北魏瓜州领九郡,即敦煌、效谷、寿昌、晋昌、会稽、广夏、玉门、酒泉、常乐。前述西凉时期酒泉郡包括晋昌郡或仅保留深泉、沙头、冥安、广至、新乡、伊吾诸县,北魏时期沙头县废除,新乡郡归属玉门郡,宜禾县归属常乐郡,伊吾县至北魏时期升级为伊吾郡。⑪此时晋昌郡仅保留冥安、深泉、广至三县。北周时期省并郡县,会稽郡、广夏郡合并至晋昌郡,《太平寰宇记》载:"瓜州……至凉武昭王遂以南人置会稽郡,以中州人置广夏郡。至后周初

①(梁)沈约撰:《宋书》卷98《氏胡传》,北京:中华书局,1974年,第2414页。
②(北齐)魏收撰:《魏书》卷39《李宝传》,北京:中华书局,1974年,第885页。
③(梁)沈约撰:《宋书》卷98《氏胡传》,北京:中华书局,1974年,第2414页。
④(宋)司马光编著,(元)胡三省音注:《资治通鉴》卷119《宋武帝永初元年》,北京:中华书局,2013年,第3129页。
⑤(梁)沈约撰:《宋书》卷98《氏胡传》,北京:中华书局,1974年,第2414页。
⑥(北齐)魏收撰:《魏书》卷99《沮渠蒙逊传》,北京:中华书局,1974年,第2209页。
⑦(唐)李吉甫撰,贺次君点校:《元和郡县图志》卷40《陇右道下》,北京:中华书局,1983年,第1025、1024页。
⑧(北齐)魏收撰:《魏书》卷112下《灵征志》,北京:中华书局,1974年,第2961页。
⑨李并成:《北朝时期瓜州建置及其所属郡县考》,《敦煌学辑刊》1995年第2期。
⑩(唐)李吉甫撰,贺次君点校:《元和郡县图志》卷40《陇右道下》,北京:中华书局,1983年,第1024页。
⑪李并成:《北朝时期瓜州建置及其所属郡县考》,《敦煌学辑刊》1995年第2期。

并之,复为晋昌郡。"①《元和郡县图志》记载:"晋昌县,本汉冥安县……周武帝省入凉兴郡。"②凉兴郡即凉兴县,《隋书·地理志》记载:"后周并凉兴、大至、冥安、闰泉,合为凉兴县。"③可知北周武帝时期,晋昌郡并入凉兴县。此外后周永兴郡之会稽县移治于原玉门之地,非北魏、西魏会稽故地。④可知北周时期,晋昌郡废除。隋代虽无晋昌建置,但是亦有晋昌城。史载:"高昌王麴伯雅上状,帝遣裴矩将向氏亲要左右,驰至玉门关晋昌城。"唐武德七年(624)复置晋昌县,《元和郡县图志》记载,武德五年(622)"于晋昌置瓜州。……晋昌县,本汉冥安县,属敦煌郡,因县界冥水为名也。晋元康中改属晋昌郡,周武帝省入凉兴郡。隋开皇四年(584)改为常乐县,属瓜州。武德七年(624)为晋昌县"⑤。由此可知,唐代的晋昌县实际上为汉代的冥安县。

综上,汉晋之际敦煌地区社会经济持续发展,西晋元康五年(295)敦煌、酒泉郡置晋昌郡,晋昌郡下辖宜禾、伊吾、冥安、深泉、广至、沙头、会稽、新乡八县。北凉时期,唐瑶以晋昌郡守拥护李暠建立西凉政权,沮渠无讳居晋昌而据守河西西部,可知晋昌郡为河西地区的军事要地。北周武帝时期至隋代,晋昌郡废除,但晋昌城仍在史籍中出现。唐武德七年复置晋昌县。

第二节　魏晋北朝时期的敦煌大族

魏晋十六国北朝时期,河西地区的政治形势复杂,诸多势力先后登上河西地区的历史舞台,敦煌大族势力亦在此时得到进一步发展,以张氏、索氏、宋氏、氾氏、令狐氏等为代表的敦煌世家大族们,在这一时期发挥了关键作用,是活跃在河西大地上的重要力量。

自汉末三国时期,敦煌世家大族并未大规模卷入地方事务之中,总体生活在稳定的社会环境之中。十六国时期,由于中央政权的势弱和地方势力的崛起,敦煌大族成员开始大规模参与地方事务,成为地方政权构建过程中的重要组成部分,在不同的势力与政权之中发挥了关键作用。与此同时,敦煌大族的力量得到全方面提升,开始广泛分布在敦煌乃至河西地区社会的各个层面,无论是在政治事务,抑或地方社会经济与宗教文化事务,敦煌大族成员都是其中不可忽视的存在,他们为繁荣稳定敦煌的社会经济,促进社会文化的繁盛发展贡献了不可替代

---

① (宋)乐史撰,王文楚点校:《太平寰宇记》卷153《陇右道四》,北京:中华书局,2007年,第2959页。
② (唐)李吉甫撰,贺次君点校:《元和郡县图志》卷40《陇右道下》,北京:中华书局,1983年,第1028页。
③ (唐)魏征等撰:《隋书》卷29《地理志》,北京:中华书局,1973年,第816页。
④ 李并成:《北朝时期瓜州建置及其所属郡县考》,《敦煌学辑刊》1995年第2期。
⑤ (唐)李吉甫撰,贺次君点校:《元和郡县图志》卷40《陇右道下》,北京:中华书局,1983年,第1027—1028页。

的作用,成为五凉文化形成与发展的重要参与者,甚至可以说这些世居敦煌的大族,在敦煌乃至整个中国西北历史的发展进程中都产生过相当重要的影响。

1.敦煌张氏家族的家族源流及其发展

敦煌张氏家族自汉代便已经迁徙至敦煌,十六国时期,敦煌张氏家族在河西地区历经沉浮。北朝隋唐之际的敦煌大族得到持续发展,晚唐时期张氏归义军政权的建立,实际上就是敦煌大族势力延绵不断地佐证之一,足见这些家族在敦煌及河西地区历史发展中的重要作用。

魏晋南北朝时期,社会动荡不安,地方世族为增强自己的影响力,彰显自己的地位,经常借助族谱、郡望等来强化其身份认同,增强其家族对内的凝聚力与对外的影响力。通过梳理史料我们可以发现,北朝时期,东汉张衡成为敦煌张氏普遍攀附的祖先,借助张衡的名声以提高敦煌张氏的声望,而北朝隋唐时期敦煌张氏则自称为南阳人,或许与此有关。[①]敦煌张氏号称南阳张氏后代的情况在敦煌地区长期存在,至迟在晚唐五代归义军时期,可见敦煌张氏对于南阳张氏的标榜与在乎,而此举显然是为了强调和强化其作为中原汉姓大族后代的身份,以彰显出敦煌张氏的独特地位,为其家族谋取更多的利益。王重民将敦煌文献P.2962《张议潮变文》与P.3645V中的《童谣诗》相联系,[②]通过分析敦煌文献中关于对南阳张氏的歌功颂德的记载,展现出南阳张氏郡望在敦煌地区的号召力与影响力,充分表现了敦煌张氏在祖先书写过程中,对于南阳张氏郡望的攀附与重视。

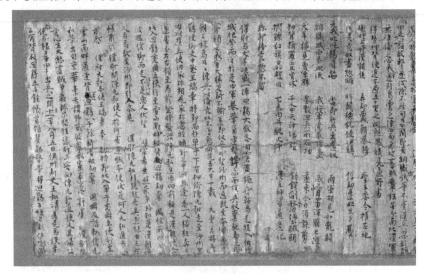

图2-1　P.2962《张议潮变文》局部(采自IDP)

---

① 杜海:《敦煌通史·魏晋北朝卷》,兰州:甘肃教育出版社,2023年,第103页。
② 王重民等编:《敦煌变文集》,北京:人民文学出版社,1957年,第120页。

张澍《续敦煌实录》中收录了大量敦煌张氏人物,其中张衡实际上是中原人士,张策是五代时期的人物,而剩下的张奂、张恭、张世度、张琬、张谘、张资、张禧、张斌、张植、张冲、张耽、张顾、张穆、张湛、张氏、张孟民、张慎、张邈、张体顺、张颉、张披、张衍22人则都是汉晋五凉时期,[①]杰出的敦煌张氏成员,从此亦可以发现,经过长时间的发展,敦煌张氏家族已经开始在军事、政治、经济与文化等领域诞生了不少优秀之人,其家族成员中不乏擅长经史之人,亦多有能征善战之人,可见此时的敦煌张氏家族中已经培养出了一大批优秀的基层军事与政治人才,在地方上担任重要地位,在各个层面积极发挥着重要角色。

敦煌张氏成员曾在河陇地区的社会治理方面作出了卓越贡献。汉魏之际,敦煌张氏家族中的成员张恭及张就父子名著河西,其父子二人自敦煌崛起,为河西地区的稳定发展以及西域地区的团结稳定,发挥了重要作用。东汉末年,伴随着中央势弱,各方势力纷纷割据自立,敦煌乃至河西地区亦陷入群雄争霸的格局之中,中原与河西及西域间的交通逐渐中断,张恭父子的崛起,成功瓦解了此种割据混乱之象,维护了敦煌乃至河西地境的和平稳定,保障了西域与中原之间的交往交流,有效维护了丝绸之路东段区域的稳定与畅通,其父子是丝绸之路发展史上的功勋之臣。《三国志·魏书·阎温传》载:

> 先是,河右扰乱,隔绝不通,敦煌太守马艾卒官,府又无丞。功曹张恭素有学行,郡人推行长史事,恩信甚著,乃遣子就东诣太祖,请太守。时酒泉黄华、张掖张进各据其郡,欲与恭(艾)并势。就至酒泉,为华所拘执,劫以白刃。就终不回,私与恭疏曰:"大人率厉敦煌,忠义显然,岂以就在困厄之中而替之哉? 昔乐羊食子,李通覆家,经国之臣,宁怀妻孥邪? 今大军垂至,但当促兵以掎之耳;愿不以下流之爱,使就有恨于黄壤也。"恭即遣从弟华攻酒泉沙头、乾齐二县。恭又连兵寻继华后,以为首尾之援。别遣铁骑二百,迎吏官属,东缘酒泉北塞,径出张掖北河,逢迎太守尹奉。于是张进须黄华之助;华欲救进,西顾恭兵,恐急击其后,遂诣金城太守苏则降。就竟平安。奉得之官。黄初二年,下诏褒扬,赐恭爵关内侯,拜西域戊己校尉。数岁征还,将授以侍臣之位,而以子就代焉。恭至敦煌,固辞疾笃。太和中卒,赠执金吾。就后为金城太守,父子著称于西州。[②]

敦煌太守马艾卒官之后,东汉政府在敦煌的基层制度基本宣告毁灭,加之与中原交通不畅,敦煌地区的地方管理成为敦煌社会各阶层必须面临的问题,此时功曹张恭因"素有学行",而被敦煌各阶层共同推举为敦煌长史,负责敦煌的军政

---

① (清)张澍辑,李鼎文校点:《续敦煌实录》,兰州:甘肃人民出版社,1985年,第26—27页。
② (晋)陈寿撰:《三国志》卷18《魏书·阎温传》,北京:中华书局,1959年,第550—551页。

大事。张恭能够从功曹的身份被共同推举,实际上说明了两个问题:第一,张恭其人在担任功曹期间,表现出异于常人的政治素养,能够充分获得敦煌社会各阶层的普遍认可,在敦煌社会上具有很高的声望,因此从世家大族到平民百姓,从军镇要员到普通大众,敦煌社会各阶层人士对于张恭的上位,均表现出了认可与拥护,张恭行长史事是敦煌民众的普遍想法;第二,敦煌张氏在历经长时间的发展后,已经在敦煌社会的各领域都有所成就,因此可以通过张氏家族的力量,联合其他大族,共同推举张恭成为此时敦煌的实际统治者。张恭行长史事,肯定是符合敦煌社会多数阶层的共同利益,亦符合敦煌世家大族的利益,因此,其才能得到拥护上位,毕竟掌握此时敦煌军政话语权的高层,大多为敦煌世家成员,如果没有他们的联合,普通民众的声音与力量属实可以忽略,因此张恭肯定得到了敦煌地方家族的认可,而这也是敦煌张氏家族力量的彰显所在,说明此时的敦煌家族已经能够对敦煌军政事务产生重要影响。

张恭行长史事后,并未辜负敦煌各阶层的厚望,从"恩信甚著"可以看出,张恭统摄敦煌军政大权之后,依旧采取了诸多政策,有效保障了敦煌社会各阶层的利益,稳定了敦煌的社会秩序,使得敦煌能够在乱局之中维持一方平安。随后,张恭遣其子张就前往中原而向曹魏政权请求派遣新任敦煌太守,张恭此举一方面展现了自己宽广的胸怀,一方面展现了敦煌地方对于曹魏政权的认可与拥护,展现了地方势力对于中原政权的拥护与向往,是地方势力维护中原政权的模范代表,更是维系中原政权对敦煌等地统治传统与统治秩序的优秀代表。张恭之子张就前往中原的途中,为酒泉黄华所扣押,黄华意图劝诫张恭据敦煌地境而割据,能够与其一起联手割据敦煌、酒泉等地,而组织曹魏政权的对于河西的统一,但是显然此时张恭并无割据之意,其一心想带领敦煌回归中原政权的怀抱,因此出兵酒泉攻击黄华,打通了酒泉对于敦煌东出交流的隔绝。张恭遣军自酒泉北塞绕道,出张掖北河后,迎接曹魏敦煌太守尹奉,之后在曹魏金城太守苏则与张恭的联合夹击之下,曹魏成功平定河西地区,彻底掌控河西乃至敦煌,尹奉成功抵达敦煌并担任太守一职,曹魏开始推行其在河西地区的统治秩序,丝绸之路东段区域开始畅通无阻,中西间的交流往来进一步得以丰富,敦煌再度恢复了繁荣的景象,成为中西间交流与贸易的中心城镇之一。

黄初二年(221),曹魏下令嘉奖张恭父子,张恭赐爵关内侯,拜西域戊己校尉。张恭封爵关内侯,自然与其积极地交通曹魏,并顺利配合曹魏政权彻底控制河西地区有关,其在曹魏西进河西地区的进程中发挥了决定性关键作用,是曹魏能够快速平定河西境内四分五裂局势的核心人物之一,因此得以封侯。张恭官拜戊己校尉,则是曹魏利用张恭个人影响力,经略西域的现实表现。西汉武帝置河西四郡(武威、张掖、酒泉、敦煌)后,敦煌便作为河西走廊的西大门,是中原王朝经略西域的战略重镇,此后长期对西域诸国产生重要影响。此时曹魏以张恭为西域戊己校尉,无疑是在借助张恭的影响力,或者说敦煌张氏的强大势力,稳定西域的局势,并且平稳地在西域地区建立起属于曹魏政权的统治秩序。曹魏此种考虑当有其道理,敦煌张氏在敦煌及河西地区都具有强大的影响力,而张恭不仅是敦煌张氏推在台前的掌权之人,更是敦煌大族们联手推出的代表性人物,因此张恭在敦煌乃至西域地区,都具有很强的影响力,以张恭为切入点,能够展现曹魏政权的善意,为曹魏在西域地区平稳构建统治秩序创造良好的氛围。

　　张恭在戊己校尉任上发挥了重要作用,成功维系了丝绸之路的畅通,保障了曹魏在西域地区的利益,因此数年之后,曹魏征张恭还朝入侍之际,以其子张就接任戊己校尉,这不仅是对张恭个人能力的肯定,亦是侧面对于此时敦煌张氏权势强盛的证明,表明了敦煌张氏的影响力已经自敦煌逐渐辐射至河西及西域地区,开始演变为区域性强族。张恭卸任后推辞了曹魏入侍的赏赐,开始在敦煌养老,并在太和年间病逝。张恭卸任至离世,长期生活在敦煌的经历,亦是推动敦煌张氏不断强盛的机遇所在,敦煌张氏借助张恭得以不断增强其影响力,而张恭的子孙亦多有出彩表现,张就后来担任曹魏金城太守,此举无疑是敦煌张氏走出敦煌,而不断与中原交流的重要机会。同时张恭与张就父子二人"著称于西州",表明其父子二人在西域戊己校尉的任上,多有建树,获得了西域地区广泛群众的认可,也是敦煌张氏影响力西扩的重要原因。张就之子张祖文,延续了张氏家族的学风与门风,"弘毅而有干正",[①]又难得的政治才能,后在晋武帝时期担任广汉太守,后官至匈奴中郎将,其子张固年纪轻轻便任黄门郎,都无疑表现出张恭一支敦煌张氏成员,在政治上多有建树,其在基层社会治理与政治建设中发挥了重要作用,并且张氏家族能够长期保持这种才能,更与其家风家学有很大关系,可以说张恭父子的成就及其后代的表现,都无疑展现了敦煌张氏的风采,是魏晋时期敦煌张氏家族成员中的重要组成部分,亦是推动敦煌张氏不断发展壮大的重要力量,尤其是张恭父子二人,促进了敦煌张氏影响力向东和向西两个方向的发展,促进了敦煌张氏与中原及西域间的交流,使得敦煌张氏逐渐从一地之豪族转变为一域之豪族。

---

① 《三国志》引《世语》注,详见《三国志》卷18《魏书·阎温传》,北京:中华书局,1959年,第555页。

图2-2 黑水国南城遗址局部

五凉时期的敦煌张氏家族,已经成为敦煌乃至整个河西地区的豪门大族,其开始深度参与到河西地区的政局之中。尤其是在前凉张氏政权中,敦煌张氏成员广泛分布其中,张轨时期的敦煌张谘,担任著作郎,撰有《凉记》八卷,表现出敦煌张氏在儒学方面的造诣之深,亦展现了敦煌张氏注重家学教育,注重对于家族成员的培养。此外,敦煌张氏成员中亦有人意图取代张轨统治,掌握河西地区的实际控制权,效仿张轨而建立其个人政权,此举无疑展现出敦煌张氏的强盛。《晋书·张轨传》载:

> 晋昌①张越,凉州大族,谶言张氏霸凉,自以才力应之。从陇西内史迁梁州刺史。越志在凉州,遂诈病归河西,阴图代轨,乃遣兄镇及曹袪、麴佩移檄废轨,以军司杜耽摄州事,使耽表越为刺史。②

张轨出自安定张氏一族,张越意图取代张轨之事,发生在张轨晚年之际。永嘉二年(308),张轨因中风而暂时无力经管朝政,晋昌大族张越认为自己具有统领河西的才能,于是其通过各种手段最终回到河西地区,因为他认为谶语中的"张氏霸凉"当指自己,因此千方百计抓紧回到河西,意图趁张轨养病之际而推翻其统治。张越抵达河西之后,肯定争取到了敦煌张氏的支持,因此其才有更强的资本与动力行不轨之事。因为"张氏霸凉"的谶语对于敦煌张氏而言,亦有莫大吸引力,敦煌张氏亦希望借助张越之力量,进一步扩张敦煌张氏在河西

---

① 晋昌与渊泉相邻,《后汉书·张奂传》载张奂为"敦煌渊泉人",注曰:"渊泉,县名,地多泉水,故城在今瓜州晋昌县东北也。"(南朝宋)范晔撰:《后汉书》卷65《张奂传》,北京:中华书局,1965年,第2138页。
② (唐)房玄龄等撰:《晋书》卷86《张轨传》,北京:中华书局,1974年,第2223页。

地区的声威。于是张越联合其兄酒泉太守张镇、秦州刺史贾龛、西平太守曹怯、凉州别驾麹遀等人，共同商定而欲成大事。张越能够在返回河西地区后迅速拉拢酒泉太守、秦州刺史、西平太守、凉州别驾等人，肯定离不开敦煌张氏家族的大力支持，否则自陇西而来的张越，在敦煌乃至河西并无多少基础，为什么能够拉拢一批河西地方高层呢？一方面其兄长张镇肯定发挥了不可替代的作用，其次就是敦煌张氏家族的支持，这就成了张越得以谋取凉州统治大权的资本与底气。面对此种情况，张轨自然不会坐以待毙，其采取多种措施开始应对此场危机，当然在张轨眼中，张越一人难以成大事，需要应对的是隐藏在张越背后的敦煌张氏及河西地方其他世家大族，他们的态度才是决定事情最终走向的关键因素。因此，首先张轨下令：

> 吾在州八年，不能绥靖区域，又值中原兵乱，秦陇倒悬，加以寝患委笃，实思敛迹避贤。但负荷任重，未便辄遂。不图诸人横兴此变，是不明吾心也。吾视去贵州如脱屣耳！[1]

由此可知，张轨以退为进，反思自己在河西地区多年，但是始终未能彻底稳定境内局势，未能为河西民众创造出安居乐业的优越环境，加之此时中原战火不息，秦陇之地威胁不断，而自己已经年老体衰，是时候开始退位让贤，为河西地区选择具有贤良才能的君主，带领河西地区于此危难之际而走出一条辉煌之路。张轨"欲遣主簿尉髦奉表诣阙，便速脂辖，将归老宜阳"[2]。张轨此举无疑是在试探敦煌及河西地区世家大族的反应，作为晋末之际率先争取"凉州刺史"的人物，张轨对于张越此次的叛乱行动肯定异常清晰。其没有迅速出兵镇压的最重要原因就是，张越背后站着不少河西的世家大族，在敦煌乃至河西地区有十分重要的影响力，因此，张轨在平定张越叛乱时，必须率先稳定"西土著姓"，以防止大族们一齐发难，对于其统治造成毁灭性打击。张轨于是放出口风，欲要派遣主簿尉髦奉表中原，为河西求取新任凉州刺史，而自己将返宜阳养老。张轨此举无疑刺激了河西豪族们的神经，一部分豪族开始坚定站在张轨的身后支持，毕竟张轨抵达河西之后，极力笼络当地的世族成员，有效保障了大族们的利益，此时如果推举张越成功取代张轨，其家族利益是否能够得到有效保障成为问题，而多数家族自然不愿冒险，毕竟河西境内爆发战争或战乱，对于大族的利益亦会造成严重损害。

河西地方不少军政要员开始明确表态而支持张轨，《晋书·张轨传》载：

> 长史王融、参军孟畅蹋折镇檄文，排阁入谏曰："晋室多故，人神涂炭，

---

[1] （唐）房玄龄等撰：《晋书》卷86《张轨传》，北京：中华书局，1974年，第2223—2224页。
[2] （唐）房玄龄等撰：《晋书》卷86《张轨传》，北京：中华书局，1974年，第2223—2224页。

> 实赖明公抚宁西夏。张镇兄弟敢肆凶逆,宜声其罪而戮之,不可成其志也。"轨嘿然。[1]

长史王融与参军孟畅的表态,使得张轨得到了政治与军事上的双重支持,尤其是军事力量成为张轨的底气所在。而敦煌张氏家族也并非全部支持张越兄弟的作乱行径,可见此时的河西大族中,仍有诸多成员是张轨的"铁杆粉丝",支持张轨继续统领河西。《晋书·张轨传》载:

> 武威太守张琠遣子坦驰诣京,表曰:"魏尚安边而获戾,充国尽忠而被谴,皆前史之所讥,今日之明鉴也。顺阳之思刘陶,守阙者千人。刺史之莅臣州,若慈母之于赤子,百姓之爱臣轨,若旱苗之得膏雨。伏闻信惑流言,当有迁代,民情嗷嗷,如失父母。今戎夷猾夏,不宜骚动一方。"[2]

武威太守张琠的表态,表现了敦煌张氏一部分成员的真实想法,其对于张轨的支持,是张轨在河西地区深得人心的表现。张轨通过试探,成功发现了河西境内人心依旧在自己一方,而且河西大族成员中相当一部分有军政大权的高层,都是自己的重要依靠,这种局面使得张轨牢牢占据着优势地位,能够在面对张越兄弟的作乱之中,以上博下,征发凉州之军民而碾压其叛乱行径。随后张轨多路出兵讨伐张越及其党羽,以军事进攻外加遣使劝降的手段,迅速平定了张越兄弟二人的谋反之举,成功稳固了自己在河西地区的统治地位。

张越兄弟与张轨之间的征战,实际上是以敦煌张氏为代表的一部分河西大族与安定张轨及部分河西大族之间的争锋,不仅是世家大族内部的权利争锋,更是河西大族内部势力盘根错节的表现,当然此次争锋以张轨的胜利而告终,"张越奔邺,凉州乃定"[3]。张轨一方面有晋室王朝的支持,其牢牢占据着政治上的优势地位,能够利用"凉州刺史"的权威而以上博下,可以名正言顺而征发凉州军民出兵张越兄弟;另一方面,张轨其人在河西素有声望,其利用权术策略,成功争取了包括敦煌张氏等部分世家势力的支持,稳定自我统治秩序的同时,彻底平定了张越兄弟作乱,再度稳定了河西地区内部的统一与稳定。张越兄弟的叛乱,是敦煌张氏势力极度膨胀的表现,也是部分敦煌张氏成员意欲进一步扩充敦煌张氏权威的表现,其在一定意义上破坏了河西地区内部的团结稳定,使得河西世家大族之间的矛盾进一步激化,同时亦离间了前凉政权初创之人——张轨,与河西地方大族之间亲密的关系,使得双方之间的隔阂进一步加深。张越叛乱被平息

---

① (唐)房玄龄等撰:《晋书》卷86《张轨传》,北京:中华书局,1974年,第2224页。

② (唐)房玄龄等撰:《晋书》卷86《张轨传》,北京:中华书局,1974年,第2224页。

③ (宋)司马光编著,(元)胡三省音注:《资治通鉴》卷86《晋怀帝永嘉二年》,北京:中华书局,2013年,第2289页。

之后,敦煌张氏的势力应当受到一部分影响,尤其是支持张越兄弟的张氏成员,必然受到了地方政权的清理与打压,敦煌张氏家族发展的劲头受到影响。

图2-3　晋昌城遗址

张轨之后的前凉政权内部,敦煌张氏成员亦有不少出彩表现。张骏时期,张植凭借自身勇武而降伏了赫赫有名的焉耆国王龙熙,[1]立下赫赫威名,成功维系了敦煌张氏在西域地区的影响力。张重华时期,张冲出任金城太守,后面对麻秋的进攻,因兵少而无力阻挡,最终投降麻秋。[2]张冲能够出任金城太守,亦表明了自张就之后,敦煌张氏在金城等地的势力得到了发展与增长,其在地方事务治理过程中发挥了不少的作用。当然张冲的表现主要是其乐善好施,“推财不疑张长思”[3]的歌谣就是对张冲乐善好施的称赞,其在民间享有盛誉。张重华时期,敦煌张耽任牧府相司马。张耽在抵御麻秋进攻的过程中,发挥了关键作用。《晋书·张轨传》载:

> 张耽言于重华曰:“臣闻国以兵为强,以将为主。主将者,存亡之机,吉凶所系。故燕任乐毅,克平全齐,及任骑劫,丧七十城之地。是以古之明君,靡不慎于将相也。今之所要,在于军师。然议者举将多推宿旧,未必妙尽精才也。且韩信之举,非旧名也;穰苴之信,非旧将也;吕蒙之进,非旧勋也;魏延之用,非旧德也。盖明王之举,举无常人,才之所能,则授以大事。今强寇在邻,诸将不进,人情骚动,危机稍逼。主簿谢艾,兼资文武,明识兵

---

[1] (唐)房玄龄等撰:《晋书》卷97《西戎传》,北京:中华书局,1974年,第2542—2543页。

[2] “季龙使王擢、麻秋、孙伏都等侵寇不辍。金城太守张冲降于秋。”(唐)房玄龄等撰:《晋书》卷86《张轨传》,北京:中华书局,1974年,第2240页。

[3] (清)张澍辑,李鼎文校点:《续敦煌实录》,兰州:甘肃人民出版社,1985年,第19页。

略,若授以斧钺,委以专征,必能折冲御侮,歼殄凶类。"①

面对麻秋的气势汹汹,张重华遣裴恒出兵抵御,而裴恒面对麻秋大军却采用坚守不出之策,欲以持久战消耗麻秋的进攻之势。张耽上疏极言此举十分不明智,认为与麻秋之间不宜长久消耗,并推荐麻秋为大将出军抵御麻秋。张重华采取张耽的建议,而谢艾也不负众望,成功击退麻秋的进攻。此事足以看出,张耽其人有卓越的军事眼光,对于前凉的局势与形势有清晰把握,能够打破旧有成见,慧眼识才,为前凉发掘出卓越的军事将领。此外还有敦煌张禧出任敦煌效谷令,敦煌张顾出任西域校尉,②以及张阆、张斐③等敦煌张氏人物,都是活跃在前凉时期的敦煌张氏成员,在政治、经济与文化领域,充分展现了敦煌张氏成员的风采,促进敦煌张氏家族的恢复与发展。

北凉时期,敦煌张慎担任奉常,曾因劝谏沮渠茂虔崇德修政,为茂虔所不悦,④不过此举表现出其心系百姓,忧心北凉政权的发展,展现了臣子的忠贞之心。另有张披担任永安令,⑤致力于地方治理。西凉时期,敦煌张邈是李暠西凉政权中的核心人物,在李暠建立西凉政权的过程中贡献颇多。《晋书·凉武昭王李玄盛传》载:

> 及业僭称凉王,其右卫将军索嗣构玄盛于业,乃以嗣为敦煌太守,率骑五百而西,未至二十里,移玄盛使迎己。玄盛惊疑,将出迎之,效谷令张邈及宋繇止之曰:"吕氏政衰,段业闇弱,正是英豪有为之日。将军处一国成资,奈何束手于人!索嗣自以本邦,谓人情附己,不虞将军卒能距之,可一战而擒矣。"⑥

李暠原为敦煌太守,段业称凉王后,其宠臣索嗣构陷李暠,于是段业以索嗣为敦煌太守,意欲取代李暠的地位。索嗣率五百骑前往敦煌,未至敦煌城而遣书李暠,命令其在城外恭迎自己的到任。索嗣欲借段业之权威,对李暠造成严重威慑,在李暠慌张之际,其幕僚张邈与宋繇二人及时为其剖析当下形势,谏言李暠当据敦煌之优势地位,出兵征伐索嗣,以占据主动地位,维持自己的地位,防止自己沦为他人随意欺压之辈。李暠在张邈与宋繇的分析之下,开始坚定信心,于是

---

① (唐)房玄龄等撰:《晋书》卷86《张轨传》,北京:中华书局,1974年,第2240—2241页。

② (清)张澍辑,李鼎文校点:《续敦煌实录》,兰州:甘肃人民出版社,1985年,第17—18、20页。

③ (唐)房玄龄等撰:《晋书》卷86《张轨传》,北京:中华书局,1974年,第2224—2225页。

④ "茂虔访于奉常张慎,慎曰:'昔虢之将亡,神降于莘。深愿殿下崇德修政,以享三十年之祚;若盘于游田,荒于酒色,臣恐七年将有大变。'茂虔闻之,不悦。"(清)张澍辑,李鼎文校点:《续敦煌实录》,兰州:甘肃人民出版社,1985年,第22—23页。

⑤ (清)张澍辑,李鼎文校点:《续敦煌实录》,兰州:甘肃人民出版社,1985年,第25—26页。

⑥ (唐)房玄龄等撰:《晋书》卷87《凉武昭王李玄盛传》,北京:中华书局,1974年,第2258页。

"遣其二子士业、让与邈、繇及司马尹建等逆战,破之,嗣奔还张掖"①。李暠遣军
一战而灭索嗣之威风,使其狼狈逃回张掖,之后在群臣推举之下,李暠开始于敦
煌建立西凉政权。张邈与宋繇对于形势的把握十分到位,他们的建言是安抚李
暠情绪、增强李暠信心的一剂良药,促成了西凉政权的建立。后来,李暠为进一
步发展西凉,富强西凉之国力,增强对北凉沮渠蒙逊政权的威慑,决议迁都酒泉,
却遭到了麾下的阻挠,此时张邈又再度成为李暠坚定的支持者,成功促成了西凉
迁都之举。《晋书·凉武昭王李玄盛传》载:

> 张邈赞成其议,玄盛大悦曰:"二人同心,其利断金。张长史与孤同矣,
> 夫复何疑!"乃以张体顺为宁远将军、建康太守,镇乐涫,征宋繇为右将军,
> 领敦煌护军,与其子敦煌太守让镇敦煌,遂迁居于酒泉。②

张邈对于李暠迁都的支持,表明其在李暠的幕僚群体中占据重要地位,是西凉统
治阶层中的核心力量,说明敦煌张邈在西凉政权的建设与发展中,贡献卓著。另
有张体顺先后担任宁远将军、建康太守、左长史,③深受李歆重用。张显曾任从
事中郎,忧心国事,极力劝谏李歆应该爱民如子,减少大兴宫室之举,秉承李暠之
遗志,不断增强西凉国力,推动西凉走向富国强兵之路,以抗击北凉的威胁,因此
招致李歆的厌恶。④张体顺、张显等人都是忠贞之臣,极力为西凉政权的建设建
言献策,尽管为君主所不喜,但是他们无疑的出发点都是为了西凉政权的建设,
只不过所遇非良君而已。

汉代敦煌张氏家族迁自中原,并且成为敦煌地区世家大族,后代敦煌张氏家
族成员则以前往中原做官为荣,对于中原地区依旧十分向往。西晋时期,敦煌大
族与中原间的联系较多,诸多张氏人物曾在中原为官,同时十六国北朝时期敦煌
张氏成员中亦有出仕中原王朝的人士,《续敦煌实录》载:

> 张世度,敦煌人也。幼以孝让著称。游学京师,遇中州大疫,乡人宗室
> 死于京师十余人,世度年十六,收恤殡葬,识者嘉之。⑤

由此可见,游学或出仕于中原地区的敦煌张氏人员不在少数,社会动荡之际的人

① (唐)房玄龄等撰:《晋书》卷87《凉武昭王李玄盛传》,北京:中华书局,1974年,第2258页。
② (唐)房玄龄等撰:《晋书》卷87《凉武昭王李玄盛传》,北京:中华书局,1974年,第2261页。
③ (清)张澍辑,李鼎文校点:《续敦煌实录》,兰州:甘肃人民出版社,1985年,第24页。
④ "歆用刑过严,又好治宫室,缮筑不止,从事中郎张颐(一作显)上疏切谏:'凉土三分,势不久立。并
兼之本,实在农战;怀远之略,莫如宽简。……殿下不能奉承先志,混一凉土,侔踪张后,将何以见先王乎?
沮渠蒙逊,胡夷之杰,内修政事,外理英webp,攻战之际,身同士卒,百姓怀之,咸乐为用。臣谓殿下非但不能
平珍蒙逊,亦惧蒙逊方为社稷之忧。'歆览之,不悦。"(清)张澍辑,李鼎文校点:《续敦煌实录》,兰州:甘肃
人民出版社,1985年,第24页。
⑤ (清)张澍辑,李鼎文校点:《续敦煌实录》,兰州:甘肃人民出版社,1985年,第16页。

口交流促进了敦煌张氏的外迁,亦进一步增强了敦煌张氏的影响力。北魏灭北凉后,为巩固政权而进行了大规模移民活动,《魏书·世祖纪》载:

> (太延五年)九月丙戌,牧犍兄子万年率麾下来降。是日,牧犍与左右文武五千人面缚军门,帝解其缚,待以藩臣之礼。收其城内户口二十余万,仓库珍宝不可称计……冬十月辛酉,车驾东还,徙凉州民三万余家于京师。[1]

由此可见,大量河西士人伴随移民而前往中原地区,在这些河陇名士迁往河西地区之后,其社会地位与政治境遇大不如前,其在中原地区的表现亦多有不同。北魏时期有敦煌张氏的张湛活跃于平城,《魏书·张湛传》载:

> 张湛,字子然,一字仲玄,敦煌人……凉州平,入国,年五十余矣,赐爵南浦男,加宁远将军。司徒崔浩识而礼之。浩注《易》,叙曰:"国家西平河右,敦煌张湛、金城宗钦、武威段承根三人,皆儒者,并有俊才,见称于西州。每与余论《易》,余以《左氏传》卦解之,遂相劝为注。故因退朝之余暇,而为之解焉。"其简称如此。湛至京师,家贫不粒,操尚无亏,浩常给其衣食。每岁赠浩诗颂,浩常报答。及浩被诛,湛惧,悉烧之。[2]

张湛是随移民迁往平城的敦煌张氏成员,其在北凉政权中颇受重用,又受到崔浩赏识,然而在迁入平城以后,却落魄不堪。从张湛的经历可以发现,迁徙至平城的河陇士人并未受到北魏中央政府的重用,尽管其文史才能优于常人,但是大概因为他们曾效忠北凉的经历,因此在北魏政权中被排斥。不过伴随时间的推移,这些移民群体的后代,在北朝有了新的发展,张湛家族在北魏后期得以有新的成就。《北史·张湛传》载:

> 兄铣……崔浩礼之与湛等。卒于征西参军。……微字方明,位侍中、卫尉卿,封西平县公。子敢之袭,位太中大夫、乐陵郡守。麟字嘉应,位广平太守。俭字元慎,位凉州刺史。凤字孔鸾,位国子博士,散骑常侍,著《五经异同评》十卷,为儒者所称。[3]

敦煌张湛家族以儒学立世,重视家族成员的教育,同时自河西而来的张氏家族,深谙凉州事务,成为中原管理河陇事务过程中的重要仰仗之人,亦成为其家族发展壮大的机遇。其家族成员在政治上成就卓著,保持着世代为官的传统,延续着其大族地位。

---

① (北齐)魏收撰:《魏书》卷4上《世祖纪上》,北京:中华书局,1974年,第90页。

② (北齐)魏收撰:《魏书》卷52《张湛传》,北京:中华书局,1974年,第1153—1154页。

③ (唐)李延寿撰:《北史》卷34《张湛传》,北京:中华书局,1974年,第1265—1266页。

在正史资料之外,金石文献中亦能够发现不少敦煌张氏成员迁居中原地区的后发展状况。东魏武定六年(548)《张琼墓志》记载:"君讳琼,字德连,敦煌人也。"从此能够发现张琼是敦煌张氏的后裔,另外其墓志还记载:"高祖陵江将军,以雄列著称。曾祖征东将军,以儒雅见重。大魏并凉,乃居朔土。祖酒泉太守。考征南将军、南蛮校尉。"张琼之子张遵墓志中亦记载:"高祖士凉,陵江将军。曾祖大魏并凉,乃居朔方焉。"张琼与张遵父子二人墓冢中关于其祖父以上世系的文字描述基本雷同,只是关于父亲一代的表述存在缺漏,极有可能是同时制作两方墓志时互相照搬世系所致。[1]张琼父子墓志中,主要描述其在东魏、北齐之际的事迹,关于其祖上为官的叙述,或许存在攀附的情况。不过其墓志中提及的"大魏并凉,乃居朔土","大魏并凉,乃居朔方焉",都无疑表明了其家族是在北魏灭北凉后内迁至中原。其家族在中原地区的活动,亦是敦煌张氏后裔在中原地区的延续,当然其墓志中关于祖先世系的构建,或许有攀附、伪冒之嫌,[2]主要是为了将其与敦煌名士张湛家族相联系,以彰显出自己出身之显赫,提升自己及其家族成员的声望。

图2-4　《张琼墓志》

(采自叶炜、刘秀峰主编:《墨香阁藏北朝墓志》,上海:上海古籍出版社,2016年,第76页。)

---

[1] 廖基添:《论魏齐之际"河南—河北"政治格局的演变——从东魏张琼父子墓志说起》,《文史》2016年第3辑。该文结合张琼、张遵父子事迹分析了东魏北齐时期政局,高澄之所以厚葬张琼父子,看中的不仅是其殉国事迹,更有意将张琼父子树立为尔朱降将效忠高氏的典型,从而笼络尔朱降将,弥合侯景叛乱给高氏集团造成的裂痕。

[2] 刘凯:《东魏〈张琼墓志〉疏证》,《华夏考古》2019年第3期。

北魏灭北凉后,敦煌张氏家族亦有不少成员随沮渠氏前往高昌,他们是北凉流亡政权的重要组成部分。《续敦煌实录》载:

> 孝文太和五年,高昌王阿伏至罗杀首归兄弟,以敦煌人张孟明为王。后为国人所杀,立马儒为王,以巩顾礼、麴嘉为左右长史。①

此条文献显示,张孟民必然在当地具有一定声望与权势,才能为高昌王拥立。这就说明西迁高昌地区的敦煌张氏在当地拥有一定的权势,生活在高昌地区的张氏家族势力应该并没有像敦煌一样落寞,反而逐渐强大起来,说明北凉移民政权中的大量汉族家族在高昌地区得到发展,"继沮渠氏统治高昌的阚、张、马、麴都是西迁汉姓,在高昌王国中掌握权力的官僚都是汉族人,这都是北凉后遗政权直接影响的结果"②。敦煌张氏在西迁高昌之后的发展状况还可以通过高昌地区出土的其他墓志材料进行梳理,《武周长寿三年(694)张怀寂墓志》载:

> 襄避霍难,西宅敦煌。余裔迁波,奄居蒲渚。遂为高昌人也。曾祖务,伪右卫将军、都绾曹郎中,器度温雅,风神秀郎。祖端,伪建义将军、都绾曹郎中,识鉴明敏,弘博多通。父雄,伪左卫大将军、都绾曹郎中,神性俊毅,志怀刚直,片言折狱,无谢终由,诺重千金。③

张怀寂先祖在汉代时期西迁敦煌定居,后来其家族又随沮渠氏流亡高昌,张氏一族开始在高昌地方政权中长期拥有官职,拥有强大的家族势力。通过对张怀寂家族的研究可以发现,至迟在麴氏高昌时期,高昌张氏已经在当地拥有强大的势力,尤其表现在军事方面。④此外,高昌出土砖志碑刻材料中,有大量关于敦煌张氏生活的记载,反映出他们在当时显赫的社会地位。《张幼达墓表》载:"龙骧将军、散骑常侍,敦煌张幼达之墓表,夫人宋氏。"《张兴明夫人与杨氏墓表》载:"折冲将军、新城太守,敦煌张兴明夫人杨氏墓表。"《张季宗及夫人宋氏墓表》载:"河西王通事舍人,敦煌张季宗之墓表,夫人敦煌宋氏。"《张文智墓表》:"建威将军、吏部郎中,敦煌张文智之墓表,夫人扶风马氏、夫人张掖翟氏。"《氾绍和及夫人张氏墓砖》载:"和平二年(552)壬申岁八月朔丙申,镇西府虎牙将军、领内干将氾绍和,七月廿七日卒,春秋五十有八,也以八月一日申时,葬于墓也,夫人敦煌张氏享年六十二。"《张孝真及妻索氏墓表》载:"延昌四年(564)甲申岁八月丁亥朔三

---

① (清)张澍辑,李鼎文校点:《续敦煌实录》,兰州:甘肃人民出版社,1985年,第22页。
② 郑炳林、李冬梅:《关于北凉后遗政权的有关问题》,《西北民族学院学报(哲学社会科学版)》1995年第2期。
③ 侯灿、吴美琳:《吐鲁番出土砖志集注》,成都:巴蜀书社,2002年,第595—601页。
④ 段文岗:《北魏时期河西历史研究》,兰州大学,硕士学位论文,2023年,第77—79页。

日己丑,民部参军、殿中中郎府门散将,敦煌张氏讳孝真索氏墓表。"[1]从上述墓志材料中我们可以知道,他们的生活年代基本在沮渠氏西迁高昌之后,因此可以合理推测此部分张氏居民是跟随沮渠氏西迁的敦煌张氏,或者说存在着他们的后裔,因此在墓志中反复强调敦煌,用以强调敦煌张氏的郡望或展现自己的身份地位,可以发现西迁高昌的敦煌张氏发展较好,在当地的政治、军事中拥有很大的影响力,逐渐成为当地的豪门望族。

图2-5　吐鲁番阿斯塔纳墓地一角

敦煌张氏家族在汉代时便逐渐兴起,两汉魏晋时期的敦煌张氏在地方治理与经略西域等方面发挥了重要作用,部分成员更是扬名西域,扩散了敦煌张氏的影响力。北朝时期,外迁中原与高昌的敦煌张氏,其政治境遇与社会地位发展各不相同,高昌地区的敦煌张氏逐渐发展成为地方的豪门望族。敦煌、吐鲁番的张氏祖先书写经历了再整合的过程,形成了诸如"南阳—敦煌—高昌"等书写模式,同时北朝后期敦煌张氏祖先书写开始形成多线索并存的情况,出现了诸如南阳张氏、清河张氏、墨池张氏等不同情况。综观北朝时期的敦煌张氏,其家族自敦煌而逐渐发展壮大,并不断走出敦煌而迁居至西域、河西、中原等地,敦煌张氏的影响力得到长足发展,敦煌张氏兴盛时期,对河西及西域地区都产生了深远影响,是著名的"西土著姓",伴随战争与移民活动的影响,敦煌张氏成员不断流散至各地,其发展的历史展现了敦煌大族历史的演进与文化认同等丰富多彩的图

---

[1] 张铭心:《吐鲁番出土墓志汇考》,桂林:广西师范大学出版社,2020年,第37、38、39、42、52、63页。

景,是我们研究敦煌社会历史与河西社会历史的重要切入点。

2.敦煌索氏家族的发展源流

索氏家族在汉代迁徙至敦煌,汉宋之间逐渐成为敦煌大族,在整个河西地区都有着令人瞩目的成就。十六国与归义军时期的敦煌索氏尤为学术界所关注,有诸多研究成果。[①]关于敦煌索氏家族的文献资料十分丰富,包括传世史料、敦煌文书、碑刻文献等,依据这些资料我们可以对敦煌索氏家族的发展历史进行全面的考察,对其家族源流进行清晰展现。

敦煌索氏自汉武帝时期自中原迁居至敦煌,并逐渐成为此地之著姓。《元和姓纂》"索氏"条载:"殷人七族索氏之后。(敦煌)晋索湛为北地太守;生靖,尚书、后将军、安乐亭侯;生綝,侍中,吏部尚书。"[②]《古今姓氏书辩证》载:"周成王分鲁公商民六族,其一索氏之后。后汉敦煌长史索班。晋索湛为北地太守,生靖,尚书安乐亭侯。生綝,侍中,并敦煌人,今望出汝南。"[③]通过上述两条史料我们可以发现,晋世敦煌索氏较为出名,是其家族发展过程中的关键时期。北朝隋唐时期,敦煌索氏家族的祖先历史书写逐渐呈现格式化的特点。北朝《索泰墓志》中,关于索氏汉代及以前的祖先书写已经基本形成。至唐代时期,P.2625《敦煌名族志》补充完善了汉晋时期敦煌索氏家族的历史,形成了模式化的祖先书写历史。P.2625《敦煌名族志》载:

> 索氏:
>
> 右其先商王帝甲封子丹于京索,因而氏焉。武王灭商,迁之于鲁,封之为侯。秦并六国,庄侯索番致仕,国除。汉武帝时,太中大夫索抚、丞相赵周直谏忤旨徙边。以元鼎六年,从钜鹿南和迁于敦煌。凡有二祖,号南索、北索。初索抚在东,居钜鹿之北,号为北索。至王莽天凤三年,鸣开都尉索骏复西敦煌。骏在东,居钜鹿之南,号为南索。莫知其长幼,咸累代官族。后汉有索頵,明帝永平中为西域戊已校尉,居高昌城。頵子堪字伯高才明举孝廉明经,对策高第,拜尚书郎,稍迁幽州刺史。其抚玄孙翊字厚山,有文武才,明兵法,汉安帝永初六年,拜行西域长史。弟华,除为郎。华之后衮,字文长,师事太尉杨赐展。孙翰,字子曾,师事司徒王即(朗),咸致士官。

①《唐朝氏族志研究——关于〈敦煌名族志〉残卷》,[日]池田温:《唐研究论文选集》,孙晓林等译,北京:中国社会科学出版社,1999年,第76—78、81—82页。郑炳林:《〈索崇恩和尚修功德记〉考释》,《敦煌研究》1993年第2期。郑炳林:《〈索勋功德碑〉研究》,《敦煌学辑刊》1994年第2期。刘雯:《敦煌索氏家族研究》,兰州大学,硕士学位论文,1998年。姚彩玉:《汉唐敦煌索氏研究》,西北师范大学,硕士学位论文,2012年。李金娟:《敦煌莫高窟索义辩窟研究》,兰州:甘肃教育出版社,2018年。杜海:《敦煌通史·魏晋北朝卷》,兰州:甘肃教育出版社,2023年。

②(唐)林宝撰,岑仲勉校记:《元和姓纂(附四校记)》,北京:中华书局,1994年,第1569页。

③(宋)邓名世撰,王力平点校:《古今姓氏书辩证》,南昌:江西人民出版社,2006年,第600页。

宗人德,字益济,祖殷、太尉(掾),父祈社陵令。德举孝廉,拜驸马都尉,桓帝延熹元年拜东平太守。子韶西部长史。族子隆,字袒。其父宜,清灵洁净,好黄、老,沉深笃学。事继母以孝闻。族父靖,父湛北地太字(守)。靖少有逸群之量,与闻不应辟召,乡人号曰府白儒。隆子莓,蜀郡太守。族父靖字幼乡人张觑索紾、汜衷、索馆等五人,俱游太学,号称敦煌五龙。四人早亡,唯靖得骋□□□(后缺)①

此件敦煌文献,对敦煌索氏的发展源流进行了记载,表现了西汉时期索氏迁居中原之后发展壮大的过程,对于汉代索氏迁居敦煌的历史、汉晋间敦煌索氏家族世系等进行了描述,体现了索氏家族祖先实现的建构过程,是我们研究敦煌索氏发展历史的重要材料。

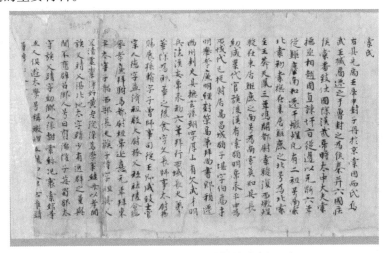

图2-6　P.2625《敦煌名族志》局部(采自IDP)

根据中原出土的敦煌索氏墓志,可以对索氏祖先书写的模式与形成过程进行还原。撰于北齐皇建二年(561)的《索泰墓志》记载:"昔商契肇祚,成汤启运,雅颂典坟,光垂不朽,大甲子丹,昨土京索,有昭谱牒,岂砒再宣。"墓志称索泰为"敦煌效谷人",并将其祖先追溯至殷商时期,这与《元和姓纂》《古今姓氏书》的内容类似,《索泰墓志》关于索氏迁徙的记载较为简单,"自七族东辅,两宗西捍,良史图其景迹,方书刊为实录"②。从"七族"合理推测,其与《元和姓纂》中的"殷商七族"记载应属于同类内容,另有隋开皇九年(589)《索叡墓志》载:"伯禽封鲁,七

---

① 图版见上海古籍出版社等编:《法藏敦煌西域文献》第16册,上海:上海古籍出版社,2001年,第329—331页。录文参见唐耕耦、陆宏基主编:《敦煌社会经济文献真迹释录》第1辑,北京:书目文献出版社,1986年,第102—103页。

② 拓片图版参见赵君平、赵文成编:《秦晋豫新出墓志搜佚》,北京:国家图书馆出版社,2012年,第131页。录文参见王连龙:《南北朝墓志集成》,上海:上海人民出版社,2021年,第698页。

敦煌历史与艺术

族迁殷。"①相较于《索泰墓志》而言,又多出了"伯禽封鲁"的记载,但是关于"七族"的记载略为相同,可以看出在北朝时期此类记载。

汉晋以来的敦煌索氏,不少成员入仕中原,积极参与地方社会治理,家族之中人才辈出,在地方上颇具影响力,并逐渐跻身于敦煌地区的一流士族。此后,自敦煌外迁的索氏,亦选择以敦煌索氏中的代表人物来装饰自己的世系,可见敦煌索氏的显赫。根据早期敦煌索氏的事迹,我们可以发现其家族人物首先因军功卓著而崛起,之后其家族成员可是重视教育,在儒学等方面亦取得了不菲成绩,使得其家族在军政等领域都开始显赫于敦煌。早期敦煌索氏家族成员见于史籍的主要有索颏、索班、索劢,《后汉书·西域传》载:

> (永元)八年(96),戊己校尉索颏废后部王涿鞮,立破虏侯细致。涿鞮忿前王尉卑大卖己,因反击尉卑大,获其妻子。明年,汉遣将兵长史王林,发凉州六郡兵及羌(虏)胡二万余人,以讨涿鞮,获首虏千余人。涿鞮入北匈奴,汉军追击,斩之,立涿鞮弟农奇为王。至永宁元年(120),后王军就及母沙麻反畔,杀后部司马及敦煌行事。②

此处记载了戊己校尉索颏等人经营西域的事件,从此事可以反映出,索氏于敦煌立家后便积极参与军政要务,尤其在中央政府经略西域的军镇事务中,逐渐显名于当时,成为其家族不断崛起的资本。另有敦煌长史索班,亦长期参与西域事务,史载:

> 敦煌太守曹宗患其暴害,元初六年(119),乃上遣行长史索班,将千余人屯伊吾以招抚之,于是车师前王及鄯善王来降。数月,北匈奴复率车师后部王共攻没班等,遂击走其前王。③

> ············

> 元初六年,敦煌太守曹宗遣长史索班将千余人屯伊吾,车师前王及鄯善王皆来降班。后数月,北单于与车师后部遂共攻没班,进击走前王,略有北道。④

索班任职时期,曾在经略西域伊吾、鄯善、车师前部等诸国一事上发挥了重要作用,有效维护了西域地区的团结稳定,维护了中央政府在西域的统治权威。其在与匈奴作战中被杀,后来班勇"捕得军就及匈奴持节使者,将至索班没处斩之,以

---

① 王其祎、周晓薇:《安阳出土隋代索氏家族五兄弟墓志集释》,杜文玉主编:《唐史论丛》第二十三辑,西安:三秦出版社,2016年,第208页。

② (南朝宋)范晔撰:《后汉书》卷88《西域传》,北京:中华书局,1965年,第2929—2930页。

③ (南朝宋)范晔撰:《后汉书》卷88《西域传》,北京:中华书局,1965年,第2911页。

④ (南朝宋)范晔撰:《后汉书》卷47《班勇传》,北京:中华书局,1965年,第1587页。

062

报其耻,传首京师"①。此时足见索班之地位,以及班勇对于索班战死一事的重视。此外还有敦煌索劢,致力于西域屯田事业。《水经注》载:

> 敦煌索劢,字彦义,有才略。刺史毛奕表行贰师将军将酒泉、敦煌兵千人,至楼兰屯田,起白屋,召鄯善、焉耆、龟兹三国兵各千,横断注滨河。河断之日,水奋势激,波陵冒堤。劢厉声曰:"王尊建节,河堤不溢。王霸精诚,呼沱不流。水德神明,古今一也。"劢躬祷祀,水犹未减。乃列阵被杖,鼓噪欢叫,且刺且射,大战三日,水乃回减,灌浸沃衍,胡人称神。大田三年,积粟百万,威服外国。②

索劢在楼兰屯田事业的发展中贡献了突出力量,"胡人称神""积粟百万,威服外国"都无疑表现了索劢的功绩,表现出其在西域广受百姓所拥护,是这一时期帮助治理西域事务的关键人物。索劢在西域地区的表现,亦成为其家族在敦煌等地的发展壮大的基础,为其家族社会地位的提升发挥了关键作用。

图2-7　高昌故城局部

汉晋时期,敦煌索氏逐渐以军功而扬名于敦煌,其家族势力开始崛起,到西晋时期,敦煌索氏家族开始进一步重视儒学教育,不断涌现出索靖等闻名当世的人物。《晋书·索靖传》载:

> 索靖字幼安,敦煌人也。累世官族,父湛,北地太守。靖少有逸群之量,与乡人氾衷、张甝、索紾、索永俱诣太学,驰名海内,号称"敦煌五龙"。四人并早亡,唯靖该博经史,兼通内纬。州辟别驾,郡举贤良方正,对策高第。傅玄、张华与靖一面,皆厚与之相结。③

---

① (南朝宋)范晔撰:《后汉书》卷47《班勇传》,北京:中华书局,1965年,第1590页。

② (北魏)郦道元注,(清)杨守敬、熊会贞疏,段熙仲点校,陈桥驿复校:《水经注疏》卷2《河水》,南京:江苏古籍出版社,1989年,第97—98页。(清)张澍辑,李鼎文校点:《续敦煌实录》,兰州:甘肃人民出版社,1985年,第29页。

③ (唐)房玄龄等撰:《晋书》卷60《索靖传》,北京:中华书局,1974年,第1648页。

索靖之父官居北地太守,而索靖与索紾、索永等人驰名于天下,"敦煌五龙"中有三位索氏成员,足见其家族通晓经史的传统。可以看出,经过长时间的积累,索氏家族已经发展成为具有较高文化水平的儒学家族。史载索靖"与襄阳罗尚、河南潘岳、吴郡顾荣为官,咸器服焉。""与尚书令卫瓘俱以善草书知名,帝爱之。瓘笔胜靖,然有楷法,远不能及靖。"①综上可见,索靖的才学与修养已经可与中原大族相媲美,索靖在敦煌乃至中原,都是闻名于世的士人,具有很高的社会地位与影响力。

西晋时期儒学士族崛起,同时玄学渐盛,敦煌士人亦开始受到此种影响,他们通过长期的儒学积累,亦可以通经入仕。索靖与傅玄、张华等人交好,史载傅玄为"北地泥阳人"②,而索靖之父索湛曾任北地太守,这很可能是二者交好的重要原因之一。不过通过史料分析,几人交好的共同原因就是都是精通儒学,以儒学传家,汉末魏晋时期,玄学逐渐取代经学,成为中原士人崇尚的主流,但是河陇地区却保存了汉代中原学术的传统,陈寅恪认为:"当东汉末中原纷乱,而能保持章句之儒业,讲学著书,如周生烈、贾洪、薛夏、隗禧之流,俱关陇区域之人,则中原章句之儒业,自此之后已逐渐向西北转移,其事深可注意也。"与索靖交好的傅玄、张华等人在教育背景、思想观念、政治取向等方面都具有共同性,因此共同的志趣爱好促使几人交好,同时因其在儒学等方面的成就,使得其取得了较高的政治地位与社会地位。

索靖家族在重视儒学传家,注重家族成员教育与培养的过程中,依旧保持了家族尚武的风气,毕竟作为以军功崛起的家族,其家风中对于武功之重视依旧保持,这也使得部分家族成员凭借其武力而得以立足于政权的核心阶层。史载索靖:

> 拜驸马都尉,出为西域戊己校尉长史。……靖在台积年,除雁门太守,迁鲁相,又拜酒泉太守。惠帝即位,赐爵关内侯。靖有先识远量,知天下将乱,指洛阳宫门铜驼,叹曰:"会见汝在荆棘中耳!"元康中,西戎反叛,拜靖大将军梁王肜左司马,加荡寇将军,屯兵粟邑,击贼,败之。迁始平内史。及赵王伦篡位,靖应三王义举,以左卫将军讨孙秀有功,加散骑常侍,迁后将军。太安末,河间王颙举兵向洛阳,拜靖使持节、监洛城诸军事、游击将军,领雍、秦、凉义兵,与贼战,大破之,靖亦被伤而卒,追赠太常,时年六十五。③

可以看出,索靖不仅是敦煌索氏家族中经史名士的代表人物,更是武功与军事才能的代表人物,足可见索靖对于敦煌索氏家族发展壮大所作出的贡献。正是因

---

① (唐)房玄龄等撰:《晋书》卷60《索靖传》,北京:中华书局,1974年,第1648页。
② (唐)房玄龄等撰:《晋书》卷47《傅玄传》,北京:中华书局,1974年,第1317页。
③ (唐)房玄龄等撰:《晋书》卷60《索靖传》,北京:中华书局,1974年,第1648页。

为索靖等家族成员,不断在儒学经学与军事武力等方面取得傲人的成绩,使得敦煌索氏家族的势力与影响力得到不断扩充,其能够成为敦煌的一流士族,离不开索靖等人的不懈努力。作为敦煌索氏家族发展中的里程碑式人物,索靖亦成为后世索氏在追溯祖先时重要的素材,如天宝三载(744)《大唐故左清道率忠武将军敦煌索公墓志》、P.4010+P.4615《索崇恩和尚修功德记》等,均以"索靖"或与之相关的材料,来彰显和标榜自己的家族身份。

十六国时期,敦煌索氏家族持续发展壮大,不仅在五凉诸政权之中扮演着重要角色,更是在儒学等方面取得较多成就,成为敦煌世族。以索孚、索邈、索袭、索绥、索充、索嘏、索元(父绪)、索泮(弟菱)、索棱、索卢曜、索仙、索丞、索辅、索询、索商、索遐、索纬、索晖、索振、索承明、索慈、索术、索嗣、索元绪、索逊等人①为代表的敦煌索氏,在学术文化、军事政治与社会经济等领域都取得了重要成就。《晋书·索袭传》载:

> 索袭字伟祖,敦煌人也。虚靖好学,不应州郡之命,举孝廉、贤良方正,皆以疾辞。游思于阴阳之术,著天文地理十余篇,多所启发。……张茂时,敦煌太守阴澹奇而造焉,经日忘反,出而叹曰:"索先生硕德名儒,真可以咨大义。"澹欲行乡射之礼,请袭为三老,曰:"今四表辑宁,将行乡射之礼,先生年者望重,道冠一时,养老之义,实系儒贤。既树非梧桐,而希鸾凤降翼;器谢曹公,而冀盖公枉驾,诚非所谓也。然夫子至圣,有召赴焉;孟轲大德,无聘不至,盖欲弘阐大猷,敷明道化故也。今之相屈,遵道崇教,非有爵位,意者或可然乎!"会病卒,时年七十九。澹素服会葬,赠钱二万。……乃谥曰玄居先生。②

索袭在才学与德行等方面为世人惊叹,并被时任敦煌太守推为"硕德名儒",足见其在当时社会中的影响力。索袭致力于著述修学,而不应州郡征辟,虽远离政治与世俗,但是影响力依旧不可忽视,在官方及民间都具有更高的地位,可以看出此时敦煌索氏在文化上已经经历了长期的积淀,以道德学问而传家,在敦煌等地为世人推崇。

十六国时期,是敦煌索氏发展壮大的重要时期,其家族能人辈出,不少人士在政治、军事等领域取得不小成就,得以跻身政权核心,深得统治者嘉赏。《续敦煌实录》载:

> 索孚,字国明,敦煌人。善射,十中八九。……张骏辟为参军。时骏议治石田,孚谏曰:"凡为治者,动不逆天机,作不破地德。昔后稷之播百谷,

---

① (清)张澍辑,李鼎文校点:《续敦煌实录》,兰州:甘肃人民出版社,1985年,第33—48页。
② (唐)房玄龄等撰:《晋书》卷94《索袭传》,北京:中华书局,1974年,第2448—2449页。

> 不垦磐石;禹决江河,不逆流势。今欲徙石为田,运土植谷,计所损用,亩盈百石,所收不过三石而已,窃所未安。"骏怒,出为伊吾都尉。累迁至张掖太守。①

索孚因擅长骑射而为张骏看中并辟为参军,后来因为劝谏张骏治理石田而为张骏不喜,但是索孚并没有远离前凉的政治生活,反而先后任伊吾都尉、张掖太守。

从索孚的建言中我们可以发现,索孚并只擅长骑射,其在经济与生产生活等方面亦均有眼界,对于张骏欲要"徙石为田,运土植谷"提出严厉批评,可见其对于农业生产生活亦有很深见解,而且其能够主动劝谏张骏的荒唐之举,亦表现出其不惧强权,一心"为国为民"。此外还有索遐,是张重华时期的重要人物,在抵御麻秋入侵的战争之中发挥了关键作用。《晋书·张轨传》载:

> 麻秋又据枹罕,有众十二万,进屯河内……重华议欲亲出距之,谢艾固谏以为不可。别驾从事索遐进曰:"贼众甚盛,渐逼京畿。君者,国之镇也,不可以亲动。左长史谢艾,文武兼资,国之方郤,宜委以推毂之任。殿下居中作镇,授以算略,小贼不足平也。"重华纳之,于是以艾为使持节、都督征讨诸军事、行卫将军,遐为军正将军,率步骑二万距之。艾建牙旗,盟将士,有西北风吹旌旗东南指。遐曰:"风为号令,今能令旗指之,天所赞也,破之必矣。"军次神鸟,王擢与前锋战,败,遁还河南。还讨叛虏斯骨真万余落,破之,斩首千余级,俘擒二千八百,获牛羊十余万头。

> 重华自以连破勍敌,颇怠政事,希接宾客。司直索遐谏曰:"殿下承四圣之基,当升平之会,荷当今之任,忧率土之涂炭,宜躬亲万机,开延英义,凤夜乾乾,勉于庶政。自顷内外嚚然,皆云去贼投诚者应即抚慰,而弥日不接,国老朝贤,当虚己引纳,询访政事,比多经旬积朔,不留意接之。文奏入内,历月不省,废替见务,注情于棋弈之间,缱绻左右小臣之娱,不存将相远大之谋。至使亲臣不言,朝吏杜口,愚臣所以迴惶忘寝与食也。今王室如毁,百姓倒悬,正是殿下衔胆茹辛厉心之日。深愿垂心朝政,延纳直言,周爰五美,以成六德,捐彼近习,弭塞外声,修政听朝,使下观而化。"重华览之大悦,优文答谢,然不之改也。②

麻秋攻占枹罕后,率众继续攻击河西,对于张重华造成严重威慑。此时河西境内人心惶惶,张重华欲要亲征以振士气,索遐及时劝谏张重华的不理智行为,并极力举荐应遣左长史谢艾率众出击,反击麻秋。在索遐的劝谏之下,张重华遣谢艾、索遐等领兵出征。索遐在反击麻秋的战争中发挥了重要作用,配合谢艾成功击退麻秋的进犯之举,使得前凉取得重大成功。之后,面对张重华沉迷享乐而疏

---

① (清)张澍辑,李鼎文校点:《续敦煌实录》,兰州:甘肃人民出版社,1985年,第33页。
② (唐)房玄龄等撰:《晋书》卷86《张轨传》,北京:中华书局,1974年,第2243—2244页。

远朝政,索遇又直谏张重华应该专心朝政,不断富国强兵,但是显然张重华并没有这种觉悟和意识。不过从索遇在张重华时期的表现可以看出,首先索遇其人具有高超的军事才能,能够审时度势,善于出谋划策,在谢艾大军反击麻秋的过程中发挥了关键作用。其次就是索遇有很好的经史才能,政治素养较高,能够跻身于张重华统治阶层的核心,深受张重华的重用。从其对张重华的建言能够看出,索遇对于前凉政权此时的现状十分清晰,因此对于张重华亲小人而远贤臣,贪图享乐而疏远朝政的行径十分悲痛,极力劝谏张重华专心朝政以恢复国力,能够以身作则荡清境内风气。

吕光时期有敦煌索嘏,与敦煌郭瑀起兵,并担任敦煌太守,后王穆"忌其威名",又西伐索嘏。据此可知,吕光时期,索氏仍为敦煌著姓,其能够与郭瑀起兵响应王穆,并被王穆所猜忌,都无不证明着此时索嘏在敦煌地区的影响力与号召力是无人能及的,其能够凭借个人或家族的影响力,迅速在敦煌地区组建起军队,敦煌索氏的影响力可见非同一般。索稜、索卢曜曾仕姚苌,索稜"好学博文,姚苌甚器重之,委以机密,文章诏檄,皆稜之文也",且索稜任地方太守时管辖区域内德风蔚然;姚兴以其为太尉、领陇西内史,使招抚西秦。①由此能够看出,出走敦煌的索氏成员,在中原地区也取得不少成就,他们在儒学和经史等方面的擅长,成功为其投身政治活动打下坚实基础,能够使其在中原政权中有所作为。吕凉政权末期有敦煌索仙,任沙州治中,与敦煌护军郭谦推举李玄盛为敦煌太守。索仙与郭谦实际上代表了此时敦煌地境军政两界高层的意志,正是他们的支持与拥护,李暠得以成功于敦煌建立西凉政权。西凉建立后,李暠任命索仙为左长史。李暠去世后,索仙又辅佐李歆,被任命为征虏将军、张掖太守,②与宋繇共同辅助后主李歆。索仙能够在李暠、李歆时期长期为官为将,能够长期为李暠所重用,不仅仅是其从戎之功的显著,更重要的是李暠深知索仙背后的敦煌索氏,尤其在敦煌具有极强的号召力与影响力,借助索仙的力量能够释放对于敦煌世家大族们的善意,团结大族成员,借助他们的力量以稳定地方社会秩序、巩固李氏一族的统治秩序。另有索训、索慈与索术等人皆辅助李暠理政,索训为威远将军、西平太守,索慈为广武太守,索术为武兴太守。段业僭号凉王时以其右卫将军敦煌索嗣继任敦煌太守,蒙逊以索嗣子索元绪行敦煌太守。③敦煌索氏成员广泛活跃在五凉诸政权之中,他们多数成员都具备很好的军事才能或政治素养,是不同政权的关键组成部分,更是不同统治者所倚重的重要对象。敦煌索氏家

①（清）张澍辑,李鼎文校点:《续敦煌实录》,兰州:甘肃人民出版社,1985年,第41—42页。
②（唐）房玄龄等撰:《晋书》卷87《李歆传》,北京:中华书局,1974年,第2268页。
③（清）张澍辑,李鼎文校点:《续敦煌实录》,兰州:甘肃人民出版社,1985年,第46、47页。

族也借助五凉诸政权的不同统治者,悄然发展壮大自身的力量,借助广泛分布在政权不同领域的家族成员力量,不断扩充和提升着索氏在地方社会的影响力,可以说十六国时期是敦煌索氏发展的黄金时期,使其成功跻身"西土著姓"群体,在敦煌乃至河西地区地方事务中展现出了强有力的影响力,在地方社会治理过程中发挥了关键作用。

北魏灭北凉之后的大规模移民活动,使得包括敦煌索氏在内的诸多世家势力遭受毁灭性打击,大量家族成员随之迁往中原地区,有不同的境遇和表现。敦煌索氏中亦有表现出色之辈,《北史·索敞传》载:

> 索敞字巨振,敦煌人也。……入魏,以儒学为中书博士。京师贵游之子,皆敬惮威严,多所成益,前后显达位至尚书、牧、守者数十人,皆受业于敞。敞以丧服散在众篇,遂撰比为《丧服要记》。出补扶风太守,在位清贫,卒官。时旧同学生等为请谥,诏赠凉州刺史,谥曰献。①

索敞伴随北魏移民活动而迁居中原,他以儒学闻名于世,属于凉州移民群体中有显赫名声之辈,得到北魏统治者的赏识。同时索敞致力于儒学教育与发展,投身于教书育人之中,使得平城教育事业得到有序发展,同时为北魏政权培养了不少能臣干吏,推动了北魏政治建设。同时其撰《丧服要记》,进一步恢复发展了礼乐,是名副其实的儒家文化的传承者和建设者,推动了河西文化的东传,促进了河西文化与中原文化间的互动交流,为儒学的传承与发展贡献卓著,同时亦表现出此时敦煌索氏儒家传世的传统,促使其逐渐演变为儒学世家。

北朝时期,迁居中原的敦煌索氏发展面貌可以通过墓志材料进行梳理研究。北魏熙二年(517)《赵盛夫妻墓志》载:"夫人索氏,字始姜,敦煌人也,晋昌太守之女。"②索始姜的父亲担任晋昌太守可能在北魏时期,赵盛父亲是敦煌太守赵斌之孙,赵盛子赵福、赵昞,赵氏与索氏的联姻亦表现出了敦煌世家大族之间长期保持着姻亲关系,以维系彼此之间的利益,相互促进发展。北魏正光五年(524)《赵昞墓志》载:"父讳成,圣世酒泉子、都司马;亲敦煌索氏,父讳祚,敦煌录事参军。"③赵成即赵盛,《赵昞墓志》亦反映出其母敦煌索氏之父,索祚为敦煌录事参军,《赵盛墓志》所载其妻索氏之父索育为晋昌太守。这都反映出北魏时期,敦煌索氏成员在投身于政治活动,在敦煌、晋昌等地的社会治理中发挥着重要作用,同时其与金城赵氏结为姻亲,后来东迁洛阳等地。另有北齐皇建二年(561)《索泰墓志》载:

---

① (唐)李延寿撰:《北史》卷34《索敞传》,北京:中华书局,1974年,第1270页。

② 录文参见王连龙:《南北朝墓志集成》,上海:上海人民出版社,2021年,第143页。

③ 拓片参见赵文成、赵君平编:《秦晋豫新出墓志搜佚续编》,北京:国家图书馆出版社,2015年,第58页。

曾祖曷，凉沮渠屋兰护军，魏赠使持节、安西将军、凉州刺史、效谷侯，谥曰忠。祖元兴，袭爵安远将军、效谷子、假节、冠军将军、抚冥镇将。父虎，魏世东光令、平漠将军、北征别将。长兄宁，门下录事、前将军、卢乡县开国男。①

索泰曾祖曾经仕宦北凉沮渠氏政权，由凉入魏以后，开始仕宦北魏政权，其家族数代人物都地位咸显赫，彰显了敦煌索氏在迁居中原之后的政治境遇与表现，说明不少索氏成员在中原政权依旧取得了不菲成就。

北朝隋唐之际，迁居中原的敦煌索氏成员中，不少人始终使用着敦煌郡望，以彰显自己身份，使得敦煌索氏逐渐在迁居地兴起。北齐《索泰墓志》中称其为"敦煌效谷人"，去世后"迁葬于邺京"，索泰家族逐步著籍邺城。唐龙朔二年(662)《索玄墓志》记载索玄为敦煌人，"今寓居洛阳县"。唐天宝三年(744)《索思礼墓志》记载："其先敦煌人也……卒于长安安定里之私第，殡于京兆龙门乡。"唐建中元年(780)《索森墓志》记载所僧本为敦煌人，"终于东都恭安里，二年殡于龙门山之阴原"。唐贞元十四年(798)《索义忠妻张氏墓志》记载索公为京兆人，但本望敦煌。纵观中古索氏等史料，我们发现，北朝隋唐时期洛阳、京兆、朔方、汾州、建业等地皆有索氏人物定居，虽不能将其全部归入敦煌外迁索氏，但可以推测其中定有不少索氏人物是从敦煌迁徙而出并落籍于此的，他们是敦煌索氏迁出敦煌而落籍中原大地的成员，一定程度上传播并发展了敦煌索氏这一郡望在中原地区的影响力。

敦煌索氏中另有不少人，在北朝时期迁居高昌定居。高昌索氏一方面与张氏家族始终保持着密切的联系，一方面深度参与高昌政区事务之中，在高昌地方政权的建设中发挥了一定作用。高昌索氏成员多出任基层官员，与其相关的材料主要记载在麹氏高昌王国时期，笔者大致统计相关信息如下：

表2-1　吐鲁番墓表所见索氏人物

时代	史料	人物仕宦
北凉承平三年(447)	凉王大且(沮)渠安周功德碑	典作御史索宁
高昌章和七年(537)	张孝真妻索氏墓表	(张孝真)民部参军
高昌章和七年(537)	张归宗夫人索氏墓表	(张归宗)平远府录事参军
高昌延昌三年(563)	索演孙及妻张氏墓表	(索演孙)记室参军，客曹参令兵将
高昌延昌十二年(572)	索守猪墓表	兵曹主簿，兵曹参军
高昌延昌十三年(573)	索显忠妻曹氏墓表	(索显忠)虎牙将军
高昌延昌廿二年(582)	贾买苟妻索谦仪墓表	(贾买苟)虎牙将军，相上将
高昌延昌廿五年(585)	户曹参军妻索氏墓表	(夫)户曹参军

---

① 录文参见王连龙：《南北朝墓志集成》，上海：上海人民出版社，2021年，第698页。

时代	史料	人物仕宦
高昌延昌三十五年(595)	索氏妻张孝应墓表	(索氏)镇西府虎牙将军,三门将
高昌延昌四十一年(601)	索显忠墓志	虎牙将军,内将
唐咸亨五年(674)	曹怀明妻索氏墓志铭	—

资料来源:侯灿、吴美琳:《吐鲁番出土砖志集注》,成都:巴蜀书社,2002年;张铭心:《吐鲁番出土墓志汇考》,桂林:广西师范大学出版社,2020年。

通过对上述信息的整理研究,我们可以发现,魏晋五凉时期,河西居民多次迁居高昌地区定居,其家族分支逐渐成为构成高昌政权的基础,高昌索氏中不乏敦煌索氏西迁之人。麴氏高昌时期,张氏与索氏之间的联姻较多,这应该是敦煌两家互通婚姻状态的延续与保持,彰显着张氏与索氏之间关系的密切。敦煌大族迁居高昌之后,依旧保持着旧有"联姻"关系下形成的"地域性"婚姻集团,这种状态促使着类似张孝真、张归宗等人继续与索氏联姻。不过伴随着时间推移,张氏等大家族的联姻对象主要集中在居于权利核心的麴氏家族,张、索二族之间的联姻开始减少,作为典型的家族式社会,处于权利核心的麴氏家族逐渐成为地方世族依附的主要存在对象,原有的"敦煌旧族联姻"现象开始逐渐减少。不过从索氏的发展状况来看,较多成员能够跻身于地方管理之中,在军事与政治上占据有一定地位。

图2-8 台藏塔遗址

敦煌索氏是十六国时期的地方望族,北朝隋唐时期,迁居中原的敦煌索氏依旧以敦煌索氏自居,彰显了敦煌索氏的声望与影响力。以军功而不断博得家族发展的敦煌索氏,在十六国时期尤为注重家族成员的教育,使得其逐渐成为武功与儒学并重的家族,不少家族成员成为硕德名士,尤其在五凉诸政权统治河西时期,索氏成员开始大放光彩,成为地方政权中的关键力量。伴随北魏灭凉,敦煌索氏成员迁居中原各地,其发展境遇各有不同,逐渐落籍于不同地域的敦煌索氏,在祖先书写中亦不断彰显出其以出自敦煌而为荣。

3.氾氏家族的发展源流

氾氏是敦煌地方士族,汉唐之际的氾氏家族,势力几经沉浮,对于敦煌乃至河西地区产生了一定影响,是研究敦煌大族发展中不可忽视的一支力量。关于敦煌氾氏家族的早期发展状况,我们可以通过敦煌文献的记载进行详细认识与梳理,S.1889《敦煌氾氏家传并序》载:

> 氾氏之先,出自有周,帝喾之苗裔也。帝妃姜原,履大人之迹,感而有娠,十二月生弃,即帝尧弟也。能播植百谷,为稷官,曰稷。历夏殷,常为农正。世世居于西戎,后迁于豳。大王为狄所侵,〔止〕于岐阳,百姓从之,若归于市。招辑戎俗,筑城墉,立宗庙。王道之端,始于此矣。后稷受封于邰,赐姓曰姬。稷生不窋,不窋孙公刘,受封于邵陵。公刘〔孙〕皇仆,受国于邰。仆生差弗,弗生毁奥,奥生公非,公非生商(高)圉,圉生亚圉,亚圉生祖累,累生古公亶甫,甫生大王季历,历生文王昌,〔昌〕生武王发。武王受命,封弟旦于周。故《春秋左氏传》曰:凡、蒋、邢、茅、胙、祭,周公之胤。享国者七子,凡是其一焉。隐公七年,凡伯来朝是也。杜预云:汲郡共县城东南有凡城,当是其国。于周之世,常为诸侯,遭秦乱,避于氾水,遂改为氾焉。汉司空何武所封氾乡侯,是其地也。王沈《魏书》曰:氾氏之先,出自黄帝之支庶,帝喾之苗裔也。周公之子,凡伯夏之后也。皇甫士安《世纪》曰:氾氏之先,出周凡伯之后也。当周之世,或为诸侯,或为蒸庶,遭秦乱,避于氾国。中间遗漏,绝灭无依。自氾敫已下,至于氾璜、氾毓之徒,虽芳传已久,绝而不录。成帝御史中丞氾雄,直道见惮。河平元年,自济北卢县徙居敦煌,代代相生,遂为敦煌望族。……冠盖西土,朱紫腾名。①

此件文书详细记述了敦煌氾氏家族的迁徙历史,同时对于东汉至前凉时期的氾氏代表性人物进行了罗列。S.1889《敦煌氾氏家传并序》是敦煌氾氏家族对于先秦至两汉氾氏家族祖先历史的整合。其内容主要包括建立凡氏与氾氏之间的联系;建立济北氾氏与敦煌氾氏之间的联系;将凡氏、济北氾氏、敦煌氾氏进行纵向串联。通过此种书写,彰显敦煌氾氏祖先出身于政治与文化名门之后。同时在南北朝胡汉交融的大背景之下,敦煌氾氏为彰显自己家族出身华夏汉人正宗血统,通过构建祖先历史的方式,显现出自己家族的世系绵长,强调自己的华夏身份。

---

① 图版参见中国社会科学院历史研究所等编:《英藏敦煌文献(汉文佛经以外部分)》第3卷,成都:四川人民出版社,1990年,第168—169页。录文参见郝春文等编著《英藏敦煌社会历史文献释录》第8卷,北京:社会科学文献出版社,2012年,第176—177页。

通过对此件文书的分析,两汉之际迁徙至敦煌的氾氏,已经开始涉猎西域地区的军政之事,同时其家族成员从敦煌扩散至西北乃至全国,不少人物在政治或文化等领域有亮眼表现。S.1889《敦煌氾氏家传并序》载:

> 氾讳㬎,字孔明,蜀郡太守吉之第二子也。高才,通经史,举孝廉,擢拜为尚书,后迁左丞相。出洛阳城,京师贵人送者千余乘。性清严高亮,言不妄出,时人为之语曰:宁为刑法所加,不为氾君所非。
>
> 氾孚,字仲夏,蜀郡太守吉之孙。通经笃行,州辟为从事,太守马艾甚重之,征为州。辟司空,屡辞不起。孚志节尤高,耽道乐业。州累辟命,司空曹公察孝廉,皆不就。下惟(帷)潜思,不窥门庭,或半年百日。吟咏古文,欣然犹笑。精黄老术。苍梧太守令狐溥与太常张奂书曰:夏居高笃学,有梁鸿、周党之伦。
>
> …………
>
> 氾咸,字宣和,为侍御史辅之玄孙也。咸弱冠从苍梧太守同郡令狐溥受学,明通经纬,行不苟合。初咸当世,非政不合,门无杂客。太常奂致书与令狐溥曰:"宣合独怀白玉,进退由道,是以尤屈。"咸轻财好施,奉禄虽丰,而家常不足。①

氾孚因在儒学方面的成就而被太守马艾所看重,不过氾孚无意仕途,乐衷于钻研学术,其平日与敦煌硕儒令狐溥、张奂等人交好,《后汉书·张奂传》记载张奂卒于光和四年(181),终年七十八岁,其生活年代在104—181年;建宁二年(169)后,张奂转任太常,②此时的氾孚已经在敦煌等地享有盛誉。氾孚生活的年代应该是东汉末期,其祖父氾吉应该生活在东汉前中期,氾吉在东汉时期任蜀郡太守,其子氾㬎、其孙氾孚都是精通经史之人。氾㬎才学横溢,通经明典,官至左丞相,就职洛阳期间,品行高洁而为当时人所推崇。氾孚品才兼优,马艾任敦煌太守期间征召其为官,但是氾孚辞而不就,追求隐逸生活,志节高远而精通黄老之学,是此时敦煌有名的隐逸之士。另有氾咸,师从硕儒令狐溥,通晓儒学典籍,乐善好施,乐于志同道合之人交流。通过上述几位敦煌氾氏成员,我们可以发现,至迟在东汉时期,氾氏已经在敦煌发展成为具有显著影响力的家族,尤其在文化领域,氾氏已经出现一批一流人才,名显当时,为士人所推崇,可见经过几代沉淀与积累后,东汉时期的氾氏家族已经颇具实力,这也是其家族在魏晋时期不断发展壮大的基础所在。

西晋时期氾衷以儒学见长,成功跻身"敦煌五龙"之中,而"五龙"中三人为索

---

① 录文参见郝春文等编著:《英藏敦煌社会历史文献释录》第8卷,北京:社会科学文献出版社,2012年,第177—180页。

② (南朝宋)范晔撰:《后汉书》卷65《张奂传》,北京:中华书局,1965年,第2138—2145页。

氏成员,足见氾氏在儒学领域的耕耘和家学的渊源。《晋书·氾腾传》载:

> 氾腾字无忌,敦煌人也。举孝廉,除郎中。属天下兵乱,去官还家。太守张阆造之,闭门不见,礼遗一无所受。叹曰:"生于乱世,贵而能贫,乃可以免。"散家财五十万,以施宗族,柴门灌园,琴书自适。张轨征之为府司马,腾曰:"门一杜,其可开乎!"固辞。①

氾腾品性清高,对于局势有很强的洞察力,值中原大乱之际而辞官返乡,隐居敦煌闭门而不见客,面对地方政府统治者的多次征召而拒不出仕,以琴书自适,不为外物所牵挂,乐善好施,散尽家财以资助宗族。从此可以发现,氾腾其人保持了敦煌氾氏在儒学等方面的成就,延续了家族的家学,品性清高。同时氾氏成员中,已经有部分成员掌握大量的经济财富,成为当时具备雄厚经济实力的人物,在地方社会中拥有强大的影响力。

图2-9　骆驼城遗址俯瞰图

五凉时期的氾氏家族,其家族势力与地方政权之间的关系密切,尤其在前凉时期,大量氾氏家族成员开始投身政治活动,为前凉政权的建设发挥了关键作用。前凉"晋永平令"氾宗之孙氾瑗自小便熟读经典,学识丰沛,对于社会发展局势有清晰认识,"少刚果,有壮节",面对"三王兴弋,惠帝复祚,相国齐王冏专权失和"局势,"切谏不从",转归河西,并为前凉武王张轨所赏识,称其为"共济世难之真将相才"②。永宁年间,张轨出镇凉州,"以宋配、阴充、氾瑗、阴澹为股肱谋主"。永嘉初年,东羌校尉韩稚逆反,擅杀秦州刺史张辅,张轨遣时任中督护之氾瑗讨击之,氾瑗晓之以理、动之以情,修书一封劝降韩稚。③氾瑗仕宦张轨时期,积极参与军旅而得以在其中立足,后来在韩稚之乱后不久,氾瑗便"为乱兵所

①(唐)房玄龄等撰:《晋书》卷94《氾腾传》,北京:中华书局,1974年,第2438页。
②郝春文等编著:《英藏敦煌社会历史文献释录》第8卷,北京:社会科学文献出版社,2012年,第181页。
③(唐)房玄龄等撰:《晋书》卷86《张轨传》,北京:中华书局,1974年,第2221—2222页。

杀",①彻底退出了历史舞台,但是氾瑗在张轨时期的作为,充分展现了其在政治、军事与文化领域均具有过人之处,向世人展现了敦煌氾氏一族的风采。同族氾昭少时受业于同郡硕德名儒索袭,善属文,曾与武威著姓段氏论圣人之道。氾昭为人正直,在职清平,品性高洁,张寔称赞其有东汉鲍永、鲍恢之遗风,对其十分赏识。

另有氾祎,年少而好学,师从敦煌名士索靖,文史涉猎广泛,才学横溢,"通三礼、三传、三易、河洛图书,玄明,究算历",其在经史领域有很深的造诣。曾"举孝廉、贤良方正,对策第一,拜驸马都尉",后"除护羌将军、驸马都尉,徙禄福令"。氾祎性格刚强,历宦居延令,三朝为官,张寔、张茂、张骏朝皆任左长史,官至西海太守。②其任左长史期间,逢刘曜西征,"临洮人翟、石琮等逐令长,以县应曜,河西大震"。在迎击战略方面,氾祎与参军马岌存有争论,《晋书·张轨传》载:

> 参军马岌劝茂亲征,长史氾祎怒曰:"亡国之人复欲干乱大事,宜斩岌及安百姓。"岌曰:"氾公书生糟粕,刺举近才,不惟国家大计。且朝廷旰食有年矣,今大贼自至,不烦远师,遐迩之情,实系此州,事势不可以不出。且宜立信勇之验,以副秦陇之望。"茂曰:"马生之言得之矣。"乃出次石头。③

面对刘曜的气势汹汹,河西地区大受震荡,百姓人心惶惶,马岌劝谏张茂应该亲征,以应对此亡国之危机,然而氾祎则表现得相对较为保守,书生意气,对于局势的把握稍逊一筹。氾祎属于前凉士人阶层的代表人物,张骏继张茂而立后,年少而威望不足,亟须积累威望与威信,以稳定自己的统治秩序,氾祎则致力于谋求张骏政权的合法性与正统性。《晋书·张轨传》载:

> (张骏)及统任,年十八。先是,憨帝使人黄门侍郎史淑在姑臧,左长史氾祎、右长史马谟等讽淑,令拜骏使持节、大都督、大将军、凉州牧、领护羌校尉、西平公。赦其境内,置左右前后四率官,缮南官。刘曜又使人拜骏凉州牧、凉王。④

张骏继位之后,晋憨帝的使者黄门侍郎史淑尚在姑臧,于是氾祎及马谟等人示意史淑拜张骏为凉州牧等,以稳固张骏的统治地位。氾祎能够联合马谟等人利用史淑来稳固张骏的地位,不仅表现出其在当时的统治阶层中具有核心地位,亦具

① (北魏)崔鸿撰,(清)汤球辑补,聂溦萌、罗新、华喆点校:《十六国春秋辑补》卷67《前凉录》,北京:中华书局,2020年,第783页。(清)张澍辑,李鼎文校点:《续敦煌实录》,兰州:甘肃人民出版社,1985年,第85—86页。

② 郝春文等编著:《英藏敦煌社会历史文献释录》第8卷,北京:社会科学文献出版社,2012年,第180页。(清)张澍辑,李鼎文校点:《续敦煌实录》,兰州:甘肃人民出版社,1985年,第87页。

③ (唐)房玄龄等撰:《晋书》卷86《张轨传》,北京:中华书局,1974年,第2231页。

④ (唐)房玄龄等撰:《晋书》卷86《张轨传》,北京:中华书局,1974年,第2233页。

有很强的影响力，因此才能作为谋求张骏统治地位合法性与正统性的活动中的领袖人物。伴随着晋室南渡，河西与之音问隔绝，于是氾祎开始劝谏张骏自立以谋求新的发展道路，《晋书·张轨传》载：

> 太宁元年，骏犹称建兴十二年，骏亲耕藉田。寻承元帝崩问，骏大临三日。会有黄龙见于揟次之嘉泉，右长史氾祎言于骏曰："案建兴之年，是少帝始起之号。帝以凶终，理应改易。朝廷越在江南，音问隔绝，宜因龙改号，以章休征。"不从。①

河西与东晋政权之间的交流中断，因此氾祎谏言张骏应该自立，以更好维护境内秩序，不过张骏并没有采取其建议。此时实际表明了以氾祎为代表的敦煌氾氏家族对于前凉张氏的坚定支持。氾祎作为三朝老臣，在张寔、张茂、张骏时期都身居高位，是张氏统治政权中的关键人物，彰显了张寔统治者对于氾祎的赏识与重视。尤其在张骏时期，氾祎为张骏稳定政权之事劳心劳力，为其政权合法性与正统性的构建发挥了重要作用，是年少继位的张骏，重要依仗的重臣之一，深受张骏的重用。敦煌氾氏家族势力在前凉时期得到长足发展，以氾祎为代表的数代氾氏成员，皆仕宦于前凉政权之中。氾祎之弟氾毗"清素有节行，学通经礼，好立然诺之信"，西晋永兴年间，"举秀才，除郎中、酒泉令、太宰参军"，因讨伐"羌虏"而封安乐亭侯，加食邑两百户。曾举荐酒泉赵彝、西平田佑之贤能。永嘉五年(311)，除上洛太守，但是因为时局震荡、道路阻塞而无法致任。②氾祎之孙氾瑨，经常谈论时政，其言辞为张骏所赏识，在任都官从事期间，奉公职守、刚正不阿，为权贵所忌惮，后擢为儒林郎中。

敦煌氾氏家族中长期投身政治活动的支系，还有西域长史氾洋一支。其孙氾绪"敦方正直"，求学于敦煌别驾令狐富，精通《春秋》《尚书》，为官仁厚清廉，为百姓所拥护。氾蛮性格沉稳有气节，后凉吕光时期因功而获封安乐亭侯，官拜凉兴令，后征补理曹郎中、禁中监、湟河太守，在任期间境内政治清明，百姓生活安乐，为境内百姓歌颂其德行，后加陵江将军、转振武将军，③长期仕宦于后凉政权。通过氾祎和氾洋家族的发展情况，我们可以发现此时的敦煌氾氏家族成员中，更多强调其具博通经籍、铄懿渊积之才，彰显出来了氾氏家族长期保持经学传家的文化传统，同时敦煌氾氏在前凉时期，是张氏政权的坚定拥护者和支持

---

①(唐)房玄龄等撰：《晋书》卷86《张轨传》，北京：中华书局，1974年，第2234页。

② 郝春文等编著：《英藏敦煌社会历史文献释录》第8卷，北京：社会科学文献出版社，2012年，第178—179页。

③ 郝春文等编著：《英藏敦煌社会历史文献释录》第8卷，北京：社会科学文献出版社，2012年，第180—181页。

者,为前凉张氏政权的发展贡献卓著。此外,十六国时期因社会动荡不安,河西境内亦不稳定,此时一部分汜氏家族成员走上尚武之路,投身军旅而发展,为家族的发展存续亦贡献不少。

北魏时期,大量河西世族成员迁入中原,通过检索史料发现此时期的敦煌汜氏记载偏少,仅有汜潜留名史籍。《魏书·胡叟传》载:

> 时敦煌汜潜,家善酿酒,每节,送一壶与叟。著作佐郎博陵许赤虎、河东裴定宗等谓潜曰:"再三之惠,以为过厚。子惠于叟,何其恒也?"潜曰:"我恒给祭者,以其恒于孝思也。"论者以潜为君子矣。①

汜潜善酿酒,与北魏隐逸名士胡叟相交好,被许赤虎、裴定宗等人以君子相交,能够看出汜潜其人具有雅正之品性。家族文化与家族人物价值取向、道德品性等密切相关,具体人物亦能够反映出家族文化。通过汜潜可以观察出此时敦煌汜氏家族内部对于成员的教育与志趣培养依旧保持良好的传统,其家族成员内部多有品性高洁之人。不过从《魏书》对于敦煌汜氏成员记载较少的情况来看,迁居中原之后的敦煌汜氏或已经远离北魏权力中枢,其政治活动不见于史籍当与此有密切联系。

此外,在高昌地区亦生活着不少敦煌汜氏人员,其中一部分亦可能是跟随沮渠氏流亡政权而迁居高昌。吐鲁番砖志墓表中有部分索氏家族成员的活动情况,现将高昌时期汜氏成员活动情况整理如下:

表2-2　吐鲁番墓表所见汜氏家族人物

时代	墓主	仕宦经历	姻亲状况
高昌章和十八年(548)	汜灵岳	田地郡虎牙将军,内干将交河郡宣威将军,殿中中郎,三门散望将	—
高昌和平二年(552)	汜昭和	镇西府虎牙将军,领内干将	妻敦煌张氏
高昌延昌廿一年(581)	和氏女	(汜神武)记室参军	夫汜神武
高昌卅二年(592)	汜崇庆	内直主簿,内直参军,殿中将军	—
高昌延和十一年(612)	汜氏女	(张武嵩)交河郡司马	夫张武嵩
高昌义和四年(617)	汜氏	田曹参军,记室参军,录事参军	—
高昌重光元年(620)	汜法济	鹿门散望,虎牙将军	—
高昌延寿十一年(634)	汜延憙	公听(厅)上敢望	—
高昌延寿十五年(638)	张欢台	—	夫汜延海

资料来源:侯灿、吴美琳:《吐鲁番出土砖志集注》,成都:巴蜀书社,2002年;张铭心:《吐鲁番出土墓志汇考》,桂林:广西师范大学出版社,2020年。

上表统计汜氏家族成员中,与张氏等存在互通婚姻的情况,其家族联姻的情

---

① (北齐)魏收撰:《魏书》卷52《胡叟传》,北京:中华书局,1974年,第1151页。

况有可能与敦煌地方关系的延续有关,可见西迁至高昌地区的敦煌大族支系之间,依旧通过联姻等方式保持着旧有乡里网络,以巩固及发展其家族势力。通过氾氏成员在高昌地区的任职情况可以发现,其出仕的官品多为中低等级,如虎牙将军属于第八等级小号将军,记室参军官品位第七等级,殿中中郎属第六等级官。①根据此部分的高昌氾氏成员仕宦经历可以发现,迁居高昌地区的氾氏家族势力发展一般,没有像敦煌氾氏一样保持地方一流世家的地位,不过依旧广泛分布在基层治理之中,对于高昌地区略有影响。

图2-10　吐鲁番博物馆藏《宋武欢墓志》

　　敦煌氾氏家族自中原迁徙至敦煌地区后,在边地逐渐成长为一流士族,其家族在整个河陇地区都具有显著的影响力。与此同时,敦煌氾氏家族亦不断向外迁徙,东进中原或西进高昌,其家族成员的持续流动,不仅维护了氾氏家族的活力,更进一步推动了敦煌氾氏的影响力。同时敦煌氾氏亦成为氾氏家族追溯祖先过程中不可忽视的存在,氾氏家族外迁成员皆自称敦煌氾氏,就是在借用其影响力而彰显自己的身份地位,为自己在新的迁居地不断谋求利益,可以说敦煌氾氏家族的发展及其对祖先事迹的书写,展现了敦煌大族身份建构过程中的复杂性,更是敦煌大族发展状况的展现,体现出了世家大族成员在地方社会治理、文化传播与政治建设中的关键作用。

　　敦煌的世家大族在敦煌历史发展演变的过程中发挥了重要作用,尤其是十

---

① 侯灿:《麹氏高昌王国官职研究》,《文史》第22辑,北京:中华书局,1984年,第29—76页。

六国时期,敦煌大族势力在长足发展的同时,为敦煌文化精彩纷呈贡献了不可或缺的力量。与此同时,敦煌世家大族成员亦开始走出敦煌而走向中原、西域等地,投身当地的政治与文化活动,他们在敦煌境外的活动,成为敦煌大族影响力扩散的基础和重要原因。通过对张氏、索氏、氾氏几个典型家族在魏晋北朝时期的发展状况进行梳理研究,充分展现了这一时期敦煌地区社会发展与经济文化的发展情况,向我们展现了世家大族在稳定境内社会秩序、团结境内民心的重要性,以及其在儒学等传承与发展过程中发挥的关键作用,而这些都是我们研究认识敦煌历史的重要材料。以世家大族的视角出发,探究其在不同时期的发展境遇与家族的转型,能够使我们对不同时期敦煌地区的社会历史有更好的认识与了解。十六国时期的敦煌世家大族,其家族历史的源流是中古历史画卷的缩影,反映了涓涓细流融入大江大河的历史进程,为我们呈现出了源远流长、滔滔不绝的历史面貌。

第三节　魏晋北朝时期敦煌及河西地方文化

文化作为一种交织重叠的存在,两汉儒学肇开其端,魏晋南北朝儒学在日常化与其他文化潮流的冲击中呈现出新的面相,五凉文化具有自身独特的地域特性,敦煌地区士人多以儒学传家,不仅学问一流、著述颇丰,而且出将入相,参与王朝政治。敦煌地区文士及儒学对后世影响极为深远,佛道两教在此时期也有着一定发展。

西汉时期,敦煌及河西地区儒学已经兴起。《汉书》中记载到陈汤"少好书,博达善属文",李寻"治《尚书》……独好《洪范》灾异,又学天文月令阴阳",敦煌文书P.2625《敦煌名族志》记载:"汉武帝时,太中大夫索抚,丞相赵周,直谏忤旨徙边,以元鼎六年从钜鹿南和迁于敦煌",P.2251V《沙州效谷府校尉李君莫高窟佛龛碑并序》中记载李氏家族先祖源流:"李氏之先,出自帝颛顼高阳氏之苗裔……其后汉武帝开拓四郡,辟李翔,持节为破羌将军督西戎都护,建功狄道,名高四海,殒命寇场,追赠太尉,遂葬此县,因而家焉。"以他们为代表的官员士人阶层从中原迁徙至凉州,其家族所具备的文化优势使得以儒学为基础的中原文化逐渐在河西传播开来。早期迁徙的士人及其家庭在地方社会的壮大,成长为地方大族,文化的传播与推广很大程度上正是依靠学校教育与士族家庭的文化传授来实现的。东汉中后期,伴随凉州大族儒士化的转变,河西地方文士即以儒学入仕或显名。名士多出身地方豪族,诸如敦煌张氏、氾氏,武威阴氏,孟氏,酒泉马氏等家族。《后汉书·张奂传》记载:"张奂字然明,敦煌渊泉人也……奂少游三辅,师事太尉朱宠,学《欧阳尚书》。"又《文苑列传》载敦煌名儒侯瑾作《应宾难》《皇德传》三十篇流行于世。氾氏家族代表人物氾毓"高才,通经史,举孝廉,擢拜为尚书,后迁左丞相",氾浮"州辟为从事……征为州辟司马……司空曹公察孝廉";两人笃行儒学并通经明纬以继世。S.1889《敦煌氾氏家传并序》又载"苍梧太守令狐溥与太守张奂书""(氾咸)弱冠从苍梧太守同郡令狐溥受学,明通经纬"。河西社会中儒学修养高的人士多出身大族家庭,且他们之间多形成互通的交际网络。西汉时期,伴随着儒学成为国家官方的意识形态,随后的一系列制度设计与运作均折射出儒学理念的存在:儒生与文吏的结合进一步催生士大夫阶层,孝廉察举等作为选官制度,都在引导社会各阶层向这一标准靠拢,而这正是儒学文化为社会普遍所追求的重要驱动力。两汉时期儒学是以经学为盛,敦煌地区同样是学习《孝经》《论语》《诗经》《礼记》《尚书》《春秋》等经学典籍为主。汉代西北边塞戍卒所接触的文化典籍也是以儒学经典为要。在以经学传家为盛的东汉时期,不少具备深厚儒学修养的敦煌名士出任地方或中央要官。

曹魏西晋时期,河西地区政治相对安定,儒学文化蓬勃发展,诸多敦煌名士在都城洛阳之中身影频现。西晋洛阳太学所立《临辟雍碑》中题刻有凉州各郡散生共计53人,其中除西平郡散生最多之外,就是敦煌散生数量次之,为5姓6人。这些为敦煌籍贯的散生,其中有"马氏、盖氏、窦氏、田氏、孟氏",多为凉州地方的豪右郡姓,这也说明当时地方文化权力多由著姓势力家族所掌握。有研究认为,西晋朝廷延揽地方豪门子弟,是以实现对凉州的控制。随着西晋乱局的爆发,部分中原士人避乱河西,求学于京师的河西名士返归乡里,奠定五凉文教昌盛的基本局面。张轨刺凉时期,"征九郡胄子五百人,立学校,始置崇文祭酒,位视别驾,春秋行乡射之礼",并"令有司可推详士州已来清贞德素,嘉遁遗荣;高才硕学,著述经史……具状以闻"。P.2005《沙州都督府图经》还记录西凉李暠于敦煌"兴立泮宫""增高门学生五百人"事。北凉沮渠蒙逊"博涉群史,颇晓天文"。因此陈寅恪于《隋唐制度渊源略论稿》总结称:"又张轨、李暠皆汉族世家,其本身即以经学文义著称,故能设学校奖儒学。"政治开明的地方统治者重用文士,设立学校,发展儒学教育,从政治与社会层面推动了凉州地区文化的繁荣。《资治通鉴》载:"永嘉之乱,中州之人士避地河西,张氏礼而用之,子孙相承,衣冠不坠,故凉州号为多士。"文人学士汇聚河西,讲学授徒,共同推动了河西地区文化的繁荣发展。郭瑀"精通经义,雅辩谈论,多才艺,善属文……作《春秋墨说》《孝经错纬》,弟子著录千余人"。张湛"弱冠知名凉土,好学且属文",且为魏司徒崔浩所识而礼之,称:"国家西平河右,敦煌张湛、金城宗钦、武威段承根三人,皆儒者,并有俊才,见称于西州。"宋繇"博通经史,诸子群言,靡不览综"。文学硕儒除仕宦外,还潜心修学、著书立说、讲经明义、传道授业,促进儒学文化在河西地区的传播与发展。

　　敦煌文士亦有潜心学问、归乡隐居者。索袭，"虚靖好学，不应州郡之命，举孝廉、贤良方正，皆以疾辞"。"不与当世交通，或独语独笑，或长叹涕泣，或请问不言。"氾腾，"举孝廉，除郎中。属天下兵乱，去官还家"。面对张阆的造访与张轨的征诏，氾腾辞而不受。宋纤，"少有远操，沈靖不与世交，隐居于酒泉南山。明究经纬，弟子受业三千余人。不应州郡辟命，唯与阴颙、齐好友善"。太守马岌威仪拜访，宋纤拒而不见。后被张祚强征为太子友，并诏太子太和执友礼造访，宋纤为避之遂称疾。郭瑀师郭荷卒，郭瑀以斩衰仪礼侍；服礼后"隐于临松薤谷，凿石窟而居，服柏实以轻身，作《春秋墨说孝经错纬》，弟子著录千余人"。张天锡遣使持节徵之，郭瑀以"翔鸿不可安笼"拒之并深逃绝迹；苻坚末年略阳王穆为响应张天锡子张大豫遂起兵酒泉，郭瑀以"临河就溺"而与敦煌索嘏起兵运粟，但郭瑀"虽居元佐，而口咏黄老"。索綝"少游京师，受业太学，博综经籍，遂为通儒"，因"知中国将乱，避世而归"，对于太守阴澹西阁祭酒的任命，索綝称其"老亦至矣，不求闻达。又少不习勤，老无吏干，濛汜之年，弗敢闻命"。上述士人乃敦煌及河西名士，他们能够静心乐道、心无旁骛、论经授学，促进了基层社会儒学的发展。河西私学教育在五凉前期较为兴盛，其规模甚至一度超过官学，不少名士大儒都曾隐居山中，从业弟子随师居住于山间石窟崖室中，因此石窟早期功用或为儒学而出现，随着儒学官学教育的发展，佛教逐渐进入山林，石窟渐为其所用。西凉、北凉时期，河西学者热衷政治事业、投身政局者渐夥。宋繇，"吕光时，举秀才，除郎中。后奔段业，业拜繇中散、常侍。繇以业无经济远略，西奔李暠，历位通显"。阚骃为蒙逊所重并常侍其左右衡量政治损益，牧犍亦推崇阚骃，"拜大行，迁尚书"。五凉时期，一些士人经历了从"隐居避世"至"入仕从政"的转变。

　　北魏太延五年，北凉沮渠氏为北魏攻破，五凉时代结束。"冬十月辛酉，车驾东还，徙凉州民三万余家于京师。"河西士族主动或被动地大量迁出，许多仕宦于北凉政权的名士学者也随之迁徙至平城。大量士族群体的迁移，对于河陇地域学术而言是一种竭泽式的打击。而河西文化所延续的魏晋学风对北魏典章制度深有影响。五凉文化对北魏社会的影响可概括为三点：开启儒风、振兴礼乐、完善官制律令。李智君对以往学者所论永嘉移民使得中原学术转移保存于河陇说进行分辨与反驳，指出这是指文化重心转移而非中原移民所带来的文化之转移，更加凸显出五凉时期河陇文化昌盛背后的深层次原因。个别家族在入魏后长期仕宦于北朝，在政坛上亦有所作为，他们的家族曾烜赫一时；虽然河西文化对于北魏改制发挥积极作用，但是平凉户中的多数河西名士硕儒在入魏后的政治待遇并不高。河西文化曾对南北朝都有影响。例如祖冲之编制《大明历》参考北凉太史敦煌赵歑的《甲寅元历》。北朝同样有所吸收借鉴，"世祖平凉土，得赵歑所修《玄始历》，后谓为密,以代《景初》"。敦煌赵氏的《玄始历》(即《甲寅元历》)在北魏沿用数十年,充分展现出河西文化某些领域的先进程度以及河西儒生丰富的学识。魏晋五凉时期凉州儒学同样与中原有着共性特点:即在此前"儒学常识化"的基础上,儒学知识与理念已经成为社会文化的基本底色。魏晋玄学一度占据主流,然而谈玄诸人大体仍是儒生本色。由儒入玄的魏晋风度在河西有充分表现。

五凉时期,诸如张轨、李暠执政时期兴办学校,延揽人才。北魏时期地方州郡官学逐渐制度化与规范化,唐代凉州的寺学、州县官学等相对完备。敦煌出土的中古经学文献中,以《书》《诗》《春秋左氏传》《论语》四类最多。敦煌写本《开蒙要训》作为综合性识字教材,学界考证认为成书时代盖为六朝,与梁代周兴嗣《千字文》时代相近,为当时河西诸州、县学和寺学普遍所采用。其中"孝敬父母,丞顺弟兄"等内容,体现出儒家文化价值思想组建出蒙学教材内涵,承担起社会教化的责任;忠君孝悌道德伦理与君臣人伦礼制被引导来规范民众的思想与行为,此互动过程中儒家文化价值观念逐渐成为社会生活领域普遍适用的基本知识。五凉时期,河西文化上承两汉,下启隋唐,在中国文化史中具有极为重要的价值与意义。

魏晋北朝时期,作为文化交汇融合之地,河西文化走廊沟通了丝绸之路东西方文化。佛教初传时期,印度、犍陀罗艺术及龟兹的造像艺术风格向东传播。魏晋北朝时期,中原汉地的佛教亦向西传播。凉州文化兼收并蓄,佛教文化亦渐趋繁荣,与之相关的造像、石窟、壁画乃至有关的习俗节日、思想文化观念等都表现出文化融合的特点。南北朝时期,佛教势力发展迅速,以至于成为社会中广泛存在的宗教势力。西晋时期高僧竺法护及其弟子在敦煌河西译经,五凉时期河西佛学发展迅猛,以至于凉州成为佛教中心之一。而佛学也对地方儒学产生重要的冲击与影响。五凉时期凉州大族成员在文化上有一重要转变,即实现原本博通儒学的文化世家到儒释兼通的转型。这在北朝敦煌写经题记中反映出有来自凉州的地方文化世族所担任写经生一职。家族角色与承担活动的转变也反映出原本的文化世家从掌握儒学到儒释兼通的文化交织存在。

五凉时期,河西地区在石窟造像、翻译佛经等方面都有着重大成果,产生了深远影响。《魏书·释老志》载:"凉州自张轨后,世信佛教。敦煌地接西域,道俗交得其旧式,村坞相属,多有塔寺。"前凉晚期,张天锡曾组织僧众翻译佛经,并于其统治境内大兴佛教。五凉中后期,佛教开凿石窟逐渐兴起。河西早期石窟经历了从儒学私学教育向佛教应用场所的性质转变。早期佛教石窟多为禅修窟,而非功德窟。据 P.2551V《沙州效谷府校尉李君莫高窟佛龛并序》记载:"莫高窟者,厥初秦建元二年,有沙门乐僔,戒行清虚,执心恬静。尝杖锡林野,行至此山,忽见金光,状有千佛,遂架空凿岩,造窟一龛。次有法良禅师,从东届此,又于傅师窟侧,更即营建。伽蓝之起,滥觞于二僧。"鸠摩罗什为中国译经史上的重要人物,他被吕光带回凉州后,在凉、后秦时期翻译大量佛经,他佛学造诣精深,译文字句通畅。僧祐《出三藏记集》称赞他:"逮乎罗什法师,俊神金照,秦僧融、肇,慧机水镜。故能表发挥翰,克明经奥,大乘微言,于斯炳焕。"北凉沮渠氏统治时期,河西佛经翻译盛极一时。唐《开元释教录》卷四记载:"北凉沮渠氏,初都张掖,后徙姑臧。自蒙逊永安元年辛丑至牧犍(茂虔)承和(永和)七年己卯,凡经二主三十九年。沙门九人,所出经、律、论等并新旧集失译诸经,总八十二部合三百一十一卷。"由于得以流传下来的北凉译经仅是当时的一小部分,可见北凉当时译经规模之大。北凉时期是南北朝时期凉州地区的译经高峰期,共译者九人,所出佛典共82部311卷。沮渠蒙逊统治时期,凉州成为佛教中心,高僧大德昙无谶、浮陀跋摩、沮渠京声翻译大量佛经。北凉时开凿敦煌莫高窟268、272、275窟,凉州天梯山石窟1、10窟,张掖的金塔寺、马蹄寺南北二窟、观音洞等,酒泉文殊山千佛洞等,形成以凉州为中心的影响深远的石窟造像模式——"凉州模式",对北魏平城的石窟造像营建深有影响。

北魏灭北凉后,沮渠氏败逃至高昌,展开了一系列兴佛活动。安周即位后立《且(沮)渠安周功德碑》,荣新江指出,根据《且(沮)渠安周碑》和M遗址出土雕像,可明显看出凉州佛教对于大凉时期高昌佛教的影响。北凉王族通过一系列兴佛活动宣扬佛教,造寺立碑、写经译经、开窟造塔等形式都是从河西地区传入的。北凉王族及部分河西大族成员入据高昌,使得汉地大族在高昌社会中占据主导地位,大乘佛教在此迅速发展起来。吐鲁番还出土几则有关沮渠安周的写经跋文,小田义久指出:这几种写经都是在五世纪初译出的,为鸠摩罗什和处于建康的佛陀跋多罗所译,新译写经的传播速度之快与范围之广足可以见。例如日本书道博物馆藏吐鲁番出土《某经持世第一凉王且(沮)渠安周、丹扬郡张休祖题记》,充分反映出沮渠大凉时期与江南地区的密切文化交往。另外,跟随沮渠安周入高昌的,也即《且(沮)渠安周碑》的作者夏侯粲精通儒释道典籍,以儒家术语阐释佛教功德,骈韵并用,足见北凉时期的文化多元与兴盛。

东汉末年中原震荡,许多中原人士为避难迁至河西地区,内地所流行的道教文化随之传布于河西。敦煌烽燧遗址曾出土一枚西晋时期仙师符木简,黄烈先生认为此为一枚早期天师道符箓,姜伯勤先生也对此表达肯定观点。可见此阶段道教文化于河西地区或已有一定程度的流行。魏晋南北朝时期,河西的道教活动明确记载少之又少,但是道家思想、道教神灵以及道教仪式的传播与在社会中的弥散运用是相对丰富的,魏晋木简、墓葬器物、镇墓文、壁画等内容中均有所反映。生死观念作为民间信仰的基本表现形式之一。河西地区考古所出土的西晋五凉时期的墓葬中遗存附有大量道教神话内容的壁画与壁砖,其中内容涵括传说人物、避邪之物等。特别是酒泉丁家闸第五号壁画墓,此墓时代推定为五凉时期,墓中壁画附有大量神话故事内容,其覆斗形窟顶的四披绘有西王母、东王公与羽人等道教神仙意象。这些都进一步表明道教文化在河西社会影响之深刻,道教文化于魏晋北朝已成为河西地区基础性宗教之一。天师道、方仙道、黄老道等支派都曾在河西传播,其中尤以方仙道最盛。道教文化在流传过程中为所接触的新受众选择性解读与阐释,被赋予活力与生命力的同时文化也处于被地域传统解构和重构的过程之中。

魏晋南北朝时期,河西地区艺术发展融合了多种文化,这与当时周边民族内迁,各民族间的接触、交流、融合有很大关系。十六国时期河西地区豪族墓葬中有承载丰富历史文化信息的壁画,这些壁画墓充分展现当时河西民众的生产生活及民俗文化,这些艺术也是绘画、壁画乃至墓葬文化的重要组成部分。这一时期,西域文化艺术经河西走廊传入中原内地,是我国音乐舞蹈艺术的重要丰富发展时期。

综上,五凉文化是十六国时期在河西地区由中原文化、游牧文化和西域文化相互交融互鉴而形成的特色地域文化,它是中华优秀传统文化的重要组成部分,对于当下社会构建文化自信具有不可或缺的作用。儒学作为社会底色般的日常知识存在,在社会与教育中仍占据主流,同时,这一时期佛教发展迅猛,地方社会各阶层都对佛学有所接触,道教也有一定发展,进入河西地区后,佛道在融入和改造的过程中展示出了地域性特质。此外,河西地区的绘画、书法、文学等方面也迅速发展。陈寅恪充分肯定五凉文化的显著地位:"上续汉魏西晋之学风,西开魏齐隋唐之制度,承前启后,继绝扶衰,五百年间延绵一脉。"除了典籍中记载的有关五凉文化的文字资料,武威市境内还保存有大量五凉时期的文化遗迹,出土数量不少的相关文物,为我们深入研究五凉文化提供了文献与实物双重证据。

第三章　隋及唐前期的敦煌历史

第一节　隋及唐前期敦煌地区的军事建置

581年,杨坚取代北周建立隋朝。8年之后,隋军在杨广及韩擒虎、贺若弼等人的率领下大举南下,很快就攻灭了偏安江南一隅的陈朝,从而结束了自西晋之后长期分裂的局面。虽然隋朝重新完成了大一统的局面,但北方的突厥及西北的吐谷浑仍然是其所面临的巨大威胁。

早在西魏初期,突厥已经崛起于漠北草原,占据了东自辽海,西至西海,南自沙漠,北至北海的辽阔疆域。为了避免突厥的攻击,东魏和西魏及继之而起的北齐和北周争相以财货厚赂突厥,但突厥并没有因此停止南下侵扰。尤其是宣政元年(578)冬,佗钵可汗率部"复寇边,围酒泉,大掠而去"[1]。北周宣帝时期,被迫与突厥和亲,将宗室千金公主嫁于突厥的佗钵可汗。

隋朝代北周之际,突厥的势力更为强大。隋朝建国后,并没有延续北周、北齐争相讨好突厥、提供衣食的做法,而是"待之甚薄"。而此时突厥内部由于出现了权力之争,统治并不稳固。与隋朝有杀父之仇的千金公主趁机游说沙钵略可汗,提出可以通过南下攻隋以摆脱困境并增强内部凝聚力的建议。[2]这一建议得到了沙钵略可汗的认可。开皇二年(582),突厥自固原进犯,致使"武威、天水、安定、金城、上郡、弘化、延安六畜咸尽"[3],给河西及西北地区人民带来了极大的危害。为了解除突厥对隋朝的威胁,隋文帝采取了长孙晟所提出的"远交而近攻,离强而合弱"的方针,最终促使突厥分裂为东、西两部。突厥分裂后,实力受到了极大的削弱,其中东突厥最终归附了隋朝。

吐谷浑崛起于西魏末年,其地东西三千里,南北千余里。到了吕夸可汗时期,其势力日盛,"寇抄不止,缘边多被其害"[4]。虽然伏允在开皇十七年(597),接受了隋朝的可汗册封并遣使入朝,但吐谷浑却仍然时常与突厥相互勾结,合谋连兵攻隋。大业四年(608),隋炀帝派杨雄、宇文述出击吐谷浑。伏允被迫南奔,"其故地皆空,自西平临羌城以西,且末以东,祁连以南,雪山以北,东西四千里,

---

[1] (唐)令狐德棻撰:《周书》卷50《异域传下》,北京:中华书局,1971年,第912页。

[2] 李方:《东突厥的归附与隋前期的边政》,《西域研究》2004年第1期。

[3] (唐)魏徵等撰:《隋书》卷84《北狄传·突厥传》,北京:中华书局,1973年,第1865—1866页。

[4] (唐)令狐德棻撰:《周书》卷50《异域传下》,北京:中华书局,1971年,第913页。

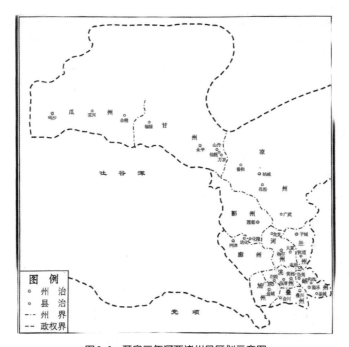

图3-1　开皇三年河西诸州县区划示意图

（采自施和金：《中国行政区划通史·隋代卷》，上海：复旦大学出版社，2017年，第40页。）

南北二千里，皆为隋有。"①

在击败吐谷浑的当年，隋炀帝又派遣大军进攻此前为西突厥势力所控制的伊吾。按照原计划，降附隋朝的东突厥启民可汗当与隋玉门道行军大将薛世雄会师于玉门，然后联兵进攻伊吾。薛世雄在启民可汗背约不至的情况下，仍孤军度碛，突袭伊吾。伊吾吐屯设猝不及防，被迫出降，献地数千里。为了巩固在伊吾的统治，薛世雄于汉朝旧伊吾城东另筑新伊吾城，并留士卒千余人戍守，对西域产生了巨大的威慑作用。②

大业五年（609）五月，在西巡途中的隋炀帝继续派兵追击伏允，伏允率残部逃亡党项。隋朝遂于吐谷浑故地设置西海（今青海湖西）、河源（今青海兴海东）、鄯善（今新疆若羌）、且末（今新疆且末）四郡，这些地区被正式纳入中央政府的版图之内。随着四郡的设立及伊吾的归附，隋朝的疆域得以大幅度向西拓展，此前作为经营西域、防御西北少数民族入侵边防重镇的敦煌，战略地位略有下降。

隋朝末年，天下大乱，群雄竞起。大业十三年（617），武威鹰扬府司马李轨在昭武九姓的粟特人的支持下，自称河西大凉王，建元安乐，建立起了以武威为中

① （唐）魏徵等撰：《隋书》卷83《西域传》，北京：中华书局，1973年，第1845页。

② 吴玉贵：《突厥汗国与隋唐关系史研究》，北京：中国社会科学出版社，1998年，第119页。

心、胡汉结合的河西地方割据政权。李轨称帝之后，很快就攻陷张掖、敦煌、西平、枹罕四郡，尽有河西五郡之地。[1]莫高窟北区B228窟曾出土纸质汉文墨书衣物疏一件，该衣物疏中出现了"安乐三年"的纪年，证明李轨政权的势力范围曾到达敦煌地区，并对该地区实施了有效的统治。[2]此外，日本东京书道博物馆藏敦煌文献《维摩诘经卷三》出现的安乐三年三月十四日写经题记，[3]也可以为李轨政权统治敦煌提供佐证。但李轨大凉政权存在的时间非常短暂。唐高祖武德二年(619)年四五月间，在李轨拒绝李唐招降的情况下，出身于武威的粟特胡人安兴贵、安修仁联合武威城内的昭武九姓，将李轨擒送于长安，河西等地遂被纳入大唐的疆域。在获得河西等地后，唐王朝在此设置凉、甘、肃、瓜、鄯、河等州。其中瓜州辖敦煌、常乐二县，大致相当于李轨政权的敦煌郡的范围。

武德三年(620)，唐朝的瓜州刺史贺拔行威举兵反叛，扣押了骠骑将军达奚暠。在凉州总管杨仁恭的外部压力下，敦煌豪族王干率众杀贺拔行威。贺拔行威之乱平定后，唐政府以瓜州之晋昌县、常乐县置瓜州，治所在晋昌；将敦煌、寿昌二县改置为西沙州，治所在敦煌。瓜、沙分置之后，敦煌人张护和李通又在敦煌举兵叛唐，但最终因实力不济而失败，敦煌又重新归附唐朝。此外，在隋末动乱中，隋王朝丧失了对以吐谷浑故地所设的四郡及内附的伊吾地区的控制权。所以，敦煌重新受到自西、北地区的突厥势力，以及来自南方的吐谷浑势力的威胁，沙州作为此时唐朝疆域的最西端，其对于唐朝西北边防的重要性是不言而喻的。

贞观十三年(639)十二月，唐太宗以吐鲁番的高昌王国阻隔丝路北道经焉耆、高昌到敦煌的道路为由，派遣使持节光禄大夫、吏部尚书、上柱国陈国公侯君集为交河道行军大总管，左屯卫大将军、上柱国永安郡开国公薛万钧与左屯卫将军、上柱国通川县开国男姜行本为副总管，率兵讨伐高昌。唐军兵分两路，侯君集先遣姜行本、牛进达为先锋，负责制造攻城的器械。唐朝为了此次西征，专门从山东地区抽调了大批善于制造攻城器械的能工巧匠。他们跟随姜行本登上伊吾时罗漫山北麓的黑绀岭，砍伐山木以制造器械。姜行本等人屯集粮草，置办战马，制作兵器、战车、抛石机等攻城器械，有力地配合了前方部队的作战。为姜行本歌功颂德的《大唐左屯卫将军姜行本勒石纪功文》除了记述姜行本的具体功绩，还特别标出了姜行本部所辖的主要将领。其中，沙州刺史、上柱国望都县开

---

① (后晋)刘昫等撰：《旧唐书》卷55《李轨传》，北京：中华书局，1975年，第2249页。

② 樊锦诗、彭金章：《敦煌莫高窟北区B228窟出土河西大凉国安乐三年(619)郭方随葬衣物疏初探》，《敦煌学》第25辑，2004年。

③ [日]池田温编：《中国古代写本识语集录》，东京：东京大学东洋文化研究所，1990年，第178—179页。

国侯刘德敏名列第一,碑文的篆刻者为瓜州司法参军司马太真。[1]虽然史书当中没有明确记载侯君集及姜行本等人由河西前往伊吾的具体路线,但在唐灭高昌的战役中,既然有来自敦煌及晋昌等地的文武官员参加,则此次行军当是由敦煌北上,经稍竿道行进至伊州。[2]

有唐一代,其最大的军事威胁是来自漠北草原的突厥及青藏高原的吐蕃,而东西绵延千里的河西狭长条状地带正是两者交通往来的主要通道。为了阻隔两者的联系并经略西域,唐王朝在敦煌等河西重镇设置了诸多军事机构,建立起了完整的军事防御体系。

1.唐代前期敦煌地区的折冲府

唐朝建国之初,在军事制度上继承了创建于西魏、并经隋朝加以继承和改革的府兵制。唐中央统领府兵的机构为左右卫、左右骁卫、左右武卫、左右威卫、左右领军卫和左右金吾卫等十二卫。贞观十年(636),太宗对府兵制进行了进一步的改革。此后,军府总称为"折冲府",以其所统领府兵数量为标准,分为上、中、下三等。军府的长官分别为折冲都尉及果毅都尉。十二卫遥领天下657个折冲府,并掌管诸军府到长安上番宿卫的府兵。入唐之后,为了加强对敦煌的军事控制,同时也为了保卫敦煌这一个地处西北前沿的军事重地,唐王朝在当地积极建立军府。根据《新唐书·地理志四》的记载,沙州设置龙勒、效谷、悬泉等三个军府。对此,敦煌吐鲁番文献及石刻文献的记载甚为丰富,学者已进行过详细的梳理。[3]

(1)龙勒府

《元和郡县图志》载:"本汉龙勒县,因山为名,属敦煌郡……隋大业十一年,于城内置龙勒府,武德二年改置寿昌,因县南寿昌泽为名也。"[4]据此,龙勒府创建于隋朝,地处沙州寿昌县境内,因境内的龙勒山而得名,在汉龙勒县故城,在今敦煌市西南南湖镇破城子。据吐鲁番文书73TAM506:5/1《天宝十载(公元七五一年)制授张无价游击将军官告》记载,张无价署"左领军卫敦煌郡龙勒府右果毅都尉"[5],可知龙勒府隶属于十二卫中的左领军卫。在传世文献、敦煌文书、唐人

---

①(清)王昶编:《金石萃编》卷45《姜行本碑》,上海:上海古籍出版社,2020年,第757—758页。

②王素对侯君集大军从伊州进军高昌的路线问题进行过细致的考证,参见王素:《高昌史稿·统治编》,北京:文物出版社,1998年,第422—435页。

③沙知:《敦煌吐鲁番文献所参见唐军府名撷拾》,《敦煌学辑刊》1998年第1期;张沛:《唐折冲府汇考》,西安:三秦出版社,2003年,第240—242页。

④(唐)李吉甫撰,贺次君点校:《元和郡县图志》卷40《陇右道下》,北京:中华书局,1983年,第1026页。

⑤中国文物研究所、新疆维吾尔自治区博物馆、武汉大学历史系编:《吐鲁番出土文书》第4册,北京:文物出版社,1996年,第392页。

碑志中,可以发现曾任职于龙勒府的相关人物:

长安三年(703)十月十二日《唐关俭墓志》:"祖达,明威将军、沙州龙勒府折冲。"①据此碑可知,关俭之祖关达约唐初曾任龙勒府折冲。

张说《赠凉州都督上柱国太原郡开国公郭君碑奉敕撰》载:"以败敌北庭,加游击将军、沙州龙勒府折冲,兼右金吾郎将、瀚海军副使。"②据此志可知,郭知运曾任龙勒府折冲都尉。

开元二十四年(736)二月二十二日《陈尚仙墓志》:"夫人讳尚仙,字上元……烈考言,皇沙州龙勒府折冲都尉……以开元廿四年二月四日,遘疾终于从政里之私第,享年卅有九。……即以其年二月廿二日,权殡于邙山金谷乡之原,礼也。……开元廿四年岁次景子二月辛亥朔廿二日壬申。"③据此志,陈尚仙之父陈言,约在玄宗朝曾任龙勒府折冲都尉。

天宝元年(742)十一月十九日《唐苑玄亮墓志》:"迁龙勒府折冲、新泉军大使。"④据此志可知,苑玄亮在开元天宝中曾任龙勒府折冲都尉。

开元五年(717)正月二十五日《张方墓志》:"解褐任右军卫沙州龙勒府果毅都尉。"⑤据此志可知,张方约在高宗、武后时解褐任龙勒府果毅都尉。

吐鲁番文书73TAM506:5/1《唐天宝十载(公元七五一年)制授张无价游击将军官告》:"行官、昭武校尉、行左领军卫敦煌郡龙勒府右果毅都尉、员外置同正员、上柱国、赐紫金鱼袋张无价。右可游击将军、守左威卫同谷郡夏集府折冲都尉、员外置同正员,余如故。"⑥据此告身可知,天宝十载(751),张无价由龙勒府右果毅都尉,升任夏集府折冲都尉。

(2)效谷府

因汉效谷县而得名,据敦煌文书P.2551《沙州效谷府校尉李君莫高窟佛龛碑并序》:"考达,左玉钤卫效谷府旅帅、上护军。……公任左玉钤卫效谷府校尉、上

---

① 录文参见周绍良主编:《唐代墓志汇编》长安〇四五,上海:上海古籍出版社,1992年,第1023页。

② (清)董诰等编:《全唐文》卷227《赠凉州都督上柱国太原郡开国公郭君碑奉敕撰》,北京:中华书局,1983年,第2295页。

③ 赵君平、赵文成编:《河洛墓刻拾零》二二五《陈尚仙墓志》,北京:国家图书馆出版社,2007年,第292—293页。

④ 周绍良主编:《唐代墓志汇编》天宝〇一九,上海:上海古籍出版社,1992年,第1543页。

⑤ 周绍良主编:《唐代墓志汇编》开元〇四六,上海:上海古籍出版社,1992年,第1186页。

⑥ 图版、录文参见中国文物研究所、新疆维吾尔自治区博物馆、武汉大学历史系编《吐鲁番出土文书》第4册,北京:文物出版社,1996年,第392页。

柱国。"①光宅元年(684),唐朝曾改左右领军卫为左右玉钤卫,神龙元年(705)恢复旧名,因此效谷府与龙勒府同属左领军卫。又,P.2005《沙州都督府图经》"嘉纳堂"条载:"右按《西凉录》凉王李暠庚子五年兴立泮宫,增高门学生五百人,起嘉纳堂于后园,图赞所志。其堂毁除,其阶尚存。其地在子城东北罗城中,今为效谷府。"②据此可知效谷府设置于沙州城内。P.2005《沙州都督府图经》"张芝墨池"条载:"张芝墨池,在县东北一里,效谷府东南五十步。"③敦煌本地名胜张芝墨池就在效谷府附近。

从传世文献、敦煌文书、出土墓志中,可以找到曾在效谷府担任武职的相关人物的记载:

> 贞观十七年(643)十月二十□日《晁大明墓志》:"君讳大明,河东泌阴人也。……起家任丽水府队正。……寻除武安府兵曹,转任仓曹。……又迁沙州敦煌县主簿,俄转效谷府长史。……以贞观十七年十月十三日,卒于私第,春秋五十有三,即以是月廿□日,葬于城东□焦地里,礼也。"④据此志可知,晁大明唐初曾任效谷府长史。

《新唐书·哥舒翰传》称:"少补效穀府果毅。"⑤可知唐玄宗时期名将哥舒翰在年少之时曾在效谷府担任过果毅。

P.2551V《沙州效谷府校尉李君修莫高窟佛龛碑并序》:"君讳义,字克让,敦煌人也。……祖操,隋大黄府上大都督、车骑将军。……考达,左玉钤卫效谷府旅帅、上护军……亡兄感,昭武校尉、甘州禾平镇将、上柱国。……公任左玉钤卫效谷府校尉、上柱国。……维大周圣历元年岁次戊戌伍月庚申朔拾肆日癸酉敬造。"⑥据碑文记载,李克让及其父李达,均在本地效谷府任武职。

P.2687bV《唐天宝八载敦煌郡诸军府应加阶级状》:

---

① 郑炳林、郑怡楠辑释:《敦煌碑铭赞辑释(增订本)》,上海:上海古籍出版社,2019年,第22页。此碑原立莫高窟第332窟内,今存敦煌研究院,圣历元年(698)《李克让修莫高窟佛龛碑》(亦称《周李君修龛家碑□□》《周李君修龛像碑》《圣历碑》)),录文参见李永宁:《敦煌莫高窟碑文录及有关问题(一)》,《敦煌研究》试刊第1期,兰州:甘肃人民出版社,1981年,第56—79页。

② 上海古籍出版社等编:《法藏敦煌西域文献》第1册,上海:上海古籍出版社,1995年,第55页。

③ 郑炳林:《敦煌地理文书汇辑校注》,兰州:甘肃教育出版社,1989年,第15页。

④ 曹大明墓志,原石现藏武威文庙,图版及录文参见王其英主编:《武威金石录》,兰州:兰州大学出版社,2001年,第28页。

⑤ (宋)欧阳修、宋祁撰:《新唐书》卷135《哥舒翰传》,北京:中华书局,1975年,第4569页。又,王应麟在《玉海》卷138《兵制三·唐府兵》中:"折冲都尉段秀实,绥德府。果毅都尉屈突诠、郭曜,开阳府。折冲郎将崔宁,邢茂牙,果毅别将曲环,果毅王忠嗣,东阳。郭知运,秦州三度。张守珪,幽州良杜。刘昌,易州遂城。薛仁贵,云泉。哥舒翰,效穀(谷)。王方翼,朔州尚德。韦侍价,卢龙。王仁皎、杨朝晟,甘泉。段秀实,陇州大堆府。"扬州:广陵书社,2003年,第2565页。

⑥ 郑炳林、郑怡楠辑释:《敦煌碑铭赞辑释(增订本)》,上海:上海古籍出版社,2019年,第21—23页。

1.效谷府　　　　　　　　　　状上
2.　当府准　　　制应加阶武官总四人
3.三　人　依　制　请　加　阶:
4.昭武校尉守折冲都尉刘忠义天四二月　敕头崔非(?)其
5.翊麾校尉守别将云骑尉吕宪天五二月廿七日衔翊[麾]副尉,甲头杨令玢,准天六正月十一日制

各[加]一阶至天六八月廿一日授翊麾校尉,甲头刘。

6.陪戎副尉守别将员外置同正员侯汉子天五十月十六日授,甲头张栩,签不到,奉天六二月

廿九日郡符勘告放攒,天七五月四日到。

7.一　人　无　阶　可　加,　请　迴　阶:

8.昭武校尉左果毅都尉赏绯鱼袋上柱国刁及礼天六二月七日授,甲头李休光,其载七月廿①

这是一件有关天宝八载(749)敦煌效谷府的官文书,其中有记载了天宝八载,效谷府的四位应加阶的武将,分别是折冲都尉刘忠义、别将吕宪、别将员外置同正员侯汉子、左果毅都尉刁及礼,等等。

(3)悬泉府

2016年末,在宁夏吴忠市同心县,出土了半枚铜鱼符,鱼嘴微分,并有圆形穿孔,尾残,残长43.3毫米,宽16.4毫米,厚5.4毫米,重14.5克。一面铸有两道腮纹、背鳍和鱼鳞;一面铸有阳文凸起的"同"字,从右上至左下依次錾有阴文的"右豹韬□(卫)悬泉府第二"铭文。其中"豹"字下方的文字虽有所残损,但从其残留的偏旁看,可以定为"韬"字。"韬"下方的文字虽然随鱼尾缺失,但依照同类鱼符的上下文关系可推知失字为"卫"无疑。另,鱼腹部阴刻有"合同"二字,保留右侧一半。②根据铭文可知,悬泉府隶属于右豹韬卫,与龙勒府、效谷府同隶属左领军卫不同。

敦煌文书P.3899V《唐开元十四年(726)沙州敦煌县勾征悬泉府马社钱案卷》,长达196行,是一件当地官府审理前悬泉府校尉判兵曹张袁成、前府史翟崇明二人欠马社钱,县司进行勾征的诉讼审判文书。多处钤有"沙州之印"和"敦煌县之印":

---

① 图版参见上海古籍出版社等编:《法藏敦煌西域文献》第17册,上海:上海古籍出版社,2001年,第250页。

② 朱浒:《武周"右豹韬卫悬泉府第二"鱼符的发现与考辨》,刘中玉主编:《形象史学》总第11辑,北京:社会科学文献出版社,2018年,第67—73页。

12.敦煌县主者得府牒称：前校尉张袁成经州陈牒称，

13.悬泉府校尉遣判兵曹事。

（中略）

29._____悬泉府主帅　张_____

30._____县。依限征纳讫申。

（中略）

55.司户

56.悬泉府马社钱壹佰叁拾壹贯叁佰伍拾文所由府史翟崇明

57.右件钱州司已判下府征讫。谨录状上。

58.牒件状如前，谨牒。

59.开元十四年三月　日史氾光宗牒

60.　　　　参军判司户贾履素①

在敦煌文书P.3841V《唐开元廿三年（735）？沙州会计历》第129—130行："右前件人□是悬泉府别将，身死给赠，为是员外官，被支度勾征，未纳"②，也提到了一位悬泉府别将。

在酒泉市肃北蒙古族自治县城党城湾东偏北约40公里（鸟道）处的祁连山中，距党石公路约14公里，1987年文物普查中发现大黑沟口摩崖上阴刻题记竖行5行："悬泉府主帅张思直，因当□□写镌壁。□□□□□□□□□盈亏，□□□□□□□幽岩峻险，谷内外草光精。从人经爽代书，石包流名。"其中就记载了一名悬泉府主帅张思直。

（4）大黄府

《新唐书·地理志四》"陇右道瓜州晋昌郡"条："瓜州晋昌郡，下都督府。武德五年（622）析沙州之常乐置。……有府一，曰大黄。"③P.2117《大般涅槃经卷第卅三》尾题："大业四年（608）四月十五日，敦煌郡大黄府旅帅王海，奉为亡姑敬造涅槃、法华、方广各一部，以兹胜善，奉为尊灵。仰愿超越三途，登临七净。世世生生，还为眷属。六道含识，皆沾愿海。"④P.2205《大般涅槃经卷第八》尾题、杏雨书屋551号《涅槃经卷一八》、P.2117《大般涅槃经卷三三》、S.2419《妙法莲花经卷

① 唐耕耦、陆宏基主编：《敦煌社会经济文献真迹释录》第4辑，北京：全国图书馆文献缩微复制中心，1990年，第432—436页。研究参见卢向前：《马社研究——伯三八九九号背面马社文书介绍》，北京大学中国中古史研究中心编：《敦煌吐鲁番文献研究论集》第2辑，北京：北京大学出版社，1983年，第361—424页；后收入卢向前：《敦煌吐鲁番文书论稿》，南昌：江西人民出版社，1992年，第47—96页。

② 唐耕耦、陆宏基主编：《敦煌社会经济文献真迹释录》第1辑，北京：书目文献出版社，1986年，第425页。

③ （宋）欧阳修、宋祁撰：《新唐书》卷40《地理志四》，北京：中华书局，1975年，第1045年。

④ 上海古籍出版社等编：《法藏敦煌西域文献》第6册，上海：上海古籍出版社，1998年，第47页。

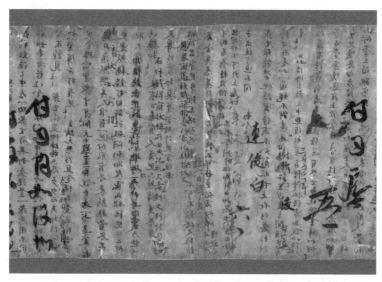

图3-2　P.3899V《唐开元十四年(726)二月至四月沙州敦煌县勾征开元九年悬泉府马社钱案卷》(采自IDP)

三》等内容基本相同。P.2551V《沙州效谷府校尉李君莫高窟佛龛碑并序》："祖操，隋大黄府上大都督、车骑将军。"P.3608V《大唐陇西李氏莫高窟修功德记》："王父操，皇大黄府车骑将军。"[1]可知大黄府在隋代已经存在。唐承隋旧，张说《赠凉州都督上柱国太原郡开国公郭君碑奉敕撰》："曾祖钦，瓜州大黄府统军、上柱国。"[2]开元八年(720)十一月二十三日《大唐故刘君墓志铭并序》："君讳才，字德政，兖州彭城人也。……父才，仪同三司、唐瓜州大黄府右车骑将军、赤水县男，食邑三百户，改受定远将军。"[3]

从《大历碑》记载李达"皇敦煌司马，其后因家焉"一句看，似乎从李达开始，这时李氏才定居敦煌。但《圣历碑》记载李达之父李操在隋代就在敦煌为官："祖操，隋大黄府上大都督、车骑将军。"《圣历碑》《大历碑》记载不一，若取《圣历碑》隋代李操在敦煌任"隋大黄府上大都督、车骑将军"，则隋代李操任职敦煌，李操子李达唐代任职，为"敦煌司马"。

对于唐代军府设置的特点，正如陆贽所言："太宗……列置府兵，分隶禁卫，大凡诸府八百余所，而在关中者殆五百焉。举天下不敌关中，则举重驭轻之意明矣。"今据《新唐书·地理志》所载，京兆一地，就置军府131个。江南一道计共51

① 郑炳林、郑怡楠辑释：《敦煌碑铭赞辑释(增订本)》，上海：上海古籍出版社，2019年，第24、42页。

② (清)董诰等编：《全唐文》卷227《赠凉州都督上柱国太原郡开国公郭君碑奉敕撰》，北京：中华书局，1983年，第2295页。

③ 拓片图版参见张永华等编：《秦晋豫新出墓志蒐佚三编》三五一，北京：国家图书馆出版社，2020年，第460页。

州,247县,见载于《新唐书》的军府仅有区区两个。即使加上学者所辑补的军府,也只有4个。①敦煌以两县之地而置四军府,充分体现出敦煌所具有的特殊战略地位。由于文献阙载,对于龙勒等府的等级,我们不可而知。即使均为最低的下等,四府的总兵力也应有3200人,这对于人口数量较少的敦煌,是一个不小的经济负担。天宝十三载(754),沙州的户数达到了人口峰值6395户。即便如此,大概要两户供养一兵,比例还是相当高。

图3-3　P.2117《大般涅槃经卷第卅三》尾题(采自IDP)

由于敦煌地近西域,所以唐朝在逐步将西域纳入中央统辖范围的过程中,经常会将敦煌将士派赴前线作战或长期派驻西域镇守。开元二年(714),敦煌人张怀福出任了游击将军、守右玉钤卫西州蒲昌府折冲都尉、摄本卫中郎将、充于阗镇守使、敦煌郡开国公。此外,敦煌人任职于西域的还有游击将军上柱国西州岸头府果毅都尉张端、正议大夫北庭副大都护瀚海军使兼营田支度等使阴嗣监、昭武校尉庭州咸水镇将上柱国阴嗣宗、壮武将军行西州岸头府折冲兼豆卢军副使阴守忠等。②

2.唐前期瓜沙二州的军、镇、守捉、戍、烽

唐建国之初,行政区划制度方面沿袭了隋代分道行台省的设置。贞观元年(627),唐太宗以山河交通形势为据,分天下为十道,重新划分全国的地理区域和州县归属。其中,陇坻以西为陇右道,在十道中位列第六。③《唐会要》卷70载:"(睿宗)景云二年五月,出使者以山南控带江山,疆界阔远,于是分为山南东、西道;又自黄河以西,为河西道"④。就在河西道设置的当年,唐王朝即在此设置河西节度,以断隔吐蕃、突厥。河西节度辖凉、甘、肃、瓜、沙、伊、西七州之地,治凉州,统辖河西地区的军政。

河西节度使所领的赤水、大斗、建康、宁寇、玉门、墨离、豆卢、新泉等八军中,

---

① 张沛:《唐折冲府汇考》,西安:三秦出版社,2003年,第253页。

② 唐代敦煌人任职西域的记载参见P.2005《沙州都督府图经》卷3《张芝墨池》及P.2625《敦煌名族志》。荣新江:《敦煌学十八讲》,北京:北京大学出版社,2001年,第22—23页。

③ (后晋)刘昫等撰:《旧唐书》卷38《地理志一》,北京:中华书局,1975年,第1384页。

④ (宋)王溥:《唐会要》卷70,上海:上海古籍出版社,2006年,第1459页。

设置于沙州城内的豆卢军,位置最西,而其所领4300人的军队,可以为唐政府在西域东部地区的经营提供强有力的军事后盾。

位于河西走廊西北端的瓜沙地区,北面与突厥接壤,西面穿越沙漠则是东来的粟特聚落,南面与吐蕃、吐谷浑接壤,是唐王朝与周边少数民族政权直接接壤的地区,关系到唐王朝与西方交通的顺畅与安危,军事地理位置十分重要,在敦煌文书中就有"龙沙西裔,四面并是蕃戎"的说法。因此,唐王朝在敦煌地区的瓜沙二州设置了军、镇、守捉、戍、烽等军事建制,守卫边疆的安全,保护中西交通的畅通。①

在敦煌吐鲁番文献及石刻文献中,曾发现有数量可观的与豆卢军相关的文献。如P.2625《敦煌名族志》记载,阴仁希的次子嗣瑗"见任昭武校尉、左金吾卫陇州源汧府左果毅都尉、赏绯、上柱国、豆卢军子总管"②。此外,根据陕西省西安市大唐西市博物馆所藏《大唐故瓜州长史赠慈州刺史薛府君(琛)墓志铭并序》的记载,薛琛生前在河西节度使王忠嗣的举荐下,曾担任过瓜州长史兼豆卢军副使。③而根据学者研究,在敦煌吐鲁番文献所发现的豆卢军文书中,有相当数量的文献钤有豆卢军的相关印章,印文内容分别为"豆卢军经略使之印""豆卢军兵马使之印""豆卢军之印"及"豆卢军印"四种。④

豆卢军的设置时间,传世文献均系于神龙元年(705)。如《元和郡县图志》载:"豆卢军:沙州城内,以当匈奴要路,山川回阔,神龙初置立豆卢军以镇之。管兵四千五百人,马四百匹,去理所一千七百余里。"⑤《唐会要》亦载:"豆卢军,置在沙州,神龙元年九月置军。"⑥但是,通过对相关敦煌吐鲁番文献及石刻文献的

---

① 有关河西地区的军、镇、守捉、戍、烽等的研究,参见程喜霖:《吐鲁番文书所参见唐代镇戍守捉与烽堠》,中国敦煌吐鲁番学会编:《敦煌吐鲁番学研究论文集》,上海:汉语大词典出版社,1990年,第456—469页;陈国灿:《吐鲁番出土文献所参见之唐代军府》,武汉大学历史系魏晋南北朝隋唐史研究室编:《魏晋南北朝隋唐史资料》第16辑,武汉:武汉大学出版社,1998年,第73—84页;于建光、闫婷婷:《敦煌、吐鲁番文书所参见唐代河西镇、守捉、戍、烽拾遗》,《社科纵横》2007年第1期;于建光、闫婷婷:《唐代河西边防组织补证》,《伊犁师范学院学报(社会科学版)》2007年第2期;李文才:《唐代河西节度使所辖军镇考论》,杜文玉主编:《唐史论丛》第18辑,西安:陕西师范大学出版社有限公司,2014年,第19—46页;赵森:《唐前期河西城镇分布体系研究》,西北民族大学,硕士学位论文,2016年。

② 上海古籍出版社等编:《法藏敦煌西域文献》第16册,上海:上海古籍出版社,2001年,第330页。

③ 拓片图版及录文参见胡戟、荣新江主编:《大唐西市博物馆藏墓志》二九七,北京:北京大学出版社,2012年,第664—665页。

④ 张重艳:《唐代豆卢军杂识——以敦煌吐鲁番出土文书为中心》,《河北青年管理干部学院学报》2009年第6期;张重艳:《唐代豆卢军、伊吾军若干问题探研——以敦煌吐鲁番出土文书为中心》,河北师范大学,硕士学位论文,2007年。

⑤ (唐)李吉甫撰,贺次君点校:《元和郡县图志》卷40《陇右道下》,北京:中华书局,1983年,第1018页。

⑥ (宋)王溥:《唐会要》卷78,上海:上海古籍出版社,2006年,第1690页。(宋)欧阳修、宋祁撰:《新唐书》卷40《地理志四》"沙州"条记载略同,北京:中华书局,1975年,第1045页。

研究,针对豆卢军设置时间的研究有了新的进展。大谷文书2840号长安二年(702)十月《豆卢军牒》钤有"豆卢军兵马使之印"①,证明至迟到长安二年,沙州已经存在豆卢军的建置。陈国灿在吐鲁番阿斯塔那225号墓所出土的豆卢军文书中,发现了一件作于"□历二年七月四日"且钤有"豆卢军经略使之印"朱印两处的官方牒文,因残缺过甚,内容难以尽知,但文书中使用了武周新字,可以确定应作于武周时期。而武周的年号符合"□历"条件的,只有"圣历"。由此可知,至迟在圣历二年(699)七月四日,唐政府已经在沙州设置了豆卢军。②此外,陈国灿还根据高宗武后朝河西诸军的军使往往由该军所在州的刺史兼任的惯例,以及《沙州都督府图经》"张芝墨池"条所载开元二年(714)九月之际杜楚臣的职衔为"正议大夫、使持节沙州诸军事、行沙州刺史、兼豆卢军使、上柱国",证明豆卢军使由沙州刺史兼领。而根据《大周故沙州刺史李君(无亏)墓志铭》的记载,载初元年(689)李无亏已经出任沙州刺史兼豆卢军经略使,又可将豆卢军设置的时间下限前推至载初元年。③

通过排列敦煌吐鲁番文书中钤有豆卢军相关印章文书的年代先后,再辅以《大周故太中大夫使持节沙州诸军事沙州刺史兼豆卢经略使上柱国长城县开国公赠使持节嘉州诸军事嘉州刺史李府君(无亏)墓志铭并序》的记载:

> 公讳无亏,字有待,本陇西成纪人,汉丞相蔡之后也。虎云表梦,才子彰迈种之风;龙德在躬,上仙启无为/之绩。宗为魏将,名重七雄;信总秦兵,威吞六合。成陇西之冠族,为上京之羽仪。九代祖崇,后魏幽州刺使,/子孙因家焉,故今更为范阳乃人也。唐杜移晋,无塞世之荣;和璧入秦,不减连城之价。人物世载,鼎鼐/重光,逾四铉于袁门,掩十轮于杨氏。曾祖子肃,北齐平原太守、范阳侯。祖叔琳,隋考功郎、齐州刺使,袭爵/范阳公。并道映簪裾,器标瑚琏。熊旌犀节,膺方岳之隆;白马丹书,叶山河之誓。父行机,唐益州九陇县令、/梓州治中、上柱国、淮阴县开国公。风情简亮,

---

① [日]小田义久编:《大谷文书集成》第1卷,京都:法藏馆,1984年,图版参见图版130,录文参见第110页。

② 陈国灿:《武周瓜、沙地区的吐谷浑归朝事迹——对吐鲁番墓葬新出敦煌军事文书的探讨》,敦煌文物研究所编:《1983年全国敦煌学术讨论会文集(文史·遗书编)》上册,兰州:甘肃人民出版社,1987年,第1—26页。修订本后以《武周瓜沙地区的吐谷浑归朝案卷研究》为题,收入陈国灿:《敦煌学史事新证》,兰州:甘肃教育出版社,2002年,第167—197页。最后以《武周瓜、沙地区的吐谷浑归朝案卷研究》为题,收入陈国灿:《陈国灿吐鲁番敦煌出土文献史事论集》,上海:上海古籍出版社,2012年,第464—513页,此处依据此版本。

③ 此外,李宗俊进一步推测沙州于永徽二年(651)升格为都督府时,唐政府就已经在沙州设置了豆卢军。李宗俊:《读〈李无亏墓志铭〉》,《西域研究》2006年第2期。但据刘安志的研究,《唐会要》载沙州由下州升为都督府的永徽二年应为永泰二年之讹,所以其尚不能作为判断豆卢军设置的时间坐标。刘安志《关于唐代沙州升为都督府的时间问题》,《敦煌学辑刊》2004年第2期。

志业祥和,悬明镜于心台,植长松于识宇。才高百奏,学富五车,顾张束于锱铢,纳王刘于掌握。绾铜章于剑右,事屈烹鸡;转星屏于郫中,初将展骥。东道之姿,方骋西/崦之景;遽沦(论)道长,运促位不充量。公资二象之淑灵,含五常之秀气。浑金璞玉,绝名言之先;琼树瑶林,出/风尘之外。识用高朗,披明月于重云;仪表端凝,建标霞于层岳。宏览载籍,兴属清新,似梦灵蛟,如吐飞凤。/至于白猿剑术,玄女兵符,不待黄石之期,暗合孙吴之旨。心契管乐,志立功名,逝将因海运而骧鳞,排天/关而举翼。初为国子生,麟德二年以进士擢第,即选授秘书省雠校。游道璧水,嘉誉比于林宗;射册金门。/甲科同于稚圭。校书之职,叔师播美于东京。秘阁之才,令思见称于南晋。惟公英挺,历驾前〔修〕。总章二年/授定州北平县丞,寻迁许州司兵,又改宋州司法。以栋梁之具,劳州县之班。百炼含霜,尚蕴拂钟之用;千/里绝电,未申喷玉之踪。处顺安排,盖淡如也。永淳元年,除并州阳曲县令。化若神明,泽丰云雨,翔鸾感化。/乳雉依仁。于时狁犹虿张,戎旗屡警,龙山晋水,烽燧相望,月满风秋,烟尘不息。公下琴堂而赴军幕,罢磬/学而议兵韬,奇正兼施,应变多绪。荡宁鞮之孽,若火燎原;斩庶蠚之妖,如风卷箨。冰消云彻,谷静山空。朝廷嘉公之勋,特授上柱国,又就加朝散大夫,并降玺书慰劳。垂拱三年,授芮州府果毅,仍兼长/上致果之职。实掌外兵警卫,所姿寄重中禁。千庐徼道,彰悬猷之劳;七萃羽林,应司阶之列。军政绢穆,廊/庑增辉,四郡退蕃,三危极裔。北邻白房,南接青羌,式遏疆垂,允归人杰。载初元年,授公沙州刺史,兼豆庐/军经略使。昔颍川太守,讵参五伐之谋;细柳将军,岂总六条之务。公才兼文武,任光内外。仁明之政,共春/露同沾;金鼓之威,与秋霜比肃。匈奴遁迹,魏尚之在云中;先零殄丧,段颍之征陇外。长寿二年,加太中大/夫,又进爵长城县开国公,并赏懋功也。虽频剪逆徒,而余氛尚梗,狡虏数万,来犯城池。公操烈松筠,志凌/铁石,奋不顾命,甘赴国忧。虽则斩将搴旗,雄心克振,然通中刮骨,其伤遂深。绥复之祸忽臻,马革之悲俄/及。以延载元年八月七日终于官舍,时年五十八。/天子闻而伤之,乃下制曰:显忠悼往,有国通规,国劳饰终,列代彝训。故沙州刺史李元亏,以狡寇/陆梁,鼠窃边鄙,遂能被坚执锐,率众先锋。临难忘生,捐躯徇节,英勇奋发,僵仆为期。念兹诚概,良可嘉悯,/□赠使持节、嘉州诸军事、嘉州刺史,并赠物七十段,还日官为造灵舆。即以万岁登封元年岁次景申壹/月甲辰朔十八日辛酉葬于稷州武功县三畤原。玉门之关,虽非生入;石柱之境,即兆神茔。特旌加等之/荣,兼申赠绶之泽。长子凉州神鸟县丞鸣鹤,承世德之基,奉义方之训,践霜庭而赠慕,攀风树而不追。因/心之哀,昊天罔极。以为光昭令德,方贻终古,不镌赵楼之字,谁辨滕城之坟。于是延翠石于他山,纪玄铭/于穸室。庶陵迁谷徙,永识南阳之阡;地久天长,不昧西邱之□。乃为文曰:

辰纬降祉,川岳炳灵,诞生世哲,郁号人英。渥水龙种,钟山玉荣,泉河比量,昱耀齐明。其一。萧萧风飙,森森矛/戟,道优从政,声芬杨历。为龙为光,如圭如璧,九万风举,三千水激。其二。遂矣可右,悠哉塞垣,胡尘夕暗,羌笛/朝喧。秘略泉涌,英威电奔,狼局已禅,桃李无言。其三。爰整龙旗,将清蚁结,精贯飞景,心贞蛟雪。陆陌无继,浚/稽箭竭,尚理温黉,犹持何节。其四。先轸不及,望之死事,宠以徽章,优其赠谥。何以送往,轻车秘器,何以赠行,/铜符竹使。其五。龙川南带,凤岭北临,佳城郁郁,驷马骎骎。山门雾结,陇首风吟,征西之墓,名立身沉。其六。/

大周万岁登封元年岁次景申壹月甲辰朔十八辛酉窆/①

图3-4　李无亏墓志拓片图版(采自《考古与文物》2004年第1期)

由上可知,唐政府最早设置的是"豆卢军经略使"。迟至长安二年(702),"豆卢军经略使"改称"豆卢军兵马使"。天宝之后,"豆卢军兵马使"又改为"豆卢军使"。唐朝为了"式遏四夷",即统辖及经营少数民族,常"于边境置节度、经略使"。如岭南五府经略使"统经略、清海二军,桂管、荣管、安南、邕管四经略使",职责主要

---

① 王团战:《大周沙州刺史李无亏墓及征集到的三方唐代墓志》,《考古与文物》2004年第1期;王惠民:《〈沙州刺史李无亏墓志〉跋》,《敦煌研究》2004年第5期;李宗俊:《读〈李无亏墓志铭〉》,《西域研究》2006年第2期。文中以"/"表示行款。

为"绥靖夷、獠"。①所以,豆卢军经略使之设当与唐政府希望安抚、经营沙州等地的少数民族有关。

对于"豆卢军"中"豆卢"二字的含义,《北史·豆卢宁传》《隋书·豆卢勣传》均载"北人谓归义为'豆卢'"②,也就是北方游牧民族将归附中央王朝称为"豆卢"。所以,北魏才会将降附的鲜卑慕容氏赐姓为豆卢氏。据此,王永兴指出自东晋南朝以来,瓜、沙等地有大批吐谷浑人居住。唐代初期,仍有相当多的吐谷浑人仍保留了骑射的传统。唐政府把这些善战的吐谷浑人组建成备边的军队,这就是文书中记载的豆卢军。③而这也当是圣历二年吐谷浑大规模归附之际,唐政府派遣沙州豆卢军处理相关事务的原因所在。随着吐谷浑内附人数的激增,可能有更多的吐谷浑人被纳入豆卢军,这也就进一步增强了沙州的军事力量。

3.隋及唐前期的敦煌地区的六镇。

在州之军府之下,还有地方镇戍,担任地方防戍镇守任务,其级别在县下。安史之乱前,敦煌地区所设的镇大约有六个,分布在瓜沙二州,分别是:西关、龙勒、紫亭、悬泉、雍归、新乡六镇。

(1)西关镇

在敦煌文书《寿昌县地境》中,记载了寿昌县军镇烽戍情况:"镇二:龙勒,西关。戍三:大水、紫金、西子亭。烽卅四。栅二。堡五。"④同时,在S.788V《沙州志》残卷在"寿昌县"下也有相关记载:"寺一:永安。镇一:龙勒。堡五:西寿昌、西关。戍三:大水、西子亭、紫金。烽卅四。栅二。镇三,城县西廿五里武德八年置。"⑤虽然这两件敦煌文献大约均属五代时期的抄本,有关寿昌县的记载也不尽相同,但是根据陈国灿的研究,这两件敦煌文书均出自同一底本⑥,S.788V因"抄错行而致乱意"。开元二十六年(738),废寿昌县入敦煌县,为寿昌乡,自此才出现敦煌十三乡,因此,上引两件敦煌文书所记寿昌县的情况,应该在开元二十

①(后晋)刘昫等撰:《旧唐书》卷38《地理志一》,北京:中华书局,1975年,第1389页。

②(唐)李延寿撰:《北史》卷68《豆卢宁传》,北京:中华书局,1974年,第2365页;(唐)魏徵等撰:《隋书》卷39《豆卢勣传》,北京:中华书局,1973年,第1155页。

③王永兴:《读吐鲁番文书札记二则》,《中国文化》第4期,1991年。

④郑炳林:《敦煌地理文书汇辑校注》,兰州:甘肃教育出版社,1989年,第60—64页;向达:《记敦煌石室出晋天福十年写本〈寿昌县地境〉》,原刊《北平图书馆图书季刊》1945年新第5卷第4期,第1—11页,后收入向达:《唐代长安与西域文明》,北京:生活·读书·新知三联书店,1957年,第429—442页。

⑤郑炳林:《敦煌地理文书汇辑校注》,兰州:甘肃教育出版社,1989年,第56—59页;郝春文等编著:《英藏敦煌社会历史文献释录》第4卷,北京:社会科学文献出版社,2006年,第169—175页。

⑥陈国灿:《唐五代瓜沙归义军军镇的演变》,原刊唐长孺主编:《敦煌吐鲁番文书初探二编》,武汉:武汉大学出版社,1990年,第555—580页。修订稿后收入陈国灿:《敦煌学史事新证》,兰州:甘肃教育出版社,2002年,第360—383页;后又收入陈国灿:《陈国灿吐鲁番敦煌出土文献史事论集》,上海:上海古籍出版社,2012年,第621—643页。

六年前。陈国灿又将 S.788V 中记载的寿昌县公廨本钱数与敦煌市博物馆藏敦博 58《敦煌县博物馆藏地志残卷》①所载进行对比，认为虽然上述两件敦煌文献是五代时期的抄本，但是所抄录的应该是开元后期的情况。因此，寿昌县下辖龙勒、西关二镇也是开元中确实存在过的。

在吐鲁番阿斯塔那 503 号墓出土的《故西关镇将张君(云感)墓志铭》云：“维开元廿五年岁次丁丑十二月十三日，沙州故西关镇将张。廿六年庚寅岁正月六日葬。”②可知，志主张云感，曾任沙州西关镇镇将，再次证明西关镇在开元中确实存在过。陈国灿推测西关镇故址大约在寿昌县西北故玉门关。

（2）龙勒镇

当设在寿昌县城内，亦因汉代龙勒县而得名。明人《大事记续编》卷四十八《隋炀帝大业三年秋七月》条引唐杜宝《大业杂记》：“长城北边自昆仑塞以东，有居延、五原、鸡鹿、高阙、鱼阳、雁门、楼烦、柳城，西南又有龙勒，总十塞，并筑城置镇，镇兵五百”③，由此则知隋代已有龙勒镇。唐仍其旧，亦置龙勒镇。李正宇认为，唐初龙勒镇改为龙勒府。④《元和郡县图志》载：“隋大业十一年，于城内置龙勒府，武德二年改置寿昌，因县南寿昌泽为名也。”⑤据此可知，唐代的龙勒府当是承袭隋代的龙勒府，并非自龙勒镇改置而来。因此陈国灿认为“寿昌四面沙围，镇与军府只能都置于此城”⑥，大约更加合理。

（3）子亭镇

子亭镇，亦在沙州境内，隶属于豆卢军，故 P.2942《唐永泰年代河西巡抚使判集》：“子亭迥绝，所以加粮。”⑦据 P.2625《敦煌名族志》中所叙述的阴氏家族世系时，有阴氏后人曾任职子亭镇，时间大约在开元之前。P.2625《敦煌名族志》：“阴

① 郑炳林：《敦煌地理文书汇辑校注》，兰州：甘肃教育出版社，1989年，第151—172页。参见马世长：《敦煌县博物馆藏地志残卷——敦博第五八号卷子研究之一》《地志中的“本”和唐代公廨本钱——敦博第五八号卷子研究之二》，北京大学中国中古史研究中心编：《敦煌吐鲁番文献研究论集》，北京：中华书局，1982年，第265—428、429—476页。

② 侯灿、吴美琳：《吐鲁番出土砖志集注》，成都：巴蜀书社，2003年，第640—641页。

③ 饶道庆、阮成城：《杜宝〈大业杂记〉佚文辑补》，《古籍整理研究学刊》2010年第6期。此则佚文参见辛德勇辑校：《大业杂记辑校》，西安：三秦出版社，2006年。

④ 李正宇：《古本敦煌乡土志八种笺证》，兰州：甘肃人民出版社，2008年，第333页。

⑤ (唐)李吉甫撰，贺次君点校：《元和郡县图志》卷40《陇右道下》，北京：中华书局，1983年，第1026页。

⑥ 陈国灿：《唐五代瓜沙归义军军镇的演变》，原刊唐长孺主编：《敦煌吐鲁番文书初探二编》，武汉：武汉大学出版社，1990年，第555—580页。后修订稿收入陈国灿：《敦煌学史事新证》，兰州：甘肃教育出版社，2002年，第384—407页；后又收入陈国灿：《陈国灿吐鲁番敦煌出土文献史事论集》，上海：上海古籍出版社，2012年，第624页。

⑦ 录文参见安家瑶：《唐永泰元年(765)—大历元年(766)河西巡抚使判集》，北京大学中国中古史研究中心编：《敦煌吐鲁番文献研究论集》，北京：中华书局，1982年，第231—264页。

氏。隋唐以来,尤为望族。有阴稠者,立性清高,不求荣禄,身九十八,板授邓州刺史。长子仁幹,神监明朗,气量含弘,世号智囊,时称理窟,唐任昭武校尉、沙州子亭镇将、上柱国。"[1]开元三年(715)十一月六日《大唐昭武校尉沙州子亭镇将张公夫人金城麹氏墓志铭并序》[2],据首题可知墓主之夫张公开元三年见任沙州子亭镇将,亦可证明开元初年,已经有子亭镇之设。向达曾有考证:"子亭镇盖在党河上游,距西千佛洞稍西党河转向处之峡口,最多亦不过百余里。敦煌吕少卿先生谓李嵩所筑之子亭城即今之党城,按之地望,或者近是"[3],即今肃北蒙古族自治县县城东南一公里处,名曰党河故城者,即子亭镇故址。

图3-5　党城遗址(子亭镇故址)近景(采自甘肃省文物局官网)

(4)悬泉镇

悬泉镇,在瓜州晋昌县境内。[4]向达考证其地在"唐、宋时代之悬泉堡或悬

---

① 录文参见郑炳林:《敦煌地理文书汇辑校注》,兰州:甘肃教育出版社,1989年,第110—117页。

② 此志发掘编号:72TAM188:1,为吐鲁番阿斯塔纳一八八号墓出土,图版及录文参见侯灿、吴美琳:《吐鲁番出土砖志集注》,成都:巴蜀书社,2003年,第628—631页。

③ 向达:《记敦煌石室出晋天福十年写本〈寿昌县地境〉》,原刊《北平图书馆图书季刊》1945年新第5卷第4期,第1—11页,后收入向达:《唐代长安与西域文明》,北京:生活·读书·新知三联书店,1957年,第434—435页。

④ 陈国灿:《唐瓜沙途程与悬泉镇》,陈国灿:《敦煌学史事新证》,兰州:甘肃教育出版社,2002年,第408—422页。

泉镇即在汉广至县旧地,今安西踏实西北之破城子是其处也"①。李并成经过实地调查考证,同意向达的说法。②作为敦煌县所下辖十三乡中的悬泉乡,据P.3898《唐开元十年(722)敦煌县悬泉乡籍》的记载,应该在沙州城东15至40里之内,而悬泉府则为沙州所管理的三折冲府之一。

又见《唐天宝七载过所案记》残卷:

1. 请改给□□□□□

2. 参军摄司少鸾 □□ □□□□□

3. 　　史邓□□□□□

4. 　　天宝柒载肆月拾□□□□□

5.六月二日东亭守捉健儿王钦逸勘东过。六月三日苦水守捉健儿徐□□□□

6.　六月四日常乐勘过,守捉官索怀。六月五日悬泉勘过,守捉官镇将靳崇信。

7.　六月八日晋昌郡□□□□□③

据此件文书可知,在唐前期,悬泉守捉、悬泉镇当同治一地。

(5)雍归镇

雍归镇,亦作邕归镇,向达依据榆林窟第12窟中的题记:"疑即今榆林窟南七十里之石包山。"④李正宇亦认为是今肃北蒙古族自治县东北之石包城山,即唐代之雍归镇。西北通沙州,西南通往子亭,东南通往羌区,东北通往瓜州。⑤陈国灿则补充了《重修敦煌县志》卷2的记载:"石包山,旧制在城东二百里,叠石为城,高拒绝壁,不知何年所建"⑥,亦肯定了向达的说法。P.2625《敦煌名族志》"阴氏":"(阴)希长子琛,情自温和,行敦仁信,琴书养志,智达幽彻,唐任昭武校

① 向达:《记敦煌石室出晋天福十年写本〈寿昌县地境〉》,原刊《北平图书馆图书季刊》1945年新第5卷第4期,第1—11页,后收入向达:《唐代长安与西域文明》,北京:北京:生活·读书·新知三联书店,1957年,第435页。

② 李并成:《汉敦煌郡广至县城及其有关问题考》,《敦煌研究》1991年第4期。

③ 图版参见敦煌文物研究所考古组:《莫高窟发现的唐代丝织物及其他》,《文物》1972年第12期。

④ 向达:《记敦煌石室出五代后晋天福十年写本寿昌县地境》,原刊《北平图书馆图书季刊》1945年新第5卷第4期,第1—11页,后收入《唐代长安与西域文明》,北京:生活·读书·新知三联书店,1957年,第429—442页。

⑤ 李正宇:《古本敦煌乡土志八种笺证》,兰州:甘肃人民出版社,2008年,第274页。

⑥ 陈国灿:《唐五代瓜沙归义军军镇之演变》,原刊唐长孺主编:《敦煌吐鲁番文书初探二编》,武汉:武汉大学出版社,1990年,第555—580页。后修订稿收入陈国灿:《敦煌学史事新证》,兰州:甘肃教育出版社,2002年,第384—407页;后又收入陈国灿:《陈国灿吐鲁番敦煌出土文献史论集》,上海:上海古籍出版社,2012年,第624页。

尉、行瓜州雍归镇将、上柱国。"①可知阴琛曾任雍归镇将。

(6)新乡镇

《通典》卷174《州郡四》记载："晋昌郡,东至酒泉郡五百二十六里。南至新乡镇一百八十里。"②当在瓜州城东南一百八十里。据《通典》的记载可知,新乡镇在唐代前期已经设置。有关新乡镇的名称来源,陈国灿认为源自西晋晋昌县所下辖八县之一的新乡县。《晋书·地理志上》:"元康五年,惠帝分敦煌郡之宜禾、伊吾、冥安、深泉、广至等五县,分酒泉之沙头县,又别立会稽、新乡,凡八县为晋昌郡。"③而具体方位,可能在今天玉门市昌马镇。

此外,在敦煌文书《寿昌县地境》(敦煌吕钟氏抄件)及S.367《沙州伊州地志》中均设有"石城镇"及"播仙镇"条目,证明二地为沙州所管辖。正如荣新江所言:"为了加强西域的镇防能力,特别是针对南面吐蕃的威胁,唐朝在上元二、三年(675、676),把丝路南道上的两个重镇——典合城和且末城,改称石城镇和播仙镇,并划归沙州直接管辖。这样做的目的是加强南道的军事镇守能力,同时也标志着敦煌实力的上升,以及敦煌在唐朝经营西域方面所发挥的重要作用。"④唐政府设置石城镇和播仙镇并将其划入沙州的统辖范围,是唐前期经营西域南道的重要举措。而通过获得石城和播仙二镇的管辖权,在唐王朝经营西域的总体战略布局中,敦煌的地位和作用进一步增强。⑤此外,根据S.367《沙州伊州地志》"石城镇"条的记载,隋朝曾在此设置鄯善镇。隋朝末年,中原大乱,其城遂废。贞观年间,康国大首领康艳典东来居此城,胡人随之,因成聚落。而据P.2005《沙州都督府图经》"蒲昌海五色"条:

> 右,大周天授二年腊月,得石城镇将康拂耽延弟地舍拔状称:"其蒲昌海水,旧来浊黑混杂,自从八月已来,清明彻底,其水五色。得老人及天竺婆罗门云:'中国有圣天子,海水即清无波。'奴身等欢乐,望请奏圣人知者。"⑥

---

① 录文参见郑炳林:《敦煌地理文书汇辑校注》,兰州:甘肃教育出版社,1989年,第111页。

② (唐)杜佑撰:《通典》卷174《州郡四》,北京:中华书局,1988年,第4555页。

③ (唐)房玄龄等撰:《晋书》卷14《地理志上》,北京:中华书局,1974年,第434页。又,《晋书》记载敦煌郡下属十二县中,有新乡镇,故冯培红在《归义军镇制考》中认为:"这里出现了两处新乡县,一为原敦煌郡辖县,一为晋昌郡新设之县。这两处记载虽然必有一误,但并不妨碍对新乡始置于西晋的认识。"季羡林、饶宗颐主编:《敦煌吐鲁番研究》第9卷,北京:中华书局,2006年,第245—294页。

④ 荣新江:《敦煌学十八讲》,北京:北京大学出版社,2001年,第22页。

⑤ 详细情况可参见李宗俊:《敦煌寿昌县的废置与唐前期对西域石城、播仙二镇地区的经营》,《中国边疆史地研究》2008年第2期;李宗俊:《唐前期西北军事地理问题研究》,北京:中国社会科学出版社,2015年,第192—203页。

⑥ 录文参见郑炳林:《敦煌地理文书汇辑校注》,兰州:甘肃教育出版社,1989年,第19页。

武周天授二年之际,担任石城镇将的乃是粟特人康拂耽延,其很可能是贞观初占据石城镇的康艳典之后裔。既然在唐朝设置石城等镇后,镇将由内属的粟特人担任,那么其所统之兵的主体或即由居住在此或附近的胡人组成。

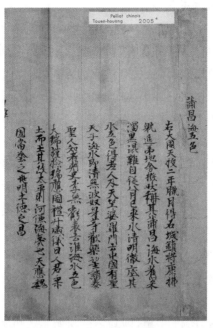

图3-6　P.2005《沙州都督府图经》"蒲昌海五色"条部分
（采自荣新江主编:《法国国家图书馆藏敦煌文献》第1册,上海:上海古籍出版社,2023年,第170—171页。）

第二节　隋及唐前期敦煌地区的交通史（上）

1.唐代瓜沙道

由于受到地理环境的影响,虽然唐代的瓜沙道一直保持了大致的东西走向,但随着局势的变动也曾出现数次小规模的调整。

对于唐代瓜沙间驿道的变动情况,P.2005《沙州都督府图经》中有较为详细的反映。根据记载,唐代瓜沙间的驿道有一个大致由南到北的变动过程,而这个变动基本上均集中在高宗及武后时期。唐代在瓜州治所之西115里的常乐县置常乐驿,由常乐而西至沙州有南北两驿道。高宗永淳二年(683)之前,瓜州通沙州常用的驿道为所谓的南道。南道由常乐县常乐驿西行45里至鱼泉驿,据《沙州都督府图经》的记载,此驿为咸亨四年(673)由瓜州刺史李祖隆奉敕所设置。鱼泉驿西行25里至黄谷驿,又西行40里至于空谷山南所设置的空谷驿。由空谷驿西行30里至于无穷山所置的无穷驿。又西行35里至其头驿;又西行25里至东泉驿。由东泉驿西南行40里至设置于沙州城东200步的州城驿。

永淳二年,唐政府出于战略上的考虑,废山南之无穷、空谷、黄谷三驿,于山北悬泉谷置悬泉驿。对于新开之道,严耕望认为仍属南道,①而李正宇则名之以山北道。②由于悬泉驿的设置,无穷、空谷、黄谷三驿废弃,由此由瓜州通沙州的驿道略向北迁移。由瓜州西行,经常乐驿、鱼泉驿,由鱼泉驿西行四十里至悬泉驿,又西行80里至其头驿,其头驿以西路线与原路线同。此次改道前后驿路路程并无明显变化,所以改道的原因应从战略上考虑。

武周天授二年(691),沙州刺史李无亏以"旧路石碛山险,迂曲近贼,奏请近北安置"。五月十八日,武周中央政府接受了他的建议,将瓜沙间的驿路进一步北移,称为北道或新北道。北道由常乐驿西行30里至阶亭驿,因为其驿设置于阶亭烽侧,因烽为号。由此东北行25里至甘草驿,此驿侧近有甘草,因以得名。由甘草驿西行25里至长亭驿,此驿因置于长亭烽下,因烽而得名。长亭烽西南行40里至白亭驿,因置白亭烽下,因烽为号。白亭驿南行40里至清泉驿。清泉驿设置于神泉观庄侧,故名神泉驿。武周年间,其地于驿站旁设置清泉戍,故将神泉驿改名为清泉驿。证圣元年(695),沙州刺史陈玄珪认为白亭和清泉二驿之间道路迂回曲折,不利于路人往来,于是奏请在白亭驿和清泉驿之间设置横涧驿。横涧驿北距白亭驿20里,南距清泉驿20里,正在二者之间,因驿站侧近有涧而得名。由清泉驿西南行40里,即到达沙州城东之州城驿。③

作为河西路的重要组成部分,在汉唐之间瓜沙道一直发挥着非常重要的作用。晚唐五代宋初,由于瓜沙一直为归义军政权所控制,所以两地之间的交通一直比较通畅。虽然在1036年之后,西夏占领了河西地区,但并没有过多地影响到瓜沙道的使用。只是随着明清时期中央王朝与天山地区交通多走由瓜州西北至伊州的莫贺延碛道,瓜沙道在河西路中的地位才开始出现衰落的迹象。

2.西域南道

隋朝初年,占据今青海及塔克拉玛干沙漠南缘的吐谷浑,在可汗夸吕的指挥下,多次对河西等地进行骚扰,西域南道诸国也受到了很大的威胁。大业四年(608),隋炀帝派王雄、宇文述配合铁勒,大破吐谷浑,攻下赤水、曼头二城。大业五年,炀帝西巡河西,亲自指挥诸将分别从琵琶岭、阿尔金山、泥岭和雪山(祁连山),即东西南北四个方向合围吐谷浑可汗伏允。伏允战败后逃往党项,吐谷浑

---

① 严耕望:《唐代交通图考》第2卷《河陇碛西区》,北京:北京联合出版公司,2021年,第442页。
② 李正宇:《敦煌历史地理导论》,台北:新文丰出版公司,1997年,第290页。
③ 对于唐代瓜沙之间的驿站交通的具体情况,参见李并成:《唐代瓜沙二州间驿站考》,段文杰主编:《1990年敦煌学国际研讨会论文集·史地语文编》,沈阳:辽宁美术出版社,第201—215页。

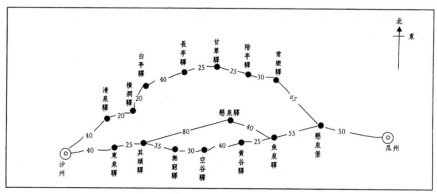

图3-7　唐瓜、沙二州驿道及里程变更示意图

（采自李正宇：《敦煌历史地理导论》台北：新丰出版公司，1997年，图八。）

原图说明：①瓜州—悬泉堡—鱼泉驿—黄谷驿—空谷驿—无穷驿—其头驿—东泉驿—沙州，为永淳二年(683)旧道。②瓜州—悬泉堡—鱼泉驿—悬泉驿—其头驿至沙州，为永淳二年改移道。③瓜州—悬泉堡—常乐驿—阶亭驿至沙州，为天授二年(691)所改造。④●-40-●为两驿间里距。

故地遂为隋朝所占领。隋朝在吐谷浑故地设置了西海、河源、鄯善、且末等四郡，而鄯善和且末二郡的郡治就设置在原鄯善国和且末国的国都。

　　隋朝灭吐谷浑的举动，对西域诸国产生了巨大的震慑作用，"及灭吐谷浑，蛮夷纳贡，诸番慑服，相继来庭"[①]。大业五年，伊吾的吐屯设听到吐谷浑国灭的消息后，当即献西域数千里之地。隋炀帝派遣薛世雄前往伊吾筑城屯田，并令裴矩前往西域宣谕安抚诸国。地处西域门户之地的高昌，由于倾慕隋朝文物风华，故在大业四年、五年之际，多次遣使到隋朝朝贡。隋朝以华容公主嫁与高昌王曲伯雅，彼此之间结成了非常密切的关系。由于隋朝的精心经营，中原地区通往西域的道路再次畅通无阻。裴矩的《西域图记·序》记载了隋朝时敦煌通西域的三条道路：

　　　　发自敦煌，至于西海，凡为三道，各有襟带。北道从伊吾，经蒲类海铁勒部，突厥可汗庭，度北流河水，至拂菻国，达于西海。其中道从高昌，焉耆，龟兹，疏勒，度葱岭，又经钹汗，苏对沙那国，康国，曹国，何国，大、小安国，穆国，至波斯，达于西海。其南道从鄯善，于阗，朱俱波、喝槃陀，度葱岭，又经护密，吐火罗，挹怛，忛延，漕国，至北婆罗门，达于西海。其三道诸国，亦各自有路，南北交通……故知伊吾、高昌、鄯善，并西域之门户也。总凑敦煌，是其咽喉之地。[②]

在上述三条道路中，由敦煌经西域南道至鄯善，并由此西行的道路仍是当时中西交通中最为重要和常用的交通路线之一。

---

① (后晋)刘昫等撰：《旧唐书》卷63《裴矩传》，北京：中华书局，1975年，第2407页。

② (唐)魏徵等撰：《隋书》卷67《裴矩传》，北京：中华书局，1973年，第1579—1580页。

到唐代,鄯善在中西交通上的地位更为重要。《新唐书·地理志七下》引贞元宰相贾耽所述的"入四夷之路与关戍走集"最重要的七条道路。其中,"安西入西域道"中记载了由敦煌经阳关至鄯善及于阗的道路:

> 自沙州寿昌县西十里至阳关故城,又西至蒲昌海南岸千里。自蒲昌海南岸,西经七屯城,汉伊修城也。又西八十里至石城镇,汉楼兰国也,亦名鄯善,在蒲昌海南三百里,康艳典为镇使以通西域者。又西二百里至新城,亦谓之弩支城,艳典所筑。又西经特勒井,渡且末河,五百里至播仙镇,故且末城也,高宗上元中更名。又西经悉利支井、祆井、勿遮水,五百里至于阗东兰城守捉。又西经移杜堡、彭怀堡、坎城守捉,三百里至于阗。①

P.5034《沙州地志》在记载唐代石城镇同外界交通的六条通道时,有两条与敦煌相连:

> 一道南路,□□□□□(从镇东去屯)城一百八十里,从屯城取碛路,由西关向沙州一千四百里,总有泉七所,更无水草。其镇去沙州一千五百八十里。
>
> 一道南路,从镇东去沙州一千五百里,其路由古阳关向沙州,多缘险隘,泉有八所,皆有草,道险不得夜行,春秋二时雪涤,道闭不通。②

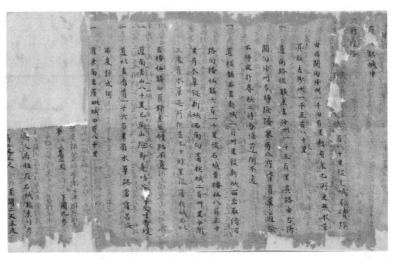

图3-8　P.5034《沙州地志》局部(采自IDP)

其中,由石城镇东行经屯城,"取碛路"并经西关即玉门关至沙州的道路,应即两汉之际所经行的西域南道。而由石城镇经阳关至沙州的道路或与《魏略·西戎

---

① (宋)欧阳修、宋祁撰:《新唐书》卷43下《地理志七下》,北京:中华书局,1975年,第1151页。

② 郑炳林:《敦煌地理文书汇辑校注》,兰州:甘肃教育出版社,1989年,第48页。

传》所记的南道有所重合。但由于记载的疏略，对于这两条道路是否完全重合，目前尚难以明确。

晚唐五代宋初的归义军时期，随着敦煌与于阗交往的日益频繁，西域南道得到了进一步的应用，而地处敦煌通于阗必经之地的楼兰，地位也日益重要。

3.大海道

大海道，又名柳中道，即出两汉时期的玉门关，穿过大沙海经柳中直达车师前庭的道路，这条道路也即《汉书·西域传》所载西汉末年徐普所试图开通的新道或及《魏略·西戎传》所载的魏晋时期的新道。[①]

P.2009《西州图经》在记载西州与外界交通的十一条道路时，其中就有西州直通敦煌的道路："大海道。右道出柳中县，东南向沙州一千三百六十里，常流沙，人行迷误，有井泉咸苦，无草，行旅负水担粮，履践沙石，往来困弊。"[②]因为高昌直通沙州的道路要途经呈西北、东南走向的"大沙海"，故得名大海道。[③]根据现有文献的记载，大海道的名称似晚至唐代才出现。但实际上这条道路的开通却远远早于唐代，而应在西汉末年，而它的开通与西汉王朝经营西域的形势也是密切相关。

隋朝由敦煌西通高昌的道路有两条。一条为下文所述之伊吾路，另外一条即所谓的大海道。对此，裴矩的《西域图记》载：

---

① 具体情况可参见严耕望：《唐代交通图考》第2卷《河陇碛西区》，北京：北京联合出版公司，2021年，第485页；[日]嶋崎昌：《西域交通史上の新道と伊吾路》，《隋唐时代の东トゥルキスタン研究》，东京：东京大学出版会，1977年，第467—494页；王素：《高昌史稿·交通篇》，北京：文物出版社，2000年，第147—175页；巫新华：《吐鲁番地区唐代交通路线的考察与研究》，青岛：青岛出版社，1999年；程喜霖：《唐〈西州图经〉残卷道路考》认为大海道"走向是由西州治所高昌，东至柳中，又东南涉大沙海，越曼克塔格山东段，经古河仓城、兴胡泊、古长城、古塞城到敦煌。虽大海道取的直线，里程较短，但横涉沙海……因此，文献未参见人通行此道的记载。"载唐长孺主编：《敦煌吐鲁番文书初探二编》，武汉：武汉大学出版社，1990年，第536页。松田寿南则认为，《魏略》及《汉书》所记的新道为经伊吾至敦煌的道路，即所谓的伊吾路。参见[日]松田寿南：《古代天山历史地理学研究》，陈俊谋译，北京：中央民族学院出版社，1987年，第138—142页。

② 对于《西州图经》的写作年代，罗振玉根据文书第9行"今参见阻贼不通"，认为应在乾元以后，贞元六年（790）西州陷蕃之前。

③ 王去非：《关于大海道》，阎文儒、陈玉龙编：《向达先生纪念论文集》，乌鲁木齐：新疆人民出版社，1986年，第485—493页。黄烈据镇西焕采沟东汉石碑残存"惟汉永和五年六月十五日□臣云中沙南侯"等字样，推测"沙南侯"可能与沙海有关。此外，其认为"沙南侯"应为"沙海侯"，并据此推测大沙海之名早在汉代即有。黄烈：《中国古代民族史研究》，北京：人民出版社，1987年，第456—457页。对于横亘在敦煌和西州之间的沙海的位置，《元和郡县图志》卷40《陇右道下》"西州柳中县"条载："大沙海在县东南九十里。"

　　　　自高昌东南去瓜州一千三百里,并沙碛之水草人西行,四面茫茫,道路不可准记,惟以六畜骸骨及驼马粪为标验,以知道路,若大雪即不能行,兼有魑魅,是以商贾往来,多取伊吾路。①

《隋书·西域传·高昌传》亦载:

　　　　从武威西北,有捷路,度沙碛千余里,四面茫然,无有蹊径。欲往者,寻有人畜骸骨而去。路中或闻歌哭之声,行人寻之,多致亡失,盖魑魅魍魉也。故商客往来,多取伊吾路。②

从两者的内容来看,《隋书》的记载显然沿袭当沿袭自裴矩的《西域图记》,只是将瓜州误为武威。由敦煌直通高昌的大海道,由于路程相对于伊吾路为短,所以被称为"捷路",但由于路途中的自然环境过于恶劣,所以在当时被往来的商客视为畏途。裴矩的《西域图记·序》中记载了西出敦煌,至于西海的三条道路,而大海道应即其所载的中道的一部分。

　　在唐五代时期的传世文献中,对大海道多有记载。《通典》《元和郡县图志》《太平寰宇记》诸书,在记载西州至敦煌的里程时,多是采用了经由大海道的路线为基准,也证明这条道路在唐代仍然得以使用。③由于上述记载非常简略,尚不足以使我们清晰地勾勒出大海道具体的使用情况。幸运的是,敦煌吐鲁番文献中却保留了不少与唐五代大海道相关的记载。

　　首先,在敦煌本古地志中有关于大海道使用情况的记载。P.2005《沙州都督府图经》载:"一所兴胡泊,东西十九里,南北九里,深五尺。右在州西北一百一十里。其水咸苦,唯泉堪食,商胡从玉门关道往还居止,因以为号。"④经罗振玉研究,文书所载的"玉门关道"即由敦煌直达西州的大海道。⑤从《沙州都督府图经》撰写年代推测,唐代前期大海道一直在使用。吐鲁番阿斯塔那188号墓出土

---

　　①《太平寰宇记》卷156《陇右道七》"西州·柳中县"中引裴矩书。(宋)乐史撰,王文楚点校:《太平寰宇记》卷156《陇右道七》,北京:中华书局,1986年,第2995页。

　　②(唐)魏徵等撰:《隋书》卷83《隋书·西域传·高昌传》,北京:中华书局,1973年,第1847页。

　　③《通典》卷174《州郡四》载:西州"东南到敦煌郡一千一百里"。《元和郡县图志》卷40《陇右道》载:西州"东南至金沙州一千四百里。"《太平寰宇记》卷156《陇右道七》载:西州"东南经少海,又度碛至伊州一千三百里"。校勘诸书,《通典》之"一千一百里"当为"一千三百里";《元和郡县图志》"金沙州"当为"沙州";《太平寰宇记》中的"少海"应为"沙海","伊州"当为"沙州"。严耕望:《唐代交通图考》第2卷《河陇碛西区》,北京:北京联合出版公司,2021年,第478页。王去非则认为,大海道的距离存在逐渐拉大的趋势,恐未确。

　　④上海古籍出版社等编:《法藏敦煌西域文献》第1册,上海:上海古籍出版社,1995年,第49页。

　　⑤罗振玉:《敦煌石室遗书》,上虞罗氏排印本,1909年;《鸣沙石室佚书》,影印本,上虞罗氏宸翰楼印,1913年。P.2005《沙州都督府图经》详细记载了唐前期沙州的历史地理情况。对于其具体创作时间,学术界曾经进行过持续的探讨,目前大致有"开元说""武周说"及"不断续修说"三种说法。

文书72TAM188:85《唐西州都督府牒为便钱酬北庭军事事》中则有"北庭大贼下逐大海路……遂取突骑施首领多亥乌"的记载。[①]从同墓出土其他文书看,此事可能发生在开元二年(714)前后,攻击大海路的"北庭大贼"有可能是指西突厥。[②]此外,S.788V《沙州图经》亦载有兴胡泊,只是文字与《沙州都督府图经》稍有差别:"兴胡泊,县西北一百一十里。余水皆苦,唯此水可饮,商胡从玉门关往来,皆止于此。"[③]《沙州图经》记载有张议潮大中二年收复沙州的事迹,可以证明其应撰于归义军时期。后汉乾佑二年(949)撰成的P.2691号《沙州城土境》"沙州四至"条载:"西北至西州一千三百八十里";"兴胡泊"条则载:"兴胡泊,州西北一百一十里。"[④]这些记载可以证明大海道在晚唐五代仍然是归义军与西州回鹘间交往的主要交通路线。

4.大碛道

大碛路即由敦煌西北行,出玉门关西行,穿越三陇沙,继而由楼兰沿库穆河(库鲁克河)、孔雀河西北行至尉犁,最终抵达焉耆等地的道路。因途中要穿越茫茫大漠或戈壁,故而得名。

从现存的史籍记载看,"大碛路"之名最早见于《旧唐书·西戎传·焉耆传》:

> 焉耆国,在京师西四千三百里,东接高昌,西邻龟兹,即汉时故地。其王姓龙氏,名突骑支。胜兵两千余人,常役属于西突厥。其地良沃,多蒲萄,颇有鱼盐之利。贞观六年,突骑支遣使贡方物,复请开大碛路以便行李,太宗许之。自隋末罹乱,碛路遂闭,西域朝贡者皆由高昌。及是,高昌大怒,遂与焉耆结怨,遣兵袭焉耆,大掠而去。[⑤]

从焉耆王"复请开大碛路"及"自隋末罹乱,碛路遂闭"等言观之,大碛路在唐朝以前已经存在。只是在贞观初年,太宗为进一步经营西域,应焉耆之请重新开通而已。

隋代与西域交通的路线,据裴矩《西域图记·序》的记载,主要有三条。北道由伊吾经蒲类海铁勒部、突厥可汗庭等地而西达西海;中道由高昌、焉耆、龟兹、疏勒

---

① 中国文物研究所、新疆维吾尔自治区博物馆、武汉大学历史系编:《吐鲁番出土文书》第4册,北京:文物出版社,1996年,第41页。

② 陈国灿:《唐五代敦煌四出道路考》,段文杰等编:《1990年敦煌学国际研讨会文集·史地语文编》,沈阳:辽宁美术出版社,1995年,第224页。

③ 中国社会科学院历史研究所等编:《英藏敦煌文献(汉文佛经以外部分)》第2卷,成都:四川人民出版社,1990年,第165页。

④ 上海古籍出版社等编:《法藏敦煌西域文献》第17册,上海:上海古籍出版社,2001年,第266页。

⑤ (后晋)刘昫等撰:《旧唐书》卷198《西戎传·焉耆传》,北京:中华书局,1975年,第5301页。《资治通鉴》卷194更是将突骑支请重开大碛路的时间确定为贞观六年秋七月丙辰日。(宋)司马光编著,(元)胡三省音注:《资治通鉴》卷194《唐太宗贞观六年》,北京:中华书局,2013年,第5112页。

达中亚等地;南道由鄯善、于阗等达中亚等地。此外,三条干线之间又有支线相连接,各个国家之间又有道路互相交通。由于此时由敦煌可以通过大海道先至高昌,然后由高昌前往焉耆,且隋文帝时,主要精力在于平定南方的陈及休养生息,所以大碛路曾一度衰落。炀帝即位后,时国家富强,于是致力开边。自大业二年以后,隋对西域交通贸易兴盛起来,一度衰落的大碛路又重新得以应用,故此年焉耆王龙突骑支遣使入贡。此后,西域诸国也纷纷与隋朝建立贸易关系。《隋书·西域传》共记23国,除党项、吐谷浑外,尚有21国。其中,有两个在开皇年间已与隋建立贸易关系,其余19个国家在大业年间与隋朝建立贸易关系。隋与西域交通贸易兴盛,是在隋炀帝大业年间大碛路等道路重新通畅之后。

西域交通道路大多须穿越沙碛,要使交通兴盛,就要在交通路线上设置供给措施,大碛路更是如此。大碛路路径数千里沙碛,中间必须有水、粮、草等物资的补充,否则难以通行。大业年间,隋朝国富力强,加之炀帝本人为炫耀隋帝国的国威,故不惜耗费大量的人力物力,所以焉耆在大业年间曾遣使者入朝贡献地方特产。《旧唐书·西戎传》记载焉耆在贞观年间请重开大碛路时,言道因为隋末罹难,故大碛路断绝。由此可见,大碛路的开辟是由于隋国力富强,而其的关闭是隋末国乱势力衰弱所致。所以,隋朝大碛路的开辟、兴盛、衰落、关闭的过程,反映了隋王朝兴亡的历史发展脉络。

据《新唐书·地理志》《旧唐书·西戎传》《新唐书·西域传》《元和郡县图志》及敦煌文献《西州图经》等书的记载,唐朝初年与西域的交通基本上沿袭了隋代初年的格局。当时出敦煌通西域的道路有三条,即西域南道、中道(大海道)、北道(伊吾路)。高昌处于西域同中原的交通贸易线上,而高昌对往来贸易的商胡往往要征收商税。《隋书·西域传·高昌传》就记载:"(麴)伯雅先臣铁勒,而铁勒恒遣重臣在高昌国,有商胡往来者,则税之送于铁勒。"[①]直至唐朝初年,高昌仍然奉行征收高额过境税的传统,甚至发展到直接掠夺。高昌先臣服于铁勒,所征过境商税送于铁勒。后西突厥强大起来,铁勒被击败,高昌转而与西突厥相联结,向其交纳大量的贡税。由于所征过境商税不足以抵消交纳给西突厥的贡税,为了弥补这项损失,高昌一方面极力扩大对唐朝的官方贸易,另一方面加强征收过境商税。由于有西突厥为后盾支持,高昌更加肆无忌惮,发展到阻止西域使者入贡唐朝,并掠夺财物的地步。《旧唐书·西戎传·高昌传》记载:"时西戎诸国来朝贡者,皆途经高昌,文泰后稍雍绝之。伊吾先臣西突厥,至是内属,文泰又与叶护连

---

① (唐)魏徵等撰:《隋书》卷83《西域传·高昌传》,北京:中华书局,1973年,第1848页。

结,将击伊吾。"①高昌不仅掠夺财物、阻隔贡使入朝,并出兵袭击焉耆,引西突厥侵扰伊吾,力图控制整个西域对唐朝的贸易。焉耆与高昌素有积怨,常受到其侵扰。而焉耆与中原的贸易往来,也受到高昌的控制。为了摆脱这种局面,焉耆提出重新开通隋朝末年所隔断的大碛路。

唐贞观六年(632)以前,自隋朝末年因乱而闭塞的大碛路一直没有重新开通。西域诸国入使及商贾往来,多取道高昌,由高昌经行伊吾路或大海道以达沙州。正是因为大碛路的重新开通会直接影响到了高昌的经济利益及其在西域的政治地位,所以高昌多次攻击焉耆的边城。大碛路不经高昌,是直接由焉耆抵达敦煌的一条捷径。因为此道要经行莫贺延碛和白龙堆沙漠,行途艰险困弊,靠焉耆一国之力难以开通,故突骑支要请于唐朝,借助唐朝的人力、物力来重新打通这条道路。

大碛路重新开通之后,高昌与唐朝及焉耆的关系严重恶化。高昌勾结西突厥,阻断西域与唐朝之间的使者往来和商业贸易,与唐为敌。由于高昌的隔阻,西域经由高昌前往中原的大海道和伊吾道已经断绝。但自贞观六年大碛路重新开通至贞观十四年唐灭高昌,西域诸国与唐朝之间的交往仍然非常频繁。其中,焉耆入贡的数量有了显著增加。在此期间,焉耆曾分别于贞观九年、十年、十四年三次入贡。由此焉耆与高昌积怨加深,双方之间战争不断,焉耆入贡必不能取道高昌,所以焉耆使者所走的只能是重新开通的大碛路。

对于唐代大碛路的具体走向,陈国灿指出有两条道路:"由敦煌西北行,出西关(东汉玉门关)西行,转至屯城、石城镇,再西北转往焉耆路;或者出西关,直西穿三陇沙,沿汉烽墩西行,再沿孔雀河西抵焉耆……东晋高僧法显西行求法,即行大碛路南道。"②P.5034《沙州都督府图经》在记载唐代石城镇的六条道路时,言:"一道南路,□□□□□(从镇东去屯)城一百八十里,从屯城取碛路,由西关向沙州一千四百里,总有泉七所,更无水草。其镇去沙州一千五百八十里。一道南路,从镇东去沙州一千五百里,其路由古阳关向沙州,多缘险隘,泉有八所,皆有草,道险不得夜行,春秋二时雪滋,道闭不通……一道北去焉耆一千六百里,有水草,路当蒲昌海,西度计戍河。"③据此可知,敦煌通焉耆的道路,不仅如陈国灿所说可以分为南、北两条,其中的南道又可分为两条:出敦煌,经由玉门关、屯城到达石城镇,然后北向焉耆;出敦煌,经阳关达石城镇,转而得到焉耆。可见,由

---

① (后晋)刘昫等撰:《旧唐书》卷198《西戎传·高昌传》,北京:中华书局,1975年,第5294页。

② 陈国灿:《唐五代敦煌四出道路考》,段文杰等编:《1990年敦煌学国际研讨会文集·史地语文编》,沈阳:辽宁美术出版社,1995年,第220—221页。

③ 上海古籍出版社等编:《法藏敦煌西域文献》第34册,上海:上海古籍出版社,2005年,第131—132页。

敦煌通焉耆的道路本来就不止一条。贞观六年,焉耆王为了加强与中央联系而要求重开的大碛路,当为避开高昌而通敦煌的捷径,而非要创建或重建一整套繁密的交通网。据《寿昌县地境》的记载,贞观初年,石城等地尚为康国大首领康艳典所据。贞观九年,太宗命李靖出曼头山,逾赤水,"经积石山河源,至且末,穷其西境"。此后,石城等地应始为唐朝所控制。所以,贞观六年所重新开通的大碛路,应只是顺孔雀河而东,再沿汉烽燧直东穿流沙,至玉门关,而达敦煌的道路。

通过史书的记载,我们可知在南北朝及隋唐的多数时间里,出敦煌通西域的道路有四条,即西域南道、大碛路、大海道及伊吾路。这四条道路皆需要跋涉沙碛,其中伊吾路及南道行途较易,大海道、大碛路则较难通行。尤其是大碛路只有在中原封建王朝兴盛时才能顺利通行,一旦封建王朝衰落或动乱,就要闭塞。所以,大碛路的开通和闭塞的历史也可以很好地折射出中原封建王朝兴衰的历史。

第三节　隋及唐前期敦煌地区的交通史(下)

1. 稍竿道

"稍竿道"是由敦煌北行至伊州的道路,这条道路也是历史上著名的伊吾路的重要组成部分。稍竿道一名,见于敦煌文献P.2005《沙州都督府图经》新井及双泉等驿条下注:

> 新井驿,广显驿,乌山驿,已上驿瓜州捉。
> 右在州东北二百廿七里二百步,瓜州常乐县界。同前奉敕移置,遣沙州百姓越界供奉。如意元[年](692)四月三日,敕移就稍竿道行。至证圣元年(695)正月十四日敕,为沙州遭贼少草,运转极难,稍竿道停,改于第五道来往。又奉今年二月廿七日敕,第五道中总置十驿,拟供客使等食,付王孝杰并瓜州、沙州审更检问,令瓜州捉三驿,沙州捉四驿,件检瓜州驿数如前。
> 双泉驿
> 右在州东北四百七十七里—百六十步,瓜州常乐县界。唐仪凤三年闰十月奉敕移稍竿道就第五道莫贺延碛置,沙州百姓越界捉。奉如意元年(692)四月三日敕,移就稍竿道行,至证圣元年(695)正月十四日敕,为沙州遭贼,改第五道来往。①

---

① 图版参见上海古籍出版社等编:《法藏敦煌西域文献》第1册,上海:上海古籍出版社,1995年,第50—51页。录文参见郑炳林《敦煌地理文书汇辑校注》,兰州:甘肃教育出版社,1989年,第10—11页。

112

而《太平寰宇记》卷153《陇右道四》"伊州"条在记载伊州通沙州的道路时，提到"正南微东取稍竿馆路至沙州七百里"①。此外，S.367《沙州伊州地志》记载伊州伊吾县有稍竿等戍。所谓的稍竿馆与稍竿戍当在一地，稍竿道当因稍竿馆或稍竿戍而得名。

《通典》卷174《州郡四》"敦煌郡"条载："北至故咸泉戍三百三十六里，与伊吾郡分界。"②从方位上判断，地处敦煌郡与伊吾郡分界之所的咸泉戍应在连接两地交通的稍竿道上。而陈国灿在《唐敦煌县给咸泉戍粟牒》残卷中，发现了敦煌县司为咸泉戍运粟102石的记载，表明此戍在唐朝初年仍然得以使用，③这也为稍竿道的畅通起到了重要的安全保障。如此，唐代的稍竿道即由敦煌北行，至敦煌与伊吾郡分界之咸泉戍，继而经稍竿戍而到达伊州的道路。

对于稍竿道具体走向，严耕望认为，是"由沙州州城驿西北行，一百一十里至兴胡泊，又一百三十二里至河仓城（今大方盘城），又三十里至玉门故关城（今小方盘城），又折北行盖六十六里至咸泉戍，为沙伊两州分界处。又北至稍竿馆，置稍竿戍。又北至伊州治所伊吾县，去沙州七百里"④。但他同时指出："惟据此计算，自州城西北至玉门故关已二百七八十里，而唐、宋志书记沙伊间仅七百里，则伊州南至玉关仅踰四百里，观今图，里距似颇不合……沙州北通伊州之道路则未必经此故关也。但经此关，就路线言亦不算回绕，故终疑莫能定，姑存待考。"⑤而学者之所以认为稍竿路是从敦煌西出玉门关，再折北去伊吾，可能与《后汉书·西域传》的记载有关：

> 自敦煌西出玉门、阳关，涉鄯善，北通伊吾千余里，自伊吾北通车师前部高昌壁千二百里，自高昌壁北通后部金满城五百里。此西域之门户也，故戍己校尉更互屯焉。伊吾地宜五谷、桑麻、蒲萄。其北又有柳中，皆膏腴之地。故汉常与匈奴争车师、伊吾，以制西域焉。⑥

文中记载了敦煌经由伊吾前往车师高昌壁的道路，这条道路就是历史上著名的伊吾道。由敦煌至伊吾的这一段道路，也即P.2005《沙州都督府图经》中所提及的稍竿道。由于文中记载错误较多，影响了学者对稍竿道走向的正确理解。首

① （宋）乐史撰，王文楚点校：《太平寰宇记》卷153《陇右道四》，北京：中华书局，1986年，第2963页。

② （唐）杜佑撰：《通典》卷174《州郡四》，北京：中华书局，1988年，第4556页。

③ 陈国灿：《唐五代敦煌四出道路考》，段文杰等编：《1990年敦煌学国际研讨会文集·史地语文编》，沈阳：辽宁美术出版社，1995年，第225页。

④ 严耕望：《唐代交通图考》第2卷《河陇碛西区》，北京：北京联合出版公司，2021年，第445页。

⑤ 严耕望：《唐代交通图考》第2卷《河陇碛西区》，北京：北京联合出版公司，2021年，第451—452页。

⑥ （南朝宋）范晔撰：《后汉书》卷88《西域传》，北京：中华书局，1965年，第2914页。

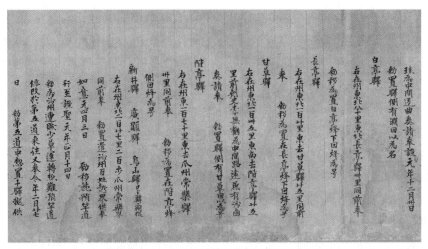

图3-9　P.2005《沙州都督府图经》局部（采自IDP）

先，文中表示方位的四个"北"字，第二、四个均应改为"西"。①其次，对于第一句"自敦煌西出玉门、阳关，涉鄯善，北通伊吾千余里"，要求行人先西行至鄯善，再由鄯善北行至伊吾，绕行颇多，于情理不合。所以，冯承钧指出："根据《后汉书·西域传》文，似出玉门涉鄯善而后北通伊吾，然与地势不合，疑文有脱误，今小方盘城（古之玉门）以西，不闻有道北通伊吾赴哈密（古之伊吾）者，今皆从安西（唐之瓜州）西北出猩猩峡。然敦煌亦有支路北通此道之大泉子。《后汉书·西域传》原文似言自敦煌北通伊吾千余里，'西出玉门、阳关涉鄯善'九字疑为错简。"②而陈国灿根据航测图，指出："敦煌北去土窑墩80余里；再北约90里至青墩；再北至明水井约70余里；再北抵水沟子约90里。水沟子井，今又名甜水井，其地南距敦煌330里，当是唐咸泉戍所在地，这与《通典》所记方位道里均合……稍竿馆在咸泉戍以北，相距或为一二日程。再西北，很可能与第五道之赤崖驿合，再西北经壑亭等驿而达伊州。"③由敦煌绕道玉门关，不仅道路迂回转运，且艰苦难行，实非最佳选择。最重要的是，经玉门关至伊吾的里程大约为900里，也远超出《元和郡县图志》及《太平寰宇记》所载的700里。所以，稍竿道当出敦煌直北而行。

敦煌直北约178里的青墩峡，为敦煌控扼北山的要塞。青墩峡之北150里为

　　① 王素：《高昌史稿·交通篇》，北京：文物出版社，2000年，第177页。

　　② 冯承钧：《高昌事辑》，《西域南海史地考证论著汇辑》，北京：中华书局，1957年，第51页。嶋崎昌也认为此句应作"自敦煌北通伊吾千余里"。对于这个问题的争论，可参见王素：《高昌史稿·交通编》，北京：文物出版社，2000年，第177—178页。

　　③ 陈国灿：《唐五代敦煌四出道路考》，段文杰等编：《1990年敦煌学国际研讨会文集·史地语文编》，沈阳：辽宁美术出版社，1995年，第225页。

博罗台,地势险要,且有古烽火台残址。博罗台南去敦煌370里,折合为唐里为330里,与《通典》所载敦煌之北三百三十六里、与伊吾郡分界的咸泉戍位置相合,故此地当即唐代沙、伊二州交界之处,《通典》所载之咸泉戍当即此地。[①]

对于稍竿戍及稍竿馆的位置,严耕望认为稍竿戍当在赤崖戍之西,正当稍竿馆路所行地区,置戍即所以保护此通道耳。[②]陈国灿认为:"稍竿馆在咸泉戍以北,相距或为一二日程。再西北,很可能与第五道之赤崖驿合。"似言稍竿馆当在咸泉戍至赤崖驿之间。但根据《沙州伊州地志》的记载,稍竿戍在伊吾县,而赤崖驿在伊州柔远县,故稍竿戍及稍竿馆应皆在赤崖驿之西。李正宇则将其比定为博罗台西北之290里、哈密东南120里的哈什布拉克。[③]但由稍竿戍(驿)前往伊州尚有一驿,当即墼亭,而赤崖至伊吾中间所置二驿,各相距约80里,哈什布拉克相对于哈密的里数不符。相较而言,以严耕望所言最为恰当。

虽然上述敦煌通伊吾的道路晚至唐朝才被名之以稍竿道,但此路的开通却远在此前。作为伊吾路的重要组成部分,稍竿道的开通与中央王朝经营西域尤其是丝路北道的进程紧密相连。

为了离间东西突厥之间的关系,开皇元年(581),隋文帝采取了长孙晟"远交近攻"的策略,遣太仆卿元晖出使西突厥玷厥(达头)可汗,赐以狼头纛。当达头可汗遣使隋朝的时候,文帝又有意让达头的使臣位居东突厥摄图(沙钵略)可汗使节之上,由于促成了东西突厥之间的分裂。元晖的此次出使,不仅达到了"远交近攻"的目的,而且也揭开了隋朝与西突厥正式交往的序幕,意义非常重大。[④]元晖此次出使所走的路线,《隋书·长孙晟传》明确记载为伊吾道。[⑤]对于隋朝由敦煌通西域的道路,《西域图记·序》中有非常明晰的记载:

> 发自敦煌,至于西海,凡为三道,各有襟带。北道从伊吾,经蒲类海铁勒部,突厥可汗庭,度北流河水,至拂菻国,达于西海。其中道从高昌,焉耆,龟兹,疏勒,度葱岭,又经钹汗,苏对沙那国,康国,曹国,何国,大、小安国,穆国,至波斯,达于西海。其南道从鄯善,于阗,朱俱波、喝槃陀,度葱岭,又经护密,吐火罗,挹怛,忛延,漕国,至北婆罗门,达于西海。其三道诸国,亦各自有路,南北交通。其东女国,南婆罗门国等,并随其所往,诸处得

---

① 李正宇:《敦煌历史地理导论》,台北:新文丰出版公司,1997年,第300页。

② 严耕望:《唐代交通图考》第2卷《河陇碛西区》,北京:北京联合出版公司,2021年,第450页。

③ 李正宇:《敦煌历史地理导论》,台北:新文丰出版公司,1997年,第300页。

④ 吴玉贵:《突厥汗国与隋唐关系史研究》,北京:中国社会科学出版社,1998年,第101页。

⑤ (唐)魏徵等撰:《隋书》卷51《长孙晟传》,北京:中华书局,1973年,第1331页。又,《资治通鉴》记载略同,(宋)司马光编著,(元)胡三省音注:《资治通鉴》卷175《陈宣帝太建十三年》,北京:中华书局,2013年,第4567页。

达。故知伊吾、高昌、鄯善,并西域之门户也。总凑敦煌,是其咽喉之地。[①]
伊吾路为连接高昌与敦煌,且途经伊吾之道路。裴矩所谓的伊吾路应为《西域图记·序》所载三道中的北道,即敦煌出发至伊吾,经蒲类海铁勒部,最终到达高昌、突厥可汗庭的这一段道路。

随着隋朝与西突厥联系的密切,由敦煌北上伊吾,转而前往高昌的道路成为连接敦煌与西域的主要道路之一。《续高僧传》记载达摩笈多自龟兹、焉耆至高昌后,"又至伊吾,便停一载。值难,避地西南。路纯砂碛,水草俱乏。同侣相顾性命莫投,乃以所赍经论权置道旁,越山求水,冀以存济。求既不遂,劳弊转增。专诵观世音咒,夜雨忽降,身心充悦。寻还本途,四顾茫然,方道迷失,踟蹰进退。乃任前行,遂达于瓜州,方知委曲取北路之道也"[②]。冯承钧指出:"笈多以五九〇年至京师,停留高昌似为五八五至五八七年间事。停留伊吾,似为五八七至五八八年间事。所值之难,疑指开皇八年(五八八)突厥可汗处罗侯西征阿波事。"[③]笈多避难于伊吾西南,在经历"越山求水"而不得,忽降夜雨"身心充悦"之后,由于"四顾茫然方道迷失",而被迫沿路前行,最终抵达敦煌。其也是事后才知道自己所行进的乃是"北路之道",即裴矩《西域图记·序》中所言之北道。根据笈多由龟兹、焉耆途经高昌、伊吾抵达敦煌的路线看,显然其所走的就是传统的伊吾路。其自伊吾西南"乃任前行"最终抵达敦煌的这一段,也即唐代时期由敦煌通伊州的稍竿道。根据《续高僧传》对笈多行进路线的描写,可知伊吾至敦煌的稍竿道在此时乃是两地间所常用之路,所以笈多在"四顾茫然,方道迷失,踟蹰进退,乃任前行"的困难情况下,仍可以沿此路顺利抵达敦煌。

《隋书·裴矩传》载:"帝(隋炀帝)将巡河右,复令矩往敦煌。矩遣使说高昌王麹伯雅及伊吾吐屯设等,啖以厚利,导使入朝。及帝西巡,次燕支山,高昌王、伊吾设等,及西蕃胡二十七国,谒于道左。"[④]裴矩于敦煌遣使前往伊吾与高昌等国,以及此后高昌王、伊吾设前往张掖觐见隋炀帝,都要经由敦煌通伊吾的稍竿道。此外,《隋书·刘权传》载:"炀帝嗣位,拜卫尉卿,进位银青光禄大夫。大业五年,从征吐谷浑,权率众出伊吾道,与贼相遇,击走之。逐北至青海,虏获千余口,乘胜至伏俟城。"[⑤]根据《隋书》刘权本传的记载,其于大业五年从隋炀帝征伐吐谷浑之际,曾出伊吾道败吐谷浑,并乘胜进军至吐谷浑的伏俟城。伏俟城遗址位

---

① (唐)魏徵等撰:《隋书》卷67《裴矩传》,北京:中华书局,1973年,第1579—1580页。

② (唐)道宣撰,郭绍林点校:《续高僧传》卷2《达摩笈多传》,北京:中华书局,2014年,第44页。

③ 冯承钧:《高昌事辑》,《西域南海史地考证论著汇辑》,北京:中华书局,1957年,第70页,注28。

④ (唐)魏徵等撰:《隋书》卷67《裴矩传》,北京:中华书局,1973年,第1580页。

⑤ (唐)魏徵等撰:《隋书》卷63《刘权传》,北京:中华书局,1973年,第1504页。

于今青海省海南州共和县石乃亥乡铁卜加村。①由此，刘权所行进的道路应在青海湖之南，明显与伊吾道的位置不合。对于刘权此次出征吐谷浑之事，同书《赵才传》也有记载："（赵才）从征吐谷浑，以为行军总管，率卫尉卿刘权、兵部侍郎明雅等出合河道，与贼相遇，击破之。"②通过对比，刘权本传所载的"伊吾道"当为"合河道"之讹。

隋朝末年，伊吾为以中亚粟特人为主体的杂胡所占据，但仍依附于西突厥。由于唐朝初年关闭了与西域各国交往的关卡，敦煌通伊吾的稍竿道基本上处于断绝状态。直至贞观四年（630），伊吾杂胡首领石万年率七城来降，唐太宗在伊吾设置西伊州，将其正式纳入中央政府的管辖之下。

虽然在唐朝初年中原地区前往伊吾地区多行经由敦煌的稍竿道，但是根据敦煌文献的记载，自高宗时起，稍竿道与第五道经常交替使用。仪凤三年（678）闰十月，沙州都督府奉敕停用稍竿道驿路，而改行途经莫贺延碛的第五道。由于改道后敦煌百姓前往伊州需要经行第五道，所以敕文规定敦煌百姓必须承担起越过州界而维护第五道的义务。到了如意元年（692），由敦煌前往伊州的稍竿道重新得以通行。仅仅三年之后，中央政府又因为"沙州遭贼少草，运转极难"的原因，再次停用稍竿道，而改由第五道。此外，敦煌文献又载："又奉今年二月廿七日敕，第五道中总置十驿，拟供客使等食。"据严耕望研究，文中的"今年"，当即万岁通天元年（696）。③作为官府的驿路，虽然在唐朝初年之后，第五道和稍竿道之间几经交替，但作为敦煌通伊州之间的重要通道，稍竿道在晚唐五代时期一直可以通行。

2.莫贺延碛道

莫贺延碛道，即由瓜州城西行至常乐县，再由此西北行，并最终抵达伊州的道路。由于此道途经莫贺延碛，故得名。由于存在道路沿途军事形势的变化及沿途驿站水草供应等问题，由沙州通伊州的稍竿道与瓜州常乐县通伊州的莫贺延碛道经常交替使用。

唐初未占领伊吾之前，瓜州玉门关"外西北，有五烽，候望者居之，各相去百里，中无水草，五烽之外即莫贺延碛、伊吾国境"④。据《沙州都督府图经》的记载，此道出瓜州城，西北行一百一十五里至常乐县城，或由沙州经瓜沙道至此，再由此西北行至伊州。因于此道上有第五烽及第五驿，故又名第五道。贞观三年，

① 黄盛璋、方永：《吐谷浑故城——伏俟城发现记》，《考古》1962年第8期。
② （唐）魏徵等撰：《隋书》卷65《赵才传》，北京：中华书局，1973年，第1541页。
③ 严耕望：《唐代交通图考》卷2《河西碛西区》，北京：北京联合出版公司，2021年，第448页。
④ （唐）惠立、彦悰著，孙毓棠、谢方点校：《大慈恩寺三藏法师传》，北京：中华书局，2000年，第12页。

图3-10　唐瓜、沙、伊州驿道(第五道及稍竿道)驿址示意图
(采自李正宇:《敦煌历史地理导论》,台北:新文丰出版公司,1997年,图九。)

玄奘法师西行求法之时,在由瓜州前往伊吾时,所走的正是这条道路。《大唐三藏慈恩法师传》记载玄奘至瓜州后,向当地人寻求西行道路,当地人告诉玄奘"五烽之外,即莫贺延碛,伊吾国境"。虽然从现有的史籍看,莫贺延碛道及第五道的名称出现在唐代,但其实际开通却远在此之前。

在击败吐谷浑的同年(608),隋炀帝以薛世雄为玉门道行军大将,又令降附隋朝的东突厥启民可汗出兵与薛世雄会合于玉门,联兵攻打伊吾。薛世雄到达玉门之后,发现启民可汗背约不至,遂孤军度碛,突袭伊吾。伊吾吐屯社猝不及防,至军门请降。此玉门,也即东移后的玉门关;所度之碛,当为莫贺延碛。薛世雄由玉门关度碛,突袭伊吾,走的正是所谓的莫贺延碛道。①

贞观元年(627),玄奘出瓜州西行求法。玄奘至瓜州后,向当地人询问西

①吴玉贵:《突厥汗国与隋唐关系史研究》,北京:中国社会科学出版社,1998年,第119页。

行的路线,"或有报云:'从此北行五十余里有胡卢河,上广下狭,回波甚急,深不可渡。上置玉门关,路必由之,即西境之襟喉也。关外西北又有五烽,候望者居之,各相去百里,中无水草。五烽之外即莫贺延碛,伊吾国境'"①。玄奘于贞观元年从瓜州起程往伊吾,即经行此路。由于唐代初年,"国政尚新,疆场未远,禁约百姓,不许出蕃",故此时第五道被隔断,唐朝只是在这条道路的唐朝管辖区域设置五所烽燧,也就是《大慈恩寺三藏法师传》所记载的玉门关外"候望者居之,各相去百里"的五烽。此外,唐冥祥所撰的《大唐故三藏玄奘法师行状》亦载玉门关外"凡有五烽,五烽之外,无复戍逻"②。五烽当中,除第五烽为其本名外,其余四烽各有名称。根据敦煌文献P.2005《沙州都督府图经》关于第五道驿站的记载,五烽的名称从南到北依次为新井烽、广显烽、乌山烽、双泉烽、第五烽。

　　根据史书记载及学者的研究,玄奘并没有严格按照第五道进发,而是与官道时有穿插。玄奘在胡人石盘陀的帮助下,"三更许到河,邀见玉门关……胡人乃斩木为桥,布草填沙,驱马而过"。而石盘陀在畏惧前途艰险,弃玄奘而去后,玄奘"逐行八十余里,见第一烽",即新井烽。玄奘在新井烽烽西取水之际,为候望者发现,并带到烽堡。校尉王祥为玄奘之诚心所打动,"遂拂筵安置。至晓,法师食讫,祥使人盛水及麨饼自送至十余里",并告知玄奘可不经广显和乌山二烽,而直接抵达双泉烽。而玄奘当晚到达双泉烽后,"恐为留难,欲默取水而过",但又被戍守士卒发现。而此烽校尉王伯陇"亦有善心",且为王祥之宗亲,故其不仅留宿玄奘,"更施大皮囊及马、麦相送",且嘱咐玄奘"不须向第五烽。彼人疏率,恐生异图。可于此去百里许,有野马泉,更取水"。出双泉烽后,即进入长八百余里,古曰沙河的莫贺延碛。而在行进百余里之后,玄奘并未找到王伯陇所言之野马泉,而在"下水欲饮"时,不慎失手将水袋打翻。在"又路盘回不知所趣"之际,其曾欲东返双泉烽。行十余里,自念其所"若不至天竺终不东归一步"的誓言,于是旋辔而继续向西北进发。此后四夜五日间,其滴水未进,以至于"口腹干焦,几将殒绝,不复能进"。直至第五夜半,"忽有凉风触身,冷快如沐寒水。遂得目明,马亦能起。体既苏息,得少睡眠……法师惊寤进发,行可十里,马忽异路,制之不回。经数里,忽见青草数目,下马恣食。去草十余步欲回转,又到一池,水甘澄净彻,下而就饮,身命重全,人马俱得苏息"。其在草池休息一日后,"盛水取草进发,更经两日,方出流沙至伊吾矣"。玄奘法师自瓜州出发,最终抵达伊吾的旅程,前后大约耗时十二

①（唐)惠立、彦悰著,孙毓棠、谢方点校:《大慈恩寺三藏法师传》,北京:中华书局,2000年,第12页。
②（唐)冥详撰:《大唐故三藏玄奘法师行状》,《大正藏》第50册,第215页。

天,时间大约在贞观元年八、九月间。①

贞观四年(630),伊吾国首领石万年奉伊吾七城归唐后,唐朝在第五道原有五烽之外再设五烽,形成十烽的规模。

仪凤四年(679),西突厥十姓可汗阿史那匐延都支及其别帅李遮匐与吐蕃及其他部族联合起来,侵逼安西。在裴行俭的建议下,高宗命裴行俭以册立波斯王暨安抚大食使的名义,通过武装护送泥涅师归国的名义,借机清除掉西突厥的叛乱势力。对于此次行动,不仅史书中多有记载,而且吐鲁番阿斯塔那35号墓葬出土的《唐西州高昌县下太平乡符为检兵孙海藏患状事》中也有相关反映。根据史书的记载,裴行俭此行虽然名义上是为了护送泥涅师复国,但实际上本次行军实质上是以擒获阿史那都支并驻扎碎叶为真实目的。吐鲁番文书中作为"征行之道"的"波斯道",名义上是往吐火罗册送波斯王,实质上是自西州往碎叶一线解决西突厥十姓可汗阿史那都支叛乱的征行路线。②著名诗人骆宾王以军中记室的身份参与了这次行军。对于裴行俭一行由长安至西州之间的行进的路线,薛宗正根据骆宾王的诗作,认为是由长安迁行西北,由灵州渡黄河。然后似取伊吾道由沙州、伊州,进至蒲类海畔,由此折道西南至西州。③但据《旧唐书·裴行俭传》所载,其曾"途经莫贺延碛,属风沙晦暝,导者益迷"④。而根据《全唐诗》卷79所收骆宾王《夕次蒲类》,可知裴行俭等人逾莫贺延碛后顺利抵达蒲类海,由此可知裴行俭并没有抵达沙州,并由伊吾道抵伊州,而应走的是跨越莫贺延碛的第五道。

武周万岁通天元年(696),政府又于各烽置驿,于是形成驿戍并置的格局。⑤《元和郡县图志》在记载伊州对外的道路时,云:"东南取莫贺延碛至瓜州九百里。"⑥对于第五道上所设置的十个馆驿,《沙州都督府图经》记载了其中的七个:自瓜州东北行115里至瓜州常乐县城(常乐驿),由此西北行27里200步至新井驿,又北行150里,中经广显驿至乌山驿,又西北行69里260步至双泉驿,由

---

① 李正宇:《玄奘瓜州、伊吾经行考》,《敦煌研究》2006年第6期。

② 姜伯勤:《敦煌吐鲁番文书与丝绸之路》,北京:文物出版社,1994年,第47—48页。

③ 薛宗正:《安西与北庭——唐代西陲边政研究》,哈尔滨:黑龙江教育出版社,1998年,第133页;薛宗正:《历代西陲边塞诗研究》,兰州:敦煌文艺出版社,1993年,第47—50页。

④ (后晋)刘昫等撰:《旧唐书》卷84《裴行俭传》,北京:中华书局,1975年,第2802页。

⑤ 李正宇:《玄奘瓜州、伊吾经行考》,《敦煌研究》2006年第6期。

⑥ (唐)李吉甫撰,贺次君点校:《元和郡县图志》卷40《陇右道下》,北京:中华书局,1983年,第1029页。

此北行60里80步至第五驿。①由第五驿北入莫贺延碛,行68里30步至冷泉驿;又北行84里至胡桐驿。对于第五道十驿之外的另外三驿,一为伊州柔远县西南境的赤崖驿,在胡桐驿之北80里。《沙州伊州地志》载伊吾县设有三戍,即堼亭、赤崖、稍竿。而堼亭和稍竿应皆与赤崖的情况相类,为戍、驿并置,以戍名驿。由赤崖驿西北行二百四十三里至伊州,其中两驿之一应为堼亭驿。②

虽然第五道在唐高宗时期得以全线贯通,但由于受到西北地区局势的影响,由瓜州通伊州的第五道与沙州通伊州的稍竿道之间曾发生多次的改易。《沙州都督府图经》"双泉驿"条载:

> 右在州东北四百七十七里—百六十步,瓜州常乐县界。唐仪凤三年(678)闰十月奉敕移稍竿道就第五道莫贺延碛置,沙州百姓越界捉。奉如意元年(692)四月三日敕,移就稍竿道行,至证圣元年正月十四日敕,为沙州遭贼,改第五道来往。南去瓜州常乐县界乌山驿六十九里二百六十步,北去第五驿六十里八十步。

根据上述记载,高宗仪凤三年(678)才开始在第五道上设置双泉驿,而由双泉驿往西北的第五驿、冷泉驿、胡桐驿的情况皆与双泉驿相类。由此可见第五道是仪凤三年才设置的驿道,用以取代稍竿道的运输任务。从沙州百姓越界捉双泉、第五、冷泉、胡桐等驿,即沙州承担第五道中部分驿站的马匹和物资供应看,在伊州通沙州的稍竿道停用后,沙州也是利用第五道通伊州。③

同卷"新井驿"条亦载:

> 右在州东北二百廿七里二百步,瓜州常乐县界。同前奉敕移置,遣沙

---

① 严耕望:《唐代交通图考》第2卷《河陇碛西区》,北京:北京联合出版公司,第445—447页。但按照严氏的计算,新井驿经广显驿至乌山驿为151里。据《沙州都督府图经》的记载,双泉驿西南距沙州为477里160步,经严耕望校正,应为447里160步。据同卷沙州阶亭驿条,可知常乐驿距离沙州200里,由此双泉驿南距常乐驿当为247里160步。其中双泉驿距乌山驿为69里260步,而新井驿南距常乐驿为27里200步。如新井驿距乌山驿确如严氏所说的151里,则双泉驿据常乐驿为248里160步,比敦煌文献所载的247里160步多出了1里,即300步。故新井驿经广显驿至乌山驿应为150里。而对于瓜州至双泉驿的里程,李正宇在《敦煌历史地理导论》中推算为:"自瓜州城起,东北行一百一十五里常乐县城,向北,二十里新井驿,七十九里广显驿,西北七十里乌山驿,西北六十九里双泉驿。"如此,则由常乐驿至双泉驿为238里,与247里160步的距离有一定的误差。李正宇:《敦煌历史地理导论》,台北:新文丰出版公司,1997年,第292页。其后,李正宇在《古本敦煌乡土志八种笺证》中对此段路程进行了重新推定,认为新井驿当在常乐驿北27里200步,而乌山驿至新井驿为149里100步。李正宇:《古本敦煌乡土志八种笺证》,兰州:甘肃人民出版社,2008年,第67页。此外,《沙州都督府图经》"双泉驿"条与"第五驿"条记载两者之间的路程存在误差,当从第五驿条的64里80步。

② 李正宇:《敦煌历史地理导论》,台北:新文丰出版公司,1997年,第292页。

③ 陈国灿:《唐五代敦煌四出道路考》,段文杰等编:《1990年敦煌学国际研讨会文集·史地语文编》,沈阳:辽宁美术出版社,1995年,第227页。

州百姓越界供,奉如意元[年]四月三日敕移就稍竿道行,至证圣元年正月十四日敕,为沙州遭贼少草,运转极难,稍竿道停,改于第五道来往。又奉今年二月廿七日敕,第五道中总置十驿,拟供客使等食,付王孝杰并瓜州、沙州审更检问,令瓜州捉三驿,沙州捉四驿,件检瓜州驿数如前。①

据同卷"神泉驿"及"甘草驿"条的记载,文中所言之敕乃应沙州刺史李无亏之请而颁发的天授二年(691)五月十八日敕,故新井驿设置于天授二年。虽然根据仪凤三年闰十月之敕,停废稍竿道,而正式采用第五道,但是到武周如意元年(692)四月三日敕,唐政府又停用第五道而恢复稍竿道。至证圣元年正月,又因"沙州遭贼少草,运转极难,稍竿道停,改于第五道来往"。对于上举文书中的"今年",严耕望考订为万岁通天元年(696)。②万岁通天元年所颁之敕,明确规定了第五道上驿站的数量及各州对各段馆驿的责任:十驿中"瓜州捉三驿,沙州捉四驿",即新井、广显(后避高宗讳改为广明)、乌山三驿由瓜州负责物资供给,双泉、第五、冷泉、胡桐四驿由沙州越界供给。余下三驿应即伊州境内的赤崖、堑亭和稍竿,由伊州负责。

此外,随着形势的变化,各州负责的馆驿数量也发生变化。如高宗时期,沙州尚负责4驿的后勤供应,但到了天宝年间,沙州所负责的馆驿数量增加到了5个。P.2862卷背《唐天宝年间敦煌郡会计帐》第38—80行"广明第五戍"会计帐中有关于广明、乌山、双泉、第五、冷泉等五戍物资耗费情况的记载,陈国灿认为:

> 五戍实际上也是五驿所在,相当一部分物资都是为了供客使往来需要,表明此道驿、戍是合一的。比之仪凤、证圣间,沙州的越界管段有了一些变化,由原来捉4驿,改为5驿,而5驿不再是中段,而是偏南的广明(即原广显)、乌山、双泉、第五、冷泉等5驿。当初由沙州所捉的胡桐驿,可能也改成了伊州管辖。③

对于沙州所捉馆驿由4个增加到5个的具体时间,史书阙载,但据P.2803V《唐天宝九载(750)八月—九月敦煌郡仓纳谷牒》第15件的记载,天宝九载九月之际,敦煌郡尚负责第五道上四戍的供给,故沙州所负责的馆驿数量的增加应在此之后。沙州不仅为其越界所管辖的驿站提供谷物等物资,为了便于使者通行,沙州日常还需为每驿提供马10匹。此外,在阶亭坊及郡坊等固定场所还准备73

---

① P.2005《沙州都督府图经》所载"双泉驿"及"新井驿"的情况,录文参见郑炳林:《敦煌地理文书汇辑校注》,兰州:甘肃教育出版社,1989年,第10—11页;文书图版参见上海古籍出版社等编:《法藏敦煌西域文献》第1册,上海:上海古籍出版社,1995年,第50—51页。

② 严耕望:《唐代交通图考》第2卷《河陇碛西区》,北京:北京联合出版公司,2021年,第448页。

③ 陈国灿:《唐五代敦煌四出道路考》,段文杰等编:《1990年敦煌学国际研讨会文集·史地语文编》,沈阳:辽宁美术出版社,1995年,第228页。

匹的备用马匹,以供5驿站的需要。除了提供马匹,根据P.2862V《唐天宝年间敦煌郡会计帐》,沙州还给乌山等驿提供100头的驿驴。从沙州为上述驿站提供各种物资配备及严密的管理制度看,唐代的驿站管理制度已经非常完善。①程喜霖通过对吐鲁番阿斯塔那第29号墓、第228号墓及第509号墓所出土的六件唐代过所文书(高宗、武则天时期各一件、玄宗开元时期四件)中对请过所的16人之行程的记载,勾勒出了此时河西与西域的北路交通线,即凉州—甘州—瓜州—玉门关—伊州—西州—焉耆—铁门关—安西四镇。②

3.南山道

由敦煌西南,过马圈口,至山阙烽,转而向南,至南口烽(今当今山口),向南至墨离川。这是敦煌南向的一条大通道,由于它直通南山,所以陈国灿以南山道名之。

《通典》卷174《州郡四》"敦煌郡"条载:"南至故南口烽二百五十里,烽以南吐谷浑界。"③故陈国灿认为:"由于南口烽以南是吐谷浑活动的地域,故使用并不频繁,而青海地区的吐蕃、吐谷浑则常从此道进入敦煌。"④其文中举武周圣历二年(699)吐谷浑归朝及吐蕃尚绮心儿驻兵南山事为证。武周圣历二年,吐谷浑欲归向唐王朝,事先派"落蕃人贺弘德"前来报告,结果为沙州豆卢军所获,并牒将军"郭知运大配山南兵马,令便往应接"⑤,可能就是通过这条道路部署山南兵的。德宗建中年间,吐蕃尚绮心儿久攻敦煌不下,于是吐蕃赞普徙帐于南山,以进行督战,其当是由此道而来。⑥

归义军统治时期,这条道路继续得以使用。P.2962《张议潮变文》叙述了张议潮的南征吐谷浑的战争。在这次战争中,张议潮通过南山道,行进一千多里,深入到了吐谷浑境内。此外,P.2555《佚名氏诗59首》描写了作者由敦煌南行的路线,如第1首为《冬出敦煌郡入退浑国,朝发马圈之作》、第2首《至墨离海奉怀

① 对于唐代第五道的具体走向,陈国灿认为:"唐代敦煌第五道去伊州,当是先走瓜沙道,东北行至阶亭驿,再转而北向广明驿,上第五道再西北行至伊州,路程将近1000唐里,它比稍竿道多了近三分之一的路程,所以归义军时期,不多参见敦煌经此道至伊州。"陈国灿:《唐五代敦煌四出道路考》,段文杰等编:《1990年敦煌学国际研讨会文集·史地语文编》,沈阳:辽宁美术出版社,1995年,第229页。

② 程喜霖:《从唐代过所文书所参见通"西域"的中道》,《敦煌研究》1988年第1期。

③ (唐)杜佑撰、王文锦等点校:《通典》卷174《州郡四》,北京:中华书局,1988年,第4556页。

④ 陈国灿:《唐五代敦煌四出道路考》,段文杰等编:《1990年敦煌学国际研讨会文集·史地语文编》,沈阳:辽宁美术出版社,1995年,第230页。

⑤ 文书内容国家文物局古文献研究室等编:《吐鲁番出土文书》第7册,北京:文物出版社,1986年,第233—234页。

⑥ (宋)欧阳修、宋祁撰:《新唐书》卷216下《吐蕃传下》载:"始,沙州刺史周鼎为唐固守,赞普徙帐南山,使尚绮心儿攻之。"北京:中华书局,1975年,第6101页。陈氏上引文以徙帐南山者尚绮心儿,似误。

敦煌知己》、第8首《青海卧疾之作》、第19首《夜度赤岭怀诸知己》、第20首《晚次白水古戍见枯骨之作》、第21首《晚秋至临蕃被禁之作》。陈国灿通过作者在诗中对途经各地的描写,确定其所走的就是南山道的路线。诗人出敦煌城往吐谷浑国去,"西行过马圈,北望近阳关",即过马圈口后,继续西行,折而向南,向北望离阳关很近,这正是走过山阙峰、转而南行的南山道。出南山口(今当金山口)不远,就是墨离海(即今苏干湖)。再由苏干湖西行到青海湖,度赤岭(今日月山),再到唐白水军戍遗址,又到临蕃城(今青海湟源县东南)。①

---

① 陈国灿:《唐五代敦煌四出道路考》,段文杰等编:《1990年敦煌学国际研讨会文集·史地语文编》,沈阳:辽宁美术出版社,1995年,第230—231页。

第四章 吐蕃统治时期的敦煌历史

唐与吐蕃建立联系始自贞观八年(634)吐蕃遣使通唐,此后双方往来频繁,其间既有遣使、和亲,亦有冲突、争战,一如史书所言:"西戎之地,吐蕃是强。蚕食邻国,鹰扬汉疆。乍叛乍服,或弛或张。"[①]在这种不稳定的形势背景下,处于唐蕃衔接地带的河陇地区首当其冲,成为吐蕃觊觎的对象。唐前期国势鼎盛,又在这一地区布置了较为雄厚的防守兵力,吐蕃尚无法得手。孰料天宝十四载(755)安史之乱爆发,唐于仓皇之下紧急抽调大批河陇驻军赴中原靖难,打破了这一地区对抗力量的平衡,为吐蕃乘虚而入提供了契机。

第一节 敦煌落蕃始末

自大历十一年(776)吐蕃兵临沙州城下至贞元二年(786)阎朝开城投降,前后历时十一年之久。究其原因,有敦煌军民的抵抗之功,有吐蕃为弘佛教刻意保护这一佛国善乡之因,亦有其间唐蕃对抗形势纷繁变化之由。统治初期,敦煌百姓尚有反抗活动,吐蕃统治者在镇压之余积极调整统治策略,遂使敦煌社会渐趋安定。至统治末期,吐蕃本土爆发内乱,统治根基开始松动,敦煌当地大族张议潮等看准时机,于大中二年(848)起义收复。

1.敦煌文书所见落蕃前河西形势

广德二年(764)凉州陷落之后,河西节度使杨志烈逃奔甘州,次年为沙陀所杀,继任者杨休明于大历元年(766)徙镇沙州。其时河西地区已是道路阻绝,东归无望的官僚纷纷西逃,形势一片混乱。虽然正史中于此着墨不多,敦煌出土文献却保留了许多很有价值的记载,其中以P. 2942《唐永泰年代(765—766)河西巡抚使判集》(以下简称《判集》)最为集中和典型,史苇湘曾据此文书对敦煌陷落前的河西形势做过深入研究。[②]

(1)混乱的政治局面

吐蕃大军压境之际,河西一带人心惶惶,唐朝守将中徇私落逃者大有人在,如《判集》中《朱都护请放家口向西,并勒男及女婿送》一则就记载了当地守将朱都护不惜扰乱纲纪也要让自己的女婿和儿子擅离职守护送家口逃难的情况。河西节度官员内部的争斗也引发一系列动乱,据《判集》中《张璟诈称节度》一则记

---

① (后晋)刘昫等撰:《旧唐书》卷196下《吐蕃传下》,北京:中华书局,1975年,第5267页。
② 史苇湘:《河西节度使覆灭的前夕——敦煌遗书伯2942号残卷的研究》,《敦煌研究》创刊号,1983年。

载,在河西节度撤离凉州之后、甘州陷落之前的大历元年之际,由于杨志烈已被杀,河西节度一时无主,遂发生张瓌在甘州伪立之事。另据《判集》中《伊西庭留后周逸构突厥煞使主,兼矫诏河已西副元帅》一则可知,西面又发生了周逸谋杀杨休明之事。[1]《唐方镇年表》将杨休明列于大历元年至二年(766—767)河西节度使任上,大历三年至十二年(768—777)所列为周鼎,[2]考虑到此时已无调离可能,则大历二年杨休明已遭不测,而上述记录正好证实了这一推测。看来杨休明于大历二年前往安西征调兵马,被早有异心的伊西庭留后周逸借突厥之手杀害,不巧事情败露,周逸未能如愿上位,最终继任者为周鼎。于此乱世,边将却各怀异志,这种争权夺利的斗争使得当时的形势更为严峻。

(2)凋敝的经济形势

外有吐蕃进攻,内有边将作乱,可以想见这一时期河西的经济状况是相当凋敝的。《判集》中《甘州地税勾征,耆寿诉称纳不济》一则就反映出甘州经过张瓌之乱,百姓缴纳地税有困难,军士、仓库又要用粮,遂求救于沙州,但得到的答复是"终须自活"。另一则《甘州兵健冬装、肃州及瓜州并诉无物支给》所载前线士兵的冬装供给情况读来更令人绝望,发文时已"时属霜寒",甘州士兵的冬装仍无着落,酒泉既无物资相助,又要担心道路不清;瓜州虽"许相资",奈何"肃州少物",实施起来也是困难重重,河西地区经济状况之窘迫一目了然。[3]

2.敦煌的陷落

(1)落蕃前夕的敦煌

敦煌落蕃前夕的河西形势已如此严峻,可以想见,敦煌作为河西节度使的驻地,情况与之相差无几。河西节度使徙镇敦煌之时,带来了凉州的行政人员和宁寇、赤亭等军余部,之后又有甘州陷落后撤退的建康军余部,这无疑给敦煌增加了很多人口。据《判集》中《沙州地税,耆寿诉称不济,军州请加税四升》一则记载,为了维持官府、军队的运转,地方官吏欲提高税收;同时,据《管内仓库宴设给纳馆递樽节事》一则可知,官府加强了节流措施,厉行俭约;据《判诸国首领停粮》一则可知,对滞留沙州的外国首领、使节,沙州官府已停止了粮食供应;据《豆卢军兵健共卅九人无赐》一则可知,其时沙州军队开支亦成负担;另据《沙州祭社广

---

[1] 唐耕耦、陆宏基主编:《敦煌社会经济文献真迹释录》第2辑,北京:全国图书馆文献缩微复印中心,1990年,第628—631页。
[2] (清)吴廷燮:《唐方镇年表》卷8,北京:中华书局,1980年,第1225—1227页。
[3] 唐耕耦、陆宏基主编:《敦煌社会经济文献真迹释录》第2辑,北京:全国图书馆文献缩微复印中心,1990年,第622—623页。

破用》可知,民间各类祭赛活动亦受限制。[1]种种迹象表明,在遭吐蕃围城以前,沙州的经济情况已经十分困窘了。

大历十一年(776)吐蕃攻陷瓜州,沙州成为河西节度最后的据点。但沙州似乎并未马上卷入战争,据P.3608V《大唐陇西李氏莫高窟修功德记》可知,其时周鼎尚能以不小的排场赴李氏功德窟落成之贺,说明吐蕃尚未兵临城下。[2]另据《金石萃编·颜鲁公宋广平碑》载,当时谪贬沙州的宋璟第八子宋衡,曾任河西节度行军司马,"与节度周鼎保守敦煌仅十余岁",因功而有中丞常侍之拜,但"恩命未达而北蕃围城,兵尽矢穷,为贼所陷。吐蕃素闻太尉名德,遂赠以驰马还,大历十二年十一月以二百骑尽室归入",可知大历十二年(777)吐蕃才开始围攻沙州。

(2)敦煌的没蕃

吐蕃攻陷沙州前后用时十余年,首先得益于当时的唐蕃形势。建中元年(780)德宗即位后,由于曾受辱于回纥的经历和欲先对内戡平方镇的打算,力求对蕃和解,并于当年四月遣韦伦出使吐蕃,遣送五百蕃虏返乡。墀松德赞大为感动,无奈此时吐蕃"已发众军,三道连衡,今灵武之师闻命辄回矣;而山南之师已入扶、文;蜀师已趋灌口,追且不及"[3],沙州下辖的寿昌县大概就是在这个时候陷蕃的[4]。据S.788《沙州志残卷》载:"寿昌县……建中初陷吐蕃"[5],《寿昌县地境》所记与之相同[6]。之后唐蕃关系缓和,双方频频遣使报聘,建中四年(783)四月吐蕃甚至"将先没蕃将士僧尼等至自沙州,凡八百人,报(建中)元年之德"[7]。如此,吐蕃围攻沙州的行动便暂时搁置了。这种局面一直维持到贞元二年,其间唐发生泾原兵变,吐蕃乘机欲以"助国讨贼"来分一杯羹,未遂后心生不满,双方战乱重开,敦煌遂陷。其次,宗教因素对敦煌的保护也不可小觑。公元8世纪中期正值吐蕃王室大兴佛教之际(图4-1),敦煌因其佛教文化之盛而备受吐蕃赞普重视(图4-2),因而赞普亲自"徙帐南山,使尚绮心儿攻之"[8],并以围而不攻的

---

① 唐耕耦、陆宏基主编:《敦煌社会经济文献真迹释录》第2辑,北京:全国图书馆文献缩微复印中心,1990年,第622、620、624、622、623页。

② 郑炳林、郑怡楠辑释:《敦煌碑铭赞辑释(增订本)》,上海:上海古籍出版社,2019年,第43页。

③ (宋)王钦若等编:《册府元龟》卷980,北京:中华书局,1960年,第11513页。

④ 陈国灿:《唐朝吐蕃陷落沙州城的时间问题》,《敦煌学辑刊》1985年第1期。

⑤ 唐耕耦、陆宏基主编:《敦煌社会经济文献真迹释录》第1辑,北京:书目文献出版中心,1986年,第42页。

⑥ 唐耕耦、陆宏基主编:《敦煌社会经济文献真迹释录》第1辑,北京:书目文献出版中心,1986年,第52页。

⑦ (宋)王溥:《唐会要》卷97,上海:上海古籍出版社,2006年,第2055页。

⑧ (宋)欧阳修、宋祁撰:《新唐书》卷216下《吐蕃传下》,北京:中华书局,1975年,第6101页。

方式和平占领了敦煌,足见吐蕃对这一"善国神乡"的重视。①

图4-1　莫高窟159窟吐蕃赞普礼佛图

图4-2　莫高窟225窟王沙奴供养像

当然,虽然敦煌陷落前曾有一段时期唐蕃关系有所缓和,但于身处战争最前线的敦煌军民而言却是一直处于战备状态。吐蕃初临城下之时,节度使周鼎尚思固守,并向回纥请援。然而援兵逾年不至,周鼎开始动摇。周鼎本非当地人,对敦煌并无感情,便欲"议焚城郭,引众东奔"。前文宋衡奔唐当在此时,很可能是周鼎授权的。这一弃城之议并未得到本地将士赞同,都知兵马使阎朝遂生杀鼎保城之

① 张延清:《吐蕃和平占领沙州城的宗教因素》,《西南民族大学学报(人文社会科学版)》2010年第4期。

心。其时似已至冬,周鼎遣阎朝巡视水草,阎朝"晨入谒辞行,与鼎亲吏周沙奴共射,彀弓揖让,射沙奴即死,执鼎而缢杀之,自领州事"。守城十年间,军粮已竭,遂"出缣一端募麦一斗。应者甚众。朝喜曰:'民且有食,可以死守也。'"如此艰难苦守十年,粮械皆竭,阎朝无奈登城而呼曰:"苟毋徙他境,请以城降。"[1]

吐蕃进入敦煌后,墀松德赞令宰相尚绮心儿驻守。对于率众抵抗的首领阎朝,授予其"大蕃部落使河西节度使"的头衔,但这无疑只是出于安定民心的一种权宜之计。很快,吐蕃便以"疑朝谋变"为由,"置毒靴中"将其杀害。

（3）落蕃初期敦煌民众的反抗

吐蕃占领敦煌初期,当地民众的反抗活动仍未消弭,其中记录在案的就有驿户氾国忠等起义。据S.1438V《书仪》记载,驿户氾国忠等七人伪立驿户刑兴为拓跋王子,在夜色的掩护下"迫胁人庶,张皇兵威",并"戕煞蕃官",等到书仪作者索允等人天亮后设计擒拿这些起义者时,吐蕃委任的沙州节儿已投火自杀。最终,起义驿户被捕,经由大德摩诃衍等审讯后押送瓜州,吐蕃又派遣新的节儿前来接管。类似的动乱应该时有发生,故书仪谓"唯此沙州,屡犯王化"[2]。为了巩固统治,吐蕃当局逐渐调整策略,对敦煌百姓采取较为宽和的态度。随着一系列新的政治、经济制度的实施,敦煌社会渐趋安定,当地人民虽然内心仍向往故土,"每岁时祀父祖,衣中国之服,号恸而藏之"[3],但不再出现大的反抗活动（图4-3）。

3.敦煌的收复

吐蕃在与唐的长年拉锯中虽不断夺捷,但自身亦为战争所累,资财耗竭,人民疲弊,加之佛苯之争仍暗流涌动,内部矛盾逐渐显露。838年,墀祖德赞为反佛大臣所害,其弟朗达磨继立,以韦氏为首的反佛势力上升。其时吐蕃"发生了霜、冰雹和瘟疫"[4],朗达磨与反佛派借口自然灾害皆因推行佛教而起,进而大肆灭佛,引起

图4-3　莫高窟154窟身着蕃装的驱象人

① (宋)欧阳修、宋祁撰:《新唐书》卷216下《吐蕃传下》,北京:中华书局,1975年,第6101页。
② 唐耕耦、陆宏基主编:《敦煌社会经济文献真迹释录》第5辑,北京:全国图书馆文献缩微复印中心,1990年,第318—319页。
③ (宋)欧阳修、宋祁撰:《新唐书》卷216下《吐蕃传下》,北京:中华书局,1975年,第6101页。
④ (明)巴卧·祖拉陈瓦著,黄颢、周润年译注:《贤者喜宴——吐蕃史译注》,北京:中央民族大学出版社,2010年,第277页。

了佛教僧侣的怨恨。842年,朗达磨为僧人拉隆贝吉多吉刺杀身死,王妃绵氏立其兄尚延力之三岁幼子乞离胡为赞普,迅速掌权于朝堂,反对派则拥立小妃蔡邦氏之子微松与之抗衡,内政陷入一片混乱。

国内的政治争斗很快波及吐蕃驻守在河陇地区的边境将帅,分裂为以鄯州节度使尚婢婢为首的乞离胡派和以洛门川讨击使论恐热为主的微松派。而其时敦煌的立场,据P.T.999《祈愿文》来看,属微松一派。文书称:"鼠年季夏八日,沙州二部僧伽为赞磨王妃潘母子宫殿微松之功德,也为沙州地方百姓之功德举行回向供施法会。"①此"鼠年"学界公认为844年,正是吐蕃二子争立之际。论恐热为人凶暴有野心,趁吐蕃内乱之机自称宰相,又联合吐谷浑、党项、嗢末三部和青海节度使,于842年以"入诛绵妃及用事者以正国家"之名挥师南下。②乞离胡遣宰相尚思罗迎击,兵败渭州薄寒山。尚思罗出逃松州,集结苏毗、吐谷浑、羊同等部屯洮水待战,岂料苏毗军队为论恐热说服,尚思罗最终为其所杀。

另一派鄯州节度使尚婢婢与论恐热颇为不同,为人宽厚、有谋略,史载其"姓没卢,名赞心牙,羊同国人,世为吐蕃贵相,宽厚,略通书记,不喜仕,赞普强官之"③。尚婢婢所领军队是当时河陇地区的一支劲旅,是论恐热独占河西并进逼逻些的一大路障,于是双方于843年、844年、845年三度交战。尚婢婢传檄河湟称:"汝辈本唐人,吐蕃无主,则相与归唐,毋为恐热所猎如狐兔也!"④策反了论恐热一些部众叛离。尚婢婢颇善用计谋,论恐热终究不敌,连连失利,只得暂时盘踞陇右一带。吐蕃如此衰微之际,又适逢回鹘内乱,并于840年为黠嘎斯所破,形势的转变为"誓心归国"的敦煌大族张议潮提供了可乘之机。

敦煌文书S.6161+S.3329+S.6973+P.2762《敕河西节度兵部尚书张公德政之碑》对张议潮起义收复敦煌之事记载颇详。张氏乃敦煌当地土豪,吐蕃统治时期即有出仕者,如P.3551《药师琉璃光如来赞并序》所载大都督张氏,据考证正是张议潮的父亲张谦逸。⑤张议潮出身仕宦之家,眼见吐蕃运尽,遂阴结豪杰,联络各族民众,于大中二年起兵,一举收复沙州、瓜州(图4-4)⑥。至此,吐蕃势力从敦煌退出,从贞元二年陷落至大中二年收复,长达六十余载的吐蕃统治期画

---

① 陈楠:《P.T.999号敦煌藏文写卷再研究——以往汉译本比较及相关史事补正与考辩》,《中国藏学》2008年第3期。

② (宋)司马光编著,(元)胡三省音注:《资治通鉴》卷246《唐武宗会昌二年》,北京:中华书局,2013年,第8196页。

③ (宋)欧阳修、宋祁撰:《新唐书》卷216下《吐蕃传下》,北京:中华书局,1975年,第6105页。

④ (宋)司马光编著,(元)胡三省音注:《资治通鉴》卷248《唐武宗会昌五年—六年》,北京:中华书局,2013年,第8247页。

⑤ 眄麟:《张谦逸在吐蕃时期的任职》,《敦煌学辑刊》1993年第1期。

⑥ 荣新江:《敦煌写本〈敕河西节度兵部尚书张公德政之碑〉校考》,《归义军史研究——唐宋时代敦煌历史考索》,上海:上海古籍出版社,1996年,第399—410页。

上了句号。

图4-4　莫高窟156窟张议潮统军出行图

第二节　吐蕃统治时期敦煌的部落制

　　敦煌原属陇右道,景云二年(711)河西道自陇右道分出后又辖于河西道。据《新唐书》载:"沙州敦煌郡,下都督府。本瓜州,武德五年曰西沙州,贞观七年曰沙州。……县二。敦煌,寿昌。"其中寿昌县几置几废,"武德二年析敦煌置,永徽元年省,乾封二年复置,开元二十六年又省,后复置"①,其地并入敦煌县,为寿昌乡,再加上粟特移民聚居的从化乡,构成了P.2803《唐天宝九载(750)八至九月敦煌郡仓纳谷牒》中记载的十三乡,即敦煌乡、莫高乡、神沙乡、龙勒乡、平康乡、玉关乡、效谷乡、洪池乡、悬泉乡、慈惠乡、洪闰乡、寿昌乡、从化乡,这是敦煌落蕃以前的行政建制情况。而吐蕃的政权性质是奴隶主军事部落联盟,部落是这一政体的基本细胞。因此,吐蕃入主敦煌后,首先要解决的问题就是改原有的乡里制为部落制以掌握户口、征税课役,有效管理当地百姓。

　　1.吐蕃统治敦煌初期的部落设置

　　改制并非一蹴而就之事,此时的敦煌刚刚经历过战争的蹂躏,民生凋敝,加上战乱导致的人口迁徙和流失,户籍十分混乱,这些都增加了实施部落制的难度。显然,在占领之初先尽快稳定局面,安抚当地民众,并重新编订户籍,才是为最终改制打好基础的上策。因此,吐蕃在占领初期一方面采取"只更名、不改制"的保守策略,在敦煌设立蕃名唐制的所谓"乡部落",又以僧尼部落和道门亲表部落管理宗教人口;另一方面依靠原有行政组织进行检阅户口、重新编籍的工作,并派遣吐蕃官吏担任监部落使对占领区民众加以监管。

　　(1)世俗民众

　　吐蕃统治初期的敦煌文书P.2259V《龙勒乡部落管见在及向东人户田亩历》

―――――――――――

① (宋)欧阳修、宋祁撰:《新唐书》卷40《地理志四》,北京:中华书局,1975年,第1045页。

图4-5　S.11344AV·BV
《官人封户名簿(?)》(局部)

中记载有"龙勒乡部落"①,据此我们推断吐蕃占领敦煌初期对当地民众的管理政策,是保持敦煌原有乡的建制、规模甚至名称不变,只在乡名后缀以"部落"区别于唐朝以宣示主权,实际上统计人口和田亩的单位仍是原来的乡。另一件吐蕃时期的文书S.11344AV·BV《官人封户名簿(?)》②亦反映了蕃占初期的部落设置情况(图4-5),其中的"效""沙"据陆离研究,分别指效谷乡、神沙乡,"部落使""副部〔落使〕"即吐蕃占领初期所设乡部落官员。③从S.11344BV的记载可知,当时敦煌的部落使及副部落使有三十六人之多,按吐蕃于790年分部落时只有行人、丝绵等为数不多的几个部落,不会有如此之多的官吏配置,则这三十六人当为吐蕃统治初期保留原有十三乡基础上所设的部落官吏。

　　吐蕃在初入敦煌时实行这样的政策自然有其原因。一来吐蕃与敦煌订立城下之盟的条件是"勿徙他境",保持原有乡的建制规模不变,甚至保持原有管理者的地位不变,有利于尽快安定民心。二来敦煌久罹战争,户籍早已混乱,且民众仍处于流动状态,如S.5812《丑年(821)八月女妇令狐大娘牒》中就记载了打官司一方的女婿"吴铨向东"的情况,令狐大娘和邻居张鸾的住舍也"总是东行人舍收得者为主居住,两家总无凭据,后阎开府上尊严有文判"④。在这种尚未安定的情况下,吐蕃统治者无从着手进行部落改制,因此就像龙勒乡的情况一样,他们只在乡名后缀以"部落",实际上仍保持原有建制和官吏,逐步对现有民众进行户籍、田产登记。P.3774《丑年(821)十二月沙州僧龙藏牒》⑤(图4-6)中所载"金牟使"即负责户口清查的官员,吐蕃通过户口清查,将未入征税户籍的人口析出(如文书中"附作奴"的民户),以便对更多民户征税课役。另一件文书S.2729《吐蕃辰年(788)三月沙州僧尼部落米净辩牒》明确记

　　①　上海古籍出版社等编:《法藏敦煌西域文献》第10卷,上海:上海古籍出版社,1999年,第215页。
　　②　中国社会科学院历史研究所等编:《英藏敦煌文献(汉文佛经以外部分)》第13卷,成都:四川人民出版社,1995年,第231页。
　　③　陆离:《敦煌的吐蕃时代》,兰州:甘肃教育出版社,2013年,第28页。
　　④　唐耕耦、陆宏基主编:《敦煌社会经济文献真迹释录》第2辑,北京:全国图书馆文献缩微复印中心,1990年,第287页。
　　⑤　唐耕耦、陆宏基主编:《敦煌社会经济文献真迹释录》第2辑,北京:全国图书馆文献缩微复印中心,1990年,第284页。

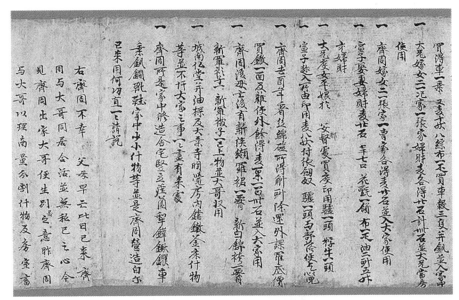

图4-6 丑年(821)十二月沙州僧龙藏牒

载"算使论悉诺罗接谟勘牌子历"①,可见负责清查户口的金牟使(算使)论悉诺罗为吐蕃人,结合P.3774文书中龙藏"出钿贝镜一面与梁舍人"始得"附在僧尼脚下"的记载可知,吐蕃人论悉诺罗只是总管户口清查工作,进行具体工作的仍是当地汉人小吏如梁舍人者。这也从侧面证明了吐蕃在占领敦煌初期未正式设置部落前仍保留原有乡的规模和沿用当地乡官来管理民户的事实。辰年的户口清查是吐蕃在敦煌的首次户籍检阅,为正式设置部落奠定了基础。

此外,吐蕃政府直接委派官员对敦煌的事务进行监管,除了尚绮心儿这样身居相位的要员坐镇敦煌总管各项事务外,吐蕃还派遣了中、底层官吏来处理具体事宜,这些人应该就是吐蕃占领初期的文书中出现的"监部落使"。如P.2763V(1)《巳年(789)沙州仓曹会计牒》记载:"贰硕麦十月廿三日牒贷吐蕃监使软勃匐强。捌硕肆斗麦,十一月七日贷监部落使名悉思恭。"② P.2654《巳年?(789?)沙州仓曹会计牒》记载:"贰硕麦,十月廿三日牒贷吐蕃监使软勃匐强。……十一月七日,贷监部落使名悉思恭肆硕。"③"监使"应是"监部落使"的简称,这两件文书

① 唐耕耦、陆宏基主编:《敦煌社会经济文献真迹释录》第4辑,北京:全国图书馆文献缩微复印中心,1990年,第194页。唐耕耦、陆宏基为"算使论悉诺罗按谟勘牌子历",此"按谟"当为"接谟"误,"接谟"即"金牟",二者发音相近。

② 唐耕耦、陆宏基主编:《敦煌社会经济文献真迹释录》第1辑,北京:书目文献出版中心,1986年,第486页。

③ 唐耕耦、陆宏基主编:《敦煌社会经济文献真迹释录》第1辑,北京:书目文献出版中心,1986年,第492页。

的年代均为789年,在790年正式分部落之前,所载的监部落使软勃匐强、名悉思恭应该就是对敦煌乡部落进行监管的吐蕃官吏。

(2)宗教人口

相较于世俗人口而言,宗教人口因其集中性更易于统计和管理,因此吐蕃占领敦煌后很快设置了管理佛教人口的"僧尼部落"和管理道教人口的"道门亲表部落"。

有关僧尼部落的文书笔者目前仅见S.2729《吐蕃辰年(788)三月沙州僧尼部落米净辩牒》①一件,为辰年吐蕃金牟使论悉诺罗对敦煌僧尼进行清查后所造牌子历,记录了龙兴寺、大云寺、莲台寺、灵图寺、金光明寺、永安寺、乾元寺、开元寺、报恩寺等九所僧寺所有僧139人,灵修寺、普光寺、大乘寺、潘原堡等四所尼寺所有尼171人,总计310人,此当为僧尼部落的全员。牌子历不仅记载了所有僧尼的姓名,还注出了已逝之人,甚至在造牌子之后去世之人亦登记在案,如文书第59至68行所记诸僧众,足见吐蕃对僧尼部落的户口清查之彻底、严格。

关于吐蕃占领敦煌以后如何管理道教人口的问题,现有文书并无太多记载,但据P.4640《阴处士碑》、P.4638《大番故敦煌郡莫高窟阴处士公修功德记》等文书可知,吐蕃占领初期曾于敦煌设立一个"道门亲表部落",阴嘉政的父亲阴伯伦曾任这一部落的部落大使。②姜伯勤指出,"亲"者内亲,"表"者外亲,所谓"道门亲表"者,即道徒及其内亲外戚。道教中的三张一派可以迎娶妻妾并与家属在道观中同居,早期天师道张道陵一系道官亦可婚配。除了道观中的道士有妻室家眷外,唐代还有与亲表一起生活的"在家道士"。如此,吐蕃当局可能是把有家室、与世俗亲表杂居的道士女官编为"道门亲表部落"。③

"僧尼部落"和"道门亲表部落"在文书中均记载很少,为占领初期的权宜之计,很快便随着行人、丝绵等正式部落的设置而消失,僧尼被混编入世俗人口一并管辖,道士女冠则在吐蕃时期的敦煌文书中消失不见了。

2.吐蕃统治敦煌中期的部落设置

经过初期的户口清查,吐蕃已大致掌握了敦煌的户籍情况,设置真正意义上部落的时机已经成熟。于是,吐蕃取消了乡部落、僧尼部落、道门亲表部落,代之以行人、丝绵等新置部落。据P.3774号文书记载:"从分部落午年至昨亥年,计

---

① 唐耕耦、陆宏基主编:《敦煌社会经济文献真迹释录》第4辑,北京:全国图书馆文献缩微复印中心,1990年,第194—204页。

② 郑炳林、郑怡楠辑释:《敦煌碑铭赞辑释(增订本)》,上海:上海古籍出版社,2019年,第622页。

③ 姜伯勤:《沙州道门亲表部落释证》,《敦煌研究》1986年第3期。

卅年"[1]，此午年池田温、陈国灿均考订为790年，为吐蕃正式设置行人、丝绵等部落的确切时间。此外，来自吐蕃本土的"掣三部落"此时亦在瓜沙地区站稳脚跟，监管着敦煌一带的宗教、政治事务，并辖有一部分敦煌民众。

（1）行人部落

"行人"一语为汉文固有词汇，并非吐蕃时期才出现的专有名词。因此，虽然敦煌的"行人部落"为吐蕃所设，但此语出自汉文文书，是时人对该部落藏文名称的意译。基于此，学者对"行人部落"的解读往往从"行人"的汉文释义和"行人部落"的藏文表述两方面切入。在基于汉文资料解释"行人"之义上，那波利贞可谓先驱。他在研究P. 2877、P. 3070两件行人转帖时，根据文书中的"行"字述及"行夜"事宜而将"行人"释为巡逻警备之人。[2]姜伯勤指出唐代的"行人"有"征人""旅人""路人""使人"及工商人户等含义，并取其中"工商人户"一义来解释"行人部落"。[3]按吐蕃统治敦煌后交换领域货币消失，商业退回到"以物易物"的状态，似不太可能专门析出一个工商人户聚落。陆离通过对敦煌藏文文书的研究，认为"行人部落"中的"行人"理解为军士、士兵较为合理，[4]兹采此说。

既然"行人部落"中的"行人"为军士、士兵之意，则其藏文名称就比较容易确定了。藤枝晃最早将其藏文名称确定为nyan rnavi sde，nyan rna一词托马斯译为"信使"，有探子、探马、细作之意，后转意为"使者"，藤枝晃据此将"行人部落"定义为"以同域外或其他城市往来为职业的一群人"。[5]张广达在研究吐蕃飞鸟使和驿传制度时推断"行人部落"或与吐蕃的驿传制度和相关设置有关。[6]按吐蕃已专设笼馆负责驿传任务，此说亦值得商榷。山口瑞凤将nyan rnavi sde译为"使者部落"，认为其下辖"行人部落"，并提到被藤枝晃误译为"阿骨萨部落"的rgod kyi sde，将之译为"军部落"，与"民部落"（gyung gi sde）对应，但他认为此"军部落"为掣三部落。[7]岩尾一史、陆离在此基础上推进一步，提出rgod kyi sde正是"行人部落"的藏文名称。[8]按"行人"为军士、士兵，"行人部落"的性质即军事部

---

① 唐耕耦、陆宏基主编：《敦煌社会经济文献真迹释录》第2辑，北京：全国图书馆文献缩微复印中心，1990年，第284页。

② ［日］那波利贞：《唐代行人考》，《东亚人文学报》第三卷第四期，1944年。

③ 姜伯勤：《敦煌文书中的唐五代"行人"》，《中国史研究》1979年第2期。

④ 陆离：《吐蕃统治敦煌时期的"行人"、"行人部落"》，《民族研究》2009年第4期。

⑤ ［日］藤枝晃：《吐蕃支配期的敦煌》，《東方学报》第31册，1961年；刘豫川、杨铭译：《吐蕃统治时期的敦煌》（中），《长江文明》第10辑，2013年，第105页。

⑥ 张广达：《吐蕃飞鸟使与吐蕃驿传制度——兼论敦煌行人部落》，《敦煌吐鲁番文献研究论集》，北京：中华书局，1982年，第167—178页。

⑦ ［日］山口瑞凤：《吐蕃的敦煌支配期间》，《講座敦煌》2《敦煌の歴史》，东京：大东出版社，1980年，第197—232页。

⑧ ［日］岩尾一史：《吐蕃支配下敦煌の漢人部落——行人部落を中心に》，《史林》2003年第4期；陆离：《吐蕃统治敦煌时期的"行人"、"行人部落"》，《民族研究》2009年第4期。

落,因此笔者以为这一推定更为合理。

　　敦煌汉、藏文文献中均有关于行人部落的记载。汉文文献中笔者所见年代最早者为S.1864《维摩诘经卷下行人部落百姓张玄逸题记》(图4-7),记载了行人部落百姓张玄逸为父母及先祖写《维摩诘经》一事。①S.2103《酉年(805?)十二月沙州灌进渠百姓李进评等请地牒并判》是一件百姓间发生土地纠纷后向官府进呈的牒文,从侧面反映了行人部落百姓占有突田的一些情况。②S.1475V(7)《酉年(817?)行人部落百姓张七奴便麦契》则详细记载了行人部落百姓张七奴向灵图寺便麦以缴纳突税一事,从中可知,行人部落百姓承担着沉重的突税,有些百姓甚至无力偿付,只好向佛寺便麦应急。③S.5824《经坊供菜关系牒》则记载了行人、丝绵两部落负担经坊蕃僧、写经生等人所需蔬菜之事(图4-8),说明行人部落百姓除了身负自家突田上产生的突税之外,还负担着其他赋役。④

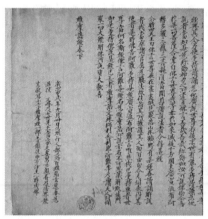

图4-7　S.1864《维摩诘经卷下行人部落
　　　　百姓张玄逸题记》

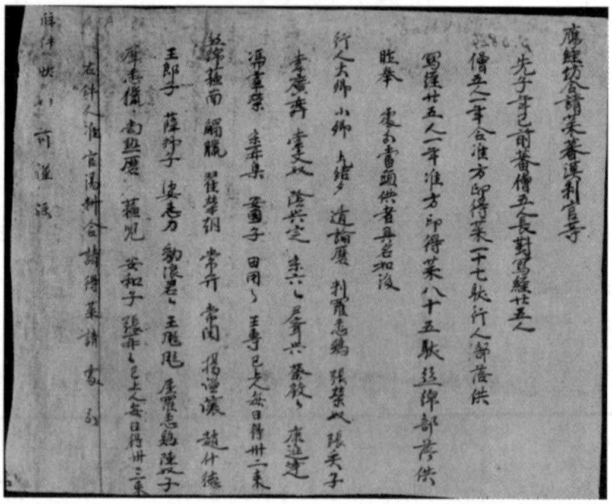

图4-8　S.5824《经坊供菜关系牒》

　　在藏文文献中也能看到"行人部落"(rgod gyi sde)的记载,如Ch.86.ii号文书中"Rgod gyi [L]eng h[o] Ling lugs"⑤,可译为"行人部落令狐林六";P.T.1166号文书藏文杂写"blon mtsho bzher gyis dar pavi sde dang rgod gyi sde gnyis gyis khral

　　①杨富学、李吉和辑校:《敦煌汉文吐蕃史料辑校》第1辑,兰州:甘肃人民出版社,1999年,第276页。
　　②唐耕耦、陆宏基主编:《敦煌社会经济文献真迹释录》第2辑,北京:全国图书馆文献缩微复印中心,1990年,第374页。
　　③唐耕耦、陆宏基主编:《敦煌社会经济文献真迹释录》第2辑,北京:全国图书馆文献缩微复印中心,1990年,第84页。书中将便麦人姓名录为"张乜奴",从文书原件看为"张七奴"。
　　④唐耕耦、陆宏基主编:《敦煌社会经济文献真迹释录》第2辑,北京:全国图书馆文献缩微复印中心,1990年,第412页。
　　⑤[英]F.W.托马斯编著:《敦煌西域古藏文社会历史文献》,刘忠、杨铭译注,北京:民族出版社,2003年,第35、413页。

pon la spring ngo"[1],可译为"论措热给丝绵部落和行人部落二者税务官的信函";P.T.1077《都督为女奴事诉状》中"rgod gyi brgyevu rje",可译为"行人部落百户主"。[2]

Ch.75.iii号为一份比丘尼名录,托马斯在译释时因全篇句型相同而只节录了一段,藏文转写如下:

> [1] dge slong ma Kvang vgam　sha cu [pha] Rgod……bang Shang za Dzav ch－　dge slong ma L[a]ng c[a]vu Sha cu pha Dar phavi sde Beg za Hye wi[vu?] | [dge] slo[ng] ma……
>
> [a] sha cu pha Rgod gyi sde Leng za Sevu sevu　dge slong ma Thevi cin ‖ [b] Sha cu pha Rgod gyi sde Then za Beng'em　dge slong ma Vbyevu vdzi　Sha cu pha dge slong ma Kvag za Ji lim gyi bran mo Kvag za Tam tam dge slong ma Thong cevu.[3]

刘忠、杨铭的中译本对此段的翻译如下:

> 比丘尼光康;沙州阿骨萨(部落)……邦,项氏才……比丘尼朗雪;沙州丝绵部落;白氏海卫;比丘尼……
>
> 沙州阿骨萨部落;梁氏苏苏;比丘尼泰坚。
>
> 沙州阿骨萨部落,藤氏本恩;比丘尼吉子;沙州比丘尼瓜氏吉玲之女奴瓜氏丹丹;比丘尼通吉。[4]

通过对照藏文转写,此处"阿骨萨"部落对应的藏文是rgod gyi sde,再考虑到文书中与之并存的"丝绵部落",笔者认为此"阿骨萨"正是前文山口瑞凤提出的与"丝绵部落"这一民部落对应的"军部落",亦即岩尾一史、陆离认为的"行人部落"。据藤枝晃统计,此文书中载有来自行人部落的比丘尼21人,来自丝绵部落的比丘尼8人,从行人部落比丘尼人数远多于丝绵部落来看,行人部落的规模相较丝绵部落为大。

　　(2)丝绵部落

　　"丝绵部落"一语在汉文文书中屡有出现,但藏文文书中并未发现发音相近的藏语词,因此藤枝晃推测其为意译而来的汉语词,并将其藏文名称推定为dar

---

①［日］Tsuguhito Takeuchi, *Old Tibetan Contracts from Central Asia*, p.178, plates, p.14, Daizo Shuppan, Tokyo, 1995;［日］岩尾一史:《吐蕃支配下敦煌の漢人部落——行人部落を中心に》,《史林》2003年第4期;陆离:《吐蕃统治敦煌时期的"行人"、"行人部落"》,《民族研究》2009年第4期。

②陆离:《吐蕃统治敦煌时期的"行人"、"行人部落"》,《民族研究》2009年第4期。

③［英］F. W. 托马斯编著:《敦煌西域古藏文社会历史文献》,刘忠、杨铭译注,北京:民族出版社,2003,第421页。

④［英］F. W. 托马斯编著:《敦煌西域古藏文社会历史文献》,刘忠、杨铭译注,北京:民族出版社,2003,第63—64页。

pavi sde,意思是"绢的千户",①在上文所举的 P.T.1166 号、P.T.1077 号、Ch.75.iii 号等文书中均有相关记载。关于丝绵部落的性质,藤枝晃推测其或为经营绢贸易的商人集团,在赋役及兵役方面与农民有别,S.5824《经坊供菜关系牒》记载的行人、丝绵二部落专门负责写经生饭资一事正好说明了这一点。山口瑞凤同意其为绢布生产者集团的说法,并将其与吐蕃西界象雄地方称作达堡的部落(vdar pa zer bavi sde)联系起来,考虑到后者未列在象雄的上、下部落名称之中,则这一部落名很可能是在敦煌重新命名的。据 P.2162V《寅年沙州左三将纳丑年突田历》可见,敦煌当地是存在蚕坊的,百姓定期向蚕坊缴纳赋税,②则吐蕃在占领敦煌以后于当地成立一个专门的绢布生产部落似有可能。但是对比敦煌文书中记载的行人部落和丝绵部落的情况,两个部落的民众都一样从事农业生产、缴纳赋税、承担各种劳役,并未见到丝绵部落额外担负绢布生产的记录,则笔者以为丝绵部落的性质就是普通的民户部落。

丝绵部落既为普通的民户部落,其承担的基本生产任务就是农业种植,因此部落配备有官营碾硙,P.3774《丑年(821)十二月沙州僧龙藏牒》中载有"丝绵硙",即丝绵部落官营碾硙,为该部落百姓加工粮食之用。除了农业生产之外,丝绵部落百姓还承担着各种劳役,如 S.2228《亥年修城夫丁使役簿》就记载了丝绵部落亥年六月服修城役的情况。丝绵部落百姓身受沉重赋役,生活艰难,不时需向寺庙等处借贷麦粟以渡难关,如 P.3491(2)《吐蕃占领敦煌时期丝绵部落百姓阴海清便麦粟契》记载了该部落百姓阴海清因为缺粮而借贷麦粟的情形。③

丝绵部落百姓争夺田产、房产、人口的事情亦时有发生,如 P.3613《申年(804)正月令狐子余牒及判词》记载了令狐子余与石英顺就丝绵部落所有田地发生争执并诉诸官府一事,官府对争议土地进行了勘察并作出了批示;④S.5812《丑年八月女妇令狐大娘牒》记载了丝绵部落百姓令狐大娘和邻居张鸾因房屋归属问题上诉到官府寻求判决一事(图4-9);⑤P.T.1077《都督为女奴事诉状》则记载了一名丝绵

---

① [日]藤枝晃:《吐蕃支配期の敦煌》,《東方学報》第31册,1961年,刘豫川、杨铭译:《吐蕃统治时期的敦煌》中,《长江文明》第10辑,2013年,第103页。
② 唐耕耦、陆宏基主编:《敦煌社会经济文献真迹释录》第2辑,北京:全国图书馆文献缩微复印中心,1990年,第405—406页。
③ 唐耕耦、陆宏基主编:《敦煌社会经济文献真迹释录》第2辑,北京:全国图书馆文献缩微复印中心,1990年,第285、403-404、106页。
④ 唐耕耦、陆宏基主编:《敦煌社会经济文献真迹释录》第2辑,北京:全国图书馆文献缩微复印中心,1990年,第281—282页。
⑤ 唐耕耦、陆宏基主编:《敦煌社会经济文献真迹释录》第2辑,北京:全国图书馆文献缩微复印中心,1990年,第287—288页。

部落女子被拉去抵债,后又为部落长官要回的情形。[①]此外,S.3287V《吐蕃子年(808)沙州百姓氾履倩等户籍手实残卷》还载有丝绵部落与其他部落相互通婚的情况。[②]

(3)擘三部落

"擘三部落"一语出自吐蕃时期的敦煌汉文文书,其藏文名称藤枝晃考订为 phyug mtshams gyi sde,为一个来自吐蕃本土中翼伍茹(dbu ru)的部落。[③]杨际平有不同解读,认为其并非部落名称,而应与

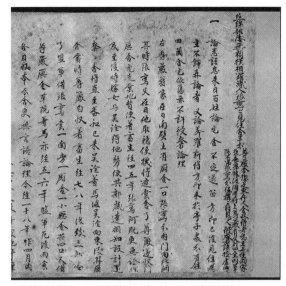

图4-9 S.5812《丑年八月女妇令狐大娘牒》

S.3287V 号文书中前缀"午年"合起来理解为"午年分三部落"之意,表示的是一个时间概念,[④]山口瑞凤、岩尾一史亦同意此说。陆离通过对 phyug mtshams 在古代藏文中读音的考察,指出"擘三"正是其音译。

吐蕃本土部落在王室对外作战时要联合出征,因而在敦煌、新疆出土的文书中就出现了吐蕃本土的部落名称随战争的进展而移动的现象,擘三部落的情况即是如此,其名称随着战争推进而移动的情形在文书中亦有反映,如麻札塔克出土的一份借契0509+0510号文书中就记载了三名来自擘三部落的见证人。[⑤]另一份文书 P.T.1287X,为吐蕃在安史之乱后攻占河陇地区的过程中,墀松德赞奖赏臣下的记载,藏文转写为:"vbangs kyi nang na/dor te pyugs tshams ste vdzom(vjom)dpav ba vi mtshan mar/stagi thog bu stsal to/",黄布凡、马德译为"臣属中凡

① 王尧、陈践:《〈都督为女奴事诉状〉译释——P.T.1077 号吐蕃文书写卷研究》,原载《敦煌吐蕃文书论文集》,成都:四川民族出版社,1988年;后收入《王尧藏学文集》卷四,北京:中国藏学出版社,2012年,第102—109页。

② 李正宇:《〈吐蕃子年(公元808年)沙州百姓氾履倩等户籍手实残卷〉研究》,《1983年全国敦煌学术研讨会文集·文史遗编》上,兰州:甘肃人民出版社,1987年,第177—180页。

③ 王尧将 phyug mtshams 音译为"球村",系按现代藏语音译。陆离指出,在吐蕃时期藏语声母中辅音和后辅音还未融合成一个音素,则 phyug 读音近似"破",与宋代"擘"的读音"补革切"非常接近,甚至相同。参见王尧编著:《吐蕃金石录》,北京:文物出版社,1982年,第18页;《王尧藏学文集》卷二,北京:中国藏学出版社,2012年,第183页;陆离:《吐蕃统治敦煌时期的"行人"、"行人部落"》,《民族研究》2009年第4期。

④ 杨际平:《吐蕃子年左二将户状与所谓"擘三部落"》,《敦煌学辑刊》1986年第2期。

⑤ [英]F. W. 托马斯编著:《敦煌西域古藏文社会历史文献》,刘忠、杨铭译注,北京:民族出版社,2003年,第48页。

英勇参与征服多尔部和礜三部者均赐以虎皮制品作标志"①,陆离认为此句也可译为"多尔部和礜三部之臣属中凡英勇参与征服(河陇地区)者均赐以虎皮制品作标志"②。P.T.997《瓜州榆林寺之寺户、奴仆、牲畜、公产物品之清册》更明确记载了礜三部落在瓜沙地区驻扎并对当地事务进行管理的情况。③可见吐蕃本土的礜三部落在对外军事扩张中曾开赴河陇地区,则它出现在敦煌地区是完全可以理解的。吐蕃在占领区派驻军队以监管征服地区民众从事生产劳动的情况在其他地区出土的文书中也有记载,如M.I.xxiv.0031号木简记载,吐蕃"分派阿柴农夫进行耕作时,要派出一定数量的军队进行监视"④。如此,驻留敦煌一带的礜三部落应当也担负着监督这一带民户生活、生产的责任。

因此,礜三部落是处于敦煌所设部落之上的管理层的,敦煌汉文文书中的礜三部落应该是礜三部落收编当地民户组成的下属部落,这从S.3287V《吐蕃子年(公元808年)沙州百姓氾履倩等户籍手实残卷》所载皆汉人姓名就可看出。⑤文书中所载"午年"即790年吐蕃在敦煌设置部落之年,午年时礜三部落的民户已经存在且编制了户籍,则礜三部落下辖的汉户部落在790年之前或已存在,早于午年后出现的行人、丝绵等部落。正如山口瑞凤、王尧、陈践等推测,礜三部落军队驻留沙州后,曾将若干汉户收编以便统治,⑥因此虽然笔者将礜三部落列入中期部落,而事实上其自初期即在敦煌存在,只不过其相关文书均系中期故暂置于此。

(4)其他部落

这一时期的敦煌文献中尚有其他部落名称,如S.1291《某年三月一日曹清奴便豆麦契》载有"中元部落",⑦S.542V《戌年(818)六月沙州诸寺丁口车牛役簿》⑧、BD09606V号⑨载有"燎(燎)笼部落",此二部落是否在沙州境内,设于何处,性质

① 黄布凡、马德:《敦煌藏文吐蕃史文献译注》,兰州:甘肃教育出版社,2000年,第292、294页。
② 陆离:《吐蕃统治敦煌时期的"行人"、"行人部落"》,《民族研究》2009年第4期。
③ 王尧、陈践:《榆林寺庙产牒译释——P.T.997号吐蕃文书写卷研究》,原载于《敦煌吐蕃文书论文集》,后收入《王尧藏学文集》卷四,北京:中国藏学出版社,2012年,第59—66页。
④ [英]F. W. 托马斯编著:《敦煌西域古藏文社会历史文献》,刘忠、杨铭译注,北京:民族出版社,2003年,第22页。
⑤ 李正宇:《〈吐蕃子年(公元808年)沙州百姓氾履倩等户籍手实残卷〉研究》,《1983年全国敦煌学术研讨会文集·文史遗书编》上,兰州:甘肃人民出版社,1987年,第176—218页。此卷"子年"藤枝晃考订为832年,李正宇考订为808年,李说为学界普遍接受。
⑥ 王尧、陈践:《敦煌藏文写卷P.T.1083、1085号研究——吐蕃占有敦煌时期的民族关系探索》,《历史研究》1984年第5期。
⑦ 唐耕耦、陆宏基主编:《敦煌社会经济文献真迹释录》第2辑,北京:全国图书馆文献缩微复印中心,1990年,第95页。
⑧ 唐耕耦、陆宏基主编:《敦煌社会经济文献真迹释录》第2辑,北京:全国图书馆文献缩微复印中心,1990年,第392页。
⑨ 郝春文:《中国国家图书馆藏未刊敦煌文献研读札记》,《敦煌研究》2004年第4期。据郝春文研究,BD09606V号文书的首部正好可与S.542V尾部拼接,两份文书实为同一份文献。

为何,尚不可考,有待于更多文书的发现。

3.吐蕃统治敦煌后期的部落设置

吐蕃统治后期,敦煌社会日趋稳定,不再有诸如驿户起义之类的反抗发生。于是吐蕃统治者进一步改革部落制,废除了原有的行人、丝绵等部落,代之以阿骨萨、悉董萨、悉宁宗三部落。从名称上来看,吐蕃统治敦煌中期所设行人、丝绵等部落,其汉文名称仍有浓重的汉文化因素;而统治后期的部落设置从名称上已完全蕃化,为藏文名称的音译。再者,这三个部落的性质均为军事部落,按吐蕃本土的桂、庸区分及军事部落属民身份高于民部落,说明这一时期吐蕃统治者有意提高了敦煌当地民众的地位和身份。

(1)阿骨萨部落

阿骨萨部落的藏文转写为 rgod sar gyi sde,托马斯很早就指出阿骨萨(rgod sar)意为"新桂",其地理位置可能在沙州西部。[1]按"桂"即"武士"之意,则阿骨萨部落可以译为"新武士部落"或"新军部落",陆离推断其前身为行人部落,[2]从名称来看确有可能。从设置时间来看,阿骨萨与悉董萨设置较早,P.T.1089《公元八世纪大蕃官吏诉请状》明确记载了二部落的设置时间为"鼠年",即820年。[3]至于阿骨萨部落的军事部落性质,千佛洞所出藏文文书 Ch.73.xv.10 号文书《敦煌阿骨萨部落一区编员表》就是明证。该文书托马斯、藤枝晃、姜伯勤、北原薰、刘忠等先生都做过校释。从此编员表中可以看出,阿骨萨部落百姓被编入tshar 这一军事组织中,担任射手或护持。[4]

敦煌汉、藏文文书中保存了很多关于阿骨萨部落的记载,反映出阿骨萨部落百姓生产、生活的一些方面。其中有不少是阿骨萨部落百姓在青黄不接时向佛寺等机构借贷麦粟的契约,如 S.1475V(12)(13)《某年(823前后)阿骨萨部落百姓赵卿卿便麦契》,S.1475V(14)(15)《卯年(823?)阿骨萨部落百姓马其邻便麦契》,P.3422V《卯年(823?)正月十九日曷骨萨部落百姓武光儿便麦契》,P.3730V

---

①[英]F. W. 托马斯编著:《敦煌西域古藏文社会历史文献》,刘忠、杨铭译注,北京:民族出版社,2003年,第274页。

②陆离:《吐蕃统治敦煌时期的"行人"、"行人部落"》,《民族研究》2009年第4期。

③转引自杨铭:《吐蕃时期敦煌部落设置考——兼及部落的内部组织》,《西北史地》1987年第2期。该文书最早由拉露女士在 Revendications des fonctionnaires du grend Tibetan VIII E Siècle(*Journal Asiatique*, CCXIIII, 1955, p.178)中刊出,[日]山口瑞凤《沙州汉人による吐蕃二軍団の成立とmkhar tsan 軍団の位置》(《東京大学文学部文化交流研究設施研究紀要》第4号,1980年,第31页)有译文。

④[英]F. W. 托马斯编著:《敦煌西域古藏文社会历史文献》,刘忠、杨铭译注,北京:民族出版社,2003年,第52—54页;[日]藤枝晃:《吐蕃支配期の敦煌》,《東方学報》第31期,1961年;姜伯勤:《唐五代敦煌寺户制度》,北京:中华书局,1987年,第45—47页;[日]北原薰:《晚唐五代敦煌の寺院経済》,《講座敦煌》第3卷,东京:大东出版社,1980年,第407页;刘忠:《敦煌阿骨萨部落一区编员表藏文文书译考——兼向藤枝晃、姜伯勤等先生译文质疑》,《中国史研究》1999年第1期。

《未年(839)四月纥骨萨部落百姓吴琼岳便粟契》等①。从中可见,阿骨萨部落百姓借贷粮食的时间为正月、二月、三月、四月,正是种田伊始,他们借贷的原因也正是"为无种子""为少年粮种子",说明阿骨萨部落虽名为军事部落,但百姓的主要生产活动仍然是农业种植。当然,他们也承担着各种赋税力役,如Ch.80.v.1号文书记载,阿骨萨部落百姓须在每年仲春月向粮官交付征粮,缴纳后便可拿到粮官盖印的收据以资证明。Ch.83.vi.5号记载阿骨萨、悉董萨两部落还承担着将瓜州吐蕃官员的谷物运往小突厥磨坊加工并运回的力役。Ch.73.xv.5号文书则记载了阿骨萨、悉董萨等部落承担写经任务的情形。②

（2）悉董萨部落

悉董萨部落的藏文转写为stong sar gyi sde,直译为"新千户部落",与阿骨萨部落同时设于820年,性质亦与阿骨萨同,为独立的军事部落,据陆离推断其前身为丝绵部落。③

从汉、藏文文书的记载来看,悉董萨部落仍然主要从事农业生产,这从文献中保存下来的众多粮食借贷契中就能看出,如P.T.1297V《子年二月二十三日孙清便粟契》,P.2502V《寅年六月思董萨部落百姓铧兴逸便麦契稿》,S.1475V(15)(16)《卯年?(823?)四月十八日悉董萨部落百姓翟米老便麦契》等。除了粮食借贷外,文书中还记载了悉董萨部落百姓的其他一些活动。如北图59:500背即咸字59《寅年(822)氾英振承造佛堂契》记载了悉董萨部落的手工匠人氾英振与僧慈灯建造佛堂一事,他先前欠慈灯两硕一斗麦,此次修造佛堂算是抵债。S.6829V(4)《卯年悉董萨部落百姓张和子预取造楬篱价帖》记载了悉董萨百姓张和和为永康寺造楬篱换取种子粮之事。④ P.T.1078《悉董萨部落土地纠纷诉状》记载了悉董萨部落百姓内部发生的土地纠纷。此外,文书中还保存了悉董萨部落百姓与其他部落百姓之间购买、借用牛、马等大牲畜的情形。如P.T.1094《鼠年博牛契》所载悉董萨部落李玉赍从通颊部落安鲍迪处购买黄牛,P.T.1297(5)《虎年借马契》所载悉董萨部落百姓高杨赍向沙弥张能兴借用先前出售马匹。⑤上述种种都说明了悉董萨部落虽名义上为军事部落,实际上仍以从事农业生产为主。

---

① 唐耕耦、陆宏基主编:《敦煌社会经济文献真迹释录》第2辑,北京:全国图书馆文献缩微复印中心,1990年,第89、91、93、105页。

② [英]F. W. 托马斯编著:《敦煌西域古藏文社会历史文献》,刘忠、杨铭译注,北京:民族出版社,2003年,第33、32、70—71页。

③ 陆离:《吐蕃统治敦煌时期的"行人"、"行人部落"》,《民族研究》2009年第4期。

④ 唐耕耦、陆宏基主编:《敦煌社会经济文献真迹释录》第2辑,北京:全国图书馆文献缩微复印中心,1990年,第78、81、92、54、82页。

⑤《王尧藏学文集》卷四,北京:中国藏学出版社,2012年,第55—56、56页。

（3）悉宁宗部落

悉宁宗部落对应的藏文为snying tshom gyi sde,山口瑞凤从后世史料中dar tse与phyugs mtshams之间有一名称为sde mthams/ste vdzoms推断这可能为悉宁宗部落名称的正确原形,①并推断其设置时间为824年以后。②写成于839年的P.4638《大番故敦煌郡莫高窟阴处士公修功德记》载阴嘉政之弟阴嘉珍曾任"大蕃瓜州节度行军并沙州三部落仓曹及支计等使";③写成于824年以后的Д X.1462+P.3829《吐蕃论董勃藏修伽蓝功德记》记载论董勃藏的官职是"大蕃古沙州行人三部落兼防御兵马及行营留□"④,此"沙州三部落""沙洲行人三部落"即阿骨萨、悉董萨、悉宁宗三部落,因此悉宁宗设立于824年以后是毫无疑义的。陆离进一步推断悉宁宗部落由阿骨萨、悉董萨二部落中较大的阿骨萨部落中分出。⑤

如上述两个部落一样,悉宁宗部落虽名为军事部落,但仍行农业生产之实。因此,关于这一部落的文书中同样有不少与农业生产相关的记载,如S.5998（图4-10-1）和S.5998V（图4-10-2）就是两件关于悉宁宗部落百姓帮人割麦取得报酬以缴纳赋税或偿还官债的汉文文书。⑥藏文文书中也有不少悉宁宗部落借贷粮食、土地纠纷的相关记载。如P.T.1203号文书就载有悉宁宗部落赵秋子借粟之事（图4-11）,⑦P.T.1115《青稞种子借据》则详细记载了悉宁宗百姓宋弟弟与王华子等合耕土地并借贷种子一事,⑧P.T.1297(1)《宁宗部落夏孜孜永寿寺便麦契》记载了悉宁宗百姓夏孜孜向永寿寺借贷种子粮一事,⑨等等。其他文书中亦见有悉宁宗部落之名,如Ch.frag.82号文书、M.I.vii.32号木简⑩等。

① 杨铭:《吐蕃统治敦煌与吐蕃文书研究》,北京:中国藏学出版社,2008年,第274页。

② 杨铭:《吐蕃统治敦煌研究》,台北:新文丰出版公司,1997年,第26—27页。

③ 郑炳林、郑怡楠辑释:《敦煌碑铭赞辑释（增订本）》,上海:上海古籍出版社,2019年,第624页。

④ 李正宇:《吐蕃论董勃藏修伽蓝功德记两残卷的发现、缀合及考证》,季羡林、饶宗颐主编:《敦煌吐鲁番研究》第2卷,北京:北京大学出版社,1997年,第250页。

⑤ 陆离:《吐蕃统治敦煌时期的"行人"、"行人部落"》,《民族研究》2009年第4期。

⑥ 沙知:《敦煌契约文书辑校》,南京:江苏古籍出版社,1998年,第244—245、246—247页。

⑦《王尧藏学文集》卷四,北京:中国藏学出版社,2012年,第53页。

⑧ 王尧、陈践:《敦煌吐蕃文献选》,成都:四川民族出版社,1983年,第55—56页。

⑨ 王尧、陈践:《从一张借契看宗教的社会作用——P.T.1297(1)号敦煌吐蕃文书译解》,《世界宗教研究》1986年第4期。

⑩［英］F.W.托马斯编著:《敦煌西域古藏文社会历史文献》,刘忠、杨铭译注,北京:民族出版社,2003年,第50页。

图4-10-1 S.5998悉宁宗部落
百姓贺胡子放刈契

图4-10-2 S.5998V悉宁宗部落
百姓王晟子放刈契

图4-11 法藏敦煌藏文文献P.T.1203小米借贷历

　　文书中也不乏上述三部落同时出现的例子,进一步说明此三部落确系同一时期。如P.T.1001《尼众诵经登录册》①所载诵经的众比丘尼就分别来自此三部落,文书记录比丘尼16位,其中2位因为文书残损不得知其所属部落,其余14位中有4位来自阿骨萨部落、5位来自悉董萨部落、5位来自悉宁宗部落。可见吐蕃统治后期,吐蕃统治者将僧俗大众均编入此三汉人军事部落,P.2449V(0)《尼患文》所载"流沙僧俗,敢荷殊恩。百姓得入行人,部落标其藉(籍)信"正是对这一

---

　　① 王尧、陈践:《蕃占期间的敦煌佛教事业探微——P.T.999、1001号藏文写卷译释》,《世界宗教研究》1988年第2期。此译文中将"阿骨萨"写作"纥骨萨","悉宁宗"写作"宁钟"。

举措的写照。①

（4）通颊部落

所谓通颊，为吐蕃军事行政区划中的一级机构，早在松赞干布之时既已设立，对应藏文为 mthong khyab，而将此汉、藏文名称对译始自山口瑞凤，他在《讲座敦煌》中首次将 mthong khyab 译作"通颊"。②在此之前，托马斯在《关于新疆的藏文文献和文书》第二卷中将其译为"烽火瞭望边哨"；佐藤长在《西藏古代史》中将其译为"张台"，③与托马斯略同；乌瑞在《〈贤者喜宴〉分析研究》中将其译为一具体地名；王尧、陈践曾在《敦煌本吐蕃历史文书》中将其译为"节度使"，在《吐蕃简牍综录》中采"通颊"一名，解释为吐蕃设于边境的一级行政机构，通颊百姓即吐蕃官吏统治下汉蕃杂处的部落人民。

东道节度使下辖的通颊部落有十个，分东西各五。在米兰、麻札塔格出土的文书、木简中都有大量关于通颊的记载，如 M.I.i.x.7 号木简、M.I.i.3 号木简④、M.I.i.23 号文书⑤等。其中 M.I.i.23 号文书反映出通颊部落的属民是来自吐蕃本土朗迷部落的雇佣军，说明通颊部落的属民并非全由占领区民众组成，而是包含随战争移动的吐蕃部落民在内，这与山口瑞凤提出的敦煌之通颊部落为吐蕃人占领唐朝属地后在蕃汉杂居地区所设新机构的结论是相符的。同时，上述材料说明，通颊部落是一种用于巡逻、守卫的斥候军，不同于吐蕃军事制度下的千户部落。⑥那么通颊部落的人数如何决定呢？根据 M.I.xxiv.0031 号木简记载："吐谷浑人户有多少？长住户若干？根据所计住户之数，决定派来边隅斥候人数。"⑦可见通颊部落的人数是根据当地住户的人口数决定的。如此，吐蕃在敦煌社会已相对稳定、户籍制度已相对完善的后期设立通颊部落就完全可以理解了。

关于吐蕃在敦煌设立通颊部落的情况，藏文文书 P.T.1113《陇州军镇会议告牒》中有明确记载："龙年春……要于沙州建一通颊纥骨萨东岱"⑧，此龙年即824年阳木龙年，此时阿骨萨部落早已建立，文书后半部所载要新建的"纥骨萨东

---

①　杨富学、李吉和辑校：《敦煌汉文吐蕃史料辑校》第1辑，兰州：甘肃人民出版社，1999年，第264—267页。

②　[日]山口瑞凤：《講座敦煌》2《敦煌の歴史》，东京：大东出版社，1980年，第210页。

③　[日]佐藤长：《古代チベット史研究》，京都：东洋史研究会，1959年，第253页。

④《吐蕃简牍综录》，第51页。此木简托马斯译文为："在萨毗之且末（Car-chen），北方通颊（Mthong-khyab）斥堠甚少。根据旧令及新任命万户（长官）的命令，没有我的批准，那些人员不应被作为巡查人员而送走。"参见[英]F. W. 托马斯编著：《敦煌西域古藏文社会历史文献》，刘忠、杨铭译注，北京：民族出版社，2003年，第116页。

⑤　[英]F. W. 托马斯编著：《敦煌西域古藏文社会历史文献》，刘忠、杨铭译注，北京：民族出版社，2003年，第117页。

⑥　杨铭：《通颊考》，《敦煌学辑刊》1987年第1期。

⑦《王尧藏学文集》卷三，北京：中国藏学出版社，2012年，第200页。

⑧《王尧藏学文集》卷四，北京：中国藏学出版社，2012年，第376—377页。

岱",按藏文可直译为"新武士部落""新军部落",可能就是824年之后新建立的悉宁宗部落。

相较于敦煌本地的阿骨萨、悉董萨、悉宁宗三部落,敦煌文书中关于通颊部落的记载较少,但从零星的记载中仍可看到通颊部落不同于其他部落的情形。如 P.T.1083《据唐人部落禀帖批复的告牒:禁止抄略汉地沙州女子》载:"请按例准许,可如通颊之女子,可以不配予别部,而在部落内部寻择配偶,勿再令无耻之辈持手令前来择配,并允其自择配偶。"①据此可知,通颊部落是实行内部通婚的,而敦煌其他各部落在向吐蕃申诉部分吐蕃官吏以婚配为名掳掠人口之后,吐蕃当局才回复汉人部落属民"可如通颊之女子"不予别部婚配而在内部通婚,这从一个侧面反映出通颊部落区别于别部的情形。

4.敦煌部落的内部行政设置

唐制县下有乡里之设,"凡百户为一里,里置正一人,五里为一乡,乡置耆老一人"②,同样的,吐蕃的部落制在部落之下亦有百户、十户两级基层组织,因而可以将吐蕃的"部落—将"制与唐朝的"乡—里"制对应起来理解。

(1)百户组织—将(tshan)

"将"作为一级行政单位,出现在吐蕃时期及之后的敦煌汉文文书中。杨铭将之与藏文tshan对应了起来,指出"将"即tshan的音译。③tshan是吐蕃本土早已有之的一种民事性质的行政单位,藏文典籍《广本德乌宗教源流》和《五部遗教》中均载有tshan bcu一制,杨铭将之译为"十将"。④熊文彬指出tshan有"团体、党、派;部队;类别、品类、经、第、次"之意,bcu即数词"十",从字面或可理解为按团队或部伍建制而成的十个组织或机构的名称。其在吐蕃本土的设置情况,据《广本德乌宗教源流》载共设有65个,《五部遗教》则载有90个,即吐蕃本部四茹各16个,上部象雄和下部苏毗各13个。虽然两书的记载大有出入,但吐蕃本土四茹下设16个左右的tshan似乎是可以确定的。⑤

那么"十将"与部落又是何种关系呢?一般认为,吐蕃社会的民众被划分为"桂"(rgod)、"庸"(gyung)两大阶层,"桂"即武士,"庸"即一般属民,二者分别属

①王尧、陈践:《敦煌吐蕃文献选》,成都:四川民族出版社,1983年,第52页。

②(唐)杜佑撰:《通典》卷33《职官十五·乡官》,北京:中华书局,1988年,第192页。

③杨铭:《吐蕃时期敦煌部落设置考——兼及部落的内部组织》,《西北史地》1987年第2期。在此之前西方学者在研究敦煌、新疆出土的藏文文书时已对tshan一词做了译释和研究,如托马斯将之译为"账目"(account)、"部队"(company)(F. W. Thomas, *Tibetan Literary Texts and Documents Concerning Chinese Turkestan*, II, London, 1951, pp. 41,81,83,167,168);乌瑞译为"小队(长)"(section),均未参照同一时代的汉文文书。

④杨铭:《吐蕃统治敦煌研究》,台北:新文丰出版公司,1997年,第276页。

⑤熊文彬:《吐蕃本部地方行政机构和职官考——tshan-bcu、mi-sde、yul-sde、yul-gru、yul-dpon》,《中国藏学》1994年第2期。

于武士部落(stong sde)和庸人部落(mi sde)。通常所说的"东岱"或"千户"即武士部落,其建制属于军事性质,所谓的六十一东岱均在此列。而管理一般民户生产生活的庸人部落(mi sde),其建制则属行政性质,是与千户相对的管理地方行政事务的一级平行机构。考虑到tshan bcu大多按自然村落设置,与千户一般设置在重要的城镇或军事要道相异,且在同一地方同时设置两种机构的情况较少,则可以认为"十将"这一整体即指庸人部落(mi sde)。[①]

据此,对于吐蕃本土的"将",笔者得出这样两点理解:首先,"十将"(tshan bcu)指代的是一个整体,即由若干"将"形成的、高于"将"的一级行政建制——庸人部落(mi sde),这是与军事性质的千户部落(stong sde)相对应的管理一般属民的行政单位。那么,"将"的性质就可定义为一般民户部落下辖的一级行政单位。其次,虽然其名为"十将",但并非一定下属十个将,这一名称只是为了遵循游牧民族"十进制"行政建制的形式而提出的一个概数,实际数量一般为16个左右,且多按自然村落设置。

"将"在敦煌的出现是在790年吐蕃正式分部落之后,能够很好地反映敦煌"十将"制的文书当数S.2228《亥年修城夫丁使役簿》(图4-12)。文书按照右一将到右十将、左七到左十将的顺序记载了若干部落亥年六月服修城役的情况。另如BD09360《部落转帖》有载"十将并里正等"[②]。前引记载擘三部落所辖"左二将"户籍情况的S.3287V号文书也反映了这种部落之下左右对称设置"将"的情形。

图4-12 S.2228《亥年修城夫丁使役簿》

---

① 熊文彬:《吐蕃本部地方行政机构和职官考——tshan-bcu、mi-sde、yul-sde、yul-gru、yul-dpon》,《中国藏学》1994年第2期。

② 郝春文:《中国国家图书馆藏未刊敦煌文献研读札记》,《敦煌研究》2004年第4期。

　　吐蕃统治后期,阿骨萨、悉董萨、悉宁宗三部落下辖诸将的情形在Ch.73.xv.5号写卷中更是有着明确的记载,这份文书记载了"马年和羊年"吐蕃太子种福田时在敦煌抄写《大般若经》的写经生中分配纸张的情况,全文共载阿骨萨、悉董萨、悉宁宗三部落下辖二十九将,其中阿骨萨部落下辖十将、悉董萨部落下辖十将、悉宁宗下辖九将。与前述汉文文书中左、右加数字构成将名不同,该文书中以人名来区别各将,这些人当为该将将头。①这些将在其他藏文文书中亦有记载,如Ch.83.vi.5号文书载有"沙州五十岗(lnga bcu rkang)孔宣子之将(tshan)",Ch.80.v.1号文书载有"阿骨萨部落张家佐将(tshan)"②,P.T.1208号文书载有阿骨萨部落"索君子将",其他还有一些不在这二十九将之中者,如P.T.1208号文书中的"王马郎将",P.T.1101号文书中的"郭禄吉将",P.T.1119号文书中的"安金刚将",等等。由此可知,敦煌的"将"有两种命名方式,一种是左、右加编号,一种是冠以将头姓名,前者多见于汉文文书,后者则多见于藏文文书。至于将的规模,武内绍人认为五十户组成一将,二十将组成一部落,将的头目即"五十长"或"百户长",对应汉文文献中的"将头"。③

　　除了通过户数来定义敦煌"将"的规模,在敦煌出土的藏文文书中还有一个词"岗"(rkang),从对它的解读入手,我们可以从另一个角度定义"将"的规模。乌瑞很早就注意到这一问题,并通过对P.T.1087、P.T.1101、Ch.83.vi.5、L.3等文书的分析,得出"五十岗"(lnga bcu rkang)是一种官衔,为将的领导,但对"岗"的具体含义未做探讨;④王尧、陈践认为一岗为两户;⑤刘忠、杨铭指出"岗"在藏文古文书中多有出现,此字沿用至西藏土改前,是一定量的土地、牲畜或户丁编成的用以摊派差

　　① F. W. Thomas, *Tibetan Literary Texts and Documents Concerning Chinese Turkestan*, II, London, 1951, pp. 80-84;[英]F. W. 托马斯编著:《敦煌西域古藏文社会历史文献》,刘忠、杨铭译注,北京:民族出版社,2003年,第69—72页;Géza Uray, "Notes on the Thousand-districts of the Tibetan Empire in the first half of the ninth century", *Acta Orientalia Academiae scientiarum Hung.* Tomus XXXVI(1-3), pp. 547-548; Tsuguhito Takeuchi, "TSHAN: Subordinate Administrative Units of the Thousand-Districts in the Tibetan Empire", *Tibetan Studies proceedings of the 6th Seminar of the International Association for Tibetan Studies Fagernes 1992*, Volume 2, edited by Per KVAEKNE, Oslo, 1994, pp. 850-851;杨铭:《吐蕃"十将"(Tshan bcu)制补证》,《中国藏学》1996年第2期。
　　②"张家佐"这一人名又见于Ch.73.xv.10号《阿骨萨部落一区员员表》第10至12行:"与右小茹张家佐所属之擎将旗手范昆子相毗接",由此可以推断第6至7行"与左边中茹薛普来所属擎将旗手安再恒相毗连"中的"薛普来",第51至53行"与左边之中茹中翼杨大来的擎将旗手曹十德相毗连"中的"杨大来"均为将头。
　　③ Tsuguhito Takeuchi, "TSHAN: Subordinate Administrative Units of the Thousand-Districts in the Tibetan Empire", *Tibetan Studies proceedings of the 6th Seminar of the International Association for Tibetan Studies Fagernes 1992*, Volume 2, edited by Per KVAEKNE, Oslo, 1994, pp. 850-851.
　　④[匈]G.乌瑞:《公元九世纪前半叶吐蕃王朝之"千户"考释》,《国外藏学研究译文集》第二辑,吴玉贵译,拉萨:西藏人民出版社,1987年,第51页。
　　⑤王尧、陈践:《吐蕃简牍综录》,[英]F. W. 托马斯编著:《敦煌西域古藏文社会历史文献》,刘忠、杨铭译注,北京:民族出版社,2003年,第46页。

役赋税的一个单位;①陆离在此基础上对"岗"作了更为深入的探讨,认为"岗"为一定面积的土地,用可播种青稞、小麦的克数计算,为政府征发赋税差役的单位。如此,则其头目称为"五十岗"的将就是承种50岗面积之耕地的人户组成的部落基层组织。②

　　笔者在反复研读前辈论述的基础之上,对"岗"得出一些自己的理解。郭冠中研究指出:"西藏三大领主对农奴的剥削,主要采用在藏语中称之为'差'的剥削形式。……'差'分内、外两种。内差是庄园农奴向本庄园领主及其代理人所支付的各种劳役和实物。……内差的征敛办法,是先按农奴耕种的内差地面积,划定他们负担的内'岗'数,尔后再按各户的内岗总数均摊各种内差,'岗'在这里可以作'份'解。……据调查,有些农奴种内差份地十克左右,就要负担一内岗,一内岗要出一名常年乌拉。"③舒介勋认为:"计算差额,一般以岗为单位。岗是指差地的量,故差地又名差岗地。一般一个差岗地为40克,多者可达60克,少者约30克,个别的甚至不足10克。具体到一个差户,多者种差地两三岗,少者一岗半岗,甚至只有五六分之一岗的。"④申新泰对另一相关名词"敦"解释为:"原西藏地方政府时代计算差地面积的单位名称。每'敦'面积大小不定,大者可播种青稞百余克,小者可播数克。依土地肥瘠规定每'敦'交纳田赋若干克。畜力差役若干头次,兵役差若干名。每'敦'一分为二'岗'。"⑤由此可知,岗为农奴服"差"的单位,一岗为农奴耕种一定土地面积所产生的"差"数,或曰赋役数量,且一个差岗地的土地面积并不恒定,因此将"岗"理解为赋役数量或更准确,"五十岗"所负责的将就是负担了五十"岗"赋役数量的一个行政单位。当然,从其实际情况来看,敦煌仍是以户数来衡量将、部落大小的。

　　既然"将"是民事性质的一级基层组织,则其职能当是管理当地民户的生产、生活。从现有汉、藏文文书可以看出,敦煌的"将"是吐蕃统治下诸部落属民纳税服役、编造户籍手实的基本单位。如P.3491《酉年左七将应征突田户纳麦粟数簿》就记载了左七将应征突田税的53户人家的纳麦粟情况,文书中每条首位的姓名当是户主,据文书可知,敦煌当地百姓向常乐、百尺、氾弁、蚕坊等处缴纳突

　　①［英］F. W. 托马斯编著:《敦煌西域古藏文社会历史文献》,刘忠、杨铭译注,北京:民族出版社,2003年,第32、70页。
　　②陆离:《吐蕃统治敦煌的基层组织》,《西藏研究》2006年第1期。
　　③郭冠中:《论西藏封建庄园的内外"差"剥削》,《西藏封建农奴制研究论文选》,北京:中国藏学出版社,1991年,第234—235页。乌拉,源出突厥语,13世纪由蒙古族地区传入西藏,泛指一切人畜徭役,有时亦指服劳役者。
　　④舒介勋:《解放前西藏的差税制度》,《西藏封建农奴制研究论文选》,北京:中国藏学出版社,1991年,第219页。
　　⑤申新泰:《关于西藏封建农奴制社会差税问题的两个藏文历史档案资料》,《西藏封建农奴制研究论文选》,北京:中国藏学出版社,1991年,第214页。

田,以及为四百人斋、千人斋等活动缴纳粮油,都是以将为整体,以户为单位进行的,甚至向瓜州缴纳粮食亦有由将之下的民户自送的情况。①

郝春文在翻检国家图书馆藏未刊敦煌文献时整理出来的BD09291《寅年八月右一至右十将欠麻夫线铁等名目牒》、BD09368《某年右一至右四将欠麻夫线等名目牒》、BD09297《某年右七至右八将麻夫线等名目牒》、BD09292《寅年七月各将麻线夫等名目牒》、BD12001《某年某将麻夫线等名目牒》、BD09335《申年十月右一将索□等牒》均与前述文件反映情况类似,记载了敦煌百姓以将为单位统一缴纳麻、线、铁和服劳役的情况。②荣新江整理刊布的《寅年二月左七将百姓张芬芬牒》《某年左七至左十将牧羊人欠酉年至丑年羊毛等物帐》《戌年课左五至左十将牧羊人酥油等名目》《戌、亥年左六至左十将供羊历》《酉年至亥年左三将曹宝宝等羊籍》等亦反映出将是管理敦煌民众缴纳各种赋税的基本单位。③

藏文文书中亦有说明"将"是征收赋税基本单位的材料。Ch.73.viiii.5号文书是一份管理寺庙收入的账册,罗列了敦煌部分百姓布施(或缴纳)粮食的情况,其中载有"路北街官员赛全来(Klu-sbevi-bsgyevu-rje-gye-sevpyan-legs)之将(Tshan)张大来之牌子历(Khram-tshan)""范大什之牌子历""张士佳之牌子历""李什郎之牌子历""令狐松松之牌子历""王达古之牌子历""张家佐之牌子历""张盼来之牌子历"等,按张家佐已见于前述文书,为阿骨萨一将之将头,则与之并列的张大来等皆当为将头。另有Ch. 83.vi.5号文书记载了阿骨萨、悉董萨两部落受命从瓜州庄园领取吐蕃官吏论·玉热的谷物运往小突厥(drug chun)的磨坊加工后再负责运回瓜州一事,文书载"由沙州五十岗(Lnga bcu rkang)孔宣子之将(Tshan):给王本忠青稞一驮(Khal),给姜……"④

前引Ch.73.xv.5号文书则明确记载了各将头目负责本将写经事宜的情况。按照文书记载,用于写经的纸张运到沙州之后,先分配给各部落各将的"各百户长"(五十岗,lnga bchu rkang)及"属吏"(vog sna),再由这些人监督写经生完成写经任务。属吏是直接与写经生接触的底层胥吏,受将头监管,"如属吏等对写经生不公平,或未收回所分配的纸张,里正(Li ceng)将按每卷(Yug)纸张鞭笞十下

①唐耕耦、陆宏基主编:《敦煌社会经济文献真迹释录》第2辑,北京:全国图书馆文献缩微复印中心,1990年,第405—406页。

②郝春文:《中国国家图书馆藏未刊敦煌文献研读札记》,《敦煌研究》2004年第4期。

③荣新江:《英国图书馆藏敦煌汉文非佛教文献残卷目录》,台北:新文丰出版公司,1994年,第33—34、211—212页。

④[英]F. W. 托马斯编著:《敦煌西域古藏文社会历史文献》,刘忠、杨铭译注,北京:民族出版社,2003年,第75—78、32页。

来惩罚他"①。里正当即将头,除了"应每天每时探询种福田者的确切住处",还"应多少具备转运纸张的能力"。"属吏"应该是比将头更低一级的十户组织负责人,这将在下面讨论。此文书从 B 第 1 行至 D 第 29 行,记有马年和羊年每一"将"将头姓名。将头之下有领取纸张者的姓名和墨汁领取情况。②从上述这些吐蕃以将为单位记录敦煌百姓交纳粮食情况、管理写经事宜的记载,我们可以确定将就是最基层的管理单位。

此外敦煌文书中尚见有"书将"(khram tshan)、"督将"(dog tshan)、"旗将"(dar tshan)等,负责统计、督察、联络等方面的具体事务,它们是在吐蕃"十将"制的基础上派生出来的一些与将有关的职官名称。③

(2)十户组织

唐朝行政建制中,乡、里以下还有划分更为细致的邻、保组织,据杜佑《通典》载:"诸户以百户为里,五里为乡,四家为邻,五家为保。"④吐蕃部落制中亦有类似级别,而按吐蕃的行政建制遵循"十进制",则百户组织"将"以下当为十户组织。前文探讨的"岗"一语,在敦煌文书中除了"五十岗"之外,尚有"五岗"(lnga rkang)一词,从编制形式上看正好是将的十分之一。正如乌瑞所言:"lnga rkang 只能是负责在规模上只有 tshan 十分之一的单位的官衔,在这里我们肯定地将他们视为管理十户的领导。"⑤前引 Ch.73.xv.5 号文书中载有协助百户长组织部落百姓写经事宜的属吏(vog sna)一职,刘忠、杨铭认为此 vog sna 或为下属于将头的地方耆老,⑥陆离则认为 vog sna 就是十户长五岗,二者地位相等、职能相同。从西藏本土的情况来看,安多藏区寺院下属的部落中即设有"干保什长"一职。⑦另据《中国藏族部落》载,清道光年间来到西宁的钦差大臣那彦成曾将贵德厅、循化厅的千百户进行重新编制,所设属吏中就有"十总 1 人,管 10

---

① [英]F. W. 托马斯编著:《敦煌西域古藏文社会历史文献》,刘忠、杨铭译注,北京:民族出版社,2003年,第70—71页。

② [匈]G. 乌瑞:《公元九世纪前半叶吐蕃王朝之"千户"考释》,《国外藏学研究译文集》第二辑,吴玉贵译,拉萨:西藏人民出版社,1987年,第52页。

③ [英]F. W. 托马斯编著:《敦煌西域古藏文社会历史文献》,刘忠、杨铭译注,北京:民族出版社,2003年,第 67—71、87—92、361—369 页;Tsuguhito Takeuchi, "TSHAN: Subordinate Administrative Units of the Thousand-Districts in the Tibetan Empire," *Tibetan Studies proceedings of the 6th Seminar of the International Association for Tibetan Studies Fagernes 1992*, Volume 2, edited by Per KVAEKNE, Oslo, 1994, pp. 853-854;杨铭:《吐蕃"十将"(Tshan bcu)制补证》,《中国藏学》1996年第2期。

④ [唐]杜佑撰:《通典》卷3《食货三·乡党》,北京:中华书局,1988年,第63—64页。

⑤ [匈]G. 乌瑞:《公元九世纪前半叶吐蕃王朝之"千户"考释》,《国外藏学研究译文集》第二辑,吴玉贵译,拉萨:西藏人民出版社,1987年,第53页。

⑥ [英]F. W. 托马斯编著:《敦煌西域古藏文社会历史文献》,刘忠、杨铭译注,北京:民族出版社,2003年,第71页。

⑦ 吴均:《论安木多藏区的政教合一制统治》,《西藏封建农奴制研究论文选》,北京:中国藏学出版社,1991年,第472页。

户"①。

汉文文书中也能寻得十户组织的蛛丝马迹。S.3287V《吐蕃子年(808)沙州百姓氾履倩等户籍手实残卷》中多次出现"某某下"这一记录形式,如"费荣下""吴通下"等。李正宇认为,"××下"系指"××团头属下"的意思,是为将以下的居民户团组织,大约以十户的规模编组。②而杨际平认为,"××下"为依附于××户下的依附农民,他们不能自立门户,身份地位自然不同于一般良人,但他们又可以与良人通婚,其身份地位似又高于奴婢。③笔者以为李说更为合理。不过,按团头为吐蕃时期寺户组织中的基层属吏,而寺户与普通民众是分而治之的,因而此处的"××下"应该不是团头,而是前述十户组织的头目"五岗"。④当然,与百户组织一样,所谓的"十户"并非确数,不是每一组均为十户,仍然是为了遵循十进制的形式而采用的概述。

作为将下一级的行政组织,十户组织的职责是协助将头处理行政事务,这从前引 Ch.73.xv.5 号文书中属吏协助将头组织、监督写经事宜可以看出。另有 P.T.1087 号文书,记载"仙仙将由保人领至部落官吏处,即千户长与小千户长,格儿与勒堪处"(此处杨铭将"五岗"音译为"勒堪")。⑤文书中"五岗"位于一系列长官最末位,可见十户组织为吐蕃时期敦煌行政建制最低一级,另外也可看出,"五岗"还负有协助上级办理司法案件的职责。从前述百姓纳税服役以将为单位来看,十户组织并不具有实质性的行政权力和经济职能,应该只是协助将头执行具体事务的一级组织。

第三节 吐蕃统治敦煌的职官体系与军制

吐蕃统治敦煌有一整套完备的管理体系,即吐蕃王室—东道节度—瓜州节度—敦煌地方官,世俗官制之外另有释门僧官负责宗教事务。从敦煌文书记载的任职人员来看,吐蕃不仅采取王室直接管辖和派驻吐蕃官员的方式对敦煌进行监管,还拉拢当地世家豪族出任地方官,利用其社会影响力辅助自己管理当地百姓,从而形成了蕃官主导、蕃汉并行的双轨官僚体制。行政之外,吐蕃统治者

---

① 青海社会科学院藏学研究所编:《中国藏族部落》,北京:中国藏学出版社,1991年,第125页。

② 李正宇:《〈吐蕃子年(公元808年)沙州百姓氾履倩等户籍手实残卷〉研究》,《1983年全国敦煌学术研讨会文集·文史遗书编》上,兰州:甘肃人民出版社,1987年,第198页。

③ 杨际平:《吐蕃时期沙州社会经济研究》,《敦煌吐鲁番出土经济文书研究》,厦门:厦门大学出版社,1986年,第410—411页。

④ 陆离:《吐蕃统治敦煌的基层组织》,《西藏研究》2006年第1期。

⑤Géza Uray, "Notes on the Thousand-districts of the Tibetan Empire in the first half of the ninth century", *Acta Orientalia Academiae scientiarum Hung*. Tomus XXXVI(1-3), pp. 547-548; 转引自杨铭:《吐蕃时期敦煌部落设置考——兼及部落的内部组织》,《西北史地》1987年第2期。

又设置了tshar这一基层军事组织,以组织当地百姓服兵役。

1.敦煌所属的上级军政机构

(1)吐蕃王室的直接管辖

虽然官吏的任命权、管理权下放当地,敦煌亦远离吐蕃本土,但并不表示吐蕃王室就此全权假手当地官员进行统治。相反地,素有丝绸之路"善国神乡"之称的敦煌作为一个重要的佛教中心,其突出的文化地位颇受吐蕃王室重视,因此,吐蕃王室往往直接插手敦煌的一些事宜。

尊崇佛教的墀松德赞从一开始就十分重视佛教文化繁荣的敦煌,早在攻陷敦煌之前,即"徙帐南山"督战。入主敦煌之后,吐蕃太子、王妃、僧相等均到过敦煌,当然其目的以抄经弘法等佛教内容为主,这在敦煌出土文书中多有反映。例如,P.2255、P.2326《祈福发愿文》,P.2341《燃灯文》,P.3256《愿文》,S.2146《行城文》,P.2807《斋文》,P.2807《行城文》是一组吐蕃太子在敦煌时期所作的佛教发愿文。[①]据陆离考证,文书所载的吐蕃王子为墀德松赞与没卢妃莽布支所生长子臧玛,其以皇太子身份于文书写作年代(798—815)来到敦煌,主要目的如P.2807号文书所载,是为了"继好息人,交质蕃城。遂得一国忻喜,三危康复"。据《册府元龟》记载,唐宪宗元和二年(807)八月,吐蕃曾"以没蕃人僧良阐等四百五十人自吐蕃复还中国"[②],则臧玛此行正为此事。此外,臧玛本人喜爱佛教,于政治任务之外,在敦煌率蕃汉一众官僚及佛教僧团,举行了诸如无遮会、檀那会等一系列礼佛活动,在P.2255、P.2326中均有记载。[③]

宗教活动之外,吐蕃王室对敦煌的军政事务亦多有指示。Ch.frag.80号是吐蕃王室向敦煌某节儿发出的批复文告,由文书可知,吐蕃在敦煌任命的节儿被当地唐人叛乱所杀后,节度衙委派了新的节儿稳定内患,输粮纳贡。此人已在任十年,但一直未收到吐蕃王室的任职批复文告,遂发出申请,并最终收到了"温江多宫"的批复。[④]由此可见,虽然敦煌节儿的人选确定和任命归上级节度衙管理,但须得到吐蕃王室的承认方可。而P.T.1085号文书更是明确记载了吐蕃王室直接受理沙州百姓上诉的地方官侵占果园一事。[⑤]此外,吐蕃王室还通过派驻重臣来具体实施对敦煌的统治。之前赞普徙帐南山督战之时,既"使尚绮心儿攻之",阎

---

① 黄征、吴伟《敦煌愿文集》记录了P.2255、P.2326《祈福发愿文》,P.2341《燃灯文》,S.2146《行城文》三篇,杨富学、李吉和《敦煌汉文吐蕃史料辑校》第1辑将六篇全部录入,陆离《有关吐蕃太子的文书研究》在前二者基础上又有节录。

② (宋)王钦若等编:《册府元龟》卷147,北京:中华书局,1960年,第1782页。

③ 陆离:《有关吐蕃太子的文书研究》,《敦煌学辑刊》2003年第1期。

④ [英]F. W. 托马斯编著:《敦煌西域古藏文社会历史文献》,刘忠、杨铭译注,北京:民族出版社,2003年,第36—37页。

⑤ 王尧、陈践:《敦煌吐蕃文书论文集》,成都:四川民族出版社,1983年,第45页。

朝开城投降后,又"以绮心儿代守",这位尚绮心儿即是吐蕃统治时期代表王室管理敦煌的一位重要人物。

（2）东道节度使

东道节度使在汉文史料中又被记作"东面节度使""东境五节度大使""东道都元帅""东（北）道元帅"等,对应的藏文为 khrom chen po。[①]东道节度使作为衔接吐蕃中央与占领区乃至唐朝的一级重要行政单位,其功能是多方面的。一方面,东道节度使肩负着对唐作战、会盟的重要使命,如前述尚结息曾率军攻陷长安、奉天,尚赞磨曾进攻邠州、奉天、临洮等地,尚绮心儿曾致书凤翔节度使、参加长庆会盟等。另一方面,东道节度使还承担了总管河陇诸节度、向下传达王命、处理占领区军政事务等职责,这些职责主要通过德论会议（bde blon vdun tsa）实现。德论会议缘于吐蕃对所陷河西走廊一带的称呼"幸运之国"（bde gams）,由东道节度组织下属诸节度举行会议,通过颁布"下命书"（phrin byang）的形式,传达赞普的命令,并对诸节度上报之事进行批复。[②]敦煌文书中保存了不少德论会议下发的文件和批复,如 Ch.frag.67 是关于某龙年夏季上级官员核对沙州所纳之粮的记载,[③]P.T.1083《据唐人部落禀帖批复的告牒:禁止抄略汉地沙州女子》则反映沙州二部落头人因吐蕃驻军抄略女子情况严重,向上反映,东道节度使遂下发批复文书,禁止驻于敦煌一带的吐蕃、孙波各级官僚侵夺人口,文书格式正规,钤印下发,由此可一窥东道节度使对敦煌事务的管理情况。[④]

河陇一带毕竟地域广阔,总设一东道节度使自然无法兼顾整个地区。因此,吐蕃又于其下设五个节度使分管不同区域,即青海节度使、鄯州节度使、河州节度使、凉州节度使和瓜州节度使,敦煌即隶属于瓜州节度使之下。

（3）瓜州节度使

瓜州陷蕃系大历十一年（776）事,吐蕃曾一度在此设置瓜州节度使以统肃、瓜、沙诸州,其对应的藏文为 kwa cu khrom。khrom 一语,乌瑞将之译为 military government,荣新江翻译为"军镇",[⑤]山口瑞凤译作"军团",[⑥]王尧、陈践译作"行

---

① 杨铭:《吐蕃统治敦煌研究》,台北:新文丰出版公司,1997年,第12—13页。

② [日]山口瑞凤:《吐蕃の敦煌支配期間》,《講座敦煌》2《敦煌の歴史》,东京:大东出版社,1980年,第197—232页。

③ [英]F. W. 托马斯编著:《敦煌西域古藏文社会历史文献》,刘忠、杨铭译注,北京:民族出版社,2003年,第16页。

④ 王尧、陈践:《敦煌吐蕃文献选》,成都:四川民族出版社,1983年,第51—52页。

⑤ [匈]乌瑞著,荣新江译:《KHROM（军镇）:公元七至九世纪吐蕃帝国的行政单位》,《西北史地》1986年第4期。

⑥ [日]山口瑞凤:《沙州漢人による吐蕃二軍団の成立とmkhar tsan軍団の位置》,《東京大学大学部文化交流施設研究紀要》第4号,1980年。

军衙""将军",①马德译作"节度衙/节度使(都督府/都督)"②,杨铭译作"节度衙"③。笔者以为"节度使""节度衙""行军衙"之译均是合理的,因为在敦煌汉文卷子中有不少相关记载可与之对应,如P.2991《莫高窟素画功德赞文》载"瓜沙境大行军都节度衙",P.3726《杜和尚写真赞》载"释门大蕃瓜沙境大行军衙",④P.2449《祈福文》载"大蕃瓜州节度",S.542V《戌年(818)六月沙州诸寺丁口车牛役簿》载"瓜州节度",P.3702载"瓜州大节度使",P.4640V载"大蕃瓜州节度",等等。khrom之设,吐蕃本土并无,它是吐蕃在新占领的边境地区仿照唐制而设置的军政合一的统治机构及委派的统治者。⑤

　　瓜州节度使作为瓜沙地区的最高军政长官,对其下属的沙州在政治领域负有直接的监督权。首先在官僚任免方面,非常典型的一份文书就是P.T.1089《吐蕃官吏呈请状》,据文书45至47行载:"今后,官员品位,若据瓜州[大行军衙]将军所作决定行之,有无过失?沙州节儿论以下,唐人官员品位,暂按此执行。瓜州[大行军衙]将军及观察使作出决定。"⑥此处的瓜州将军(dmag pon)即瓜州节度使,可见其对沙州官员的品位定级有一定的任命权,管理序列经其初步审定后才向上申报。S.1438V号书仪述及原有沙州节儿在叛乱中丧生后,"已蒙留后使差新节儿到沙州,百姓具安,各就丰(农)务"⑦,瓜州节度使对沙州官吏的任命权于此可窥。

　　此外,瓜州节度使还对沙州的行政事务和民事纠纷等负有监管权。如S.1438V号书仪记载沙州驿户起义的氾国忠等人被抓后,"其贼七人,不漏天网。并对大德摩诃衍推问,具申衙帐,并报瓜州。昨索贼钉枷,差官铜(锢)送讫"。叛乱者在沙州被抓捕审讯后,不仅要将实情报备瓜州节度使,还要将叛乱者押解至瓜州,可见瓜州节度使对沙州重大事件负有监管职责。P.T.1078、P.T.1079则是两例瓜州节度使管理沙州民事纠纷的例子。据P.T.1078《悉董萨部落土地纠纷诉状》载,悉董萨部落百姓王安成、王贵公兄弟与窦廓庸发生土地纠纷,遂诉诸公堂,"后来于龙年夏,瓜州军帐会议之中,论结赞、论桑赞、论……等人"对此进行裁决,并令申诉人"今后不得再有争论口角,各自申言起誓",令"税吏按指印,绮立达论赞三摩赞发出用印判文,窦与王人手一纸"。P.T.1079《比丘邦静根诉状》

　　① 王尧、陈践:《吐蕃兵制考略——军事部落联盟剖析》,《中国史研究》1986年第1期。
　　② 马德:《KHROM词义考》,《中国藏学》1992年第2期。
　　③ 杨铭:《吐蕃统治敦煌研究》,台北:新文丰出版公司,1997年,第2—11页。
　　④《敦煌宝藏》第130册,台北:新文丰出版公司,1984年。
　　⑤ 马德:《KHROM词义考》,《中国藏学》1992年第2期。
　　⑥ 王尧、陈践:《吐蕃职官考信录》,《中国藏学》1989年第1期。
　　⑦ 唐耕耦、陆宏基主编:《敦煌社会经济文献真迹释录》第5辑,北京:全国图书馆文献缩微复印中心,1990年,第319页。

则记载了沙州比丘邦静根因女奴归属问题上诉一事，文中有"尚来三摩赞、论野桑、尚来桑在瓜州行营军中议会。于齐比乌集会之故，头年之冬，沙州以下，肃州以上，集中僧统所属农户，根据田地好坏，制定承担赋税标准"之语，可推此诉状就是写给瓜州节度使要求其对女奴归属进行判决。

在经济方面沙州肩负着向瓜州节度使输粮纳贡的任务。S.542V《戌年（818）六月沙州诸寺丁口车牛役簿》记载了沙州寺户向瓜州输送粳米的情况，如"亥年瓜州送节（度）使粳米"（18行）、"子年送瓜州节度使粳米"（8行）、"送瓜州节度粳米"（34、79行）、"送节度粳米"（47、49行）、"送瓜州节（度）粳米一度"（124行），等等。前引P.2162V《寅年沙州左三将纳丑年突田历》亦载有左三将诸户向瓜州输纳粮食的情形，在册的28户均要向常乐、百尺、瓜州输送小麦。① 纳粮地点中除百尺在沙州城西北外，② 常乐、瓜州均在瓜州节度衙境内，当指常乐仓、瓜州仓二处，可见瓜州节度使掌管着沙州百姓的赋税。瓜州节度使亦有掠夺沙州人口的情况出现，如S.3287V《吐蕃子年（808）沙州百姓氾履倩等户籍手实残卷》就载有瓜州节度使掳掠民户奴婢之事："奴紧子论悉歾夕将去"（22行），"婢落娘已上并论悉歾息将去"（23行），等等。此类举动自然会引发当地人不满，遂有P.1083号文书记载的沙州百姓向更高一级的东道节度使申诉的情况。

敦煌文书中还有瓜州节度使管理、扶持敦煌佛教发展的记载。如藏文文书卷56第73—74叶、P.T.999《为普光寺墀祖德赞缮写〈无量寿经〉卷数册》③等均载有瓜州节度使布施抄经事宜，P.2449V《祈愿文》④、S.2449《尼患文》⑤记载了瓜州节度使个人礼佛事宜。

2.吐蕃统治时期敦煌的职官体系

在吐蕃时期敦煌汉、藏文文书中，最能完整、系统地反映敦煌职官体系的就是P.T.1089《吐蕃官吏呈请状》，学界对其已有许多译释、研究成果。⑥这份文书记录了沙州各级官吏因不满当时的位阶官序而向上级提出的申诉及上级的最终

---

① 唐耕耦、陆宏基主编：《敦煌社会经济文献真迹释录》第2辑，北京：全国图书馆文献缩微复印中心，1990年，第405—406页。

② 李正宇：《敦煌历史地理导论》，台北：新文丰出版公司，1997年。

③ 陈楠：《P.T.999号敦煌藏文写卷再研究——以往汉译本比较及相关史事补正与考辨》，《中国藏学》2008年第3期。

④ ［法］戴密微：《吐蕃僧诤记》，耿昇译，拉萨：西藏人民出版社，2001年，第347页。

⑤ 杨富学、李吉和辑校：《敦煌汉文吐蕃史料辑校》第1辑，兰州：甘肃人民出版社，1999年，第264—265页。

⑥ 关于P.T.1089号卷子，1955年拉露女士在《亚细亚学报》上发表了全文译解；1980年山口瑞凤发表日译文（《吐蕃の敦煌支配期间》，《讲座敦煌》2《敦煌の历史》），1987年汶江发表汉文全译文（《吐蕃官制考——敦煌藏文卷子P.T.1089号研究》，《西藏研究》1987年第3期）；王尧、陈践的《吐蕃职官考信录》（《中国藏学》1989年第1期）一文根据缩微胶卷将全文译出。

批复,上至沙州最高行政官员节儿论乞利本、下至书吏皆记录在册。

(1)敦煌蕃官体系

P.T.1089号文书第52至55行为东道节度使对敦煌吐蕃官吏的任命批复,据此可对吐蕃统治敦煌的蕃官系统有一个粗略了解,以下笔者对各级职官分别述之。

一是节儿论唐人乞利本(rtse rje blon rgyavi khri dpon)。乞利本,又作乞律本、乞力本,为藏文 khri dpon 之音译。khri 意为"万人队""万户",dpon 为长官之意,乞利本可意译为"万户长",在敦煌即指沙州节儿论(rtse rje blon)、节儿(rtse rje),是沙州最高军政长官。[①]

二是节儿悉编(rtse rje spyan)。P.T.1089号文书中仅次于乞利本的官职就是万人悉编,对应的藏文为 khri spyan。"悉编"是 spyan 音译,意为眼、目,因此也意译作观察使。该职务与唐之都护相似,为吐蕃王朝派往征服地区执行王命、处理军政要事的官员。敦煌汉文文书中载有"节儿监军"一职,监军与悉编均有监察、监视之含义,当是节儿悉编的汉文称谓。[②]

三是中等节儿(rtse rje vbring po)。这一官职只在 P.T.1089 号文书中有载,同时文书中还多次记载了"副节儿"一职,比对副节儿与中等节儿的位置,不难发现二者相当,因此它们应是同一官职,当为节儿论副手,协助其管理州务。

四是吐蕃人千户长和小千户长。吐蕃在敦煌设置部落以后,派吐蕃人担任千户长(部落使),总领一部落事务。其职位在整个敦煌职官系统排第七位,位于唐人悉编之后,在蕃官系统排第四位,位于副节儿之后;小千户长位于敦煌职官系统第十一位,蕃官系统第七位,排在吐蕃人沙州料敌防御使之后。在 P.T.1089 第80至82行所载德伦会议给出的判定中,吐蕃人千户长的位置提升到敦煌职官系统第四位,仅次于大都督,在蕃官系统中排第三,次于节儿悉编,高于副节儿;小千户排在敦煌职官系统第九位,次于唐人千户助理,蕃官系统排第五位,次于吐蕃副节儿。

五是小节儿(rtse rje cung)。小节儿亦只见于 P.T.1089 号文书,第49行记载瓜州节度使判定小节儿在唐人千户长僚佐之后,岸武库令之前,[③]第54行记载末·札玛腊(vbal dra ma legs)被任命为小节儿及料敌防御使(rtse rje cungu dang dgra blon go cu rub),第82行记载德论会议最终判定"小节儿和岸武库令"(rtse rje cungu dang mngan go cu rub,也译作小节儿与财务官州内权限者)在吐蕃人小

① 陆离:《吐蕃敦煌乞利本考》,《中国边疆史地研究》2007年第4期。

② 陆离:《敦煌的吐蕃时代》,兰州:甘肃教育出版社,2013年,第46—47页。

③ 王尧、陈践译文此处将小节儿和岸武库令用顿号隔开,实际上对照藏文与第82行是一样的,都写作 rtse rje cungu dang mngan go cu rub。

千户长之后，吐蕃人沙州总防御使之前。另外，小节儿一职不像中等节儿、节儿论那样只言"节儿"，而是后缀有"料敌防御使""财务官州内权限者"，很明显这些后缀用以标明小节儿的具体职务，料敌防御使涉及军事城防，财务官州内权限者涉及财政，笔者据此推断，"小节儿"之称并非独立、具体的官职，只作标示级别之用，后缀官名才是这一官职的具体官名。前述节儿论、中等节儿均总管州内事务，小节儿则负责管理具体事务，如军事、财政等。下文将要谈到敦煌当地官吏担任了农田、水利、财务等执行官吏的情况，则小节儿料敌防御使和小节儿财务官州内权限者很可能就是具体领导这些人的官职。

六是吐蕃人沙州防御使。据P.T.1089号文书第49行记载，瓜州节度使判定的位列小节儿和岸武库令之后的官职为"沙州料敌防御都使由吐蕃人担任者"（sha cu spyivi dgra blon bod las bskos pav），其位在吐蕃人小千户之前。而第82行由德伦会议给出的最终判决中，"吐蕃人被委任为沙州总防御使"的位阶略有调整，位于小节儿和岸武库令之后，唐人小千户助理之前，由于吐蕃人小千户长被提至小节儿之前，致使防御使的序列下降一位。dgra blon一职在吐蕃本土就有设，据《广本德乌宗教源流》记载，可知其为松赞干布统一吐蕃本部后所设七种官职之一，音译为"扎论"，意译为料敌防御使、守备长或先锋官，顾名思义，为负责征战防御的武职。沙州有吐蕃人担任的防御使一职，在瓜州节度所判序列中位于第十，德伦会议所判序列中位于第十一，相当于小料敌防御使。

七是乞利本之书吏（khri dpon gyi yi ge pa）。P.T.1089号文书所载敦煌职官系统中最末位为乞利本之书吏（khri dpon gyi ye gi pa），或曰万户长书吏，亦作书记官。顾名思义，当为直属于沙州乞利本，具体执行敦煌官方公文处理和人口户籍管理等事务的官员。从文书记载来看，奴婢买卖、转让文书需要书记官同其他相关官员盖印方可生效。

（2）敦煌汉官体系

不同于吐蕃官吏掌有决策领导之权，敦煌当地官吏所掌主要为执行权，且集中在民事经济领域，涉及土地、水利、财政税收等。

一是都督。吐蕃统治时期敦煌当地大族所能担任的最高官职是都督，藏文音译为to dog。都督有正、副之分，或曰大、小都督，为吐蕃节儿论、节儿监军的副手。

二是汉人悉编（rgyavi spyan）。敦煌的吐蕃官吏系统中节儿论后设一悉编（观察使），汉人官吏系统亦与之同，P.T.1089号文书第12行载有"唐人悉编"（rgya las spyan）一职。吐蕃的节儿悉编职务涉及军政各类事务，协助节儿论乞利本掌管州务，则汉人悉编的职责亦为协助汉人大、小都督，在汉人官吏中地位较高，处于第三级。需要指出的是，这一官职是吐蕃在敦煌成立阿骨萨、悉董萨二军事部落之后才设的，反映出吐蕃统治后期敦煌汉人地位的提高。

三是部落内部各级职官。其一，汉人部落使。吐蕃派遣本族人担任敦煌各部落的千户长、小千户长，汉人只能担任副使，即 P.T.1089 号文书第48至50行记载的所谓"千户长僚佐由唐人担任者"（stong pon gyi zla rgya las bskos pavi）、"小千户助理由唐人担任者"（stong cung gi zla rgya las），二者分别位于敦煌官序中的第八位、第十二位，在敦煌汉官系统中排在第四位、第五位。汉人部落使虽为副使，但因任职者为当地大族，既有影响力又熟谙敦煌社会，因此他们是衔接吐蕃与敦煌百姓的一个重要环节。其二，将头/五十岗（lnga bchu rkang）。"将头"是部落之下的百户组织将（tshan）的负责人，对应的藏文为 lnga bchu rkang（五十岗）。将头不见载于 P.T.1089 号文书，可见为不入品级的胥吏。但作为执行催缴赋税、管理各类民事杂务的基层负责人，将头的位置颇为重要，在敦煌文书中留下了大量记载。其三，十户长/五岗（lgna rkang）。将头都已是不入品级的胥吏，则其下一级的十户组织负责人更是末流小吏，类似于安多藏区寺院下属部落中的"干保什长"和唐制中邻保组织的头人。十户长的职责是协助将头开展各类工作。从前述百姓纳税服役以将为单位来看，十户长并没有独立的行政权力，只是协助将头执行具体事务的半官半民的小吏。

四是唐人料敌防御使。与吐蕃人料敌防御使相对应，P.T.1089 号文书第50行载有"料敌防御使由唐人担任者"（dgra blon rgya las bskos pa），位在唐人小千户助理之后，唐人大税务官之前，处于倒数第三级，第83行所载相同。汉文文书中将这一官职称作"防城使"，据 P.4640《沙州释门索法律窟铭》载："亡兄，前任沙州防城使，讳清宁，高情直节，毓著功名；权职蕃时，升荣曩日；克勤忠烈，管辖有方；警候风（烽）烟，严更威宿。故得边方宴宴，郭郭厌厌；玉塞旁连，人情缓带。"[1]由此可以看出，汉人防城使的主要职责是治安防御。由于唐制中存在防城使之设，负责防守城池之务，吐蕃 dgra blon 与之相当，所以汉文中将之对译为防城使。

五是收税官（khral pon）。"收税官"一职并不见于吐蕃本土，当为吐蕃占领河陇西域以后新设职位。吐蕃本土掌管财务粮食者称岸本（rngan dpon/mngan dpon），意为"统计官"，据《白史》汉译者傅师仲解释，类似于"度支官"，负责管理粮食、金银，并对缴纳者加以申斥纠察。[2]据 P.T.1089 号文书第50行记载，排在职官系统倒数第二位的即"唐人大税务官"（rgya spyivi khral dpon ched po），只高于乞利本之书吏，第83行所载德伦会议的判决仍维持原位，可见其在敦煌职官

① 唐耕耦、陆宏基主编：《敦煌社会经济文献真迹释录》第5辑，北京：全国图书馆文献缩微复印中心，1990年，第154页。
② 《贤者喜宴——吐蕃史译注》，北京：中央民族大学出版社，2010年，第35、48页。

体系中地位较低,应该是由汉人担任、主要负责同基层胥吏和当地百姓打交道的执行官员。

六是营田水利诸官。吐蕃统治敦煌期间还设有营田官(zhing pon)和水利官(chu mngan)以具体管理当地农田水利诸事务,二者并未列入P.T.1089号文书所载瓜州节度和德伦会议所判定的官位序列中,但在沙州唐人任命名单中有记载。其一,营田官。吐蕃时期的营田水利诸官之设源自唐朝职官制度。吐蕃占领敦煌后保留原有农田水利官系统以保证当地农业的有序进行,如P.2763V(2)《巳年(789)沙州仓曹杨恒谦等牒》上仍钤有"河西支度营田使印",且据《唐定兴等户残卷》记载,吐蕃占领敦煌初期亦仍沿袭唐时河西支度营田使用傭募方式招募农民强户营田,此皆营田使承袭唐制之证。[①]吐蕃占领敦煌后实行了突田制,营田官的主要职责自然是丈量土地,执行计口授田的突田制。但当时的敦煌刚刚脱离战乱,土地占有情况相当混乱,所以营田官在测量土地的同时,还要奉上级指派对民间土地纠纷进行调查取证。其二,水利官。吐蕃设置的水利官也是承袭唐制。敦煌的地理环境使得水利事业显得格外重要,自汉代开发以来就未曾间断过水利设施的建设,[②]水利官员的设置自然也相始终(图4-13)。唐朝时沙州专设有水司,司内官员有都水令、水官及辖区内各县所设平水。吐蕃时期的水利官除了上述P.T.1089号文书记载的任命人员外,其他如职责、事迹等的相关记载很少。

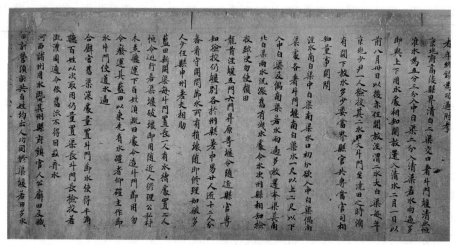

图4-13　P.2507开元水部式

① 姜伯勤:《上海藏本敦煌所出河西支度营田使文书研究》,《敦煌吐鲁番文献研究论集》第2辑,北京:北京大学出版社,1983年,第337、349—352页。
② 郝二旭:《唐五代敦煌农业专题研究》,兰州大学,博士学位论文,2011年,第23—24页。

3.吐蕃统治时期敦煌的军事组织

从军事组织形式来看,吐蕃统治时期,在瓜州节度衙这一军分区之下,敦煌当地还存在着一种基层兵制 tshar,藏文文书 Ch.73.xv.frag.12 很好地反映了这一基层军事组织的内部人员构成和组织情况。这是一份记录组成 tshar 的阿骨萨部落百姓和部分寺户的名单,学界前辈已进行了释读和考证。[①]此外,尚有一件藏于法国国家图书馆的 P.T.2218 号文书与此文书极为相似,当为一份文书的两个残片。[②]

关于 tshar 究竟是怎样一级组织,学界已有大量研究。托马斯将之译为 parish,认为它是处于 sde(部落)下一级的一个地方性行政组织,词源来自于阗文。在翻译英文 parish 的过程中,国内学者又有异议,杨铭、何宁生将 parish 译为"教区",苏航则指出 parish 还有"郡以下的行政区"之意,当取此意为妥。[③]考虑到托马斯所言"地方性行政组织",笔者以为苏说更为合理。藤枝晃在对 Ch.73.xv.frag.12 进行日译时虽然误解了托马斯的原意,将 vphongs 和 dgon 的意思弄反了,但在对 tshar 性质的解读上基本继承了托马斯的观点,并在行文中称 tshar 为"队"。[④]乌瑞对 Ch.73.xv.frag.12 进行了补充和修订,纠正了托马斯的若干转写错误,并在 40 行之后补入了托马斯漏掉的一行。他将 tshar 译为 section、parish,并特别强调这一组织的军事特征,指出其为一种领地防卫部队,具有半军事化半行政化的特点。[⑤]之后山口瑞凤对 Ch.73.xv.frag.12 进行了新的研究,将 tshar 译为"团",行文中称之为"队",他认为 ru vbring 率领的 tshar 即中队,可能相当于"将",为千户的下级组织,ru cung 率领的小队可能是人数不足一中队的队,属于小千户的下级组织。[⑥]杨铭结合西域简牍中有关 tshar 的记载,作出了新的解读,否定了托马斯的于阗语源说,提出 tshar 实际语出汉语中的"曹",二者不仅在对音上符合藏语拼写汉语的规律,性质、任务、组织特征等亦相当,因此 tshar 为沿

---

①[英]F. W. 托马斯编著:《敦煌西域古藏文社会历史文献》,刘忠、杨铭译注,北京:民族出版社,2003年,第52—54页;[日]藤枝晃:《吐蕃支配期の敦煌》,《東方学報》第31册,1961年;姜伯勤:《唐五代敦煌寺户制度》,北京:中华书局,1987年,第45—47页;[日]北原薫:《晚唐五代敦煌の寺院経済》,《講座敦煌》3,东京:大东出版社,1980年,第407页;刘忠:《敦煌阿骨萨部落一区编员表藏文文书译释——兼向藤枝晃、姜伯勤等先生译文质疑》,《中国史研究》1999年第1期。

②苏航:《试析吐蕃统治敦煌时期的基层组织 tshar——以 Ch.73.xv.frag.12 和 P.T.2218 为中心》,《中国藏学》2003年第2期。

③杨铭、何宁生:《曹(Tshar)——吐蕃统治敦煌及西域的一层兵制》,《西域研究》1995年第4期;苏航:《试析吐蕃统治敦煌时期的基层组织 tshar——以 Ch.73.xv.frag.12 和 P.T.2218 为中心》,《中国藏学》2003年第2期。

④[日]藤枝晃:《吐蕃支配期の敦煌》,《東方学報》第31册,1961年。

⑤Géza Uray, "Notes on a Tibetan Military Document from Tun-huang", *TLTD* II. 67-71, p. 224.

⑥[日]山口瑞凤:《吐蕃王国成立史研究》,东京:岩波书店,1983年,第838—841页。

袭唐朝基层兵制的产物。①苏航亦持tshar源于唐制说,但他认为tshar是唐制
"队"的对等物。②从文书记载来看,tshar是名称上对应汉语"曹",组织形式上对
应唐制"队"的一级基层军事组织。从Ch.73.xv.frag.12反映的情况来看,tshar是
独立于部落之外的一级组织,参加人员除了部落百姓外还有诸寺寺户,很显然是
兵役、劳役的组织形式之一,而非固定的地方军事机构。

第四节　吐蕃统治时期敦煌的经济制度

1. 户籍制度

　　敦煌文书中有一些与户籍制度相关的文献,如S.3287V《吐蕃子年(808)沙
州百姓氾履倩等户籍手实》、P.3774《丑年十二月沙州僧龙藏牒》、S.2729《吐蕃辰
年(788)三月沙州僧尼部落米净辩牒》等,其中以S.3287V最为典型(图4-14),是
一份吐蕃统治敦煌中期的户籍文书,较为完整地反映了当时的户籍登记情况,李
正宇、金滢坤等就此文书已做过深入研究。③

　　S.3287V是一份各民户自己书写申报的家口手实,内容涉及当户人口、年龄、
死亡、婚嫁、出度、被掳等详细情况。从资料保存完整的三户来看,民众需要写明
的户籍信息包括:所属辖区和户主姓名;户
内家口要以午年分部落为界注明"旧口""新
口"及与户主关系;需注明家口与户主之间
的关系;已出离本户者亦需记录在册并注明
去向;具结保证。从S.3287V可以看出,这种
民户自书的第一手户籍材料只注明人口数,
这当与吐蕃在敦煌实行计口授田的"突田
制"相关。

　　吐蕃统治者在敦煌检阅人口编造户籍
并非只有一次,吐蕃初入敦煌不久便着手这
一工作,这在P.3774、S.2729两份文书中均
有反映。据文书来看,吐蕃占领敦煌初期即
派遣"金牟使"负责清查人口,登记户籍。到

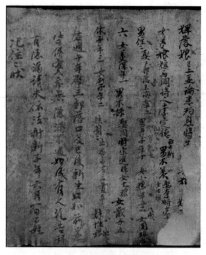

图4-14　S.3287V《吐蕃子年(808)沙州百姓
氾履倩等户籍手实残卷》

---

　　①杨铭、何宁生:《曹(Tshar)——吐蕃统治敦煌及西域的一层兵制》,《西域研究》1995年第4期。
　　②苏航:《试析吐蕃统治敦煌时期的基层组织tshar——以Ch.73.xv.frag.12和P.T.2218为中心》,《中国
藏学》2003年第2期。
　　③李正宇:《〈吐蕃子年(公元808年)沙州百姓氾履倩等户籍手实残卷〉研究》,《1983年全国敦煌学术
研讨会文集·文史遗书编》上,兰州:甘肃人民出版社,1987年,第176—218页;金滢坤:《吐蕃统治敦煌的
户籍制度初探》,《中国经济史研究》2003年第1期。

了吐蕃统治后期,金牟使不再见于敦煌文书,可能是因为管理户籍的官员已有变动。吐蕃统治者通过核查人口、完善户籍制度,加强了对敦煌当地人口的控制,从而保障了占领区的赋税、劳役输纳。

2.土地制度

敦煌落蕃之前的土地制度为均田制(图4-15),陷落之后,吐蕃遂以"突"为计量单位,以"计口授田"的分配方式向敦煌部落百姓分配土地(图4-16),摊派赋税。敦煌汉文文书中的"突田"一语也就由此而来,指"经过丈量清楚、清查登记了的土地"[1]。关于吐蕃在敦煌实施突田制的情况,S.9156[2]、S.4491[3]两份文书有详细的记载。这是两份按户计口授田的地亩计簿,杨际平据此推算,一突等于十亩,在突田制下敦煌部落百姓每人可受田一突。[4]

图4-15　莫高窟33窟南壁
盛唐时期大幅的耕地收割图

图4-16　莫高窟159窟北壁吐蕃人耕地图

敦煌藏文文书P.T.1078《悉董萨部落土地纠纷状》记载的是悉董萨部落百姓间的土地纠纷事宜,略去具体案情不表,从这一文书中我们可以发现敦煌突田制

---

①《王尧藏学文集》卷三,北京:中国藏学出版社,2012年,第161页。

②唐耕耦、陆宏基主编:《敦煌社会经济文献真迹释录》第2辑,北京:全国图书馆文献缩微复印中心,1990年,第408—409页。

③唐耕耦、陆宏基主编:《敦煌社会经济文献真迹释录》第2辑,北京:全国图书馆文献缩微复印中心,1990年,第410—411页。

④杨际平:《吐蕃时期沙州社会经济研究》,《敦煌吐鲁番出土经济文书研究》,厦门:厦门大学出版社,1986年,第357—366页。

授受方式的许多细节。①首先,吐蕃在敦煌计口授田时,对当地田亩进行了勘测,丈量授田后,将百姓授田数目记入木简备案,并由都督颁发田契给百姓用以核对。其次,百姓从祖辈继承下来的永业田、轮休地在未超出限额的情况下仍然由当户人继续耕种(图4-17),有不足者从官府田地中领受。同时,百姓开荒而来的土地亦可继续耕种,并一并记入木简。

图4-17 榆林窟25窟耕牛图

3.赋税劳役制度

(1)赋税

吐蕃统治时期,以"突田制"为基础在敦煌建立了一整套赋税制度,征税名目包括以土地为纳税依据的"地子"(地税)和以人口为纳税依据的"突税"(户税)。

一是地税。吐蕃在敦煌征收的地税又称"地子",在汉文文书中有不少相关记载,如S.5822《杨庆界寅年地子历》即一份百姓缴纳地子的文书。②"地子"一语,本为唐制,最早为按亩计征、用以救济荒年的"义仓税"。至唐中后期,地子逐渐演变为地税。③吐蕃占领之前的河陇一带,地子是河西节度用以供养守军的重要土地税,吐蕃占领之后的"地子"性质应该与唐相同。

二是户税。户税即按户征收的人口税,也就是吐蕃时期敦煌文书中所载的"突税""突田"。P.2162V《寅年沙州左三将纳丑年突田历》是一份部落百姓缴纳

---

① 王尧、陈践:《敦煌吐蕃文献选》,成都:四川民族出版社,1983年,第44—46页。
② 唐耕耦、陆宏基主编:《敦煌社会经济文献真迹释录》第2辑,北京:全国图书馆文献缩微复印中心,1990年,第407页。
③ (宋)王溥:《唐会要》卷88,上海:上海古籍出版社,2006年,第1916页。

突税的典型文书,记载了某部落左三将29户丑年缴纳突田的情况。①其征收方式是按户征收,而非按亩或按丁。

由于这一时期的敦煌主要以粮食和布匹作为等价交换物,所以部落百姓所缴纳的赋税均为实物,包括粮食、布匹、草料、蚕茧、羊苏(酥)、油等,还可以用劳役折合成粮食代替部分赋税。

(2)劳役

在担负沉重赋税的同时,敦煌百姓还身兼各类官府差科杂役,敦煌文书中不乏二者并举的例子,如前引 P.3774《丑年(821)十二月沙州僧龙藏牒》载"突税差科",P.3730《吐蕃酉年正月沙州乐人奉仙等牒》亦载有"及课差科,忧矜至甚"②之语,可见突税与差科是当时敦煌百姓的两大主要负担。吐蕃统治时期的劳役名目繁多,有修造、运输、守囚、营田、厅子、手力、看碉、知更、远使等,其中如修造、守囚、营田等力役的服役期一般为五天,百姓一般采取轮值方式上役。这些劳役中,修造、运输、营田一类为一般政府皆会征发的役种;守囚一类为中原所无,当是具有吐蕃特色的役种;厅子、手力等为源于唐朝的役种,但吐蕃治下的厅子一项与唐制明显有所不同,唐制中"厅子"当为胥吏,而敦煌的"厅子"当为官厅洒扫一类的杂役。

第五节　吐蕃统治时期敦煌的经济生产

1.农业

唐前期河西走廊地区的粮食产量,据李并成研究为平均亩产1.5石左右。③那么吐蕃统治时期敦煌地区的粮食产量又是如何呢? 杨际平通过对 P.3774号文书的研究得出了较为精确的结论。据 P.3774号文书记载:"一去丙寅年至昨午年卅年间,伯伯私种田卅亩,年别收斛斗卅驮。已上并寄放,合计一千驮,尽是大哥收掌。"④若按此卅亩土地质量居中计算,平均每亩产量可达1驮,即2石,"就旱土作物而论,其单位面积产量应可属全国先进水平"⑤。相较于唐前期平均亩产1.5石的情形,吐蕃时期的农作物产量明显有所上升,除了社会渐趋安定

---

① 唐耕耦、陆宏基主编:《敦煌社会经济文献真迹释录》第2辑,北京:全国图书馆文献缩微复印中心,1990年,第405—406页。

② 唐耕耦、陆宏基主编:《敦煌社会经济文献真迹释录》第4辑,北京:全国图书馆文献缩微复印中心,1990年,第113页。

③ 李并成:《唐代前期河西走廊的农业开发》,《中国农史》1990年第1期。

④ 唐耕耦、陆宏基主编:《敦煌社会经济文献真迹释录》第2辑,北京:全国图书馆文献缩微复印中心,1990年,第283页。

⑤ 杨际平:《吐蕃时期沙州社会经济研究》,《敦煌吐鲁番出土经济文书研究》,厦门:厦门大学出版社,1986年,第396页。

和生产日渐恢复的原因外,此时大量种植产量相对较高的小麦或许也是一个原因。但无论出于何种原因,产量的恢复和上升都是这一时期农业生产恢复发展的最直观证明(图4-18)。

图4-18 榆林窟25窟扬场、扫场

2.畜牧业

敦煌当地得天独厚的放牧环境、良好的畜牧业经营基础加上吐蕃重视畜牧业的民族传统,保证了吐蕃入主敦煌以后当地畜牧业的恢复与发展(图4-19)。

图4-19 莫高窟238窟西龛内南壁群牛图

这一时期畜牧业的经营模式主要包括官府经营、寺庙经营、民间经营三种。其中,虽然寺庙畜牧业的规模相较官营为小,但二者在管理制度上有诸多相似。首先,都受相应机构的严格监管,并定期清点畜群。官营畜牧业受到上自瓜州节度衙署畜牧官、下至敦煌当地财政官吏的监管,由官府于每年四五月对畜群进行清点;寺庙畜牧业则由寺卿具体负责监管,于每年十二月清点畜群并向都司汇报。其次,官营畜牧业由部落百姓充任牧人,执行放牧劳役,并按期缴纳羊毛、酥、乳酪等畜产品;寺庙经营畜牧业则由寺户充任牧人,其妻女还要承担羊毛纺

图4-20　榆林窟25窟北壁白马

织等畜产品加工劳役。最后,就畜群种类而言,二者均蓄养有羊、牛、马、驼、驴等
(图4-20),但牧羊业规模最盛。民间亦普遍饲养牲畜,按饲主身份不同可划分
为官员大族和普通民众两种情形。身处上层社会的官员大族拥有雄厚的经济实
力,持有牲畜量较为可观;普通百姓则只在自家庑舍圈养一二头较大牲畜以备耕
作、交通等畜力(图4-21)。无论哪种模式,官府对畜牧业都采取了簿籍制度和
畜印制度相配合的管理方式,以便确认牲畜的归属,防止在放养、繁育和管理中
发生混乱。多元的经营模式,可观的畜群数量,以及较为完备的管理制度,都是
畜牧业发展的表现,也从一个侧面反映出吐蕃统治下敦煌经济的缓慢复苏。这
些都为归义军时期畜牧业乃至整个社会经济的繁荣埋下了伏笔。

图4-21　榆林窟25窟耕牛图

第五章　张氏归义军时期的敦煌历史

张氏归义军时代是敦煌历史上颇富特色的地方割据时代,从中原王朝的分期来讲,张氏归义军跨越了晚唐、五代两个时段;从地域上来说,其领地涉及河西及西域。正是由于归义军处在中原王朝之"王命所不及"的西北一隅,所以在偏重记载中原历史的传统史料中对其语焉不详,《新唐书》和两《五代史》将之附在《吐蕃传》中,《宋会要》和《宋史》则列入《蕃夷》和《外国传》,所记皆极为简略,自然难以揭开它的神秘面纱。所幸在20世纪初,封闭了近九百年的敦煌莫高窟第17窟在不经意间被道士王圆箓打开,它就是后来闻名世界的"藏经洞"。那里面封存着大量文书,内容极为丰富,可以说,这批新资料的发现为归义军研究提供了可靠的史料证据。正如藤枝晃所言:"归义军节度使的历史在学界引起重视,是在敦煌石窟的遗书发现以后的事情。"[①]

第一节　归义军的创立与发展

唐天宝十四载(755),安禄山以奉密诏诛杨国忠为名发动叛乱,安史之乱爆发。这场肇始以粟特胡人为首的叛乱,给唐王朝造成了沉重打击,从此盛世局面一去不复返,唐朝国势江河日下,慢慢走向衰落。为了平定这场叛乱,唐玄宗在出逃途中,下诏命令河西、西域等地除留少数士卒驻守外,其余精兵都要勤王平叛,这一道命令也直接导致了河陇地区防卫力量的空虚。崛起于青藏高原的吐蕃乘虚而入,侵占了唐朝河陇、西域的大片领土,敦煌也最终因弹尽粮绝,于贞元二年(786)被迫"寻盟而降"。

唐武宗会昌二年(842),吐蕃赞普朗达玛遇刺身亡,国内大乱。河陇一带,洛门川讨击使论恐热与鄯州节度使尚婢婢攻伐不断,随军出征的吐蕃奴部也纷纷起义。与此同时,唐朝也加紧了对三州七关的收复。吐蕃势力遽衰。

1.大中二年至四年沙州与长安间的使者往来

据敦煌文献记载,张议潮是在大中二年(848)收复瓜、沙二州的。《敕河西节度兵部尚书张公德政之碑》(以下简称《张淮深碑》)言:

> 敦煌、晋昌收复已讫,时当大中二载。题笺修表,纡道驰函,(沙州既破吐蕃,大中二年,遂差押衙高进达等,驰表函入长安城,已献天子。)上达天

---

①[日]藤枝晃:《沙州歸義軍節度使始末(一)》,《東方学報》第12册第3分册,1941年,第66页。

闻。皇明披览，龙颜叹曰："关西出将，岂虚也哉！"百辟欢呼，抃舞称贺。(表达天庭，大中大悦，叹曰："关西出将"。将者，即祁连古往出于名将，卢思道之辈是也。)便降驲骑，(驲骑者，即驿马传递是也。)使送河西旌节，赏赉功勋，慰谕边庭收复之事，授兵部尚书，万户侯。图谋得势，转益雄豪。次屠张掖、酒泉，攻城野战，不逾星岁，克获两州。再奏天阶，依前封赐，加授左仆射。[1]

张议潮收复瓜、沙二州后，随即派遣高进达等人赴长安献捷，唐宣宗在得知沙州归服后龙颜大悦，"便降驲骑，使送河西旌节"。现有研究表明，为张议潮求取得节度使旌节的是大中五年(851)到朝的张议潭使团，而非张议潮所遣的首批使节，此处敦煌文献记载与正史有出入。唐朝政府实际授予张议潮的官职总是低于或晚于敦煌文献中之记载，"使送河西旌节"当属碑文的溢美之辞。

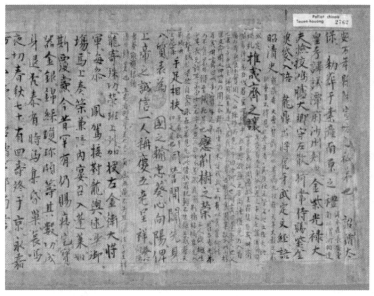

图 5-1　《张淮深碑》(局部)

《资治通鉴》卷249《唐宣宗大中五年》载："春，正月，壬戌，天德军奏摄沙州刺史张义潮遣使来降。义潮，沙州人也，时吐蕃大乱，义潮阴结豪杰，谋自拔归唐；一旦，帅众被甲噪于州门，唐人皆应之，吐蕃守将惊走，义潮遂摄州事，奉表来降。以义潮为沙州防御使。"[2]此处正月实乃二月之讹。[3]《通鉴考异》引《宣宗实录》也有

① 荣新江：《敦煌写本〈敕河西节度兵部尚书张公德政之碑〉校考》，周绍良等编：《周一良先生八十生日纪念论文集》，北京：中国社会科学出版社，1993年，第208页。

② (宋)司马光编著，(元)胡三省音注：《资治通鉴》卷249《唐宣宗大中五年》，北京：中华书局，2013年，第6725页。

③ 岑仲勉：《通鉴隋唐纪比事质疑》，北京：中华书局，1964年，第306页。

类似记载:"春,正[章:十二行本"正"作"二";乙十一行本同;退斋校同。]月,壬戌,天德军奏摄沙州刺史张义潮遣使来降。"①实际上,大中五年二月十九日乃唐宣宗颁布圣旨的日子,使团抵达长安的时间是在大中四年(850)底。②目前学界基本认同大中四年在天德军的帮助下,到达长安的沙州使团正是张议潮所遣的首批使团。然而仔细分析上引史料,会发现,大中四年底到朝的这批使团,实际上是由张议潮、安景旻及部落使阎英达等人共同派遣。P.3481Vc《发愿文》载:

> 则我大檀越大蕃部落使、河西节度、太原阎公。伏惟公操列寒松……令誉远闻于天朝,政化大行于道路。故得敕书将降,独庆一门;宠荣自天而赐来,光华九族。□万姓喜节感,部落讴歌。……自大夫辕门拜命,阃外空域,所缘挟拣塞途,不皇朝谢。一昨春,制使回车。乃令贤郎君等躬躯征轩,造谒明主,布露肝胆,敷奉阙庭,郎君□自荣驾长惭,言登岐洛,阔别如昨,自经三旬。③

所记阎英达曾派遣郎君等人出使长安,这与《宣宗实录》正相合。唐廷设归义军后,阎英达先后出任部落使、瓜州刺史等职,能够继续与节度使张议潮一同派遣使者前往唐廷的可能性并不大。由此,我们判断,两者实属同一批使团。这就说明,以某大夫为首的唐朝使团到达沙州的时间就要早于大中四年底。唐王朝于此时得以遣使沙州,正是张议潮所遣首批使团出使长安的结果。

那么这批唐朝使团究于何时到达沙州?传世史料未予记载,我们可以利用敦煌文献中大中年号的使用情况来间接加以证明。从目前掌握的资料看,最早使用大中年号的敦煌文献是P.2825《太公家教一卷》,卷末有一行题记:"大中四年庚午正月十五日学生宋文显读,安文德写。"④其他相关文献还有日本京都藤

---

① (宋)司马光编著,(元)胡三省音注:《资治通鉴》卷249《唐宣宗大中四年一五年》,北京:中华书局,2013年,第6725页。

② 苏莹辉:《敦煌学概要》,台北:五南图书出版有限公司,1988年,第139页;冯培红:《敦煌的归义军时代》,兰州:甘肃教育出版社,2013年,第48页。

③ 上海古籍出版社等编:《法藏敦煌西域文献》第24册,上海:上海古籍出版社,2002年,第310页。目前学界对"太原阎公"的比定主要有两种看法:一种认为即领导沙州人民进行抗击斗争的阎朝,他投降后被吐蕃统治者任命为"大蕃部使河西节度";一种认为乃归义军时期出任部落使、瓜州刺史的阎英达。愿文中之记载可以为人物比定提供一些线索。据载,阎公因"令誉远闻于天朝",故"敕书将降",以某大夫为首的使团出使沙州,第二年春,"制使"(一般指中央派遣的使者)返回,阎公派郎君等人"造谒明主"。两批使团理应一同返回。一些学者据此认为阎公派人出使的是吐蕃王朝,但愿文明言为"岐洛",即岐山和洛水,这里可代指唐都长安。由此可断定,某大夫是由唐王朝而非吐蕃所遣。吐蕃统治河陇时期虽亦有民众往来于河陇与长安之间,但阎朝作为"寻盟而降"的唐朝将领,在吐蕃占领敦煌后,很难想象能够继续与唐王朝保持使者往来。况且,阎朝最后的死因,也是出于吐蕃的猜疑。基于此,我们认为发愿文中之"太原阎公"应指阎英达,这也与他在蕃占期间曾担任过部落使一职相符。

④ [日]池田温:《中國古代寫本識語集錄》,東京:東京大学東洋文化研究所,1990年,第353页。

井有邻馆藏敦煌文书51号《大中四年(850)十月沙州令狐进达申请户口牒》；
S.1350《大中五年(851)二月十三日僧光镜赊买车小头钏契》；S.705《开蒙要训一卷》，末书"开蒙要训一卷"，卷后有一行题记："大中五年辛未三月廿三日，学生宋文献诵，安文德写。"[①]这些文献都可说明，早在大中五年二月前，沙州当地民众就已开始使用大中年号了。自张议潮起事至大中四年，敦煌文献中多采用的是干支纪年。例如S.6485《佛说贤劫千佛名经》，卷末题："戊辰年(848)四月二十九日，经生侯珣为王庭仙敬写毕，愿法界有情，同沾此福"；S.4429《五台山赞》，卷尾有一行题记："戊辰年(848)六月四日，莲［台］寺僧应祥、启得、智常、智悟住持"；[②]P.3852《戊辰年(848)九月七日点勘龙兴寺藏经历》；[③]BD06301V(咸001)《七阶佛名经》，卷背有一行题记："己巳年(849)正月日柱字记"[④]等。这些例证显示，大中三年初沙州当地还在使用干支纪年，而到了翌年正月，就已开始使用大中年号了。两者的交替，可据之了解沙州和中原王朝之间的往来情况，因为改元的消息往往是由使者或游方僧人传到沙州的，敦煌地区使用新年号的时间距改元时间的长短，透露了双方交往的疏密情况。[⑤]可以说，正是唐朝使团的到来，使沙州了解到了中原地区的一些情况，包括此时中央王朝年号的使用。唐朝使团是在来年春返回，最终在大中四年底到达长安，据这一时间推算，这批使团到达沙州的时间，最有可能应在大中三年底或四年初。上引《资治通鉴》卷249《唐宣宗大中五年》及《宣宗实录》所记张议潮、阎英达上书唐王朝时的职官分别是沙州刺史和部落使，既然已经得到唐王朝承认，就说明该职官并非两人自称，而应是大中三年底或四年初到达沙州的这批唐朝使团所授。

《张淮深碑》言："不逾星岁，克获两州。再奏天阶"，大中三年张议潮收复甘、肃二州后，沙州方面再一次派遣使团远赴唐廷，该使团或即大中四年春张议潮、安景旻及部落使阎英达遣使随同某大夫等人返回长安的那一批。P.2748V《大中四年七月二十日天德军奏状》记载道：

　　1.大中四年七月廿日，天德 [_____]
　　2.已下七人至。忽奉 [_____]
　　3.赐臣金帛锦彩 [_____]
　　4.蒙荣赐菏泽，承 [_____]
　　5.诚欢诚惧，顿首 [_____]

① ［日］池田温：《中國古代寫本識語集錄》，东京：东京大学东洋文化研究所，1990年，第403页。
② ［日］池田温：《中國古代寫本識語集錄》，东京：东京大学东洋文化研究所，1990年，第352页。
③ 方广锠：《敦煌佛教经录辑校》，南京：江苏古籍出版社，1997年，第558页。
④ ［日］池田温：《中國古代寫本識語集錄》，东京：东京大学东洋文化研究所，1990年，第352—353页。
⑤ 荣新江：《归义军史研究——唐宋时代敦煌历史考索》，上海：上海古籍出版社，1996年，第44页。

6.当回发使细人,探 [_____]

7.拟接掠,所以淹 [_____]

8.等七人于灵州□[_____]

9.猎。吐浑不知委 [_____]

10.不敢说实情,往 [_____]

11.知不达

12.六人奉河西地图 [_____]

13.上。今谨遣定远 [_____]①

图5-2 P.2748V《大中四年七月二十日天德军奏状》

状文粘连在P.2748V悟真撰《国师唐和尚百岁书》的序言与诗之间,下半段截去,郑炳林、齐陈骏由此推断状文的作者或即悟真。②荣新江、余欣指出,该文书"似为天德军使上宣宗之牒。其中奉河西地图而来之七人,或即沙州使人高进达辈。"③李军则认为状文所述并非一事,而是至少互不相关的三件事:"(1)文书第1—5行,述上表者曾受到唐朝'金帛锦彩'的赏赐,故其在表文中对宣宗表示感谢。(2)第6—11行由于文书残缺,所述不甚明了,似言文书作者曾派遣'细人'刺探情报,由于遇到特殊情况,有七人滞留在灵州,而此事或与吐浑即吐谷浑有关。(3)第12—13行,叙沙州入朝使者六人奉河西地图抵天德军,为使其顺利抵达长安,文书作者遣人护送。"又言:"'定远'并非指朔方节度治下的'定远军',而是唐代武散官系统中正五品上阶的'定远将军'。"④冯培红提出不同意见,他认为第2行中,到达天德军的7人应该就是张议潮所遣以高进达为首的入京使节,第7、8行说他们在灵州淹留,可能是受到了党项的劫掠,其结果是1人可能遇害,6人得到

① 唐耕耦、陆宏基主编:《敦煌社会经济文献真迹释录》第4辑,北京:全国图书馆文献缩微复制中心,1990年,第362页。

② 齐陈骏、寒沁:《河西都僧统唐悟真作品和见载文献系年》,《敦煌学辑刊》1993年第2期;郑炳林、郑怡楠辑释:《敦煌碑铭赞辑释(增订本)》,上海:上海古籍出版社,2019年,第391页。

③ 荣新江、余欣:《沙州归义军史事系年示例》,《华学》编辑委员会编:《华学》第7辑,广州:中山大学出版社,2004年,第227页。

④ 李军:《唐大中二年沙州遣使中原路线献疑》,《中国边疆史地研究》2010年第1期。

解救,天德军遂派遣定远城的官兵沿路护送入京。[1]学者们的观点虽有冲突,但均认为大中四年七月到达天德军的这批使团是高进达等人。

唐太宗贞观元年(627),划天下为十道;睿宗景云二年(711),又从十道中的陇右道析出河西道。同年,为加强西北边防,始置河西节度使,辖凉、甘、肃、瓜、沙、伊、西七州;玄宗先天元年(712),从河西节度中再析出伊、西二州,另建伊西节度使,后来又移隶北庭节度使。[2]先天元年后,河西节度所辖实则只有五州之地。至大中四年春沙州使团前往长安之际,张议潮已收复瓜、沙、甘、肃等州,河西重镇凉州于此时虽仍处在吐蕃的控制之下,但已基本控制原河西节度所管大半州郡,符合状文"奉河西地图"的描述。当时吐蕃还盘踞在河西走廊东部,故张议潮遣使长安必须绕道而行,唯一安全可行的路线就是走北面的沙碛之路,穿越今内蒙古阿拉善盟境内的沙漠。大中四年春从沙州出发的使团,七月到达天德军也属合理。而无论是6人还是7人,从规模上看,他们都仅是沙州所遣的使节,并不包括唐朝某大夫等人。

大中四年初从沙州出发的使团,于是年七月就已到达天德军,而为何直到年底才抵达长安? 按羽032(1)《驿程记》所记:

> ▭▭▭▭至谷南口宿。十七日▭▭▭▭至西受降城宿。十九日西城歇。廿日发至四曲堡下宿。廿一日发至吴怀堡宿。廿三日发至天德军城南馆宿,廿四日天德打毬设沙州专使。至九月三日发天德,发至麦泊食宿。四日发至西河宿。五日发至中受降城宿。六日发至神山关宿。七日云迦关宿。八日歇。九日发至长平驿宿。十日发至宁人驿宿。十一日发子河驿宿。十二日发至振武宿。十三日发长庆驿宿。十四日发至静边军宿。十五日纥药驿宿。十六日平番驿宿。十七日天宁驿宿。十八日雁门关北口驿宿。十九日(以下原缺文)[3]

沙州专使于八月廿三日至天德军城,九月三日从天德军出发,天德军以西的路线为:谷南口→……→西受降城→西城→四曲堡→吴怀堡→天德军城南馆→天德军。陈涛指出:"敦煌本《驿程记》中所言'八月廿四日','沙州专使'极有可能就是指大中五年八月沙州使团到达天德军一事。"[4]杨宝玉亦认为"沙州专使"应指

① 冯培红:《敦煌的归义军时代》,兰州:甘肃教育出版社,2013年,第47—48页。

② 冯培红:《论晚唐五代的沙州(归义军)与凉州(河西)节度使——以"河西"观念为中心的考察》,张涌泉、陈浩主编:《浙江与敦煌学:常书鸿先生诞辰一百周年纪念文集》,杭州:浙江古籍出版社,2004年,第239页。

③ [日]高田时雄:《李盛铎旧藏写本〈驿程记〉初探》,《敦煌写本研究年报》2011年第5号。

④ 陈涛:《日本杏雨书屋藏敦煌本〈驿程记〉地名及年代考》,《南都学坛》2014年第5期。

张议潭使团,并指出,该使团到朝的时间是在大中五年十月。①《驿程记》中张议潭使团是经天德军绕道雁门关,最后抵达长安,用时近两月。如若大中四年七月到达天德军的这批使团,经由灵州或夏州赶往长安,所用时间会更短。而之所以会晚至年底才到达,原因应正如冯培红在上文所言,可能是受到了党项的劫掠,在灵州停留了一段时日。

大中五年二月十九日,唐宣宗颁布圣旨,任命张议潮为沙州防御使。关于此事,上引《资治通鉴》卷249《唐宣宗大中五年》、《新唐书》及《敦煌县志》等史料均有记载。其中《新唐书·吐蕃传下》言:

> 明年,沙州首领张义潮奉瓜、沙、伊、肃、甘等十一州地图以献。始义潮阴结豪英归唐,一日,众擐甲噪州门,汉人皆助之,虏守者惊走,遂摄州事。缮甲兵,耕且战,悉复余州。以部校十辈皆操挺,内表其中,东北走天德城,防御使李丕以闻。帝嘉其忠,命使者赍诏收慰,擢义潮沙州防御使,俄号归义军,遂为节度使。②

《敦煌县志》卷5《人物·张议潮》条载:

> 张议潮,本沙州首领,大中时吐蕃衰乱,阴结豪杰归唐,一日,众擐甲噪州门,汉人皆助之,虏守者惊走,遂摄州事。缮甲兵,且耕且战。使其兄义泽领部校十余辈皆操挺,内表其中,东北走天德城。防御使者,赍诏收慰,先擢沙州防御使,升为归义军节度使。③

分析以上材料,会发现,《敦煌县志》张议潮条所载内容应出自《新唐书·吐蕃传下》,但在传抄过程中出现了一些讹误,例如"使其兄义泽领部校十余辈皆操挺,内表其中,东北走天德城","兄义泽"即张议潭,"部校十辈"是张议潮所遣的第一批使团,而张议潭奉十一州图籍入长安,属后续事件。此处暂不对《敦煌县志》张议潮条进行分析。《新唐书·吐蕃传下》所引的这段史料,实则包含四次事件:一是张议潮遣张议潭等人以瓜、沙、伊、肃等十一州图籍入长安,唐政府于大中五年十一月在沙州设归义军,以张议潮为归义军节度使;二是大中二年张议潮率众起事,赶走吐蕃敦煌守将节儿,一举夺取瓜、沙二州,并随即以"部校十辈"东北走天德军出使献捷,这批使团后来在李丕的帮助下成功到达长安;三是张议潮继续征战,收复余州;四是擢张议潮沙州防御使。《新

① 杨宝玉:《大中五年张议潭入奏相关问题辨析——以杏雨书屋藏羽032—1〈驿程记〉为中心》,《敦煌研究》2016年第6期。

② (宋)欧阳修、宋祁撰:《新唐书》卷216下《吐蕃传下》,北京:中华书局,1975年,第6107—6108页。

③ (清)苏履吉修、曾诚纂:《敦煌县志》,黄成助发行:《中国方志丛书·华北地方·第351号》,台北:成文出版社,1971年,第205—206页。

唐书·吐蕃传下》并未详载擢张议潮沙州防御使的原因,仅言:"帝嘉其忠,命使者赍诏收慰。"《资治通鉴》则记载了此次事件的经过,"义潮,沙州人也……奉表来降"一句实乃穿插其中的文字,擢张议潮沙州防御使的原因正如史料开头所言:"天德军奏摄沙州刺史张义潮遣使来降。"唐后期,除了节度、观察等使所在的会府州,在一些较重要的州,其刺史例兼防御使或团练使,这些防御、团练使是一州的军政长官。①这里张议潮是以沙州刺史例兼防御使,掌管沙州的军政大权。

　　总的来说,大中二年张议潮率众起事后,随即派遣高进达等人出使长安献捷。使节抵达长安后,唐宣宗也很快差以某大夫为首的使团前往沙州宣慰,该使团于大中三年底或四年初到达沙州,授予张议潮、阎英达等人沙州刺史和部落使之职。与此同时,张议潮、安景旻及部落使阎英达等人又于大中四年春遣使随同某大夫等人返回长安,该使团于大中四年七月二十日到达天德军,并在天德军防御使的帮助下最终于大中四年底到朝,次年二月,宣宗任命张议潮为沙州防御使。张议潮大中四年所派遣的使团是携河西地图以献,希望继承之前驻节于沙州的河西节度使的政治遗产,然而唐廷却仅授张议潮沙州防御使一职。究其缘由,正如李军所言:"在沙州陷蕃60余年且与唐中央长期音信不通的情况下,张议潮在大中五年突然派使团携河西地图归附,唐朝君臣对此心存疑虑也是应有之义。"②唐朝将沙州从普通州改为防御州,是为了防止吐蕃势力的反扑,巩固张议潮在沙州的成果。③

　　2.瓜州节度使的敕授

　　敦煌本 P.2686V《大蕃沙州敦煌郡摄敕授节度张公功德记》,抄写字迹潦草,前全后残,现存18行,是一篇非常珍贵的史料,反映了张议潮起事之初的一些重要细节,相关内容记载道:

　　　　大蕃沙州敦煌郡摄敕授节度张公。

　　　　　　本郡器等谨贺。

　　　　右三危故境,列积垓壤之封;五郡城域,逐并南蕃之化。虽仍并一旅,承问天阙;幕府倾移,旌信不散。全城纳效,爰及六十余载。又遇陷落蕃庭,灾害随生;运属艰危,声复律吕;举国倾坏,兵甲竞兴。彼此相攻,父南子北;铜头铁额,同马狡而煞人;结憎连郡,蹑山村而掠野。伏惟节度公心如铁石,志等松筠,知去就之心,识存亡之兆。孤贞绝域,抗节危城,丑类披

---

① 陈志坚:《唐代州郡制度研究》,上海:上海古籍出版社,2005年,第11页。
② 李军:《控制、法定与自治:唐宋之际归义军辖区变迁的多维度考察》,《中国史研究》2021年第4期。
③ 冯培红:《敦煌的归义军时代》,兰州:甘肃教育出版社,2013年,第49页。

犀汗血。或列千乘雷振,曳红旗而闪天;或进骑云屯,声鼓鼙而动地。昼攻夜守,春候秋防;一郡赖大树之荫,四塞怯接飞之手。是以南蕃葡萄,北狄来济,杂舍羌浑,悚然归伏。既而王祥有修,易俗移风之教,缮行来,歌息盗。所以轻云夜散,[得]睹苍天;重雾晨开,还瞻白日。伏惟节度公功方德厚,瀚海之勋靡申;调下琴悲,际天之劳须奏。□□□□,□□坎分。□□□□十月日。①

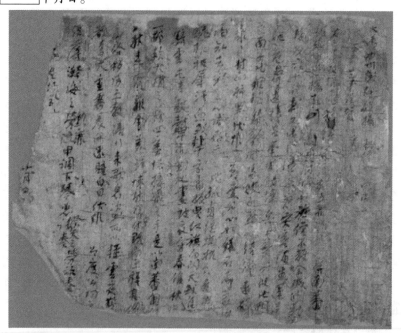

图5-3　P.2686V《大蕃沙州敦煌郡摄敕授节度张公功德记》

P.2686,王重民《敦煌遗书总目索引》伯希和劫经录有过叙录:"2686借券三通。第一通有印,有手节押。"②施萍婷《敦煌遗书总目索引新编》伯希和劫经录亦言:"P.2686借券三通。说明:第一通有印,有手节押。背有文字,字迹草,且已不清,内有'伏惟节度'等等。"③前者未注意到卷背内容,后者虽注意到,但鉴于字迹模糊,未予叙录和定名。《法藏敦煌西域文献》将卷背内容定名为《呈大蕃国沙州敦煌郡节度公贺文》。郑炳林、魏迎春对此篇文书有过专文研究,将之定名为《大蕃沙州敦煌郡摄节度功德颂》,认为节度使指张议潮。郑文以为自"右三危故境"至"全城纳效",记载的是贞元二年吐蕃对敦煌的占领;"又遇陷落蕃庭"至

---

① 上海古籍出版社等编:《法藏敦煌西域文献》第17册,上海:上海古籍出版社,2001年,第245页。

② 商务印书馆编:《敦煌遗书总目索引》,北京:中华书局,1983年,第270页。

③ 敦煌研究院编:《敦煌遗书总目索引新编》,北京:中华书局,2000年,第250页。

"隳山村而掠野",叙述的则是论恐热追击尚婢婢到瓜州事。①作者将写卷首行释作"大蕃沙州敦煌郡摄节度功德颂",依图版,"摄"后所书实乃"敕授节度张公"。写卷第二行,作者释作"本郡窦夫子谨贺","本郡"与"谨贺"之间用草书书写,从笔画上看,应为"器等"二字。"器"即窦良器,又作窦良骥、窦夫子等,敦煌文献中保留有其许多作品,诸如P.4640(1)《阴处士碑》、P.4640(5)《吴僧统碑》、P.4640(11)《先代小吴和尚赞》、P.4660(30)《吴和尚赞》、羽689《吐蕃监军论董勃藏修伽蓝功德记》、P.t.1070《大蕃敕尚书令尚起律心儿圣光寺功德颂》等,主要活动在吐蕃至归义军初期。②从文体上看,这篇文书属于功德记性质,因此,P.2686V应定名为《大蕃沙州敦煌郡摄敕授节度张公功德记》,"张公"正如郑文所言即为张议潮无疑。写卷最后一行残留有"十月日"等字样,字体与正文一致,该是功德记之撰写题记。

开成三年(838),热衷奉佛的吐蕃赞普赤祖德赞被贵族刺杀,其弟达磨继位。在他统治期间,由于大肆毁灭佛教,会昌二年(842)在大昭寺唐蕃会盟碑前被高僧拉隆·贝吉多杰刺杀身亡。达磨卒后,其妃綝氏之兄尚延力的儿子乞离胡被立为赞普,綝氏掌握了朝政大权,反对派则拥立次妃蔡邦氏之子微松为主。随着国都逻些的政变,驻守在边境河陇地区的将帅也很快地卷入了内乱。汉文史籍对陇右史事记载较详,至于河西,敦煌藏文文献有所提及,P.t.999《祈愿文》记载:

> 鼠年季夏(六月)八日,沙州二部僧伽,为赞磨王妃潘母子宫殿微松(光护)之功德,也为沙州地方百姓之功德举行回向供施法会。从宫廷指令及信函、教法大臣及安抚大臣之信函中得知,在2700人法会之时,教法大布施所奉献之财物,交与长老僧人洪辩和旺乔登记,并由管经僧人云海和李丹贡核对经卷记录和正式凭据付账。以后结算经卷总账之时,以此登记账目和总账本(底数)相核对,如吻合则登记偿付,并发给盖有印章之凭据。③

该文献自1978年公布以来,学者争相译释,已经推出了多个译本,并对吐蕃末期的相关史事作了探究。所谓"鼠年",被公认为是会昌四年(844),正值达磨赞普死后吐蕃内讧时期。从这个文献可知,在乞离胡、微松两派斗争过程中,河西走廊最西端的沙州站在了支持微松一方,来自微松宫廷的旨令在沙州得到了贯彻。

---

① 郑炳林、魏迎春:《敦煌写本〈大蕃沙州敦煌郡摄节度功德颂〉研究》,《敦煌学辑刊》2019年第4期。

② 朱利华、伏俊琏:《敦煌文人窦良骥生平考述》,《敦煌学辑刊》2015年第3期。

③ 陈楠:《P.T.999号敦煌藏文写卷再研究——以往汉译本比较及相关史事补正与考辨》,《中国藏学》2008年第3期。

大中二年张议潮赶走的正是支持微松的吐蕃势力,这样看来,"大蕃沙州敦煌郡摄节度"就应该是乞离胡一派所敕授。根据汉、藏史料,吐蕃占领河陇后,在这一地区设置了五个节度使,分别是青海节度使、鄯州节度使、河州节度使、凉州节度使和瓜州节度使。吐蕃瓜州节度使治瓜州,管辖范围大致是唐朝的瓜、沙、肃、伊、西等州。①张议潮被乞离胡敕授的应即瓜州节度使,另外从"大蕃沙州"来看,此时的节度使衙也由瓜州移至了沙州。

吐蕃控制的陇右地区,其守将也因为各自支持不同的赞普,形成了以鄯州节度使尚婢婢和洛门川讨击使论恐热为首的两大政治势力,双方之间互相争斗,混战不已。大中三年(849),论恐热命令部将僧莽蔺真在河州鸡项关南造桥,率军西进,在白土岭、牦牛峡相继击败尚婢婢的军队。②尚婢婢兵败后,因乏粮,往甘州西就水草,被论恐热率五千骑追至瓜州,将战火蔓延到了河西地区。《资治通鉴》卷249《唐宣宗大中四年九月》云:

> 婢婢粮乏,留拓拔怀光守鄯州,帅部落三千余人就水草于甘州西。恐热闻婢婢弃鄯州,自将轻骑五千追之,至瓜州,闻怀光守鄯州,遂大掠河西鄯、廓等八州,杀其丁壮,剟刖其羸老及妇人,以槊贯婴儿为戏,焚其室庐,五千里间,赤地殆尽。③

《新唐书·吐蕃传下》载:

> 婢婢粮尽,引众驱甘州西境。以拓跋怀光居守,恐热麾下多归之。恐热大略鄯、廓、瓜、肃、伊、西等州,所过捕戮,积尸狼藉,麾下内怨,皆欲图之。乃扬声将请唐兵五十万共定其乱,保渭州,求册为赞普,奉表归唐。宣宗诏太仆卿陆耽持节慰劳……恐热既至,诏尚书左丞李景让就问所欲。恐热倨夸自大,且求河渭节度使,帝不许。还过咸阳桥,咄叹曰:"我举大事,觊得济此河与唐分境。"于是复趋落门川收散卒,将寇边,会久雨粮绝,恐热还笨廓州。④

两者记载大同小异,所不同的是,《资治通鉴》记为大中四年九月,《新唐书·吐蕃传下》则记为大中三年。对于《新唐书·吐蕃传》所载论恐热入朝的各个环节,诸如麾下内怨、尚书左丞李景让问所欲、论恐热求河渭节度使、被拒后复归洛门川、因久雨粮绝而被迫奔还廓州等,均与《资治通鉴》卷249《唐宣宗大中五年》条相

---

① 杨铭:《吐蕃统治敦煌西域研究》,北京:商务印书馆,2014年,第6—10页。

② (宋)欧阳修、宋祁撰:《新唐书》卷216下《吐蕃传下》,北京:中华书局,1975年,第6106页;(宋)司马光编著,(元)胡三省音注:《资治通鉴》卷249《唐宣宗大中四年》,北京:中华书局,2013年,第6724页。

③ (宋)司马光编著,(元)胡三省音注:《资治通鉴》卷249《唐宣宗大中四年》,北京:中华书局,2013年,第6724页。

④ (宋)欧阳修、宋祁撰:《新唐书》卷216下《吐蕃传下》,北京:中华书局,1975年,第6106—6107页。

类似：

> 吐蕃论恐热残虐，所部多叛；拓跋怀光使人说诱之，其众或散居部落，或降于怀光。恐热势孤，乃扬言于众曰："吾今入朝于唐，借兵五十万来诛不服者，然后以渭州为国城，请唐册我为赞普，谁敢不从！"五月，恐热入朝，上遣左丞李景让就礼宾院问所欲。恐热气色骄倨，语言荒诞，求为河渭节度使；上不许，召对三殿，如常日胡客，劳赐遣还。恐热怏怏而去，复归落门川，聚其旧众，欲为边患。会久雨，乏食，众稍散，才有三百余人，奔于廓州。①

在欧阳修、司马光的笔下，正是因为论恐热大掠河西八州，导致麾下内怨，部众多叛，才至于最后入朝于唐。经李军研究，大中三年正月十一日，吐蕃河陇守将论恐热归附的消息由泾原节度使康季荣上奏宣宗；二月，宣宗以陆耽前往陇右予以宣慰；同年五月，论恐热前往长安觐见宣宗。②若此判断无误，则尚婢婢就食甘州西一事就应发生在大中三年正月十一日前。P.2686V《功德记》言张议潮经过艰苦战斗才最终击退论恐热，取得了"瀚海之勋"和"际天之劳"。《功德记》未载"须奏"即上奏吐蕃王朝之后事，表明张议潮瓜州节度使一职并非其击退论恐热后才授，只能授于大中三年正月十一日前，P.2686V功德记的写成年代或许即在是年的十月。

换言之，张议潮大中二年起事之初，在派遣使团前往唐朝献捷的同时，也派遣了一批使节出使吐蕃。出于距离或交通路线畅通等因素，张议潮在唐朝使团来到沙州之前，已先于大中三年正月前接受了乞离胡一派敕授的瓜州节度使一职。待唐朝使节某大夫等人于大中三年底或四年初到达沙州后，又接受了唐朝沙州刺史的敕封。可见张议潮起事之初并没有完全打出反抗吐蕃的大旗，而是采取两边通好的策略。

3.张议潮收复凉州前的活动

学界针对归义军收复凉州的时间曾有过细致的讨论，然而对于张议潮出兵凉州吐蕃的过程却着墨不多。李军根据《张淮深碑》所载，认为"归义军收复凉州并非一蹴而就，而是有一个循序渐进的过程：归义军首先收复凉州西部的神乌等地，然后以此作为跳板，最终攻克凉州全境。"③仅就此言，自然难以揭开历史的侧面。幸赖敦煌文书P.3750的保存，使我们得以了解其中的经过。

P.3750，前残后全，现存16行，为便于论述，现依图版，将相关内容移录

① （宋）司马光编著，（元）胡三省音注：《资治通鉴》卷249《唐宣宗大中五年》，北京：中华书局，2013年，第6727页。
② 李军：《三州七关的收复与唐宣宗大中政局》，《社会科学战线》2020年第10期。
③ 李军：《敦煌通史·晚唐归义军卷》，兰州：甘肃教育出版社，2023年，105—108页。

如下：

> ☐☐☐☐货物并☐☐☐☐望望。镇(镇)蓼泉①人户缘口家在沙州，不肯停
> 住，于官非常不益。汝切须依旧名目并家口，差军将一二人押领，限七月廿
> 八日已来，并到肃州。张和荣要图画障子兼素匠二人，星夜辈(倍)程，速须
> 发遣。张善善亦须同来。先差阴怀深催促兵马兼所取物色，至甚迟违，亦
> 速发遣。昨，七月十九日，进奏押衙王敬翼到，兼得将军家书，宅内长幼兼
> 得平善。前后缘诸城镇(镇)官吏数多恩赐，汝全不曾得，不是吾入己，汝亦
> 得知。今王敬翼般次到，此度恩赐并全，于左诚珍边发遣。待到日，于领衣
> 物一角并银椀一枚，封印全，椀在外。限以军行，见汝未期，但多忆念，专遣
> 委曲至汝。淮深省。②

此件文书，王重民《敦煌遗书总目索引》伯希和劫经录对之有过叙录："3750残状
牒一件。"③黄永武《敦煌遗书最新目录》巴黎所藏敦煌汉文卷子目录、施萍婷《敦
煌遗书总目索引新编》伯希和劫经录定名与王氏同。④文书第7行和第16行人
名处原被涂抹，但在彩色图版上清晰可辨，经释读，分别乃"阴怀深"和"淮深"。
至于文书的性质，写卷第15行有明确记载："专遣委曲至汝"，委屈，指手札、手
书。柳宗元《柳河东集·谢襄阳李夷简尚书抚问启》载："某启，当州员外司马李幼
清传示尚书委曲，特赐记忆，过蒙存问。"⑤《资治通鉴》卷257《唐僖宗光启三年》
言："用之比来频启令公，欲因此相图，已有委曲在张尚书处。"胡三省注曰："当时
机密文书谓之委曲。"⑥可见，P.3750实乃某人写于淮深的一封书信。上录文可分
为四部分内容：第1—4行讲述书信人要求收件人淮深将蓼泉等地人户的家口从
沙州派人护送至肃州；第5—6行言从沙州派遣图画障子兼素匠二人及张善善到
军前；第7—8行是要求发遣兵马及所需物资；第8—16行讲述王敬翼般次到达军
前，以及所涉物品的分派。

---

　　①"蓼泉"，即《新唐书·地理志四》《甘州张掖郡》条下注所言的位于州西百二十里的蓼泉守捉城。蓼
泉本属甘州，但为了解决归义军人员不肯停驻的问题，发信者要求押送其家属前往肃州，表明此时蓼泉为
归义军属下的肃州所管。
　　②上海古籍出版社等编：《法藏敦煌西域文献》第27册，上海：上海古籍出版社，2002年，第241页。
　　③商务印书馆编：《敦煌遗书总目索引》，北京：中华书局，1983年，第294页。
　　④黄永武：《敦煌遗书最新目录》，台北：新文丰出版公司，1986年，第740页；敦煌研究院编：《敦煌遗
书总目索引新编》，北京：中华书局，2000年，第297页。
　　⑤(唐)柳宗元：《柳河东集》卷35《谢襄阳李夷简尚书抚问启》，上海：上海人民出版社，1974年，第558页。
　　⑥(宋)司马光编著，(元)胡三省音注：《资治通鉴》卷257《唐僖宗光启三年》，北京：中华书局，2013
年，第6976页。

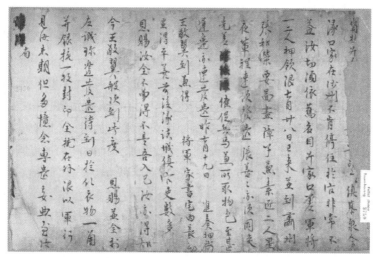

图5-4　P.3750《张议潮付侄张淮深委曲》

关于此件文书,张广达在《唐末五代宋初西北地区的般次和使次》一文中首次提及,认为"P三七五〇号写卷极可能是属于九世纪下半期的一份文书,因为它的内容反映的还是肃州处于沙州号令之下的时期的情况。"[1]杨秀清基本赞同此说,并指出,王敬翼进奏般次是张议潮入朝之前的一次出使。[2]王使臻据此进一步推断,P.3750书信的收件人即末尾的淮深必是张淮深无疑,而发信人则是时任归义军节度使张议潮,第9行的将军即张淮深之父张议潭。张议潮领兵在外而向驻守沙州的张淮深征调兵马,该是与收复凉州的军事行动有关。此件书信应定名为《张议潮付侄张淮深委曲》。[3]李军则认为此件书信的发信人是文中提到的将军,收件人乃肃州官员。并进一步指出,将军应指张淮深,书信应作于咸通八年张议潮入朝至张淮深称留后之间。[4]李文在讨论此件书信时,并未关注卷末被涂抹的"淮深"二字,以至于将收件人误判为肃州官员。如杨秀清所言,P.3750书信中之王敬翼与P.4660(14)《河西都防御右厢押衙王景翼邈真赞并序》的赞主为同一人。[5]P.4660本篇无撰写人署名及撰写题记,荣新江、郑炳林根据P.4660卷子的前后排列关系,认为该邈真赞撰于咸通十二年至乾符三年间

① 《唐末五代宋初西北地区的般次和使次》,张广达:《西域史地丛稿初编》,上海:上海古籍出版社,1995年,第335页。

② 杨秀清:《P.3750〈残书信〉中王敬翼进奏般次略考》,颜廷亮主编:《转型期的敦煌语言文学——纪年周绍良先生仙逝三周年学术研讨会论文集》,兰州:甘肃人民出版社,2010年,第402—404页。

③ 王使臻:《张议潮付张淮深"委曲"书信考》,《敦煌学辑刊》2016年第4期。

④ 李军:《敦煌通史·晚唐归义军卷》,兰州:甘肃教育出版社,2023年,第411—413页。

⑤ 杨秀清:《P.3750〈残书信〉中王敬翼进奏般次略考》,颜廷亮主编:《转型期的敦煌语言文学——纪年周绍良先生仙逝三周年学术研讨会论文集》,兰州:甘肃人民出版社,2010年,第400页。

（871—876）。①再结合书信卷末被涂抹人名，这一时期有称淮深且可派遣物资及兵马者，恐怕也只有张淮深一人。基于此，我们赞同王文关于此件文书的定名、人物比定及对相关事件的描述。

上引 P.3750 书信记载，某年七月十九日时，进奏押衙王敬翼等人到达张议潮军前，王敬翼般次归来时，还捎带了正在长安入质的张议潭等人家书，告知"宅内长幼并得平善"。对于王敬翼般次返回张议潮军前的时间，此前学者未做说明，我们可以通过张议潭的卒年以及张议潮收复凉州的时间来加以判断。一般认为张议潭是在大中七年（853）入质长安的，之后再也没能返回敦煌，最终于咸通元年（860）二月至十二月间去世。②依照BD05825（菜025）《瑜伽师地论第四八》卷背原题："大中十二年（858）八月二日，尚书大军发，讨番开路，四日上碛。"③张议潮是在大中十二年八月二日，秋高马肥之际，开始了他东征凉州吐蕃的壮举。④至于张议潮收复凉州的时间，目前传世史料主要有三种表述：《新唐书·吐蕃传下》记："咸通二年，义潮奉凉州来归"；《新唐书·懿宗纪》载："（咸通三年）三月戊寅，归义军节度使张义潮克凉州"；《资治通鉴》卷250《唐懿宗咸通四年》条云："三月，归义军节度使张义潮奏自将蕃、汉兵七千克复凉州。"按 S.6342＋Дх.05474V《张议潮处置凉州进表并批答》写道："张议潮奏：咸通二年收凉州，今不知却废，又杂蕃浑。"此乃张议潮亲自回忆并上奏给唐懿宗的话，自然不会出错，这也与《新唐书·吐蕃传下》所记相符。传世史料中之所以会出现咸通三年、咸通四年等不同的记载，李军给出了较为合理的解释，他认为《新唐书·懿宗纪》所载应是张议潮献表之日，而《资治通鉴》所云当系将议潮献表事向后误移一年。⑤既然张议潮收复凉州的消息是在咸通三年三月传至长安，考虑到路上所耗时日，凉州的最终收复就当在咸通二年底。如是，王敬翼般次归来的日期只能在大中十三年、咸通元年或咸通二年的七月十九日。

无独有偶，这一时期李明振也曾出使长安，《唐宗子陇西李氏再修功德记》碑载：

府君春秋才方弱冠，文艺卓荦，进止规常，迥然独秀。……公其时也，

① 荣新江：《敦煌邈真赞年代考》，姜伯勤、项楚、荣新江合著：《敦煌邈真赞校录并研究》，台北：新文丰出版公司，1994年，第358页；郑炳林、郑怡楠辑释：《敦煌碑铭赞辑释（增订本）》，上海：上海古籍出版社，2019年，第453页。
② 王庆卫：《新出唐代张淮澄墓志所见归义军史事考》，《敦煌学辑刊》2017年第1期。
③ ［日］池田温：《中國古代寫本識語集錄》，东京：东京大学东洋文化研究所，1990年，第418页。
④ 荣新江：《归义军史研究——唐宋时代敦煌历史考索》，上海：上海古籍出版社，1996年，第151—152页。
⑤ 李军：《敦煌通史·晚唐归义军卷》，兰州：甘肃教育出版社，2023年，第105页。

始蒙表荐,因依献捷,亲拜彤庭。宣宗临轩,问其所以;公具家牒,面奏玉阶。上亦冲融破颜,群公愕视。乃从别敕,授凉州司马、检校国子祭酒兼御史中丞、赐紫金鱼袋,锡金银宝贝。[①]

据P.4615V＋P.4010V《凉州左司马李明振墓志铭并序》:"当龙纪二祀七月十有六日□□□敦煌县莫高里,从吉兆也。"[②]李明振卒于大顺元年(890)。《唐宗子陇西李氏再修功德记》碑载其"享龄五十有二",所以他的生年当在开成四年(839)。既然李明振献捷时"才方弱冠",又得到"宣宗临轩",故其出发时间当在大中十三年年初。[③]

目前没有直接材料证明王敬翼般次与李明振般次的关系,但从这一阶段节度使张议潮的称号来看,两者当属同一批使团。据上文,王敬翼、李明振出使都得到了丰厚的赏赐,前者带回了诸多礼品,后者甚至被任命为凉州左司马,而作为使主,唐政府对张议潮例有封赏。荣新江指出:张议潮"从大中二年(848)推翻吐蕃统治,到大中五年(851)设立归义军,自称兵部尚书。大中五年由唐朝任命为归义军节度使检校吏部尚书。大中十二年(858)或以后不久,又自称仆射。咸通二年(861)攻克凉州,进称司空。"[④]看来,自大中十二年至咸通二年,张议潮仅有一次升迁,即由尚书升至仆射。若王敬翼与李明振分属张议潮所派的两批使团,则与上述称号的进阶顺序不合。换言之,张议潮收复凉州期间,归义军方面很可能仅派出了一批使团出使唐廷。

使团出使的原因,《唐宗子陇西李氏再修功德记》碑明记为"因依献捷"。可以想见,大中十三年年初,张议潮东征凉州吐蕃取得初步胜利后,随即派遣王敬翼、李明振等人出使长安,宣宗得知奏报后,一面为李明振等人敕授官职,一面又为张议潮晋升检校官。使团从沙州到中原至少需要三五个月,当时凉州路尚未开通,使者唯有绕道漠北才能顺利到达长安,路上所耗时日自然会更多。那么,王敬翼、李明振般次回到张议潮军前的时间就应该在咸通元年七月十九日,P.3750书信的写成年代应在此后不久,发信地该在凉州。

---

① 李永宁:《敦煌莫高窟碑文录及有关问题(一)》,敦煌文物研究所编:《敦煌研究》试刊第1期,兰州:甘肃人民出版社,1982年,第66页。

② 郑炳林、郑怡楠辑释:《敦煌碑铭赞辑释(增订本)》,上海:上海古籍出版社,2019年,第733页。

③ 据《资治通鉴》卷249《唐宣宗大中十三年》记,唐宣宗卒于大中十三年八月。

④ 荣新江:《归义军史研究——唐宋时代敦煌历史考索》,上海:上海古籍出版社,1996年,第78页。

图5-5 莫高窟第156窟张议潮出行图(局部)

此外,还需注意的是,P.3750书信第5行记:"张和荣要图画障子兼素匠二人"。障子,即幛子,《汉语大字典》有解释,谓:"上面题有文字或画有图画的整幅绸布"。素匠是指那些从事敷彩泥塑的工匠。① 单从此句我们很难理解为何张议潮需要专门从沙州调派此类工匠前往凉州?让我们先来看另外两则事例。

在唐蕃战争最激烈的年代,事关生死存亡的危急时刻,敦煌军民齐心协力共建了一座辉煌的大窟(莫高窟第148窟),并首次将《报恩经变》绘成壁画。这一堪称鸿篇巨制的宗教艺术杰作,发散出深切的感召力,坚定了敦煌军民坚持不懈地进行抗击的决心。② 虽然因为客观条件的限制,最终未能改变历史的进程,但是它的作用也是不容贬低的。

在艰危之时,特意开窟造像,祈求佛法护佑的典型例子,还有金山国与甘州回鹘激战之际平诎子等人结社建造的莫高窟第147窟。③ P.2991《敦煌社人平诎子等宕泉建窟功德记》载:

> 盖闻崇福者,莫越于缮修;资国资家者,莫过于建作。所以大雄流教,广诱于群迷;化度有情,致苍生于寿域。今则有邑人义社某公等十人,至慕空王,情求出离,发菩提之心,俱拔樊笼之绊,乃于兹地,创建一龛。……社众等,建修之岁,正遇艰难;造窟之年,兵戎未息。于是资家为国,创建此龛。④

佛教结社的目的一般是为自己或家人修功德,此次庶民结社修窟造龛,目的却是"资家为国",而且功德记署"西汉金山国头厅大宰相清河张公撰",表明获得了高级官僚的积极参与和支持,民间社会与统治阶层之间的互动关系在共同安全需

---

① 张小艳:《敦煌写本〈俗务要名林〉字词笺释(一)》,复旦大学汉语言文字学科《语言研究集刊》编委会编:《语言研究集刊》第5辑,上海:上海辞书出版社,2008年,第306页。

② 史苇湘:《丝绸之路上的敦煌与莫高窟》,敦煌文物研究所编:《敦煌研究文集》,兰州:甘肃人民出版社,1982年,第70—71页。

③ 马德:《敦煌莫高窟史研究》,兰州:甘肃教育出版社,1996年,第110—112页。

④ 郑炳林、郑怡楠辑释:《敦煌碑铭赞辑释(增订本)》,上海:上海古籍出版社,2019年,第808页。

求层面得以充分展现。

以上例证清晰表明，信仰所具有的强大精神力量，常常被用作一种组织手段。特别在战争时期，更是被倚为精神支柱，举行宗教仪式，修造宗教建筑，往往成为统治阶层团结民众，激励士气的最常见的方式。[①]以此为基础，可进一步审视张和荣所要工匠二人的原因：大中十三年年初，张议潮同凉州吐蕃的战事虽然取得了初步胜利，但想必归义军方面也付出了惨重代价，以至于次年张议潮递信侄男淮深，要求速发"兵马兼所取物色"。面对这种情况，张议潮急从沙州调派"图画障子兼素匠二人"，很可能是想通过宗教活动（制作绢画、重塑塑像等）来做战争动员，进一步激励士气。

要而言之，张议潮收复凉州之事，历来是治归义军者研究的重点问题，通过对 P.3750《张议潮付侄张淮深委曲》的解读，我们能够更清楚地了解此次战争的经过。此外，从宣宗为张议潮、李明振等人敕授官职来看，唐政府对归义军向河西东部地区拓展并不排斥。但鉴于宣、懿之际在南方发生的大规模动乱，唐军自身无力继续收复河陇失地，故只能依靠归义军的力量。[②]

4.归义军势力臻于极盛和唐朝的措置

咸通二年，张议潮攻占凉州以后，随即派兵驻守，将凉州牢牢控制在自己手中。两年后（863），唐懿宗将河陇地区析置为三节度，分而统之。《旧唐书·地理志一》略云：

> 上元年后，河西、陇右州郡，悉陷吐蕃。大中、咸通之间，陇右遗黎，始以地图归国，又析置节度。
> 秦州节度使。治秦州，管秦、成、阶等州。
> 凉州节度使。治凉州，管西、洮、鄯、临、河等州。
> 瓜沙节度使。治沙州，管沙、瓜、甘、肃、兰、伊、岷、廓等州。[③]

三节度中，秦州节度的辖区是在唐王朝收复三州七关过程中自然形成的，与归义军本无关联。而凉州节度设置后，唐朝自应派遣官员前往赴任，杨宝玉、吴丽娱认为："凉州节度新立时，很可能是由张议潮兼管或代管，这样既照顾到了凉州由张议潮收复的事实，并充分发挥了归义军的功用，又为日后根据情况变化而灵活处置凉州问题留有余地。"[④]张议潮既然兼领凉州节度使，此时他观察的范围就

---

① 余欣：《信仰与政治：唐宋敦煌祠庙营建与战争动员关系小考》，张涌泉、陈浩主编：《浙江与敦煌学：常书鸿先生诞辰一百周年纪念文集》，杭州：浙江古籍出版社，2004年，第259页。

② 冯培红：《敦煌的归义军时代》，兰州：甘肃教育出版社，2013年，第123页。

③ （后晋）刘昫等撰：《旧唐书》卷38《地理志一》，北京：中华书局，1975年，第1392—1393页。

④ 杨宝玉、吴丽娱：《唐懿宗析置三节度问题考辨》，《中国史研究》2017年第4期。

达十四州之多。长安的君臣,备受吐蕃和中原一些强藩的侵逼,当然不希望新兴的张议潮势力过于膨胀,更不愿意归义军变成能与唐廷颉颃的第二个吐蕃。史载咸通八年(867)二月,"归义节度使张义潮入朝,以为右神武统军,命其族子淮深守归义"①《张淮深碑》载此事曰:

> 事有进退,未可安然,须拜龙颜,束身归阙。朝庭偏宠,官授司徒,职列金吾,位兼神武。(司徒自到京师,官高一品,兼授左神武统军,朝庭偏奖也。)宣阳赐宅,廪实九年之储;(司徒宅在左街宣阳坊,天子所赐粮料,可支九年之实。)锡壤千畦,地守义川之分。(锡者,赐也。义谷川有庄,价值百千万贯。)②

碑文告诉我们,朝廷对张议潮又是授官,又是赐宅,甚至给以可支九年的粮料和价值百千万贯的庄园,其用意显然是想把张议潮留在京师,优养起来。张议潮于咸通八年二月赶赴长安,当时他已是六十九岁高龄,从沙州到中原至少需要三五个月,离开敦煌的时间当在咸通七年底。他不顾年迈与严寒,在年关之际背井离乡,作为藩镇首脑入京为质,肯定有其不得已的苦衷。

张议潮入朝前,唐王朝曾遣使前往告谕,《唐故容管经略招讨处置等使李行素墓志》载:

> 既罢来朝,授太府少卿。未逾月,使西凉州,和断嗢末羌与张议潮,语议潮执笏入觐,奉使称旨。未及返也,除容州经略招讨使。延英奉辞,面加检校右散骑常侍。……公以咸通十年二月二日薨于普宁官署,春秋卅七。用其年十二月一日葬于京兆府万年县龙首乡南陈村,祔先茔,礼也。

墓志最后的铭文中又赞曰:

> 归朝羁旅,贰乎长官,单车西凉,慑彼羌股,系羁侯王。③

志主李行素,大约生活在唐宣宗、懿宗朝,两《唐书》未列其传。其担任太府少卿期间,曾被授命出使凉州。据墓志,他此次出使的任务主要有两点:一是和断嗢末羌与张议潮;二是希望张议潮"执笏入觐,奉使称旨"。李宗俊认为李行素出使凉州事发生在咸通七年底到八年初。④《张淮深碑》和《李行素墓志》对张议潮入京的原

---

① (宋)司马光编著,(元)胡三省音注:《资治通鉴》卷250《唐懿宗咸通八年》,北京:中华书局,2013年,第6784页。
② 荣新江:《敦煌写本〈敕河西节度兵部尚书张公德政之碑〉校考》,周绍良等编:《周一良先生八十生日纪念论文集》,北京:中国社会科学出版社,1993年,第208—209页。
③ 李宗俊:《〈唐故容管经略招讨处置等使李行素墓志〉跋》,《唐都学刊》2016年第6期。
④ 李宗俊:《晚唐张议潮入朝事暨归义军与嗢末的凉州之争再探——以新出李行素墓志及敦煌文书张议潮奏表为中心》,《敦煌研究》2017年第4期。

因,作了十分含糊的描述,"执笏入觐"和"须拜龙颜"道出了朝命难违的无奈。

张议潮入朝后,被任命为右神武统军、金吾卫大将军、司徒等官,但值得注意的是,他始终兼领节度使一职。唐廷既没有任命新的节度使,也没有任命代掌藩镇的张淮深为节度使。S.10602《张议潮奏蕃情况表》有如下残文:

> 臣伏蒙圣恩,许赐对见。缘臣生长边塞,习礼不全,所奏蕃情,恐有不尽。今逐件状分析,伏乞皇帝陛下俯赐神鉴。谨具如后:
> 一、昨沙州刺史张淮深差押☐☐☐☐☐☐☐☐☐
> 　急被退☐☐☐☐☐☐☐☐
> 　敕割属☐☐☐☐☐☐☐
> 　☐☐退浑☐☐☐☐☐☐　①

这件上给皇帝的表文,内容涉及沙州刺史张淮深的情况,张淮深差遣押衙入京,向"臣"报告了关于退浑(即吐谷浑)人的军情等事,"臣"再将这些情况奏报给唐朝皇帝。荣新江推测,此表中之"臣"是指张议潮,表文上于张议潮入朝后的咸通八年至十三年间(861—872)。张淮深称自己为沙州刺史,而非归义军节度使抑或归义军兵马留后,很显然,张议潮入朝后,依旧兼任节度使一职。唐朝并没有急于授予张淮深节度使旌节,而是希望借张议潮之手,继续控制沙州归义军政权。②

第二节　归义军初期的政权建设

张议潮以逐蕃归唐为旗帜,在归义军初期的各项建设事业上,也积极地以复兴汉文化、恢复唐朝制度为中心展开。竺沙雅章指出,张议潮首先是废除吐蕃的部落、将制,恢复了唐朝的乡里制;其次是实施户口与土地调查,推行"合户"政策;最后是改革佛教教团的机构,即所谓"分都司",以都僧统代替吐蕃时代的都教授。③竺沙氏所论涉及政治、经济、宗教三个方面,兹在其论说的基础上稍作延伸,对归义军初期的政权建设作进一步论述。

1.政权组织体系构建

作为唐王朝的一个地方藩镇,归义军遵照唐制在敦煌设立了藩镇幕府,下设文武两班僚佐,成为统治河西全境的军政中枢。张议潮除了担任归义军节度使、十一州观察使外,据莫高窟第98窟甬道北壁供养人像列西向第一身题名,他还

---

① 中国社会科学院历史研究所等编:《英藏敦煌文献(汉文佛经以外部分)》第13卷,成都:四川人民出版社,1995年,第74页。

② 荣新江:《归义军史研究——唐宋时代敦煌历史考索》,上海:上海古籍出版社,1996年,第164页。

③ [日]竺沙雅章:《敦煌的寺户》,刘俊文主编:《日本学者研究中国史论著选译》,北京:中华书局,1993年,第352—353页。

兼领支度、营田、押蕃落等使,集军事、行政、财政和管理少数民族等权力于一身。节度使及其所兼诸使的僚佐设置情况,《新唐书》卷49下《百官志四下》记载颇详:"节度使、副大使知节度事、行军司马、副使、判官、支使、掌书记、推官、巡官、衙推各一人,同节度副使十人,馆驿巡官四人,府院法直官、要籍、逐要亲事各一人,随军四人。节度使封郡王,则有奏记一人;兼观察使,又有判官、支使、推官、巡官、衙推各一人;又兼安抚使,则有副使、判官各一人;兼支度、营田、招讨、经略使,则有副使、判官各一人;支度使复有遣运判官、巡官各一人。"①冯培红指出:"归义军节度使因非亲王遥领,当不设副大使知节度事;初期亦不封郡王,故无奏记;似亦未见兼安抚、招讨、经略使及同节度副使。而节度使僚佐中并无支使。"除了所兼押蕃落使的僚佐不明,其他诸使之僚佐加起来共有29人。②然而,《新唐书》所载29个僚佐还是相当不完备的,归义军藩镇实际设置的官职情况要复杂得多。姜伯勤根据敦煌文献、石窟题记等资料,又补充了参谋、孔目官、随身、部落使等24个文职僚佐。③使职因事而设,名目多样,但也有一定的规律,特别是一些藩镇事务性机构,在归义军政权中所起作用颇大,有的称之为"院",如节院、进奏院等;有的称之为"司",如孔目司、军资库司等。④这些以院、司称呼的机构及其职官的设置情况,在唐五代典志史籍中完全阙载,在正史、笔记中虽然时或出现,但极为零星琐碎,很不系统,难窥全豹。而敦煌文献对它们的载录却相对完整,基本上可以反映出归义军一个藩镇的组织面貌。

对于藩镇管内地方的统治,张议潮首先是废除了大部分吐蕃编组的军、民部落,重建与唐朝中央地区同样的州县乡里制度,原敦煌城郭未经吐蕃破坏,这时也按中原的城坊之制,恢复了坊巷的称谓。归义军前期,疆域辽阔,实际控辖沙、瓜、肃、甘、伊、凉六州,余威波及陇右、西域。州下设县,如沙州辖敦煌、寿昌二县,瓜州辖晋昌、常乐二县。《通典·乡官》有载:"大唐凡百户为一里,里置正一人,五里为一乡,乡置耆老一人,以耆年平谨者县补之,亦曰父老。"唐代五里为一乡的规定,是对晋五百户以上置乡的进一步发展,比之两汉十里为一乡缩小了一半。唐前期,敦煌县初设十一乡,有时把寿昌县降格为乡,又因粟特人归化而新设从化乡,因此成为十三乡建置。贞元二年(786)吐蕃在对敦煌长期包围后,占领了敦煌。吐蕃统治者在敦煌废止乡里制,而用千户部落、将头制统治地方,千户部落类似于

---

① (宋)欧阳修、宋祁撰:《新唐书》卷49下《百官志四下》,北京:中华书局,1975年,第1309页。

② 冯培红:《敦煌的归义军时代》,兰州:甘肃教育出版社,2013年,第78—79页。

③ 姜伯勤:《敦煌社会文书导论》,台北:新文丰出版公司,1992年,第131—143页。

④ 冯培红:《敦煌归义军职官制度——唐五代藩镇官制个案研究》,兰州大学,博士学位论文,2004年,第69—121页。

原来的乡,其规模又略大于乡,将则类似于原来的里。大中二年(848)张议潮起兵推翻吐蕃在敦煌的统治,恢复唐朝乡里制度。然而,恢复的不是十三乡,而是十乡,另外新出现了一个赤心乡。[①]原来的寿昌,又自成为县,从化、悬泉二乡名则没有了。P.2738卷背面有各种习字,其中列有敦煌县乡名,即:"敦煌乡、莫高乡、神沙乡、龙勒乡、玉关乡、洪池乡、洪闰乡、效谷乡、赤心乡、平康乡、慈惠乡。"[②]此件尾部习书有"咸通十年己丑六月八日,男文英母因是"诸字,咸通十年即公元869年,上列十一乡名当在此年之前,应属归义军早期乡名。另又有一件与此大体同时的S.2669《沙州诸寺尼籍》,列有大乘、圣光等寺尼的籍贯、年龄、俗名等,从两百余人的籍贯所列,敦煌县此时也只有上述的十一乡。[③]与其他时期相比,归义军时代最突出的特点是提升了乡的地位。由于晚唐中央无力西顾,归义军又远在西陲,独立性较强,因此对地方上的控制也就更加严密,尤其是乡成为联结县、里之间的颇为重要的基层机构。P.2222(2)《唐咸通六年(865)正月敦煌乡百姓张祗三等请地状》载:"司空准敕,矜判入乡管。"同号《僧张智灯状》中有"□料役次,亦令乡司寻问实虚"之语。司空为张议潮的检校官,可见他在分配土地、摊派差役等事务时,是以乡为单位展开,乡司扮演着重要的角色。或许正因为乡司地位提升,乡务繁剧,归义军乡官均由节度押衙兼知,且带文散官、检校官、兼官、勋官,被纳入正式的职官范畴,达到了加强地方统治的效果。[④]

归义军时期,敦煌地区是一个多民族居住区。如《张淮深碑》所言:"河西创复,犹杂蕃、浑,言音不同;羌、龙、嗢末,雷威慑伏。训以华风,咸会驯良,轨俗一变。"根据学者的研究,除了汉族,还有吐蕃移民及粟特人、龙家、南山、退浑、通颊、鄯善人、达家等部族居住在敦煌。这些少数民族居民与汉族居民共同生活,为敦煌地区经济、文化等方面的发展做出了自己的贡献。如何有效管理这些归附于归义军的少数民族,是张议潮不得不考虑的事情。对于这些少数民族,归义军采取了两种管理方法,大致是凡吐蕃统治以前已开始汉化的西域诸族,如粟特,大多编入乡里,与汉人百姓同居,其中有的人成为帮助张议潮收复河陇的重要将领,例如康通信。对于吐蕃化较深的吐谷浑、通颊等,则用蕃制,仍以部落的方式统治。[⑤]P.3281V《某年正月部落使阎英达状》云:"部落使阎英达状上。右牒寻问所义,委知好恶。缘是人语,亦取尚书,请以析决。谨牒。正月日,部落使阎

①　陈国灿:《敦煌学史事新证》,兰州:甘肃教育出版社,2002年,第377页。

②　上海古籍出版社等编:《法藏敦煌西域文献》第18册,上海:上海古籍出版社,2001年,第30页。

③　唐耕耦、陆宏基主编:《敦煌社会经济文献真迹释录》第4辑,北京:全国图书馆文献缩微复制中心,1990年,第215—228页。

④　冯培红:《敦煌的归义军时代》,兰州:甘肃教育出版社,2013年,第80页。

⑤　荣新江:《归义军史研究——唐宋时代敦煌历史考索》,上海:上海古籍出版社,1996年,第151页。

英达状上。"①张议潮的蕃帅头衔中有一项是押蕃落使,即为管理少数民族事务的官职,故阎英达因部落事务而上状给"尚书"张议潮请求裁决。从曹氏初期的敦煌文献可知,归义军对通颊、吐谷浑两个部族设置了十个部落,②如果这一情况从张议潮时期就已如此,则部落使阎英达很可能是代表了通颊、吐谷浑等族的势力。③

在军事上,张议潮还恢复了唐前期的军镇制度,以起到防御外敌的作用。归义军一般在每个州设立一个军,由刺史兼领军使,如沙州有沙州军、瓜州有墨离军、肃州有玉门军。P.4660(15)《阎英达邈真赞并序》载其为"晋昌太守,墨离之侯"。镇的设置较为普遍,数目亦多,是归义军最重要的地方军事机构,可惜目前所见之镇,最早属于张淮深时期,④故此处不作多论。

2.整顿僧团与僧官制度

吐蕃统治时期,敦煌佛教兴盛,而且避过了唐武宗的会昌法难,归义军"敦煌佛教的保存与发展,以至达到如此的地步,实为吐蕃统治造成的结果"⑤。张议潮的逐蕃斗争,也得到了敦煌佛教界的有力支持。然而,正是由于敦煌佛教势力的膨胀,发展到影响世俗政权的利益,所以张议潮上台后对佛教教团进行整顿,以达到限制、削弱和控制佛教势力的目的。张议潮采取的措施主要包括以下三点:

一是放免寺户。P.2187《敦煌诸寺奉使衙帖处分常住文书》有云:"除先故太保诸使等世上给状放出外,余者人口,在寺所管资庄、水砲、油梁,便同往日执掌任持。"那么,故太保即张议潮为什么要放免寺户? 一方面,在吐蕃管辖的后期,生产力的发展冲击着寺户制一类的奴役制度;另一方面,与张议潮在世年代较接近的僧尼籍,属S.2669号,其中载明大乘寺尼二百零九人,圣光寺尼七十九人,都超过了约895年的S.2614号僧尼籍,而后者计入沙州僧尼在一千一百名以上。估计张议潮在世时沙州僧尼已达一千人。这就不可避免地影响了归义军节度使衙所管"乡司百姓"即乡管编户的数量,影响到纳税人口的数量。以"都司"为代

---

① 郑炳林、羊萍:《敦煌本梦书》,兰州:甘肃文化出版社,1997年,第237页。该文书的年代,荣新江、余欣认为应在大中五年前后。(荣新江、余欣:《沙州归义军史事系年(大中六年—咸通二年)》,季羡林、饶宗颐主编:《敦煌吐鲁番研究》第8卷,北京:中华书局,2005年,第71页。)

② S.4276《管内三军百姓奏请表》云:"归义军节度左都押衙、银青光禄大夫、检校国子祭酒、兼御史大夫安怀恩并州县僧俗官吏、兼二州六镇耆老及通颊退浑十部落、三军、蕃汉百姓一万人上表。"

③ 荣新江:《归义军及其与周边民族的关系初探》,《敦煌学辑刊》1986年第2期。

④ 黄盛璋:《沙州曹氏二州六镇与八镇考》,敦煌文物研究所编:《1983年全国敦煌学术讨论会文集:文史·遗书编》上册,兰州:甘肃人民出版社,1987年,第269—281页;《唐五代瓜沙归义军军镇的演变》,陈国灿:《敦煌学史事新证》,兰州:甘肃教育出版社,2002年,384—407页;冯培红:《归义军镇制考》,季羡林、饶宗颐主编:《敦煌吐鲁番研究》第9卷,北京,中华书局,2006年,第245—294页。

⑤ 荣新江:《归义军史研究——唐宋时代敦煌历史考索》,上海:上海古籍出版社,1996年,第268页。

表的僧侣地主与世俗地主之间的矛盾,促使世俗地主的某些代表人物反对或限制寺户制度。①这种释放寺户的做法,在张议潮后期仍有发生,如 P.2222(2)《咸通六年(865)正月敦煌乡百姓张祇三等请地状》载:"右祇三等,司空准敕,矜判入乡管,未请地水。"张祇三被纳入乡管,表明从非良民成为良民,前代的寺户被解放,放免者并得到土地的颁给。

二是改革僧官制度。P.3720《悟真文集》第一件告身载:

> 敕释门河西都僧统摄沙州僧政法律三学教主洪辩、入朝使沙州释门义学都法师悟真等……洪辩可京城内外临坛供奉大德,悟真可京城临坛大德,仍并赐紫,余各如故。大中五年五月廿一日。②

从 S.779V《杂写》所记"大蕃国沙州释门教授和尚洪辩修功德记"可知,洪辩在吐蕃时期的僧官为教授,到张议潮统治初期,被任命为河西都僧统摄沙州僧政法律三学教主,大中五年进一步被唐廷授予京城内外临坛供奉大德并赐紫。除都僧统之外,归义军政权还恢复了都僧录、都僧政等僧官。P.3720《悟真文集》第二件告身称其"可供奉,充沙州都僧录,余如故";P.2079《净名关中释批卷上》尾题:"壬辰年(872)正月一日,河西管内都僧政、京城进论朝天赐紫大德曹和尚就开元寺为城隍攘灾僧讲《维摩经》。"由此可知,在张议潮统治时期,改革了僧官制度,恢复唐朝的都僧统制度,取代了吐蕃时期的都教授制度。

三是"分都司"。针对寺院经济尾大不掉的情况,代表一般世俗地主利益的张议潮,于大中七年癸酉(853)会同沙州都僧统吴洪辩对寺院财产进行了调查,这就是所谓"酉年算会"。在此基础上,复于大中十一年丁丑(857)举行"分都司"。以上二事见于 S.1947V 中,其内容是:

> 大唐咸通四年岁次癸未,河西释门都僧统,缘敦煌管内一十六所寺及三所禅窟,自司空、吴僧统酉年算会后,至丑年分都司已来,从酉至未一十一年。

> 癸未年五月廿三日,抄录官算籍上明照手上再成毡定数如后:新方褥一,细缣儭,锦面。……除褥,计袄毡方毡廿八领。③

该件文书第二部分与第一部分抄在一起,中间有一二行的空间,字迹为一人所写,二者应为同一内容,故唐耕耦、陆宏基在释录时将二者统一命名为《唐咸通四

① 姜伯勤:《唐五代敦煌寺户制度(增订版)》,北京:中国人民大学出版社,2010年,第116页。

② 齐陈骏、寒沁:《河西都僧统唐悟真作品和见载文献系年》,《敦煌学辑刊》1993年第2期。

③ 唐耕耦、陆宏基主编:《敦煌社会经济文献真迹释录》第3辑,北京:全国图书馆文献缩微复制中心,1990年,第8页。

年癸未岁(863)敦煌所管十六寺和三所禅窟以及抄录再成毡数目》。据荣新江研究,洪辩任都僧统至咸通三年(862),后由法荣接任,[1]本件在法荣任内写成,上溯十一年至癸酉即853年,张议潮与吴洪辩"算会",进行财产调查,曾造成"官算籍"即官方调查核实的财产登录簿。这里登记算会的内容是明照手下再成的毡数,从具体开列的清单可知,除了数量较多的毡、褥、緤、锦等丝织品外,还有油梁、香盒、铜钵、钟等其他资产。

至于"丑年分都司"的具体内容,目前尚不详。谢重光、白文固从政治角度做了推测分析:"从'分'字推测,或许把一个大都司分成几个小都司,即把统辖整个归义军节度辖区教团的都司分成若干个州的都司,分都司后所谓河西都司只管沙州一州的寺院和僧尼事务。"[2]另有学者从经济角度进行分析,如姜伯勤认为:"857年'分都司',应指整理僧团财产,将过于庞大和集中的都司财产,分散到各寺常住,并把调整后的财产由官方监督造册。张议潮企图以此削弱和限制都僧统的经济权利。"[3]从S.1947V所记算会寺窟资产之事来看,分都司当与经济事务有关,而不只是机构的行政改革,把它理解为将都司的财产析分给诸寺,是有一定道理的。从此后的文献来看,作为归义军僧团最高机构的都司,即便被分以后,仍具有很大的实权与财力。

3. 户口调查与土地分配

众所周知,人口和土地是中国古代政权赋役征敛的基础。一个新王朝的建立,哪怕是一个极不完备的新政权的建立,也都是以人口和土地作为其控制的主要对象,对于地处西北边陲的归义军政权来说也是如此。日本京都藤井有邻馆藏敦煌文献51号《大中四年(850)十月令狐进达户口牒》是目前所见张议潮进行户口调查的最早文献,其内容载:

> 令狐进达。应管口妻男女兄弟姊妹新妇僧尼奴婢等共叁拾肆人。妻阿张、男宁宁、男盈盈、男再盈、女盐子、女娇娇。……妹银银、奴进子。右具通如前,请处分。牒件状如前,谨牒。大中四年十月日户令狐进达牒。[4]

在大中四年十月沙州的吐蕃政权虽然已被推翻,归义军政权尚未建立,但沙州并非权力真空,而是张议潮政权,这件牒文应是令狐进达一户上报给张议潮政权

---

① 荣新江:《归义军史研究——唐宋时代敦煌历史考索》,上海:上海古籍出版社,1996年,第283页。

② 谢重光、白文固:《中国僧官制度史》,西宁:青海人民出版社,1990年,第131页。

③ 姜伯勤:《唐五代敦煌寺户制度(增订版)》,北京:中国人民大学出版社,2010年,第120页。

④ 唐耕耦、陆宏基主编:《敦煌社会经济文献真迹释录》第2辑,北京:全国图书馆文献缩微复制中心,1990年,第462页。

的。可见，早在归义军建立之前，张议潮就已经着手调查统计户口了。其调查的范围非常广泛，不仅仅是正常的人户，而且还包括僧尼奴婢等，即调查的是当时沙州的所有人户。

令狐进达等户上报户口后，由当局进行统一登记造册，S.4710《沙州阴屯屯等户口簿》就是在各户基础上统一造册的登记簿。兹节选其中两户为例加以说明：

> 户阴屯屯。妻男女兄弟新妇僧尼孙侄等贰拾壹人。妻阿常、男君达，新妇阿吕，孙男加晟，孙男昌晟，男像奴，男僧福藏，女尼定严，女定娘，女堆堆，兄弟弟，侄女晗昈，弟纯陀，新妇阿靳、侄男宁宁、侄男鹊子、侄女端端，弟僧胜顶，侄僧皈顺，侄女宜娘。
>
> 户张猪子。母妻男妹等陆人。母阿马，妻阿康，男骨骨、男骨仑，妹尼鬘鬘。①

该户口簿残存了阴屯屯、张猪子等6户家庭的成员名单，多者28人，少者6人，登录了户主姓名、家庭人数、成员的身份和名字等内容。本件文书的登录内容与上引令狐进达申报户口牒完全一致，只是少了申报中的"应管户"三字，其字体也显系一人书写，它应是基层胥吏对本地人口的整理定本。这个官方汇总的户口簿意味着张议潮对户口调查、登记工作的完成。

刘进宝对敦煌文献中的"大户""小户"二词作过考释，认为大户是官职较高、占田较多的家庭，"一些'大户'人家，为了其家族规模及利益，尤其是保持其世家大族的权势，常常合户而居"②。这种大户的形成是张议潮推行合户政策的结果。罗振玉旧藏《唐大顺元年(890)正月索咄儿等请地状》中有这样一句话："从太保合户已来，早经四十年余。"从890年上推四十余年，可知在850年之前张议潮就实施了合户政策，这一政策不仅彻底清查了户口的数目，而且对凝聚河西民众的力量有着不可忽视的作用。

正如杨际平、刘进宝等学者所论，归义军政权初期的土地分配，并没有触动旧有的土地占有关系，而是承认原有土地的占有。③大中四年在调查人口的时候，是否同时展开土地调查申报工作，因缺乏文献的记载目前还不得而知，但至晚在藩镇设立后的翌年即大中六年(852)，张议潮就已经着手调查土地。如

---

① 唐耕耦、陆宏基主编：《敦煌社会经济文献真迹释录》第2辑，北京：全国图书馆文献缩微复制中心，1990年，第470页。

② 刘进宝：《敦煌文献中的"大户"与"小户"》，《中国历史文物》2004年第6期。

③ 杨际平：《唐末宋初敦煌土地制度初探》，《敦煌学辑刊》1988年第1、2期合刊；刘进宝：《归义军土地制度初探》，《敦煌研究》1997年第2期。

Дx.02163V《大中六年(852)十一月女户宋氏申报户口田地状》载：

> ▢▢▢▢▢喜▢▢▢▢奴金山年十五，婢胜子年十岁。▢▢▢拾亩。▢▢▢▢西支渠地壹段壹拾柒畦共伍拾柒。▢▢▢▢杜福胜，西至园舍，南至泽，北至胜贤。▢▢▢壹畦捌亩东至道，西至画屯子，南至道，北至杜昇贤。右通上件女口田地具实如前，请处分。牒件状如前，谨牒。大中六年十一月日女户宋氏谨[状]。①

由于本件文书前残，不知宋氏一户实有几人，但土地占有是较多的。田地状中登记人口、姓名、年龄及土地方位、亩数、四至等基本信息，以便官府掌握，并据此征收赋税。从敦煌文献的记载可知，十月、十一月是百姓集中上报户口、田地的时间，除了宋氏田地状，还有S.6235V《唐大中六年(852)十一月唐君盈户口田地状》、P.3254V《唐大中六年(852)十月令狐安子户口田地状》、Дx.02163《唐大中六年(852)十一月百姓杜福胜户口田地状》等。这些状文的格式完全相同，又都在此年十月、十一月，自然是归义军命令所有百姓上报户口、田地的统一措施。

当然，对于一个新的政权来说，其土地调整分配虽没有触动旧的土地占有关系，但并非一概不动。归义军政权对那些无地或少地的百姓，就分配一定数量的土地，这些用来分配的土地，主要是一些荒地和空闲地。这种生荒空闲的无主田地，在归义军初期较为常见，如P.3744《沙州僧张月光兄弟分书》屡次提到"东涧头生荒地""东至三家空地""其空地""前空地"等。对于无主荒地的授予工作，首先是由无田少地的百姓向官府呈状申请，即写出请地状，写明地段、亩数、四至等信息，地方官府在接到状文后，须对状所述情况作出调查了解，在检查了解情况属实后，方才授予。②当土地分配、授予工作结束后，归义军政权便将各户人口的姓名、年龄、类别及土地总数、各地段方位、亩数、四至等整理登记，制成相当于籍账的人口田地簿。P.4989《沙州安善进等户口田地簿》可揭示其形制，兹节录其中一户于下："户张孝顺年卅，妻阿陈年廿五，女优柔年二岁。史怀德承。受田壹拾捌亩。延康上口渠地壹段叁畦共陆亩：东至渠，西至佛奴，南至自田，北至张佛奴；又地壹段陆畦共拾贰亩：东至张佛奴，西至自田，

---

① 唐耕耦、陆宏基主编：《敦煌社会经济文献真迹释录》第2辑，北京：全国图书馆文献缩微复制中心，1990年，第466页。

② 《从归义军受田簿看唐后期的请田制度》，陈国灿：《敦煌学史事新证》，兰州：甘肃教育出版社，2002年，308—311页。

南至自田,北至董荣。"①至此,归义军政权完成了初期的土地分配工作。

第三节　张、索、李三姓的内争

大中七年(853),张议潭先身入质,张淮深继其父议潭之职,出任沙州刺史、左骁卫大将军。咸通八年(867),张议潮束身归阙,以侄男淮深守归义。大顺元年至乾宁三年(890—896)是敦煌的多事之秋。先是大顺元年(890)二月二十二日,节度使张淮深及其夫人陈氏和六子同时遇害,张淮兴夺得归义军节度使位;继而景福元年(892)九月末,节度使位又旁落异姓索勋手中;接着景福二年(893)九、十月间,嫁给李明振的张议潮女多方联络,一举剿灭索勋,扶立侄男张承奉为归义军节度使,使张氏家族重新掌权;末以乾宁三年(896),敦煌地区又出现了倒李扶张的政变,李氏家族受到清理,事方得平。七年间,变故迭起,位权数易,在沙州归义军史上可谓空前绝后。

1.张淮深之死的原因

敦煌文献中保存有一件P.2913V《归义军节度使张淮深墓志铭并序》抄本,抄在《大智度论》卷五的背面,其中写道:

> 府君讳淮深,字禄伯,敦煌信义人也。……祖曰谦逸,工部尚书。考曰议潭,赠散骑常侍。……府君伯大中七载,便任敦煌太守……乾符之政,以功再建节旄。时降皇华,亲临紫塞。中使曰宋光廷。公之异化,绩效难穷,备之碑石。公以大顺元年二月廿二日殒毙于本郡,时年五十有九,葬于漠高乡漠高里之南原,礼也。兼夫人颍川郡陈氏,六子:长曰延晖、次延礼、次延寿、次延锷、次延信、次延武等,并连坟一茔,以防陵谷之变。其铭曰:
> 哀哉运戏,蹶必有时。言念君子,政不遇期。坚(竖)牛作孽,君主见欺。殒不以道,天胡鉴知。南原之礼,松楸可依。千古之后,世复何之。铭于旌表,用防改移。年月日题记。②

撰者张景球,即《索勋纪德之碑》的作者张景俅。张景球文辞极隐约,细加推究,则大顺元年张淮深夫妇以及六子大约同时遇难,故墓志铭一则曰"殒毙",再则曰"坚(竖)牛作孽,君主见欺。殒不以道,天胡鉴知",是以"并连坟一茔"也。因为没有更为直接的证据,导致长期以来学界对于张淮深去世的原因一直存有争议。

---

① 唐耕耦、陆宏基主编:《敦煌社会经济文献真迹释录》第2辑,北京:全国图书馆文献缩微复制中心,1990年,第471页。

② 郑炳林、郑怡楠辑释:《敦煌碑铭赞辑释(增订本)》,上海:上海古籍出版社,2019年,第748页。

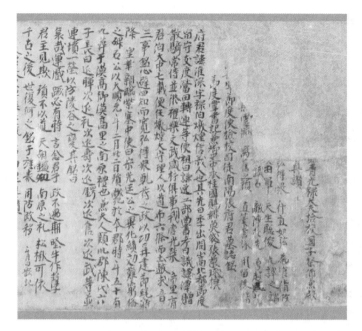

图5-6　P.2913V《归义军节度使张淮深墓志铭并序》

　　1941年，藤枝晃在《沙州归义军节度使始末（一）》一文中，从节度使的前后关系，首次推测杀害张淮深的凶手正是索勋，但并未提出确凿证据。在论文注释里，他对"竖牛作孽"的典故也做了分析，肯定了张淮深为亲属所害的结论，尽管他提及张淮深的儿子和兄弟，但仍认为索勋与这场政变不无干系。①向达利用《唐宗子陇西李氏再修功德记》碑中所云："兄亡弟丧，社稷倾沦"，认为"盖在大顺元年沙州骚乱，变生肘腋，淮深猝未及防，举室殒毙。作乱者即索勋其人也。索勋既杀淮深兄弟，遂自立为节度使，故《再修功德记》并无嗣立之辞"②。苏莹辉指出，S.1156《光启三年（887）沙州进奏院状》记有索勋于光启三年遣使要求任命为节度使之文字，证以张淮深为其政敌索勋谋杀的可能性极大。"盖光启三年（887）索勋所欲未遂，或即从事诬害淮深，捏造罪名，蒙蔽天子，故墓志铭有'君主见欺'之语。"又言，张淮深墓志铭中"竖牛作孽"一词，"盖借用其'嗣立'辞义"③。1982年，孙修身发表《张淮深之死再议》一文，首先针对向达所言张淮深卒后无嗣立的说法进行了反驳，认为在张淮深"殒毙"之后，确实有一个张淮□嗣立。他指出："张淮深之死，是由于结田、朱、李等，致僖宗逃凤翔、兴元，还随

---

①　[日]藤枝晃：《沙州歸義軍節度使始末（一）》，《東方学報》第12册第3分册，1941年。
②　向达：《唐代长安与西域文明》，北京：生活·读书·新知三联书店，1957年，第423页。
③　苏莹辉：《敦煌论集》，台北：学生书局，1983年，第250—251页。

王行瑜追僖宗、立李煴等所引起。"至于如何死法，有两种可能："(一)杨复恭弄权，以唐王朝的名义刺死，或直接派兵镇压杀死的。(二)假手其他方镇势力、军事集团，或者张淮深部下的叛逆者杀死张淮深。"[①]李永宁结合张淮深请节一事，对"竖牛作孽"进一步作了分析，认为"'竖牛作孽'应为不肖之子造作事端，残害兄弟，祸乱家室之意。……隐喻杀淮深一家者，并非外人，而是自家兄弟——张淮鼎"[②]。稍后在1988年，邓文宽揭出了一件敦煌文献S.5630《张淮深造窟功德碑》，在夫人颍川陈氏之后提到："▢▢▢▢▢延晖、次延礼、次延思[③]、次延嗣，次▢▢▢▢▢▢"，他发现张延思(邓文误录作"兴")、张延嗣二人不见于《归义军节度使张淮深墓志铭并序》，没有一同遇难，推测是张淮深的庶子；又指出"竖牛作孽"有两个特点：一是庶子杀害兄弟并逼死父亲；二是作乱后自己并未继位，而是扶立他人。最后得出结论："张淮深的儿子张延兴(当作'思')、张延嗣杀死了张淮深和延晖、延礼等六兄弟及张淮深夫人颍川郡君陈氏，然后扶立张淮深的异母兄弟张淮鼎主政。"[④]孙修身认为，《唐宗子陇西李氏再修功德记》碑中所谓"内外肃清"之说，暗示了张淮深之死应是内外势力相勾结的结果。所谓内部势力，自应来自归义军内部；而外部势力，很可能指的是甘州回鹘。[⑤]也有学者把注意力放在张议潮两个儿子身上，荣新江称："张议潮子淮鼎杀族兄淮深自立。"[⑥]杨秀清在探索张氏归义军内部矛盾时，揭出张议潮有两个儿子，其中次子张淮鼎于大顺元年发动政变，杀死堂兄张淮深。[⑦]

对于张淮深之死的原因，学界的看法之所以会出现如此大的出入，是因为目前还没有任何史料明确记载这段历史。而在没有确凿证据的前提下，我们不能抛开张景球的隐晦之言："竖牛作孽，君主见欺。殒不以道，天胡鉴知。"据《左传》昭公四年(前538)条记载，竖牛是鲁卿叔孙豹与耿宗妇人私生的庶长子，长大后随母投奔其父，"号之曰牛"，"遂使为竖"，故曰竖牛。他得到叔孙豹的宠爱，被委

---

① 孙修身：《张淮深之死再议》，《西北师院学报》1982年第2期。

② 李永宁：《竖牛作孽 君主见欺——谈张淮深之死及唐末归义军执权者之更迭》，《敦煌研究》1986年第2期。

③ P.2568《南阳张延绶别传》云："张延绶，字揩绅，即河西节度、金紫光禄大夫、检校尚书左仆射、河西万户侯南阳张公字禄伯之第三子也"，此延绶当即《归义军节度使张淮深墓志铭并序》"六子：长曰延晖、次延礼、次延寿、次延锷、次延信、次延武等"中之延寿。然而，《张淮深造窟功德碑》中则是张延思位列第三。出现这种情况，显然是因为嫡庶不同所致。功德碑中应该是不分嫡庶，按照年龄大小全部作了叙述，而《南阳张延绶别传》则是从嫡子的角度，称其为第三子。

④ 邓文宽：《也谈张淮深之死》，《敦煌研究》1988年第1期。

⑤ 孙修身：《试论甘州回鹘在中西交通中的作用》，张碧波主编：《北方文化研究——中国古代北方民族文化史论文集》第2集，哈尔滨：黑龙江教育出版社，1989年，第508—509页。

⑥ 荣新江：《晚唐归义军李氏家族执政史探微》，《文献》1989年第3期。

⑦ 杨秀清：《张议潮出走与张淮深之死——张氏归义军内部矛盾新探》，《敦煌研究》1996年第4期。

以重任。后来叔孙豹患病，"竖牛欲乱其室而有之"，遂杀害了两位同父异母的弟弟孟丙和仲壬，并且饿死其父叔孙豹，立昭子为鲁卿。翌年，昭子以"竖牛祸叔孙氏，使乱大从，杀適（嫡）立庶"的罪名，要诛杀竖牛，竖牛遂逃亡齐国，最终为孟、仲之子所杀。①张景球引用"竖牛作孽"这个典故，意思就是说，张淮深的庶子杀害了父亲、继母及同父异母的兄弟。仅从典故而言，目前看来比较可信的是邓文宽的推断，然而作为继任节度使的张淮兴，与这场政变恐怕也脱不了干系。

李正宇通过对敦煌本《下女夫词》的研究，认为《下女夫词》的性质是"归义军某一位沙州刺史迎亲时礼宾人员编辑的亲迎礼辞手册，供给伴郎伴娘以及傧相人员熟读背诵，以便临场时应酬得体、对答自如"。这位新郎有可能就是张淮深的某位儿子，此时身任沙州刺史兼三州游奕使，结婚时间是在中和四年至乾宁元年间（884—894）。②P.3909《下女夫词》后附《咒愿新郎文》：

> 论咒愿新郎文。咒愿新郎，愿新郎日胜千强。开辟天地，则有婚姻，阴阳道合，二仪[□□]。纳亲之后，已过吉期，从此以后，万善百福相宜。第一保寿尊长，次乃叶覆千枝，子孙尽封侯伯，朱门列戟光辉，车马骈阗塞路，□贵荣禄□□。尚书早受旌节，威名海内咸知。新郎天生贵子，绍继百嗣巍巍。男为卿相刺史，女拜本州郡君。③

该篇《咒愿新郎文》与S.6207中之《咒愿新郎文》内容相同。此文附在《下女夫词》之后，且书写字体一致。被称作"天生贵子"的新郎，职官也是刺史，显然两件文书中的新郎当属一人。在《咒愿新郎文》中，作者在为新郎祝福时，还不忘为其父尚书祈愿，希望他"早受旌节"。据荣新江在日本京都藤井有邻馆发现的一件敦煌文书《沙州旌节官告帖》，直到文德元年（888）时，唐王朝才正授张淮深节度使旌节。借此判断，新郎结婚的时间就应在文德元年前，而这位新郎很可能就是张淮深的长子张延晖或次子张延礼（据后文，延绥和延锷另有别官授予）。

据P.2913V《归义军节度使张淮深墓志铭并序》及S.5630《张淮深造窟功德碑》，张淮深至少有子8人，张延晖或张延礼担任沙州刺史兼三州游奕使之时，被杀的6子中，张延绥、张延锷等人也被授予了相应官职。张延绥又见于光启三年（887）张景球所撰的P.2568《南阳张延绥别传》：

> 张延绥，字播绅，即河西节度、金紫光禄大夫、检校尚书左仆射、河西万

① 杨伯峻：《春秋左传注》，北京：中华书局，1981年，第1256—1263页。

② 李正宇：《〈下女夫词〉研究》，《敦煌研究》1987年第2期。

③ 谭蝉雪：《敦煌婚姻文化》，兰州：甘肃人民出版社，1993年，第60页。"咒"通常作诅咒、符咒讲，向天或神在祭祀时祈祷、表白心愿亦称"咒愿"。敦煌咒愿文以对主人的祝福、赞颂为主，这种特殊的方式来源于佛教，"咒愿即为施主求愿也"，"唱法语愿求施主福利名为咒愿"。

户侯南阳张公字禄伯之第三子也。……每至金风初变,拥铁骑于三战关;独建云旗,护敦煌之千里。登山望远,有陈汤吞并之心;筹划机权,罗覆接飞之胆。长城以北,休闻沓链之交;大漠以南,戮断西戎之臂。元戎宝镜,展匣而照枢机;悬毂铜牙,百发穿杨之胜。于时光启三年三月七日,宠授左千牛兼御史中丞。①

张延绶乃张淮深第三子,状文显示,他文韬武略,样样精通,是张淮深统治时期的重要将领,自光启三年三月起任左千牛兼御史中丞。Ch.xviii.002《张延锷写经题记》云:

> 时当龙纪二载(890)二月十八日,弟子将仕郎、守左神武军长史、兼御史中丞、上柱国、赐绯鱼袋张延锷敬心写画此经一册,此皆是我本尊经法及四大天王、六神将等威力,得受宪衔,兼赐章服,永为供养记。表兄僧喜首同心勘校。②

张延锷所授的宪衔即御史中丞衔,其写经庆祝的时间当与他获得封赏的时间相近。张淮深年龄较长的几个儿子都得到了相应的职官,反观他的两位庶子张延思和张延嗣,似乎未见授官记载,即便有,可以想见其地位也不会很高。张延思和张延嗣在没有其他外力的协助下,很难想象能够有实力杀害张淮深夫妇及其六子。

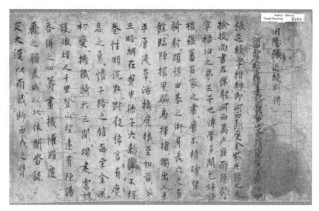

图5-7　P.2568《南阳张延绶别传》

S.1156《唐光启三年(887)沙州进奏院状》载:"进奏院状上。当道三般专使所论旌节,次第逐件具录如后:右伏自光启三年二月十七日,专使押衙宋闰盈、高

---

① 郑炳林、郑怡楠辑释:《敦煌碑铭赞辑释(增订本)》,上海:上海古籍出版社,2019年,第712—713页。

② [日]松本荣一:《燉煌畫の研究》,东京:东方文化学院东京研究所,1937年,第122页;金荣华:《新德里印度博物馆藏敦煌残册张延锷题记跋》,郑炳林、郑阿财主编:《港台敦煌学文库》第38册,兰州:甘肃人民出版社,第233—234页。

再盛、张文彻等三般同到兴元驾前。十八日使进奉。十九日对。"①这里提到张
淮深派遣的三般请节使团,分别以宋闰盈、高再盛、张文彻为首,他们虽然出发时
间不同,但前两批使团路途不畅,所以三批使团在光启三年二月同时抵达兴元驾
前,见到了避难在外的唐僖宗。张淮深在唐僖宗避难在外的危急时刻,接连派遣
三批使团论请旌节,说明敦煌也同样处在危急之中,即状文中所言:"如此件不□
获,绝商量,即恐边塞难安",可见张淮深在归义军内部的地位岌岌可危,迫切需
要得到唐朝的正式任命,以稳定政局。张淮深外部的压力主要来自周边崛起的
嗢末、回鹘等族,不断侵蚀归义军的疆域;更严重的是,敦煌内部的危机正在升
级,这主要体现在张议潮系的势力在不断壮大,甚至有学者认为:"中和四年
(884)前后淮诠郎君等从长安的西归正是后来归义军政权发生内乱,张淮深夫妇
及六子被杀的起因。"②从状文看,这三般专使内部分为两派:一派以宋闰盈、高
再盛为首,不得旌节,死亦不归;一派以张文彻为首,认为仆射(张淮深)没什么功
劳,根本不愿意为其论请旌节。张文彻等人不怕张淮深的态度,其背后自然有人
支持,而这人应该就是刚从长安回到敦煌的张淮兴。其子张承奉建立金山国后,
张文彻担任金山国头厅大宰相,也证实了张文彻是张议潮、张淮兴一系的亲信。
基于张淮兴在回到敦煌后的势力影响,张淮深之子担任归义军的重要职务,尤其
是沙州刺史一职,必然会对张淮兴一系造成巨大威胁。而这一威胁最终发展的
结果,便是政变的发生。

张景球作为此次事件的见证者,用"竖牛作孽"的典故隐指张淮深之死的原
因,应并非凭空捏造。依照典故的含义,张淮深夫妇及其六子之死确如邓文宽所
言,是由庶子延思、延嗣所造成。但仅靠这两人在敦煌的地位,应是没有实力发
动政变,其背后的支持者当系张淮兴一派。张淮兴为了逃脱弑兄的骂名,特借两
位庶子之手,完成了此次政权的过渡。张景球在给张淮深撰写墓志铭时,非常恰
当形象地运用了这个典故。由于政变的罪名都被推到张淮深的庶子延思、延嗣
兄弟身上,对于新执政的张淮兴来说也毫无忌讳。按理来说,张淮兴得以上台,
延思和延嗣有拥立之功,两人必然会被授予重要官职,但此后的敦煌文献里很难
再找到两人的蛛丝马迹,这一奇怪的现象,也正好印证了以上猜想。

学界对"竖牛作孽"的含义已有了深入认识,然而对"君主见欺"的理解仍然
不甚清晰。据《沙州旌节官告帖》,张淮深虽多次向唐王朝请节都无功而返,但最

① 郝春文等编著:《英藏敦煌社会历史文献释录》第5卷,北京:社会科学文献出版社,2006年,第151页。
② 杨宝玉、吴丽娱:《张议潮束身归阙后与沙州人士的往来及其对敦煌政局的影响——以P.3730V、
S.6405V为中心,兼及P.3281V、S.2589》,刘进宝、高田时雄主编:《转型期的敦煌学》,上海:上海古籍出版
社,2007年,第338页。

终还是在文德元年时得到了中央的正式任命。然而在一年多后,敦煌地区却发生政变,推翻了刚刚任命的归义军合法统治者,在唐廷看来,这就是对君权的一种挑战,"欺"应指欺侮之意。以至于张淮兴掌权瓜沙期间,唐廷始终未正授其节度使旌节。

2.张淮鼎还是张淮兴

就目前已考知的归义军张曹13位节度使中,传世史籍记录了11位,唯独缺张氏时期的第三任、第四任节度使。索勋作为归义军第四任节度使,在敦煌文献、石窟题记、碑刻中皆有记载,而最为难解的要数第三任,一直以来都扑朔迷离,甚至连其姓名也存有争议。

敦煌资料中唯一记载到归义军第三任节度使的,是立于莫高窟第148窟南厢的《唐宗子陇西李氏再修功德记》碑,该碑文后列有三位节度使的职衔及姓名:

> 敕封宋国……沙瓜伊西等州节度使司徒张淮深、妻弟前沙瓜伊西□河节度使检校□部尚书兼御史大夫张淮□、沙州□□刺史兼沙瓜伊西等州节度使兼御史大夫□□□。[①]

第一位可明确知晓乃张淮深,第三位姓名虽残,但学界公认是被后来李氏扶立的张议潮孙张承奉。至于第二位,碑文字迹脱落,诸家释文不一,但基本认为他是张议潮之子、张承奉之父、上一任节度使张淮深的堂弟。此处徐松最早释录为"妻弟前沙瓜伊西□河□徒□检校□□□□兼御史大夫〈缺〉";[②]向达作"张淮沽";[③]罗振玉、张维、蒋斧、石璋如、李永宁等学者谨慎地录作"张淮□";[④]后来罗振玉在《补唐书张义潮传》一文中,又将此处录作"张淮氵"。[⑤]直到1981年《伯希和敦煌石窟笔记》的出版,世人才看到法国人伯希和在1908年的录文,他对碑文中第二位节度使的职衔并未录全,在释录出"妻弟前沙瓜伊西"等字之后,对后面漫漶部分也做了逐字的说明:

① 李永宁:《敦煌莫高窟碑文录及有关问题(一)》,敦煌文物研究所编:《敦煌研究》试刊第1期,兰州:甘肃人民出版社,1982年,第68页。

② (清)徐松著,朱玉麒整理:《西域水道记(外二种)》,北京:中华书局,2005年,第157页。

③《罗叔言〈补唐书张议潮传〉补正——瓜沙谈往之四》,向达:《唐代长安与西域文明》,北京:生活·读书·新知三联书店,1957年,第422页。

④ 罗振玉:《西陲石刻录》,新文丰出版公司编辑部编:《石刻史料新编·第二辑》第15册,台北:新文丰出版公司,1979年,第11045页;张维:《陇右金石录》,新文丰出版公司编辑部编:《石刻史料新编·第一辑》第21册,台北:新文丰出版公司,1982年,第16014页;蒋斧:《沙州文录》,黄永武主编:《敦煌丛刊初集》第6册,台北:新文丰出版公司,1985年,第217页;石璋如:《敦煌千佛洞遗嗣及其相关的石窟考》,《"中央研究院"历史语言研究所集刊》第34本上,1962年,第90页;李永宁:《敦煌莫高窟碑文录及有关问题(一)》,敦煌文物研究所编:《敦煌研究》试刊第1期,兰州:甘肃人民出版社,1982年,第68页。

⑤《补唐书张义潮传》,罗振玉:《罗雪堂先生全集初编》第2册,台北:大通书局,1986年,第725页。

在一个字的空白之后就是徐松所说的"河"字,该字只能看出其右半部且很不清楚(可能完全是另一个字)。接着好像是"西",或至少可认出"彡"(该字的其余部分已缺)。接着一个字徐松认为是"徒",其实更像是写成"廷"的"廷"字,但无把握。然后很可能是"使",其后的"检校"两字是肯定的。接着又是一个字的空白,紧接着一个字的右半部为"句",接着是"䌷",再接着是"御史大夫䌷䌷鼎",可能是"张淮鼎"——张淮真的弟弟,其前面的字都是他的头衔。①

把这些释文连接起来就是:"妻弟前沙瓜伊西□河(?)西(?)廷(?)使(?)检校□句䌷御史大夫䌷䌷鼎"。伯希和对"张淮"二字尚存疑问,但对"鼎"字却确认无疑。伯希和的笔记虽然后出,但释录文字却早在1908年,因此学界关注度较高,此后也大多遵从此说。

不可否认,伯希和的确是一位造诣颇深的汉学家,但在1908年,他也才年仅三十岁,不见得能把碑文上的所有汉字都准确录出,况且,《伯希和敦煌石窟笔记》中的释录本身就有一些讹误。徐松作为嘉庆十年(1805)的进士,后又入职翰林,授编修,进入南书房,②其汉学水平自然不低。第二位节度使,徐松作缺文而未录,可见早在道光年间(1821—1850),就因碑文漫漶而难以识别。伯希和在数十年后反而能够清楚地将"鼎"字录出,很难不让人产生疑惑。

1994年,马德发表《张淮兴敦煌史事探幽》一文,他根据英藏敦煌绢画Ch.liv.007(BM.SP31)《炽盛光佛并五星神》中之题记:"炽盛光佛并五星神。乾宁四年(897)正月八日,弟子张淮兴画表庆光。"③提出《唐宗子陇西李氏再修功德记》碑中第二位节度使乃张淮兴的新说,试图否定张淮鼎说。其理由是:"一,所有敦煌文献中记载当时张议潮的子侄辈就淮深和淮□二人,绢画中的张淮兴不可能成为此二人之外的第三人;二,兴字(繁体字)与鼎字上部形状相近,伯希和当年可能是依稀看到了该字残迹的顶部,因形近而录为鼎字。"④其实,早在1941年藤枝晃所绘的"张氏系图"中就已经列出了张淮兴,并将之比定为张淮深的兄弟,只是未任节度使。⑤

在没有确切证据的前提下,我们不能将这条题记视而不见。目前来看,张议潮只有两个儿子,即碑文中的张淮□和S.2589《中和四年(884)十一月一日肃州

① [法]伯希和:《伯希和敦煌石窟笔记》,耿昇译,兰州:甘肃人民出版社,2007年,第36页。
② 朱玉麒:《徐松与〈西域水道记〉研究》,北京:北京大学出版社,2015年,第42—43页。
③ 中国社会科学院历史研究所等编:《英藏敦煌文献(汉文佛经以外部分)》第14卷,成都:四川人民出版社,1995年,第169页。
④ 马德:《张淮兴敦煌史事探幽》,《敦煌学辑刊》1994年第2期。
⑤ [日]藤枝晃:《沙州归义军节度使始末(一)》,《东方学报》第12册第3分册,1941年,第73页。

防戍都营田康汉君等状》中之张淮诠。张议潮兄张议潭诸子,除了张淮深之外,还有《唐敦煌张淮澄墓志铭并序》的志主张淮澄:

> 　　府君讳淮澄,小字佛奴,姓张氏,其先南阳人也。……父曰义潭,皇左骁卫将军、检校右散骑常侍。……兄曰淮深,幼有胆气材略,代季父司空为沙州刺史。……以同气宿卫,而府君是得先为之使,时大中七年,诏授左威卫丹州通化果毅都尉。……十二年,转福王府右亲事典军。旋丁常侍忧,哀毁过礼,将途灭性。上闻之,优诏夺情,起复改衰王府右亲事典军。咸通二年,转鄂王府左帐内典军。……当去年三月,以司空归阙,典有及亲,擢列朝班,褒其季父也,拜鄂王友。……至戊子年五月三日,寝疾终于京之永嘉里之赐第,时年廿一。[①]

墓志铭中除了叙述张淮澄先祖外,也简要介绍了其父张议潭、其母索氏及兄张淮深的生平事迹,并未言及其他兄弟。虽然晚唐五代宋初敦煌地区一夫多妻的现象比较普遍,[②]但就目前已有的资料,[③]还未发现张议潭另有其他妻子。从墓志铭中我们不仅能够知晓张淮澄乃张议潭之子,而且还可以了解到,张议潭与其弟张议潮一样,也仅有两个儿子。而且,张议潭与张议潮诸子张淮深、张淮澄、张淮□、张淮诠等人皆以淮字辈取名。

　　景福二年(893)九十月间,嫁给李明振的张议潮女多方联络,一举剿灭索勋,扶立侄男张承奉为节度使,使张氏家族重新掌政。[④]然而李氏诸子分刺诸州,掌握着归义军的实际权力。"李氏家族的所作所为,必然引起瓜沙一些大族势力的反对,他们不会轻易让张议潮家族掌握的政权落入他姓手中。恐怕就在乾宁三年初,正当李氏家族力图抛掉张承奉,独揽大权的时候,沙州出现了一场倒李扶张的政变",结果是李氏家族统治彻底垮台。[⑤]Ch.liv.007(BM.SP31)《炽盛光佛并五星神》(图5-8)中张淮兴于次年正月八日"画表庆光",从时间上看,他所庆的应当正是此事。加之淮字辈取名,足见张淮兴与张承奉之间有着密切的关系。

---

① 李宗俊:《唐〈张淮澄墓志〉跋》,樊英峰主编:《乾陵文化研究》第11卷,西安:三秦出版社,2017年,第213页;王庆卫:《新出唐代张淮澄墓志所见归义军史事考》,《敦煌学辑刊》2017年第1期;郑怡楠:《新出〈唐敦煌张淮澄墓志铭并序〉考释》,《敦煌学辑刊》2017年第1期。

② 《晚唐五代敦煌归义军节度使多妻制研究》,郑炳林主编:《敦煌归义军史专题研究三编》,兰州:甘肃文化出版社,2005年,第548—559页。

③ 莫高窟第94窟乃张淮深的功德窟,主室南壁中段供养人像列第一身题名为:"母□(武)□(威)郡太夫人巨鹿索氏一心□□(供养)";北壁中段供养人像列第一身题名为:"叔母宋国郡太夫人宋氏";同列第四身题名为:"叔母范阳卢氏"。巨鹿索氏乃张淮深生母,叔母宋氏、叔母卢氏则为议潮妻。

④ 李正宇:《索勋、张承奉更迭之际史事考》,郝春文主编:《敦煌文献论集:纪念敦煌藏经洞发现一百周年国际学术研讨会论文集》,沈阳:辽宁人民出版社,2001年,第114—128页。

⑤ 荣新江:《晚唐归义军李氏家族执政史探微》,《文献》1989年第3期。

图5-8　Ch.liv.007(BM.SP31)《炽盛光佛并五星神》

联系到目前所见张议潮的子侄辈仅有以上四位,这里的张淮兴应正如马德在上揭文中所言,很有可能就是《唐宗子陇西李氏再修功德记》碑中的张淮□,"伯希和当年可能是依稀看到了该字残迹的顶部,因形近而录为鼎字"。

3.索勋的篡位

敦煌市博物馆藏有一碑,正面镌刻《都督杨公纪德颂》,背面镌刻《索勋纪德之碑》,额题"大唐河西道归义军节度索公纪德之碑",因碑身早已断裂,目前仅存上下两部分。撰者张景俅,即《张淮深墓志铭》的作者张景球,时任节度判官掌书记。他在唐末敦煌乱世中,曾先后为两任节度使撰写墓志铭或纪德碑,见证了多场政变。碑文称:

　　□□□□□□□安邦,柱石分忧……公玉裕,讳勋,字封侯,敦煌人也。□□□□□□□祖靖,仕魏晋,位登一品,才术三端,出入两朝,功名俱遂。曾祖讳□□□□□□钟庆于兹。……父琪,前任敦煌郡长史,赠御史中丞。……公则我河西节度张太保之子婿也,武冠当时,文兼识达,得抉囊之上策,□□□□□明主□□□□□皇王之□□。□韬钤而五凉廓靖,布鹤列而生擒六戎。□□□□姑臧寇扰,□□□□□□□。上褒厥功,特授昭武校尉持节瓜州诸□□□□墨釐军押蕃落□□□□□□史。……厥田唯上,周回万顷,沃壤肥浓,溉用都河,□□□□,□□□□,积为□□,河道不通,渠流顿绝。……城内东北隅有古昔龙□□□□□□□楼壁犹存,模仪尚宛,直以风摧雨烂,尊象尘濛,栋宇疏廓,空余基陛。□□□□□□□贸工,于是改作;四厢创立,八壁重修。南建门楼,北安宝殿。徘徊竿刡,□□□□□□□□舻阶墀,古树却吐鲜芳;玉彻流泉,莓苔复点城隅之

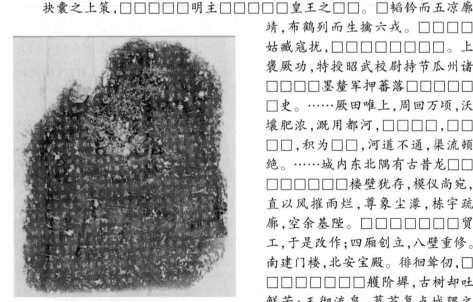

图5-9　《索勋纪德之碑》拓片

下。别创衙殿，□□□□□□□□□就，俨尔光辉。于时景福元祀白藏无射之末，公特奉丝纶，就加□□□□□□□□□德也。(后略)①

由于原碑断为两截，残损过甚，所以在使用和研究过程中难免有这样那样的错误。《索勋纪德之碑》虽是为节度使索勋而作，但主要篇幅却是大肆宣扬其在瓜州刺史任上的政绩，如修筑瓜州城池，消除了瓜州防御隐患；修建都河堤堰，使瓜州地区土地得到灌溉，农业得到丰收；重新修建了城东北隅的古坏寺院；并且还重新修筑衙殿。至于所修寺院，郑炳林根据方位在"城内东北"，判断乃沙州龙兴寺，并进一步指出："索勋重修龙兴寺与张淮深重修龙兴寺原因一样，是很微妙的。张议潮、张淮深出任节度使后，都以渥洼龙种、丹穴凤雏自誉，而龙兴寺乃是唐玄宗即位后诏天下所建，重修龙兴寺，含有张淮深正式出任节度使之义于其中。索勋执掌归义军节度使事务，立即重修龙兴寺，亦宣布只有他才是正统的。"②从碑文叙事顺序来看，重修寺院与新修衙殿都是在景福元年索勋出任节度使之前，如此则索勋所修寺院只能是在瓜州。

碑文载："□韬钤而五凉廓靖，布鹤列而生擒六戎。□□□□姑臧寇扰，□□□□□□□□。上褒厥功。"张议潮于大中二年至四年相继收复瓜、沙、甘、肃、伊等河西五州之地，吐蕃守将最后龟缩于凉州一隅。敦煌遗书BD05825(菜025)，正面抄写《瑜伽师地论第四八》，卷背有行题记："大中十二年八月二日，尚书大军发，讨番开路，四日上碛"，荣新江借此判断，张议潮是在大中十二年八月二日，秋高马肥之际，开始了他东征凉州吐蕃的壮举。题记显示，张议潮收复凉州一役是他的主动出击，与"五凉廓靖"正相符，而"姑臧寇扰"显然另指他事。既然"姑臧寇扰"记于"五凉廓靖"之后，那么索勋平定姑臧一事，就很可能指他在张淮深统治时期参加的东征凉州之役。索勋之所以能够出任瓜州刺史，很大程度上与他在此次战争中所立的战功有关，故而得到节度使张

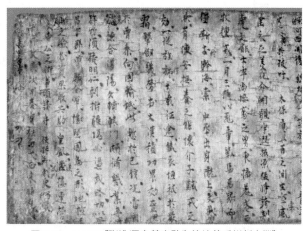

图5-10　P.4638《张淮深奏荐索勋为使持节瓜州刺史牒》

① 郑炳林：《〈索勋纪德碑〉研究》，《敦煌学辑刊》1994年第2期。

② 郑炳林：《〈索勋纪德碑〉研究》，《敦煌学辑刊》1994年第2期。

淮深的推荐。P.4638《张淮深奏荐索勋为使持节瓜州刺史牒》云："索中丞出身陇上，文武双兼。……事须请守使持节瓜州刺史，仍便交割印文，表次闻奏。"①这位索中丞地当"亲懿"，又被表荐为瓜州刺史，显然就是张议潮之婿索勋。

至于索勋刺瓜的时间，荣新江认为约在光启四年至景福元年间（888—892），②其上限所据为S.1824《受十戒文》卷尾题记："光启肆年（888）戊申五月八日，三界寺比丘僧法信于城东索使君佛堂头写记。"则索勋必在该日之前就已出刺瓜州。P.4660（11）悟真撰《瓜州刺史兼左威卫将军康秀华邈真赞并序》，该篇无撰写题记，仅存赞文部分，本篇连抄于乾符六年（879）《沙州都押衙张兴信邈真赞》之后，乾符三年（876）《张僧政邈真赞》之前，郑炳林通过P.4660文书的粘连顺序，认为康秀华去世的时间是在乾符三年至六年间（876—879），之后瓜州刺史由索勋代替。③由此可见，索勋刺瓜的时间上限当在876—888年间。

大顺元年（890），敦煌地区发生政变，张淮深一家八口被杀，张议潮之子张淮兴继任归义军节度使位。张淮兴在位时间较短，碑文记载索勋"于时景福元祀白藏无射之末，公特奉丝纶，就加□□□□□□□□□德也"，"就加"之后所残文字当为唐昭宗给索勋授予的官职，结合碑题可知是归义军节度使。"白藏"，秋也；"无射"，九月也。说明至迟景福元年九月末，唐昭宗所派遣的使团就已到达敦煌，并正授了索勋节度使旌节。使者从敦煌到长安至少需要三五个月，如果以三月计之，来回就需要六七个月，那么索勋取代张淮兴的时间就应该在景福元年初。

《唐宗子陇西李氏再修功德记》碑讲到了张淮兴托孤一事：

> 夫人南阳郡君张氏，即河西万户侯、太保张公第十四女。温和雅畅，淑德令闻，深遵陶母之仁，至切齐眉之操。先君归朝觐，不得同赴于京华，外族流连，各分飞于南北。于是兄亡弟丧，社稷倾沦，假手托孤，几辛勤于苟免。④

罗振玉最早指出："淮深卒，弟淮氵嗣；淮氵卒，托孤于义潮婿、瓜州刺史索勋，勋乃自为节度。"⑤冯培红则认为，"几辛勤于苟免"的主语无疑当为碑主李明振之

---

① 唐耕耦、陆宏基主编：《敦煌社会经济文献真迹释录》第4辑，北京：全国图书馆文献缩微复制中心，1990年，第374页。

② 荣新江：《〈唐刺史考〉补遗》，《文献》1990年第2期。

③ 《晚唐五代归义军行政区划制度研究》，郑炳林主编：《敦煌归义军史专题研究续编》，兰州：兰州大学出版社，2003年，第38—39页；郑炳林：《晚唐五代敦煌康氏家族与归义军瓜州刺史康秀华考》，《敦煌研究》2018年第3期。

④ 石璋如：《敦煌千佛洞遗碑及其相关的石窟考》，《"中央研究院"历史语言研究所集刊》第34本上，1962年，第88页；李永宁：《敦煌莫高窟碑文录及有关问题（一）》，敦煌文物研究所编：《敦煌研究》试刊第1期，兰州：甘肃人民出版社，1982年，第67页。

⑤ 《补唐书张义潮传》，罗振玉：《罗雪堂先生全集初编》第2册，台北：大通书局，1986年，第725页。

妻,被托孤者不应是索勋,而是李明振之妻。[1]碑文所谓"兄亡弟丧,社稷倾沦"之说,给人以张淮深、张淮兴兄弟都已去世的错觉,然而据上引英藏敦煌绢画Ch.liv.007(BM.SP31)《炽盛光佛并五星神》中之题记,张淮兴景福元年时并未去世。那么他与索勋的交替过程就需要进一步探讨。

限于目前所掌握的材料,我们很难从中推断出索勋取代张淮兴的确切过程,然而从众多例证来看,尤其是张淮兴与其子张承奉在索勋统治期间依然在世,可见索勋与张淮兴的交替没有出现大的流血斗争,但要把政权从张氏转移到索氏也不会是一帆风顺的。由此,马德指出:

> 张淮兴在杀了淮深、夺取归义军大权之后,通过一年多的时间,可能是感到力不从心,或者更是感到自己罪孽深重,不宜再继续担任节度使职务,所以将幼子托给索、李两家辅佐,自己则退避三舍,深居简出。……本来袭承节度使职务的应该是张承奉,由索、李两家辅佐,为何反而索勋当了节度使? 这正是李唐王朝力图削弱地方割据势力的用意所在。[2]

这一推断是有一定道理的。自咸通二年张议潮收复凉州后,归义军的疆域也达到了顶峰,正如《张淮深碑》所记:"西尽伊吾,东接灵武,得地四千余里,户口百万之家,六郡山河,宛然而旧。"咸通八年张议潮束身归阙,以侄男张淮深守归义。伴随着周围部落的日益崛起,加之唐朝也加紧了对河西地区的经营,归义军来自外部的压力越来越大,疆域也在不断收缩。此外,上节所论S.1156《唐光启三年(887)沙州进奏院状》中所表现出来的归义军内部的派系斗争,在张淮兴统治的短期内应该也未能得到有效缓解。更主要的是,张淮兴在位期间始终未获得唐王朝正授的节度使旌节,甚至唐王朝很有可能也未遣使去往沙州,这对于其政权合法性的构建是一个不小的打击。正如唐长孺所言:"他们所重者不在于所授官爵,再高的官爵他们都不妨自称,长安无法加以干涉,而且事实上他们也都以自称的官爵题衔。所以看重长安的遣使,他们只是通过'星使降临'这件事向辖区内表示其政权的合法性而已。而这一点可能为在这个地区内维持其政权所必要的条件之一。"[3]所面临的内忧外患形势,使张淮兴感到"不宜再继续担任节度使职务",也属情理之中。在诸多压力下,他随即将节度使位让于其子张承奉担任,由索、李两家辅佐,自己则退避三舍。索勋出自敦煌本地传统大族,又在瓜州积聚了军事实力,自然不满足于仅仅辅佐张承奉,于是便在景福元年初篡夺了节度使权位。

---

[1] 冯培红:《敦煌的归义军时代》,兰州:甘肃教育出版社,2013年,第174页。

[2] 马德:《张淮兴敦煌史事探幽》,《敦煌学辑刊》1994年第2期。

[3] 唐长孺:《关于归义军节度的几种资料跋》,中华书局上海编辑所编:《中华文史论丛》第1辑,北京:中华书局,1962年,第282页。

图5-11　莫高窟第196窟甬道北壁索勋、索承勋供养像

索勋上台后,为了巩固自己的统治,也采取了一些措施。P.3711《大顺四年(893)正月瓜州营田使武安君牒》称:

　　□□□□□□过□□□□□□下,乃被通颊董悉,并妄陈文状,请将。伏乞大夫阿郎仁明详察,沙州是本,日夜上州,无处安下,只凭草料,望在父祖(祖)田水,伏请判命处分。牒件状如前,谨牒。大顺四年正月日瓜州营田使武安君。系是先祖产业,董悉卑户,则不许入,权且承种,其地内割与外生安君地柒亩佃种。十六日。勋。[①]

此乃瓜州营田使武安君上节度使的牒文,后有索勋在十六日写的判词,且有"勋"字签名。董悉卑户按照张议潮等世的法令,请得绝户地耕种,在瓜州任职的武安君则要求以外甥的名义收回其舅的绝户地。判文里,索勋要求董悉卑户出让土地所有权,改由武安君承种。可见索勋执政时期,并未有效实施张议潮等世的法令,这样做的目的,无非是想借机拉拢敦煌大族。

4.张议潮女推翻索勋事

莫高窟第148窟南厢所立《唐宗子陇西李氏再修功德记》碑对张议潮第十四女、李明振遗孀推翻索勋的政变记述得颇为详细:

　　夫人南阳郡君张氏……于是兄亡弟丧,社稷倾沦,假手托孤,几辛勤于苟免。所赖太保神灵,幸恩巢毙,重光嗣子,再整遗孙。虽手创大功,而心全弃致,见机取胜,不以为怀。乃义立侄男,秉持旄钺。……于时丰年大

[①] 唐耕耦、陆宏基主编:《敦煌社会经济文献真迹释录》第2辑,北京:全国图书馆文献缩微复制中心,1990年,第290页。

稔,星使西临,亲抵敦煌,颂宣圣旨。内常侍□□□□□康玉裕称克珣,副
倅师大夫称齐珙,判官陈大夫曰思回,偕殿廷英俊,枢密杞才。遐耀天威,
呈祥塞表,因凿乐石,共纪太平。余所不材,斐然狂简。□□□□□(于
时大唐乾宁)元年岁次甲寅拾月庚申朔伍日甲子□□□□□□□□□□。[1]

张氏在碑文里极力夸赞自己剿灭索勋的功绩以及抚立侄男张承奉的度量。景福
元年(892),张淮兴去任,张议潮女婿索勋篡夺了节度使权位,对于张氏家族而
言,这就是"社稷倾沦"。为了保护张家血脉,李明振妻张氏几多辛勤,尽力庇护。
她多方联络,在羌族等外援的支持下,发动了倒索政变,一举剿灭索勋,抚立侄男
张承奉,使张氏家族重新掌政。

　　李明振妻推翻索勋事发生在何年? 一直以来未成论定。罗振玉推测:"淮深
卒,弟淮澜、淮淬,托孤于义朝婿瓜州刺史索勋;勋乃自为节度。景福元年,朝命
许之,众情愤激。义潮第十四女、凉州司马李明振妻也,出定其难,率将士诛勋;
请于朝,以义朝孙嗣为节度使。朝命内侍常□□□、副使齐珙、判官陈思回,赍诏
诣沙州慰问。时,明振已先卒,诏以明振长子弘愿充沙州刺史兼节度副使,次子
弘定充瓜州刺史、墨离军押藩落等使,第三子弘谏充甘州刺史,以酬勘定之庸。
时乾宁元年也。"[2]是知罗氏以为诛索勋及扶立张承奉事发生在景福元年至乾宁
元年间(892—894)。向达指出:"景福元年索勋受朝命以后,何时沙州即起政变,
今无可考;疑最迟亦当在景福二年至乾宁元年(公元八九三—八九四年)之
间。"[3]荣新江认为,乾宁元年时张承奉被立为节度使。[4]杨秀清著《敦煌西汉金
山国史》,亦云:"乾宁元年(894),李明振妻议潮十四女,联合张、李两家,推翻索
勋统治,立张承奉为节度使。"[5]所持乾宁元年说,主要根据即《唐宗子陇西李氏
再修功德记》碑,此碑立于乾宁元年十月五日,知朝使康克珣等人到达沙州必在
立碑之前,于是推测索勋、张承奉更替之时即在乾宁元年。然碑中未确指索勋、
张承奉更替于何时,故乾宁元年说仍只是推测。

　　对于此问题的探讨,P.3552《儿郎伟》也为我们提供了一些线索,现将相关内
容移录于下:

---

　　① 石璋如:《敦煌千佛洞遗碑及其相关的石窟考》,《"中央研究院"历史语言研究所集刊》第34本上,
1962年,第88—90页;李永宁:《敦煌莫高窟碑文录及有关问题(一)》,敦煌文物研究所编:《敦煌研究》试
刊第1期,兰州:甘肃人民出版社,1982年,第67—68页。

　　②《补唐书张义潮传》,罗振玉:《罗雪堂先生全集初编》第2册,第725—726页。

　　③《罗叔言〈补唐书张议潮传〉补正》,向达:《唐代长安与西域文明》,北京:生活·读书·新知三联书店,
1957年,第425页。

　　④ 荣新江:《归义军史研究——唐宋时代敦煌历史考索》,上海:上海古籍出版社,1996年,第197页。

　　⑤ 杨秀清:《敦煌西汉金山国史》,兰州:甘肃人民出版社,1999年,第25页。

（一）：

自从长使（史）领节，千门乐业欢然。司马兼能辅翼，鹤唳高鸣九天。……太夫人握符重镇，即加国号神仙。能使南阳重霸，子父昌盛周旋。昨使曹光献捷，表中细述根源。三使莲（连）镳象魏，兰山不动烽烟。人马保之平善，月初已到殿前。圣人非常欢喜，不及降节西边。

（二）：

长使（史）千秋万岁，百姓猛富足钱。长使（史）大唐节制，无心恋慕猩（腥）膻。司马敦煌太守，能使父子团圆。今岁加官受爵，入夏便是貂蝉。太夫人表入之后，即降五色花笺。正是南扬（阳）号国，封邑并在新年。

（三）：

长使（史）寿同沧海，官崇八座貂蝉。四方晏然清恬，猃狁不能犯边。甘州雄身中节，嗢末送款旌旆。西州上拱（贡）宝马，焉祁（耆）送纳金钱。

（四）：

咒愿太夫人，敕奉李郡君。旧殃即除荡，万庆尽迎新。握（幄）帐纯金作，牙床尽是珍。①

《儿郎伟》是在除夕用于驱傩仪式的歌颂之辞，以上四首唱词，主旨在于歌颂沙州拨乱反正的胜利，具有浓厚的政治色彩。李正宇《索勋、张承奉更迭之际史事考》一文对该篇《儿郎伟》进行了细致讨论，指出："此词在岁末驱鬼逐疫活动中注入讴歌时事的内容，着意讴歌新上台的军、州权要；所涉的人和事，又皆同弥定索勋之乱有关，据此而论，这一组作品显然是诛除索勋的当年归义军官方傩队唱诵的驱傩乐歌。"此外，通过分析《唐宗子陇西李氏再修功德记》碑，李文认为，康克珣一行乃是唐廷得到诛索勋、立张承奉的奏报后首次派赴沙州"降节"的使臣，《儿郎伟》叙曹光抵京日期之"十二月初"必是乾宁元年十月之前的某年十二月初。另据P.2825V《景福二年（893）九月百姓卢忠达状》，索勋在景福二年九月某日尚在位，从知奏报索、张更替的专使曹光抵京的"十二月初"，只能是景福二年十二月初，这也便是上录《儿郎伟》的撰写年代。最后断定，既然曹光于景福二年十二月初已到达长安，他从沙州出发之时，应在景福二年十月上旬，索勋被杀及张承奉上台，即在景福二年九月某日之后至十月上旬某日之间。②李正宇的分析可

---

① 周绍良：《敦煌文学"儿郎伟"并跋》，文化部文物事业管理局古文献研究室编：《出土文献研究》，北京：文物出版社，1985年，第178—179页。

② 李正宇：《索勋、张承奉更迭之际史事考》，郝春文主编：《敦煌文献论集：纪念敦煌藏经洞发现一百周年国际学术研讨会论文集》，沈阳：辽宁人民出版社，2001年，第116—126页。

谓独到,这一观点目前也基本为学界所接受。

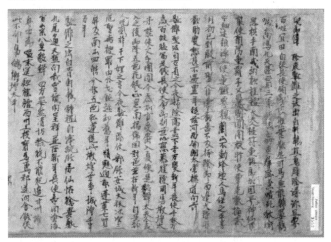

图 5-12　P.3552《儿郎伟》(局部)

5. 李氏家族的掌权与覆灭

杜佑《通典》注云:"凡别驾、长史、司马,通谓之上佐",上佐的职责主要是"掌贰府、州之事,以纪纲众务,通判列曹;岁终则更入奏计",[①]位高权重。随着唐代中叶地方行政体制的改革,包括长史、司马在内的上佐等职权也发生了变化,权力趋于下降。以至于有学者指出:"晚唐时代,中下等州皆不置上佐。"[②]李志生不赞同此说,他认为,"在唐代晚期,司马、长史仍普遍存在于中、下州中,但它们多用以安置贬降之官",虽居位而不谋职,"上佐的权力已经基本丧失"。[③]然而在晚唐张氏归义军时期,地处边鄙的沙州,曾在一段时间内,其实际统治者则是由号称长史、司马的两人担任。

P.3167V《乾宁二年(895)三月沙州安国寺道场司常秘等牒》有如下文字:"右前件五尼寺沙弥戒惠等父娘并言:爱乐受戒,一则年小,二乃不依圣教,三违王格条流处分,常秘等恐有愆咎,今将逞过本身,验知皂白,不敢不申。伏望长史、司马仁明详察,伏乞裁下处分。"[④]方等道场司作为都司的下属机构,要向都僧统负责。此状是因部分沙弥尼不够受具年龄,但其父母却要求受具,道场司怕承担责任,故上状

---

① (唐)李林甫等撰,陈仲夫点校:《唐六典》卷30《三府督护州县官吏》,北京:中华书局,2014年,第747页。

② 《唐代府州僚佐考》,严耕望:《唐史研究丛稿》,香港:新亚研究所,1969年,第115页。

③ 李志生:《关于唐代晚期府、州上佐(长史、司马、别驾)的几点意见》,《河北学刊》1991年第4期。

④ 唐耕耦、陆宏基主编:《敦煌社会经济文献真迹释录》第4辑,北京:全国图书馆文献缩微复制中心,1990年,第66—67页。

请"长史、司马"裁决。①这里的长史、司马实际行使的是归义军节度使的职权。这一时期长史、司马掌权的事实,还可以从其他文书中得到证实。P.3101《书仪》第三部分《贺天使平善过路》载:"天使进发,已达五凉,道路无危,关河安静。皆是长史、司马神谋以被,日达天庭。某乙无任庆抃。"②李军指出:"此件文书当是归义军管下的官员写给长史和司马,以祝贺唐政府所遣使团由沙州顺利东返的书信之抄本。此次唐政府派遣使团前往沙州,应与《儿郎伟》中所述太夫人等人上表,即'昨使曹光献捷'有关。唐政府使团离开沙州到达'五凉'之际,长史和司马仍控制着归义军政权。"③P.2803《押衙张良真状稿》抄在《景福二年(893)二月押衙索大力状稿》后,其状文称:"押衙张良真,先伏蒙长使(史),充璨毗界内使,逢遭离乱,良真党宗身自将货物,少多被璨毗人劫将,各及物色,谨具如后。"④基于以上相关文书,不难认为P.2803《押衙张良真状稿》也应写于乾宁二年前后。据这些文书可知,"895年前后掌握沙州内政、外交实权的人物,是号称'长史'和'司马'的两个人,他们裁决僧俗百姓的上诉牒状,安排中央王朝使臣的往还,甚至任命归义军节度押衙为边镇将领,显然是行使着归义军节度使的权力"⑤。

长史、司马和太夫人是上引P.3552《儿郎伟》祈愿的对象,太夫人,学界普遍认为即李明振的遗孀,也就是张议潮第十四女、李弘愿的生母,当无疑义。对比其他以节度使的称号"太保"或"大王"为称颂对象的《儿郎伟》,这里所说的长史、司马,必指上述几件文书中的长史、司马。⑥

对于长史、司马的比定,目前学界也是观点各异,争论的焦点主要在于长史乃李弘愿还是张承奉。荣新江认为从当时的沙州政情看,长史应当是指握有实权的李弘愿。一个重要依据即P.4640(3)《唐宗子陇西李氏再修功德记》所载"长男洪(弘)愿"处,原文本写作"长男长史洪(弘)愿",后又将"长史"二字划掉。据此判断P.4640(3)保存的写本,很可能是原碑文最初稿本的抄本,大概在索勋执政时期,李弘愿已担任沙州长史一职。他正是以长史身份剪除索勋,后来该职就成为他的代名词。⑦鉴于此,李军提出了不同意见,他指出:"P.4640(3)《唐宗子陇西李氏再修功德记》当属李氏家族功德碑记的略抄本,而非碑记底稿抄本,抄写时间应在李氏立碑之后。虽然在抄本中原有'长史'二字,但其应为文书抄写

---

① 郝春文:《唐后期五代宋初敦煌僧尼的社会生活》,北京:中国社会科学出版社,1998年,第70页。
② 赵和平:《敦煌表状笺启书仪辑校》,南京:江苏古籍出版社,1997年,第284页。
③ 李军:《晚唐归义军长史及司马问题再探》,《敦煌学辑刊》2010年第3期。
④ 张小艳:《敦煌社会经济文献词语论考》,上海:上海人民出版社,2013年,第233页。
⑤ 荣新江:《晚唐归义军李氏家族执政史探微》,《文献》1989年第3期。
⑥ 荣新江:《晚唐归义军李氏家族执政史探微》,《文献》1989年第3期。
⑦ 荣新江:《晚唐归义军李氏家族执政史探微》,《文献》1989年第3期。

者误书。待其发现此笔误后,遂主动将'长史'二字划去。"并进一步推测:"此件文书内容或源自口授。而抄本中之所以出现'长史'的误写,或与李弘愿的'长男'排行及所自称的'使持节沙州诸军事□沙州刺史'有关","口授者在'长男'二字后,误衍一'长'字,因与后文'使'字相连,故抄写者误为'长史'。"①

敦煌本 P.4640 是一碑铭赞合集写本,写本的另一面是《己未至辛酉年(899—901)归义军军资库布纸破用历》,在这件官文书废弃以后,当地文人用背面抄写当时流传的一些碑铭赞类文献,形成一个小小的合集。这个合集依次抄录的文章计有十一篇,即《阴处士碑》,窦夫子撰;《陇西李家先代碑记》,杨授述;《唐宗子陇西李氏再修功德记》;《翟家碑》,唐僧统述;《吴僧统碑》,窦良骥撰;《沙州释门索法律窟铭》,唐和尚作;《李僧录赞》;《住三窟禅师伯沙门法心赞》;《张潜建和尚修龛功德记》;《故吴和尚赞文》;《先代小吴和尚赞》,骥撰。这个合集前面六篇都是竖立在莫高窟的碑铭,与正式保存标题的碑铭赞对照,这里的题目大多是简称,作者也略去头衔,有些用的是官衔或名号,甚至一些还未抄录标题和作者。这一碑铭赞合集出自同一人之手,篇与篇之间无纸缝,抄写极为迅速。这样把当时流行的碑文、铭文、造窟记、邈真赞集中抄录在一起,显然是有一定的目的,荣新江指出,这类合集可以作为此后撰写类似文章的范本。②据图版,P.4640碑铭赞合集有诸多修改的痕迹,说明抄者在书写完毕后,又对照原件进行了复核。暂不论 P.4640(3)《唐宗子陇西李氏再修功德记》乃最初稿本的抄本还是原碑文的略抄本,从抄者将"长史"二字划去的结果看,此当属误写。既然 P.4640(3)"长男洪(弘)愿"处,碑文原作"长男使持节沙州诸军事□沙州刺史兼节度副使检校右散骑常侍御史大夫上柱国弘愿",那么就无法用此材料来证实李弘愿曾担任过沙州长史一职。

P.3552《儿郎伟》被祈愿的三人,他们期望翌年(894)能够从唐廷分别获得的官职为:

> 长史:归义军节度使
> 司马:沙州刺史
> 太夫人:南阳郡君

而据《唐宗子陇西李氏再修功德记》碑中所记,与此对应的分别是:

> 张承奉:沙州□□刺史兼沙瓜伊西等州节度使兼御史大夫□□□

---

① 李军:《晚唐归义军长史及司马问题再探》,《敦煌学辑刊》2010年第3期。

② 《石碑的力量——从敦煌写本看碑志的抄写和流传》,荣新江主编:《唐研究》第23卷,北京:北京大学出版社,2017年,第320页。

　　李弘愿：使持节沙州诸军事□沙州刺史兼节度副使检校右散骑常侍御
史大夫上柱国
　　夫人张氏：南阳郡君

李弘愿在《唐宗子陇西李氏再修功德记》碑中的官职不过是"使持节沙州诸军事
□沙州刺史兼节度副使"，如果将《儿郎伟》与碑文一一对应，则长史、司马、太夫
人就只能是张承奉、李弘愿和李明振妻张氏。此外，P.3552《儿郎伟》中一再标榜
"能使南阳重霸""正是南扬（阳）号国"，《唐宗子陇西李氏再修功德记》碑也称"重
光嗣子，再整遗孙""乃义立侄男"。足见领节之长史正是张承奉，而被称为"兼能
辅翼""敦煌太守"的司马乃碑中所记充当沙州刺史的李弘愿。

　　况且有资料显示，张承奉也确曾担任过长史一职。P.2555P1《书信》言："廿
一叔端公"，"侄归义军兵马留后□□书至甘州凉州已来送上"；[1]P.2555P2《肃州
长史检校国子祭酒兼御史中丞上柱国周弘直状》记载道："季秋霜冷，伏惟长史留
后尊体动止万福。即日弘直蒙恩，限以所守，未由伏谒，谨专奉状起居，不宣，谨
状。九月廿三日守肃州长史检校国子祭酒兼御史中丞上柱国周弘直状上。长史
留后阁下。谨空。"[2]P.2762《张淮深碑》卷背残状文载："九月一日银青光禄大夫
[检]校太子宾客侍御史张厶乙状。长史阁下。谨空。"[3]P.2555P1中之"归义军
兵马留后"显然即乃P.2555P2中之"长史留后"。李军指出："在上述两件状文
中，受状人同为长史，且两件状文同作于九月；而上状人地位相近，应均为归义军
节度使的僚属，所以两状中的'长史'应同为一人。"另外，根据Дх.05247V《书信》
中之记载，李氏认为自称归义军兵马留后的长史正是张承奉。[4]

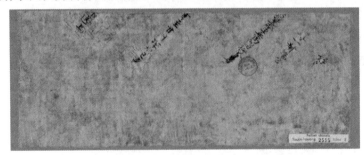

图5-13　P.2555P1《书信》

《旧唐书·昭宗纪》记载光化三年（900）八月：

　　① [日]赤木崇敏：《河西帰義軍節度使張淮鼎——敦煌文献P.2555pièce1の検討を通じて》，《内陆アジア言語の研究》2005年第20期。
　　② 上海古籍出版社等编：《法藏敦煌西域文献》第15册，上海：上海古籍出版社，2001年，第346页。
　　③ 上海古籍出版社等编：《法藏敦煌西域文献》第18册，上海：上海古籍出版社，2001年，第120页。
　　④ 李军：《晚唐归义军长史及司马问题再探》，《敦煌学辑刊》2010年第3期。

己巳,制前归义军节度副使、权知兵马留后、银青光禄大夫、检校国子
祭酒、监察御史、上柱国张承奉为检校左散骑常侍,兼沙州刺史、御史大夫,
充归义节度、瓜沙伊西等州观察处置押蕃落等使。[①]

试检《唐书》藩镇诸传,凡旧节度使去职(不管是被杀、被逐或病死),军中拥立一
人,朝廷派中使到该镇观察,即授予副使或留后之职,以后才授予使节,当时朝廷
还是遵照在内地早已行不通的旧例办理。直到光化三年八月,张承奉才被唐朝
正授沙州刺史、归义军节度使,唐昭宗理应不会在乾宁元年(894)和光化三年两
次都给张承奉授予旌节。景福二年沙州所遣使团是索勋被诛后,所派遣的首批
赴京使团,从现有材料来看,直到乾宁三年二月十七日,张承奉才又派遣冯文达
等人出使唐廷。乾宁三年以后,张承奉是否又另派使节远赴唐廷,目前还不得而
知。但可以确定的是,直到乾宁三年,唐廷还未正授张承奉节度使旌节,张承奉
在上表唐朝时,也一直是以节度副使、兵马留后自称。如若《旧唐书》此条记载无
误,则乾宁元年到达沙州的使团,仅授予了张承奉归义军节度副使、权知兵马留
后的官衔,P.3552《儿郎伟》中之"自从长史领节""长史大唐节制"等语,只是张承
奉在境内自称归义军节度使而已。

乾宁元年十月立《唐宗子陇西李氏再修功德记》碑时,张承奉和李弘愿已在
境内自称归义军节度使和节度副使,而为何在乾宁二年之后的文书中,沙州内部
仍习惯于以长史和司马来称呼他们。对此,荣新江有过推测,他认为:"大概是因
为李弘愿以长史身份诛灭索勋,所以'长史'就成了他的固定称号,虽然后来他的
实际官位和检校加官都很高,但他一直用'长史'这种称呼。文书中的'司马'的
情况大概与此相似。"[②]只不过,这里的长史和司马应分别代指张承奉和李弘愿,
而非李弘愿和他的某位兄弟。长史和司马都不是节度使应有的加官,张承奉及
其李弘愿坚持用这种品级较低的称号,既然与他们诛灭索勋时的身份有关,加之
张承奉又是以沙州长史权知归义军兵马留后,这就说明张承奉、李弘愿开始出任
沙州长史、沙州司马之职,很可能就在索勋当政期间。作为上佐,此时长史和司
马已不具备"掌贰府、州之事"的职能,仅仅是张、李二氏的固定称号。

沙州长史和沙州司马的职事官并不会因张承奉和李弘愿将长史、司马作为
自己的代名词而闲置,因此两人在境内自称节度使和节度副使后,这两个职位也
理应让给他人。P.3418V《唐沙州诸乡欠枝夫人户名目》之"敦煌全不纳枝夫户"

---

① (后晋)刘昫等撰:《旧唐书》卷20上《昭宗纪》,北京:中华书局,1975年,第768页。
② 荣新江:《晚唐归义军李氏家族执政史探微》,《文献》1989年第3期。

中有"长使(史)李弘谏欠卅壹束"的记载,①李弘谏应该就是这一时期出任沙州长史之人。P.4597V《酒账》载:"廿七日,李长使(史)娘子葬用三瓮。"②P.4597,正面抄写《和菩萨戒文》《西方乐赞文》《散华乐赞文》等释门杂文,卷背除了抄写《酒账》,另有"咸通九年""光化三年""光化四年"等题记,《酒账》中之"李长史"当即李弘谏。《唐宗子陇西李氏再修功德记》碑中李弘谏的头衔为"使持节甘州刺史兼御史中丞上柱国",由于乾宁年间甘州实际控制在回鹘人手中,很难想象归义军能够从日益强大的回鹘人手中重新夺回甘州的控制权。因此荣新江认为李弘谏的这一头衔很可能只是遥领,并非实职,③李弘谏的实职应该是沙州长史。李弘愿在卸任沙州司马后,这一职位应当让给了他的一位弟弟,我们认为由四弟李弘益出任的可能性最大。因为李弘愿于此时已担任沙州刺史兼节度副使,李弘定也出刺瓜州,三弟李弘谏如上文所言也已担任沙州长史,因此他们三人均无机会出任此职。只有四弟李弘益,他的头衔在《唐宗子陇西李氏再修功德记》碑中仅为"朝议郎守左神武军长史兼侍御史",并未列他归义军管内的职事官,他的官职实乃沙州司马。

虽然张承奉在景福二年被义立为归义军节度使,但此职尚未得到唐朝正命,并且李氏诸子分刺诸州,李弘愿虽屈为节度副使,但在《唐宗子陇西李氏再修功德记》碑中的称号为右散骑常侍兼御史大夫。S.3330V《乾宁四年(897)二月二十八日石和满状》称:"伏望将军阿郎仁明照察",表明直到乾宁四年,张承奉的称号仍只是将军。张承奉于此时虽贵为归义军节度使,但称号却远较李弘愿低,正可看出两人之间实际地位的高低。这样的例子还有很多,S.4470V《乾宁二年(895)三月十日归义军节度使张承奉、副使李弘愿疏》乃归义军节度使张承奉和副使李弘愿具写的舍施回向疏,一般情况下,节度使回向疏中只具写节度使个人名号,此件文书末尾刻意将副使李弘愿标出,正是李氏家族掌握归义军实权的表征。这样的例子还有 Дx.1435《乾宁二年(895)十月军节度副使李弘愿牒》:"□□□□□□□□□□□牒。乾宁二年十月十日牒。□□□□[节]度副使、兼御史大夫李弘愿。"④此件仅残存尾部,"弘愿"二字系其自书签署,较为潦草。在这件牒文上,没有出现节度使张承奉的签署,而是由节度副使李弘愿独自签署处理,并且钤盖了一方"沙州节度使印"。此外,在莫高窟东南约2千米大泉河东岸的一个山包

① 唐耕耦、陆宏基主编:《敦煌社会经济文献真迹释录》第2辑,北京:全国图书馆文献缩微复制中心,1990年,第428页。

② 上海古籍出版社等编:《法藏敦煌西域文献》第32册,上海:上海古籍出版社,2005年,第138页。

③ 荣新江:《归义军史研究——唐宋时代敦煌历史考索》,上海:上海古籍出版社,1996年,第308页。

④ 俄罗斯科学院东方研究所圣彼得堡分所等编:《俄藏敦煌文献》第8册,上海:上海古籍出版社,1997年,第171页。

上,有一处古代采石场遗址,向西约150米处有五座烽燧,俗称五烽墩。因为采石场遗址就靠近五烽墩,人们习惯于把这个采石场称为五烽墩采石场。敦煌研究院吴军等人在考察采石场遗址时,在采石场东段崖壁上发现了一处摩崖石刻题记,内容为:"唐乾宁元年甲寅岁奉河西节度李公□其帝□□□三□□。"①乾宁元年乃张承奉初任节度使时,而翁郜自光启三年(887)担任河西都防御使以来,据《京兆翁氏族谱》所收《郜公河西节度使奏状》及附卢诜状可知,直到乾宁三年六月他还在河西节度使任上。因此题记中之"河西节度李公"只能出自归义军方面,符合条件的只有此时出任归义军节度副使的李弘愿。沙州民众之所以敢冒大不韪称李弘愿为河西节度,很大原因是他掌握着归义军的实权。

李弘愿虽实掌政权,但他并未篡夺节度使权位,反而在上述P.2803《押衙张良真状稿》、P.3101《书仪》、P.3167V《乾宁二年(895)三月沙州安国寺道场司常秘等牒》和P.3552《儿郎伟》等文书中,刻意将张承奉抬出,承认其节度使地位。这样做恐怕隐含着某种政治意味,"一来是为了掩盖世人耳目,在暗中控制归义军政权;二来也是接受索勋的前车之鉴,作为张氏之外的家族执政,尽量免遭与索勋自称节度同样的下场"②。

李氏家族的所作所为,必然引起瓜沙一些大族势力的反对,他们不会轻易让张议潮家族建立的政权落入他姓手中。恐怕就在乾宁三年初,正当李氏家族力图抛开张承奉,独揽大权的时候,沙州出现了一场倒李扶张的政变。虽然关于这种自相残杀的丑闻没有明确的史料记载,但从前后的史料对比中不难发现这一变化。

目前所见张承奉重新露面的最早文书是S.2263V《葬录卷上并序》。写本残存文字23行,1—11行是内容衔接的完整序文草稿,12—14行和16—23行是对序文片段的修订补充,第15行题"归义军节度押衙兼参谋守州学将仕郎张忠贤集",知道作者是张忠贤。现将1—11行序文录下,并用12—14行和16—23行补充:

> 夫论阴阳之道,由(犹)如江海,非圣不裁。时遇乱世,根浅性微。俗化所易,王教风移。其君欲与贪狼为政,其臣欲与巧(望)冒(冑)求尊。人心变改,邪魅得便。政法不从,非道为美。得事者不[任]师轨,互求同类,坛(擅)作异谋,货路(赂)求名,破灭真宗,商(伤)害能德。能德既无,恣行非法。非法既盛,邪道日兴。但忠贤生居所陋,长在危时,学业微浅,不遇明

① 吴军、刘艳燕:《敦煌古代石刻艺术》,兰州:甘肃人民出版社,2015年,第48页。

② 荣新江:《晚唐归义军李氏家族执政史探微》,《文献》1989年第3期。

师,年至从心,命如县(悬)丝。忽遇我归义军节度使南阳张公讳承奉,有大威慧,真俗变行,道俗虔虔,出言无非,三边晏净(静),万性(姓)仰覆,实张家之宝,栋梁之才。蓝(览)观前事,意有慨焉。某今集诸家诸善,册(删)除淫秽,亦有往年层(曾)学,昔岁不问,所录者多取汉丞相方朔之要言,所阙者与事理如唱之七十二条,勒成一部,上、中、下,与为三卷。事无不尽,理无不穷。后诸达解者,但依行用,得真无假。于时大唐乾宁三年五月日下记。①

张忠贤是经过李氏执政时期的人,他在《葬录卷上并序》中没有提到任何李氏的人物,反而直斥此前为乱世危时,而且"君臣"邪恶,"政法不从","破灭真宗",迫害贤能。这和吹捧张承奉为"张家之宝","栋梁之才",颂扬当时"三边晏静,万姓仰覆",恰好形成鲜明的对比。无论如何,《葬录卷上并序》对"张家"的合法继承人张承奉又任归义军节度使的记录,标志着乾宁三年五月以前,李氏家族的统治已彻底垮台。②

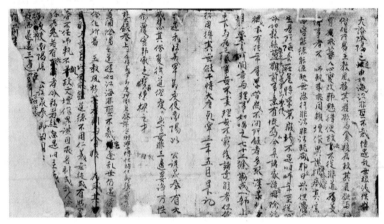

图5-14 S.2263V《葬录卷上并序》

张承奉实掌政权后,便极力打击李氏家族,S.1177《金光明最胜王经》卷第一尾题:"弟子女太夫人张氏……谨为亡男使君、端公、衙推,抄《金光明最胜王经》一部,缮写云毕。愿三郎君神游碧落,联接天仙。……大唐光化三年庚申岁六月九日写记。"③羽048《金光明最胜王经卷第六》、羽625《金光明最胜王经卷第七》卷尾题记与上述内容一致。光化三年能称"太夫人"者,非李明振妻张氏莫属,这也可以同P.3552《儿郎伟》相印证。是年六月,张氏抄写《金光明最胜王

---

① 郝春文主编:《英藏敦煌社会历史文献释录》第11卷,北京:社会科学文献出版社,2014年,第398—399页。

② 荣新江:《晚唐归义军李氏家族执政史探微》,《文献》1989年第3期。

③ 郝春文等编著:《英藏敦煌社会历史文献释录》第5卷,北京:社会科学文献出版社,2006年,第270页。

经》一部,分别为死去的三个儿子,即使君、端公、衙推祈愿。据《唐宗子陇西李氏再修功德记》碑所记,张氏共有四子,此三子当在其中。使君是对任使持节某州诸军事者的敬称,端公是对侍御史的别称,而衙推仅是节度使府低级文职僚佐之一。"三者和李氏诸子执政时的称号或职衔均不符,这大概是被张承奉推翻后削官贬职的结果。光化三年的这条题记证明至少李氏三子在此时都已亡没,这似乎不能认为是简单的自然死亡,而很有可能是张承奉贬其职之后的灭根行动。"[1]

　　李弘定在《唐宗子陇西李氏再修功德记》碑中的官职为瓜州刺史,之后出任该职的,敦煌文献没有明确记载,但也可以找到一些蛛丝马迹。P.4640V《己未至辛酉年(899—901)归义军衙内破用布纸历》中多次提到一位"张使君":

　　　　第3—4行:(辛酉年三月)十四日,奉判矜放张使君布壹匹。十五日,都押衙罗通达传处分,支与张使君细布壹匹。
　　　　第25—26行:(辛酉年)七月十三日,衙官李文德传处分,支与张使君粗布两匹。
　　　　第85行:(己未年七月四日)又同日,支与张使君画纸叁拾张。
　　　　第239—240行:(辛酉年二月)九日,刘和信传处分,支与张使君细纸壹帖。[2]

上揭《旧唐书·昭宗纪》显示,光化三年,实际上应该在此之前,张承奉已自摄沙州刺史,破用历不可能称他为使君,故这位张使君应当是瓜州刺史。P.3556《敦煌郡灵修寺张戒珠邈真赞并序》云:"阇梨者,即前河西陇右一十一州张太保之贵侄也。父,墨离军诸军事使[持节]守瓜州刺史金紫光禄大夫检校工部尚书兼御史大夫上柱国张公之之子矣。"[3]"张太保"即张议潮,至于"张公"所指,尚有争论。李正宇认为是张议潭。[4]据《张淮深碑》,张议潭卒后赠工部尚书,与本文书合,但职事官不同,邈真赞中为瓜州刺史,碑中则为沙州刺史。荣新江从张戒珠的年龄进行推断:"如果戒珠果为议潭之女,至后周时当在百岁左右。所以,赞文中的议潭结衔或许有误,辈分记载也难以肯定,但张太保指议潮当无疑义。"[5]郑炳林怀疑张戒珠不是张议潭之女,"侄"字可能是"孙"字之误,从而断定这位瓜州刺史张公不

①荣新江:《晚唐归义军李氏家族执政史探微》,《文献》1989年第3期。
②[日]池田温:《中国古代籍帐研究》,东京:东京大学东洋文化研究所,1979年,第605—609页。
③郑炳林、郑怡楠辑释:《敦煌碑铭赞辑释(增订本)》,上海:上海古籍出版社,2019年,第947页。
④李正宇:《敦煌地区古代祠庙寺观简志》,《敦煌学辑刊》1988年第1、2期合刊。
⑤荣新江:《归义军史研究——唐宋时代敦煌历史考索》,上海:上海古籍出版社,1996年,第77页。

是张议潭，而是在张承奉时期继李弘定之后出任瓜州刺史者。①联系到前揭P.4640V《破用历》中多次出现的张使君，郑氏的观点有一定道理，张公与张使君当属一人。张承奉掌权后，任命自己叔父辈出任瓜州刺史，将权力牢牢控制在本家族手中。同时也表明，至迟己未年（899）时，李弘定已不再出任瓜州刺史一职。

莫高窟第9窟甬道南北两壁各有两身供养人像，北壁供养人像列西向第一身题名为：

> ……光禄大夫检校司徒同中书门下平章事食……实……万户侯赐紫金鱼袋南阳郡开国公张承奉一心供养

同列第二身题名为：

> ……瓜州刺□（史）……光禄大夫检校左□（散）□（骑）□（常）□（侍）□（兼）□（御）□（史）大夫上柱国□（陇）西郡李弘定一心供养

南壁供养人像列西向第一身题名为：

> 敕归义军节度管内观察处置押蕃落等使银青光禄大夫□□□□检校右散骑常侍兼□（御）史大夫索勋供□（养）

同列第二身题名为：

> 朝散大夫沙州军使银青光禄大夫检校左散骑常侍兼御史大夫上柱国陇西郡李弘谏一心供养②

这条题记中李弘谏出现了两个文散官，即"朝散大夫"和"银青光禄大夫"。"朝散大夫"应是李弘谏担任沙州长史期间的文散官。沙州属下州，③《唐六典·三府督护州县官吏》载："下州，刺史一人，正四品下。别驾一人，从五品上；司马一人，从六品上。"④未载长史的品级，但根据唐代上州、中州长史、司马的品级，下州长史的品级不会高于从六品上。朝散大夫为从五品下，李弘谏职事官为沙州长史，散官为朝散大夫也属合理。李弘谏题名处只记沙州军使，而不载沙州刺史，而按照惯例，军使一般会兼任刺史一职，窟中李弘谏题名应是漏掉了沙州刺史的头衔。乾宁元年后，沙州刺史一职是由李弘愿兼任，李弘谏能够出

---

① 郑炳林：《〈索勋纪德碑〉研究》，《敦煌学辑刊》1994年第2期；郑炳林：《晚唐五代敦煌归义军行政区划制度研究（之一）》，《敦煌研究》2002年第2期。

② 敦煌研究院编：《敦煌莫高窟供养人题记》，北京：文物出版社，1986年，第6页。

③ （后晋）刘昫等撰：《旧唐书》卷40《地理志四》，北京：中华书局，1975年，第1644页。S.2593《沙州图经卷第一》："沙州，下。属凉州都督府"；敦博58《敦煌县博物馆藏地志残卷》："下，敦煌，沙"。

④ （唐）李林甫等撰，陈仲夫点校：《唐六典》卷30《三府督护州县官吏》，北京：中华书局，2014年，第746页。

任沙州刺史,当与张承奉掌权后,李弘谏被削官贬职有关。鉴于张承奉于光化三年前就已自摄沙州刺史,李弘谏出任该职就应该在乾宁三年至光化三年间(896—900)。

据研究,莫高窟第9窟最终建成约在天祐二年(905)后。[①]此时李弘定和李弘谏两兄弟早已卸任瓜州刺史和沙州刺史之职,既然两人能够与节度使张承奉同绘于甬道南北两壁,且李弘谏的官职不降反升,李弘定的职事官也依然是瓜州刺史。这就表明,在张承奉实掌政权后,李弘定和李弘谏并未因是李氏家族成员而被牵连,这两人大概是并未参与李氏家族的斗争,在此次政变中才得以豁免。由此可推知,亡男三郎君中被贬职的端公和衙推只能是指李弘愿和李弘益,两人在贬官之后,也很快被杀害。至于使君所指,由于李弘定和李弘谏最后官职均为刺史,目前还难以断定。

第四节　西汉金山国与敦煌国

后梁开平三年(909),归义军节度使张承奉在闻知唐亡梁兴的消息后,在河西走廊西部称帝建国,国号西汉金山国,自称金山白衣天子。乾化元年(911),金山国在同甘州回鹘的交战中失败,被迫改称西汉敦煌国。至乾化四年(914),曹议金取而代之,重建归义军政权。从金山国的建立到敦煌国的灭亡,虽然只有短短几年时间,但由于它上承张氏,下启曹家,自然成为归义军历史上一个重要的阶段。

1.建国年代

关于金山国的建国年代,目前学界主要有五种看法,分别是:

(1)905年说

1935年,王重民发表《金山国坠事零拾》一文,指出 P.2594V＋P.2864V《白雀歌》卷尾题记"乙丑年二月"之"乙丑年"应为唐哀帝天祐二年(905)。该题记下又有"敕归义军节度使押衙阳音久银青"等字样,王氏认为既然仍使用归义军名号,则说明二月作歌时,张承奉尚未称帝,其称帝建国"当在献歌后甚暂"。张承奉之建立金山国,号金山白衣天子,当与朱梁相始终,盖即位于天祐二年,卒于后梁贞明五、六年,享国约可十五年。[②]

① 魏睿骜:《敦煌张氏归义军史研究》,兰州大学,博士学位论文,2023年,第168—173页。
②《金山国坠事零拾》,王重民:《敦煌遗书论文集》,北京:中华书局,1984年,第94—106页。

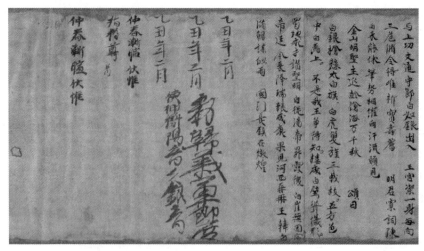

图 5-15　P.2864V《白雀歌》(局部)

(2)906年说

　　1987年,李正宇细致地审鉴了 P.2594V＋P.2864V《白雀歌》卷尾的八行杂写文字,从书法的角度判断该杂写与《白雀歌》不是出自同一人之手,而与 P.3277《道德经李荣注》卷背所书《祝骨子契》《阳愿进状》的笔迹书法如出一辙,文字内容也密切相关。李氏认为,"乙丑年二月"等文字既不是《白雀歌》的抄写题年,也不是《白雀歌》的创作纪年。它是一位名叫阳愿进的归义军官员在北宋乾德三年(965)时的随手杂写。[①]其次,李正宇从金山国奉用年号的角度,指出唐天复四年(904)闰四月改元天祐后,敦煌因路途较远,消息滞后,直到翌年三月仍在继续沿用天复年号,到四月才改用天祐年号,但只行用了一年多。在其所列奉用天祐年号的敦煌文献中,纪年最晚的是天祐三年(906)四月五日,而该年十一月二十日又恢复了天复年号。李氏以此认为天祐三年改为天复六年,正是 P.3633V《龙泉神剑歌》中所说的"改年号",是金山国建国举措之一。张承奉自称白衣天子,改河西归义军为金山国,与之相应的是废除朱全忠所操纵的假唐朝的天祐年号,继续使用被朱全忠杀害了的唐昭宗的天复年号,以示忠于唐朝,继承唐统,特自异于弑君贼臣朱温之意。最后,其根据《龙泉神剑歌》"自从登祚十三年"之语,认为从张承奉上台的894年到906年,首尾刚好十三年,从而断定金山国正建国于天祐三年。[②]

---

　　① 李正宇:《谈〈白雀歌〉尾部杂写与金山国建国年月》,《敦煌研究》1987年第3期。
　　② 李正宇:《关于金山国和敦煌国建国的几个问题》,《西北史地》1987年第2期。

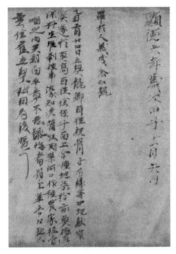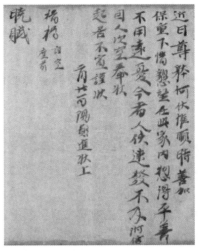

图 5-16　P.3277V《祝骨子契》　　　　图 5-17　P.3277V《阳愿进状》(局部)

（3）908年说

针对王重民的观点，王冀青在1982年就撰文反驳，他依据《旧五代史·吐蕃传》中之记载：“沙州，梁开平中，有节度使张奉，自号‘金山白衣天子’。”[1]认为“开平中”可以指开平二年、三年或四年中的某一年，而定在开平二年（908）似乎比较妥当些。并提出了三条理由，尤其是第二条说：“河西归义军终唐之世都忠于唐室，奉唐正朔，将张承奉自立为天子定在唐亡后的开平二年，似乎更合乎情理。”[2]

（4）909年说

这一说法最早见于北宋邵雍《皇极经世书·经世之申二千二百六十五》所记：“己巳（909），梁自汴徙都洛阳，郊祀天地。赵光逢、杜晓为相。张奉以沙州乱，刘知俊以同州叛。”[3]这也符合两《五代史》“开平中”的说法。近年来，杨宝玉、吴丽娱强调了909年建国说。他们在考察归义军朝贡使张保山生平事迹时，依据P.3518V《左马步都押衙张保山邈真赞并序》，认为张保山曾率团赴中原入奏，朝廷授予了他左散骑常侍兼御史大夫一职。张保山出使中原回到敦煌的时间是在909年前后，出使对象不是唐朝而是后梁。关于金山国的建国年代，他们认为应在张保山朝贡归来，带回中原地区的情况之后，即909年左右。与此同时，杨、吴二氏也进一步肯定了《皇极经世书》所记己巳年“张奉以沙州乱”的准确性，并从

---

① （宋）薛居正：《旧五代史》卷138《吐蕃传》，北京：中华书局，1976年，第1840页。

② 王冀青：《有关金山国史的几个问题》，《敦煌学辑刊》1982年总第3期。

③ （宋）邵雍：《皇极经世书》卷6下《经世之申二千二百六十五》，北京：九州出版社，2012年，第223页。

P.2094《持诵金刚经灵验功德记》中的双行小字"于唐天复八载岁在戊辰（908）四月九日"入手，认为既然仍标作"唐"，说明金山国不会建于此前。[①]

2008年，杨宝玉发表《金山国建立时间再议》一文，除了再次重申《皇极经世书》及P.2094《持诵金刚经灵验功德记》卷中题记的价值，对荣新江揭出的BM.SP.14（Ch.liv.006）《天复拾载（910）七月十五日彩绘观世音菩萨像》榜题，并认为金山国建国于910年七月十五日之后的说法进行了驳论，指出："五代时期立国而用前代年号的现象并不罕见，甚至可以说是带有共性的问题，这乃是当时割据政权狐疑权变的真实写照。"仍旧坚持909年说。[②]

（5）910年说

卢向前亦认为，"乙丑年二月"之纪年并非《白雀歌》之有机部分，金山国建国与王建前蜀有密切联系，张承奉建国必在907年王建称帝建国之后，又通过分析P.3633V《龙泉神剑歌》，认为金山国建国时间正在910年七月初一日。[③]荣新江排列了更多的金山国奉用天复、天祐年号的例证，他赞同卢氏关于"金山国的建立应在使用唐朝年号纪年以后"的观点，但以BM.SP.14（Ch.liv.006）《天复拾载七月十五日彩绘观世音菩萨像》榜题为据，对金山国建国的具体月份有不同见解。荣氏通过对P.3633《辛未年（911）七月沙州百姓一万人上甘州回鹘天可汗状》及背面《龙泉神剑歌》的分析，认为《上回鹘状》当作于七月廿六日至月底之间，大致同时成文的《龙泉神剑歌》也应作于七月末。而从《龙泉神剑歌》中"一从登极未逾年"来判断，张承奉之建金山国当在910年七月末以前不久。[④]

综合诸种说法，我们赞同909年建国说。首先，据S.4474V《敦煌乡信士贤者张安三父子敬造佛堂功德记》载：

> 敦煌乡信士贤者张安三父子敬造佛堂功德记。河西管内都僧录京城内外临坛供奉大德阐扬三教大法师赐紫沙门述。窃闻刹号庄严，雕七珍而成梵字；方称极乐，敷百宝之仙宫。八定高楼……亦非他人地分，若有侵比摽人口，愿生生世世，三途受报。维大唐天复八年十月☐☐☐☐[⑤]

这乃是今知标记"唐"的最晚纪年文书。题记中的"天复"为唐昭宗年号，史载天复四年（904）闰四月改元天祐，当年八月昭宗卒，子哀帝立，不改元。至天祐三年

---

① 杨宝玉、吴丽娱：《归义军朝贡使张保山生平考察与相关历史问题》，《中国史研究》2007年第4期。

② 杨宝玉：《金山国建立时间再议》，《敦煌学辑刊》2008年第4期。

③ 卢向前：《金山国立国之我见》，《敦煌学辑刊》1990年第2期。

④ 荣新江：《金山国史辨正》，钱伯城主编：《中华文史论丛》第50辑，上海：上海古籍出版社，1992年，第73—77页。

⑤ 郑炳林、郑怡楠辑释：《敦煌碑铭赞辑释（增订本）》，上海：上海古籍出版社，2019年，第787—788页。

(907)四月,朱温篡唐,是为梁太祖,改元开平。天复八年时当908年,相当于后梁开平二年。值得注意的是,这则纪年题记在"天复八年"前特意冠上了"大唐"两字,十分清楚地表明了所用的是唐朝天复年号。我们认为,这"大唐"二字完全可以否定905、906、908年立国说,因为它表明至少到908年十月,沙州人还认为自己是唐朝的子民。如果说张承奉已经宣布独立却还让境内人民称"唐",那他立国称天子便没有任何意义。故本条题记可确证当时金山国尚未立国。其次,传世史籍记载金山国建于后梁开平年间,如新旧《五代史》载张承奉在"梁开平中"自号"金山白衣天子",且《皇极经世书·经世之申二千二百六十五》所记"张奉以沙州乱"之"己巳"年即为开平三年(909),年代更为精确,我们不能忽视这些传世史料的价值。

2.甘州回鹘同金山国的战与和

据荣新江考证,甘州回鹘政权的正式成立是在中和四年至光启三年间(884—887)。[①]写于光化二年(899)的P.4044(2)《归义军节度使帖》称:

> 使帖甘州使头都头某甲、兵马使某曹甲、更某人数。右奉处分,汝甘州充使,亦要结耗(好)和同,所过砦堡州城,各须存其礼法,但取使头言教,不得乱话是非。沿路比此回还,仍须守自本分。如有拗东摭西,兼浪言狂语者,使头记名,将来到州,重当刑法者。某年月日帖。[②]

此帖反映了张承奉当政之初归义军与甘州回鹘的友好关系,双方都有"结好和同"的意愿,互有使者往来。这种和平共处的局面,在其他文献中也多有反映。P.4640V《己未至辛酉年(899—901)归义军军资库司布纸破用历》中共有4次记载了归义军同甘州回鹘之间的使者往来,兹摘录于下:

> 1.(庚申年三月)七日,支与甘州押衙宋彦晖画纸贰拾张;
> 2.(十一月九日)又同日,押衙张西豹甘州充使支画纸叁拾张;
> 3.(辛酉年三月三日)同[日],支与押衙王保安东行画纸壹拾伍张;
> 4.六日,衙官马粪堆传处分,支与甘州使押衙王保安细纸肆贴。[③]

此外,P.3633《辛未年(911)七月沙州百姓一万人上回鹘大圣天可汗状》亦可为证:"中间遇天可汗居住张掖,事同一家,更无二心;东路开通,天使不绝。此则可汗威力所置,百姓□甚感荷,不是不知。"[④]

这种友好局面并没有维持太久,很快两地便起战火。S.3905《唐天复元年

① 荣新江:《甘州回鹘成立史论》,《历史研究》1993年第5期。
② 陆庆夫:《金山国与甘州回鹘关系考论》,《敦煌学辑刊》1999年第1期。
③ [日]池田温:《中国古代籍帐研究》,东京:东京大学东洋文化研究所,1979年,第608—610页。
④ 颜廷亮:《敦煌西汉金山国文学考述》,兰州:甘肃人民出版社,2009年,第153页。

(901)十二月十八日金光明寺再造佛龛上梁文》记载："猃狁狼心犯塞,焚烧香阁摧残。合寺同心再建,来生共结良缘",反映的就是天复元年甘州回鹘对沙州的侵犯。[①]S.5747《天复五年(905)归义军节度使祭风伯文》言:

> ⊡复五年岁次乙丑正月壬⊡朔四⊡乙丑,敕归义军节度瓜沙伊西管内观察处置押蕃⊡等使金紫光禄大夫检校司空兼御史大夫南阳张(押),⊡以牲牢之奠,敢昭告于风伯神。[②]

黄㴑青指出,S.5747与《太白阴经》卷7中收录的一篇祭风伯文不管从行文格式还是措辞用语上都极为相似,S.5747"当为某次战役前夕,归义军节度使张承奉祭祷风伯保佑战事顺利的祭文"[③]。这次战争,很有可能亦是针对甘州回鹘。此后直到金山国建立,双方敌对情绪一直很浓烈。

P.3518V《左马步都押衙张保山邈真赞并序》记载后梁开平二年(908)前后,归义军节度使张承奉曾派遣张保山等人入奏中原。此次使团出使本应有借助中原制衡回鹘的企图,但是张保山了解到的情况却是后梁无暇西顾。为显示敦煌政权作为一个地区统治实体的存在,也为凝聚境内百姓之力对抗回鹘,张承奉遂于此后不久建立了金山国,自称白衣天子。[④]张承奉的这一举措,无疑会激起后梁朱温的不满与愤怒,在客观上促成了朱梁王朝与甘州回鹘的结盟。[⑤]张承奉建立金山国之初,其实际辖区不过瓜、沙、肃三州之地。面对"四面六蕃围"的境地,大权独揽的张承奉自然不满足于现状,试图恢复归义军以往的荣光。而对于甘州回鹘而言,也同样面临类似的问题。因此,金山国同甘州回鹘之间的战争是不可避免的。

记录金山国同甘州回鹘战争的文献,主要是P.3633V《龙泉神剑歌》:

> 金风初动虏兵来,点鼗干戈会栢台。战马铁衣铺雁翅,金河东岸阵云开。慕良将,拣人才,出天入地选良牧。先锋委付浑鹞子,须向将军剑下摧。左右冲突拽虏尘,匹马单枪阴舍人。前冲虏阵浑穿透,一口英雄远近闻。前日城东出战场,马步相兼一万强。着甲匃奴活捉得,送去口口口口亡。千渠三堡铁衣明,左绕无穷援四枪。口献下尾摧凶丑,当锋入阵宋中丞。内臣口有张舍人,小小年内则更城。

---

① 荣新江:《金山国史辨正》,钱伯城主编:《中华文史论丛》第50辑,上海:上海古籍出版社,1992年,第80页。

② 赵贞:《归义军史事考论》,北京:北京师范大学出版社,2010年,第107页。

③ 黄㴑青:《敦煌文书S.5747〈张承奉祭风伯文〉性质再探》,《敦煌研究》2013年第2期。

④《张氏归义军最后一次入奏及金山国的建立》,杨宝玉、吴丽娱:《归义军政权与中央关系研究:以入奏活动为中心》,北京:中国社会科学出版社,2015年,第46—48页。

⑤ 孙修身:《五代时期甘州回鹘和中原王朝的交通》,《敦煌研究》1989年第3期。

勤。自从战伐先登阵,不惧危亡□□身。今年回鹘数侵疆,直到便桥列战场。当锋直入阴仁贵,不使戈铤触四枪。堪赏给,早商量,宠拜金吾超上将,急要名□使帝乡。军都□□更英雄,□□东行大漠中。短兵自有张西豹,遮收过后与罗公。①

该文首题"谨撰龙泉神剑歌一首大宰相江东吏部尚书臣张某乙撰进"。"张某乙",王重民早年撰《金山国坠事零拾》时,以"某乙"为省代之字而非本名,故径做空阙处理,录作"吏部尚书张撰进"②。后来在出版《敦煌遗书论文集》时,又将撰者改作"张垒",③当系校改或印刷之误。李正宇考为张文彻。④金山国时,担任宰相吏部尚书兼御史大夫者,张姓共两人,即张永进和张文彻。张文彻乃归义军节度使张氏家族的宗人,郡望属清河,江东张某乙应指张永进。文书成于张承奉"一从登极未逾年"时,"未逾年"者,将近一年之谓也,也就是金山国建国之次年。上述内容记载了金山国同甘州回鹘间的三次重要战争:第一次是肃州金河之战,第二次是敦煌周城之战,第三次是便桥之战。⑤三次战争的经过,杨秀清、冯培红等人都有过详细叙述,⑥兹不赘言。

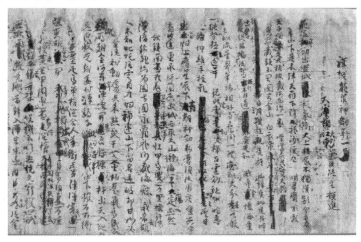

图 5-18　P.3633V《龙泉神剑歌》(局部)

① 徐俊:《敦煌诗集残卷辑考》,北京:中华书局,2000年,第807—808页;颜廷亮:《敦煌西汉金山国文学考述》,兰州:甘肃人民出版社,2009年,第149—151页。

② 王重民:《金山国坠事零拾》,《国立北平图书馆馆刊》1935年第9卷第6号。

③ 王重民:《敦煌遗书论文集》,北京:中华书局,1984年,第95页。

④ 李正宇:《敦煌文学杂考二题》,中国敦煌吐鲁番学会语言文学分会编纂:《敦煌语言文学研究》,北京:北京大学出版社,1988年,第96—99页。

⑤ 陆庆夫言:"便桥,当在沙州城东,因党河自南而北,从沙州城东经过,故有此桥。"参见陆庆夫:《金山国与甘州回鹘关系考论》,《敦煌学辑刊》1999年第1期。

⑥ 杨秀清:《敦煌西汉金山国史》,兰州:甘肃人民出版社,1999年,第112—114页;冯培红:《敦煌的归义军时代》,兰州:甘肃教育出版社,2013年,第220—223页。

　　决定金山国与甘州回鹘命运的战争发生在911年,这年七月,甘州回鹘可汗之子狄银率兵围攻沙州城,P.3633《辛未年(911)七月沙州百姓一万人上回鹘天可汗状》记录了这一过程:"□□廿六日,狄银领兵,又到管内。两刃交锋,各有伤损。□云索和,此亦切要。遂令宰相、大德僧人,兼将顿递,迎接跪拜,言语却总□□。"①文书写于辛未年,即后梁太祖乾化元年。当甘州回鹘直指沙州城下时,张承奉势弱,敌之无力,又无退路,金山国最终难以抵抗,不得不由地方耆旧出面,向回鹘求和。二者结为"父子之国",甘州回鹘可汗为父,金山国皇帝张承奉为子。

　　金山国的失败,必然会给沙州百姓带来诸多苦难。P.3633《辛未年(911)七月沙州百姓一万人上回鹘天可汗状》载:"沿路州镇,逦迤破散,死者骨埋荒□,生者分离异土,号哭之声不绝,怨恨之气冲天,耆寿百等披诉无地。"S.5394和P.5039是内容相同的《宰相兼御史大夫臣张文彻上启》,其中称:"右伏以文彻侄男胡子,去载落贼,遂有肃州人阴潘子收赎在手。"②张胡子大概就是被甘州回鹘俘虏而由肃州人收赎的。Ch.00144(BM.SP76)《甲戌年(914)四月沙州妻邓庆连上肃州僧李保祐状》也记:"又嘱李阇梨:弟邓幸德甘州贼打将,长闻甘州在者,李阇梨好与寻趁收续(赎),得不得,亦回发一字。"③邓幸德被甘州回鹘虏走后,长期居住在甘州,其姐邓庆连希望在肃州出家为僧的丈夫李保祐帮助救赎其弟。可知,有不少敦煌民众被甘州回鹘俘去,这必然削弱了金山国的力量。

　　3.敦煌国的出现及覆亡

　　西汉敦煌国的发现,是由于S.1563《甲戌年(914)西汉敦煌国圣文神武王敕》中提到了这一国名:

> 西汉敦煌国圣文神武王敕。押衙、知随军参谋邓传嗣女自意,年十一岁。敕:随军参谋邓传嗣女自意,姿容顺丽,窈窕柔仪。思慕空门,如蜂念蜜。今因大会斋次,准奏,宜许出家,可依前件。甲戌年五月十四日。④

此篇敕文在交代了自意早慕佛门的原因之后,以"今因大会斋次,准奏,宜许出家,可依前件",即通过一次契机来批准自意出家,是一篇允许出家的度牒。敕文前、中、后三处各钤盖了一枚"敦煌国天王印",文件签发日期为"甲戌年五月十四日"。贺世哲、孙修身认为:"'西汉敦煌国'又叫'西汉金山国'。甲戌年是后梁乾

---

　　①颜廷亮:《敦煌西汉金山国文学考述》,兰州,甘肃人民出版社,2009年,第153页。

　　②周绍良主编:《全唐文新编》,长春:吉林文史出版社,2000年,第11247页。

　　③荣新江:《归义军史研究——唐宋时代敦煌历史考索》,上海:上海古籍出版社,1996年,第227—228页。

　　④郝春文等编著:《英藏敦煌社会历史文献释录》第7卷,北京:社会科学文献出版社,2010年,第258页。

化四年(914)",并说这是关于张承奉活动最晚的一件文书。^①李正宇不同意将此两者等同视之,认为金山国在先,西汉敦煌国在后,是同一政权在不同时期的不同国名。乾化元年七月金山国战败后,被迫同甘州回鹘订立城下之盟。李氏根据此年之后敦煌文献中再无出现过金山国的影踪,推测大约在此后不久,"由于乞和不成,张承奉终于被迫取消帝号,金山国亦随之解体",从而更名为西汉敦煌国。^②

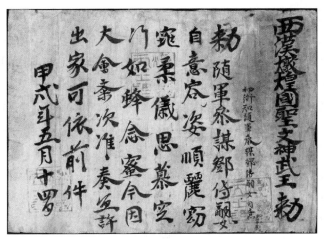

图5-19　S.1563《甲戌年西汉敦煌国圣文神武王敕》

　　单从称号上看,张承奉在建立金山国时,号称"圣文神武白帝""圣文神武天子""金山天子""金山白衣王"等,等到了西汉敦煌国时期,则只称"圣文神武王""敦煌国天王"等。在金山国文献里(包括金山国正式文件、人物传赞、诗文手稿、佛事文献、契据函表等)基本未透露出有西汉敦煌国的消息,而现存西汉敦煌国文献的题署及钤印俱为西汉敦煌国而不见金山国。加之此后不久,曹议金上台,取消了"西汉敦煌国"国号,继续沿用"归义军"藩号。这就说明西汉敦煌国应是金山国之后事,是金山国同甘州回鹘议和之后,改弦更张的结果。^③

　　那么,西汉敦煌国结束于何时?《旧五代史·吐蕃传》称:"沙州,梁开平中,有节度使张奉,自号'金山白衣天子'。至唐庄宗时,回鹘来朝,沙州留后曹义金亦

　　① 贺世哲、孙修身:《〈瓜沙曹氏年表补正〉之补正》,《甘肃师大学报》1980年第1期。

　　② 李正宇:《关于金山国和燉煌国建国的几个问题》,《西北史地》1987年第2期。

　　③ 李正宇在上引文中虽然正确地指出西汉敦煌国乃金山国之后世,但其称西汉敦煌国是"在甘州回鹘恩准下屈尊降格而改建的诸侯郡国",强调了西汉敦煌国天王是甘州回鹘天可汗下的附庸,似无确证。据张广达、荣新江考证,天王是天可汗的同义语,区别只在意译和音译。参见张广达、荣新江:《有关西州回鹘的一篇敦煌汉文文献——S.6551讲经文的历史学研究》,《北京大学学报(哲学社会科学版)》1989年第2期。

遣使附回鹘来,庄宗拜义金为归义军节度使、瓜沙等州观察处置等使。"①《新五代史·四夷附录三》与此记载同。②新旧《五代史》的记载笼统且很简单,我们很难判断曹议金取代张承奉统治敦煌的时间。北京大学图书馆藏102《佛说八阳神咒经一卷》尾题:"甲戌年七月三日,清信佛弟子兵马使李吉顺、兵马使康奴子二人,奉命充使甘州,久坐多时,发心写此《八阳神咒经》一卷。一为先亡父母神生净土,二为吉顺等一行无之(诸)灾彰(障),病患得差,愿早回戈,流传信士。"③池田温疑此件写于914年。④荣新江据P.2054《十二时》末题:"同光贰年甲申岁(924)蕤宾之月冀雕(彫)二叶,学子薛安俊书。信心弟子李吉顺专持念诵劝善。"认为两件文书中之李吉顺为一人,肯定了上述说法。⑤佛经写于914年七月三日,此时李吉顺等人已"久坐多时",可知诸人从敦煌出发,必在六月或五月之后半月,这距离前述五月十四日张承奉敕准邓传嗣女自意出家的时间很近。冯培红认为"愿早回戈"之"戈"乃"国"之误,这个"国"当指敦煌国,李吉顺二人乃敦煌国派遣的使节。⑥"回戈"原为调转兵戈回师之意,此处可延伸为西回敦煌,意可通。即便如冯氏所言,"戈"乃"国"之误,可是带有"国"字的表述在归义军时期的敦煌文献里亦属常见,很难利用该字来说明此件佛经属敦煌国时期文献。此外,据P.3239《甲戌年(914)邓弘嗣改补充第五将将头牒》载:

> 敕归义军节度兵马留后使牒。前正兵马使、银青光禄大夫、检校太子宾客邓弘嗣,右改补充左厢弟(第)五将将头。……甲戌年十月十八日牒。使检校吏部尚书兼御史大夫曹仁贵。⑦

既然后有曹仁贵(曹议金)署名,就证实曹氏政权此时已经建立,张氏掌政的西汉敦煌国寿终正寝。鉴于以上资料,张、曹二氏更代的时间不出乾化四年(914)五月十四至是年十月十八日间。

① (宋)薛居正:《旧五代史》卷138《吐蕃传》,北京:中华书局,1976年,第1840页。

② (宋)欧阳修:《新五代史》卷74《四夷附录三》,北京:中华书局,1974年,第915页。

③ 北京大学图书馆等编:《北京大学图书馆藏敦煌文献》第2册,上海:上海古籍出版社,1995年,第60页。

④ [日]池田温:《中国古代写本识语集录》,东京:东京大学东洋文化研究所,1990年,第457页。

⑤ 荣新江:《敦煌邈真赞所见归义军与东西回鹘的关系》,饶宗颐主编,姜伯勤、项楚、荣新江合著:《敦煌邈真赞校录并研究》,台北:新文丰出版公司,1994年,第85页。

⑥ 冯培红:《敦煌的归义军时代》,兰州:甘肃教育出版社,2013年,第230页。

⑦ 上海古籍出版社等编:《法藏敦煌西域文献》第22册,上海:上海古籍出版社,2002年,第269页。

第六章 曹氏归义军时期的敦煌历史

10世纪时期唐王朝灭亡后,中原进入五代十国时期。敦煌地区曹氏家族取代张氏家族,建立曹氏归义军政权。曹氏归义军时期,敦煌政局相对稳定,社会相对繁荣。敦煌成为丝绸之路上的重要枢纽。虽然中原王朝势力退出河西走廊,但是敦煌归义军政权奉中原王朝正朔,成为中原王朝在西北地区的"代理人"。这反映了华夏制度、华夏文化的深远影响。

第一节 曹氏家族执掌归义军政权

曹议金家族在张承奉执政时期与敦煌索氏、宋氏、张氏等大族联姻,曹议金本人在敦煌政权中积累了相当的实力,和一批军事将领建立了良好的关系。因此,在没有经过激烈冲突的情况下,曹议金取代张承奉执掌敦煌,914年曹氏归义军政权建立起来。曹议金又名曹仁贵,即敦煌曹氏归义军政权的第一任节度使。曹氏归义军政权建立初期,首要的任务即维持一个相对稳定的外部环境,改变张承奉后期敦煌政权的被动局面。因此,曹议金与甘州回鹘联姻,并且在甘州回鹘的协助下成功通使中原。

图6-1 莫高窟第108窟甬道南壁曹议金供养像

S.3914《河西节度使尚书结坛发愿文》中出现"尚书""国母公主"。曹氏归义军时期有两位节度使夫人称"国母"夫人,分别是曹议金夫人回鹘公主、曹延禄夫人于阗公主。S.3914文书中出现"谯王""尚书",可知该文书反映的是曹议金时期的情况。此文书应写于甘州回鹘公主嫁到敦煌不久,回鹘公主起初被称为"国母公主",尚未称"天公主"。该文书中,两次出现"金山",第一处为"时则有我河西节度使尚书先奉为金山圣迹,以定退蕃",第二处为"邀僧仗佛,所以遥瞻大觉,置道场于金山"。可知该文书创作时,曹议金代替张承奉执掌敦煌的时间不长。此文书创作时代或许是曹议金自甘州回鹘迎娶回鹘公主返回敦煌后不久。文书中还提到了敦煌曾经面临的灾祸,即"近睹灾侵入界,妖祸邻人,恐害民民",不过在随后段落,文书用大量篇幅为南征北伐、东征西游的亡者,以及身处苦难中的敦煌百姓发愿祈福。因为法会举办的地方在寿昌,因此文书还用较多篇幅为寿昌官员祈福,包括寿昌都衙、副使、监使、押衙、都知、水官、兵马使等,反映了曹议金对基层官吏的重视与笼络。该段文书创作之时,以"金山"为敦煌的代称,表明曹议金对张承奉的接替应该是一个逐渐过渡的过程。根据S.3914《河西节度使尚书结坛发愿文》,可知敦煌在与甘州回鹘的战争中受到沉重打击。S.3914文书创作时,敦煌尚未恢复实力,百姓生活比较艰难。

曹议金能够取代张承奉执掌敦煌,是曹氏家族长期经营的结果。初期的曹氏归义军政权,实际上形成了以曹氏家族为中心,各大家族联合统治瓜、沙的政治格局。首先,他们联络了张氏、索氏、宋氏等敦煌地区的强宗望族,抬高了曹氏家族的声望,为曹议金执掌敦煌政权奠定了政治基础。曹议金与索氏联姻后,归义军首任节度使张议潮成为曹议金的"外王父",为曹议金的登台奠定了合法性;宋氏家族乃敦煌传统大族,曹氏与之联姻无疑也有助于提升家族声望;曹氏家族与张氏家族的联姻,减少了曹氏替代张氏执掌敦煌政权过程中的阻力,张氏家族等敦煌大族成员为曹议金在战场上效忠,某种程度上增强了敦煌曹氏家族的凝聚力。其次,曹氏家族与敦煌地区的实力派家族联姻,如阎氏、李氏、阴氏、罗氏等,都是张氏时期地位很高的家族,在敦煌地区的根基深厚。通过与他们联姻,曹议金笼络了一批为其效忠的将领,曹氏政权获得了有力支撑。

曹议金吸取张氏归义军后期政局不稳的教训,加强了对基层的控制。他提拔了一批普通家族的子弟,巩固了基层的统治基础,形成了对强宗大族力量的牵制。一些实力一般的家族,通过与曹氏家族联姻,地位得到了提升,更加效忠于曹氏归义军政权。同时,曹议金大力扶持佛教,利用佛教僧寺在敦煌百姓中的影响巩固了政权。曹议金一方面大量抄写佛经、修建石窟、修造寺院、慷慨施舍供奉;另一方面他增强了对佛教教团的控制,曹氏归义军时期,都僧统由节度使直接任命。根据98窟绘制的大量供养人的身份可知,基层的押衙与僧官法律,是曹议金掌控基层权力的核心力量。张承奉时期的将领,到了曹议金时代仍然得到重用,而且都能尽心竭力,根本在于曹氏家族在敦煌已经建立了牢固的权力根基。根据第98窟中供养人身份,我们可以从整体上观察曹议金构建的统治网络,他重视基层僧俗官员,最大限度地调动起能够服务于曹氏政权的力量。敦煌文献中,也有这方面的体现,S.1181文书背面在为大王曹议金等发愿后,又云:"又持胜福,次用庄严阎都衙、董都衙、诸都头贵位,伏愿奇才出众,武艺超伦,归怀戎物之能,共助明王之道,然后天下定,海内清,无闻征战之名,有赖拥为之□。"文书中祈福对象,包含了归义军政权中的诸位文武官员。初期的曹氏归义军,实际上形成了以曹氏家族为中心,各大家族联合统治瓜、沙的政治格局。

图6-2 莫高窟第98窟中心佛坛背屏后壁曹氏归义军僚属供养像

图6-3 莫高窟第98窟北壁东侧新妇娘子像

　　曹议金有三位夫人，莫高窟第98窟中曹议金三位夫人的题名分别为"敕授汧国公主是北方大回鹘圣天可□（汗）……""郡君太夫人钜鹿□（故）索氏""郡君太夫人广平宋氏"。①第100窟甬道北壁第一身供养人像题记为"圣天可汗的子陇西李氏一心供养"②，对面南壁第一身供养人像即曹议金，说明甘州回鹘天公主政治地位很高。此点在文献中也有体现，P.3781《河西节度使尚书曹议金修大窟功德记》记载："伏用庄严我河西节度使尚书贵位……天公主宝朗，常荣松柏之贞。"③S.1137《道场发愿文》记载："尚书应灵，延长宝祚……公主吉庆，无闻怨切之音。"④P.3800V《愿文》记载："伏用庄严我尚书贵位，伏愿五岳同寿……次用庄严天公主贵位。"⑤从文书中天公主的排名可知，天公主的地位很高，仅次于归义军节度使。曹议金的甘州回鹘夫人在敦煌文献中常被称为"天公主"，是遵循回鹘的习俗，《新五代史·四夷附录三》"回鹘条"记载："其可汗常楼居，妻号天公主。"⑥这位甘州回鹘天公主的父亲到底是谁，学界尚有不同观点。多位学者认为当是英义可汗仁美。⑦土肥义和考890—904年间有一位天睦可汗，见于唐末杨钜《翰林学士院旧规》及敦煌S.8444文书记载，荣新江、赤木崇敏等亦认为回鹘天公主的父亲是唐末受到册封的天睦可汗。甘州回鹘可汗仁美见于正史记载，《旧五代史·外国传》载："同光二年四月，其本国权知可汗仁美，遣都督……来贡方物，并献善马九匹，庄宗召见于文明殿，乃命司农卿郑绩、将作少监何延嗣持节册仁美为英义可汗，至其年十一月，仁美卒。"⑧可知，仁美可汗在位时间在924年以前。P.3931文书记载："自后回鹘与唐朝代为亲眷，贡输不绝，恩命交驰。一从多事已来，道途榛梗。去光化年初，先帝远颁册礼及恩赐无限信币，兼许续降公主，不替懿亲"，可知光化年间（898—901）甘州回鹘还有一位可汗。S.8444《唐昭宗某年内文思院为甘州回鹘贡品回赐会计历》中提及天睦可汗，该文书年代在889年。又杨钜《翰林学士院旧规》载："回鹘天睦可汗书头云，皇帝

　　① 敦煌研究院编：《敦煌莫高窟供养人题记》，北京：文物出版社，1986年，第32页。

　　② 敦煌研究院编：《敦煌莫高窟供养人题记》，北京：文物出版社，1986年，第49页。

　　③ 上海古籍出版社等编：《法藏敦煌西域文献》第28册，上海：上海古籍出版社，2004年，第38页。

　　④ 中国社会科学院历史研究所等编：《英藏敦煌文献（汉文佛经以外部分）》第2卷，成都：四川人民出版社，1990年，第235页。

　　⑤ 上海古籍出版社等编：《法藏敦煌西域文献》第28册，上海：上海古籍出版社，2004年，第90页。

　　⑥ （宋）欧阳修：《新五代史》卷74《四夷附录三》，中华书局，1974年，第916页。

　　⑦ 苏北海、周美娟：《甘州回鹘世系考辨》，《敦煌学辑刊》1987年第2期；孙修身：《试论瓜沙曹氏与甘州回鹘之关系》，段文杰等编：《敦煌学国际研讨会论文集·史地、语文编》，沈阳：辽宁美术出版社，1995年，第99—100页；朱悦梅、杨富学：《甘州回鹘史》，北京：中国社会科学出版社，2013年，第167—169页；杨富学：《回鹘与敦煌》，兰州：甘肃教育出版社，2013年，第206页。

　　⑧ （宋）薛居正：《旧五代史》卷138《外国列传二》，北京：中华书局，1976年，第1842页。

舅敬问回鹘天睦可汗外甥。"该作品写于894—904年之间。敦煌藏文文献P.
T.1082《登里埃部可汗回文》中的可汗亦汉文文献中的天睦可汗。中和四年
(884)的S.389《肃州防戍状》中提到回鹘王、可汗,此应为甘州回鹘的第一位可
汗,这位可汗是否就是天睦可汗,尚难确定。不过,甘州回鹘成立于乾宁元年
(894)以后,天睦可汗应为甘州回鹘政权建立后的首位可汗。甘州回鹘政权建立
后,稳步发展,打败西汉金山国,应与天睦可汗的统治有关。①

　　曹议金迎娶甘州回鹘天公主,对改善曹氏归义军与甘州回鹘之间的关系
有很大的促进作用,这场联姻给曹议金在敦煌的统治提供了重要的政治保障,
因此甘州回鹘天公主的地位很高。学者们通常认为,甘州回鹘天公主一直以
曹议金第一夫人的身份出现。但是,通过对敦煌文献的考察,我们发现在曹议
金称"太保"时期,有一位"国太夫人"排在了"天公主"之前。甘州回鹘天公主
在曹氏归义军初期的地位很高,既然如此,谁又能够在敦煌文书中排在回鹘天公主之前呢？我们认为是曹议金的索氏夫人。曹氏归义军政权之所以能够取代张承奉的西汉敦煌国,外部与甘州回鹘的联姻固然重要,但最根本的因素是曹氏家族在敦煌地区长期的经营。曹议金与索氏、宋氏联姻是其执政敦煌的根基。

　　由于曹议金索氏夫人去世较早,敦煌文书中关于索氏夫人的记载很少,但也并非完全没有。S.5957文书中提到的"国太夫人",我们认为应该就是索氏夫人。S.5957文书中出现"北方圣天公主"

图6-4　莫高窟第108窟甬道北壁供养人像

　　①〔日〕土肥义和:《敦煌发现唐回鹘间交易关系汉文文书断简考》,《中国古代の法と社会·栗原益男先生古稀纪念论集》,东京:汲古书院,1988年,第406—418页。〔日〕土肥义和著,刘芳译:《敦煌发现唐、回鹘交易关系汉文文书残片考》,《西北民族研究》1989年第2期。荣新江:《甘州回鹘与曹氏归义军》,《西北民族研究》1993年第2期。荣新江:《甘州回鹘成立史论》,《历史研究》1993年第5期。陆庆夫:《甘州回鹘可汗世次辨析》,《敦煌学辑刊》1995年第2期。黄盛璋:《汉于阗吐蕃文献所见"龙家"考》,郑炳林等主编:《丝绸之路民族古文字与文化学术讨论会文集》,西安:三秦出版社,2007年,第248页。Akagi Takatoshi, "The Genealogy of the Military Commanders of the Guiyijun from Cao Family", *Dunhuang Studies: Prospects and Problems for the Coming Second Century of Research* (ed. by Irina Popova and Liu Yi), St. Petersburg: Institute of Oriental Manuscripts, Russian Academy of Sciences, 2012, pp.8–13。冯培红:《敦煌的归义军时代》,兰州:甘肃教育出版社,2013年,第312页。

和"宋氏夫人",①即曹议金的两位夫人,"近故国太夫人"只能是曹议金已经去世的夫人索氏。S.5957文书中第二篇《二月八日文》中有"河西节度使尚书"称号,最后一篇发愿文出现"太保"称号,说明这篇文书的年代应该在曹议金称"尚书""太保"期间。此外,S.663文书中也出现了"国太"夫人,以及"太保""公主""夫人""刺史""尚书"等称号,"公主"应即回鹘天公主,"夫人"为宋氏夫人。可知该文书时代是曹议金称"太保"时期,"国太"的排位在"公主"之前,表明其在敦煌备受尊崇。综合S.5957、S.663文书中"国太夫人"索氏的记载,我们认为,曹议金称"太保"时期,"国太夫人"索氏比"天公主"的地位高,索氏夫人在曹议金称"太保"时期去世。关于曹议金称"太保"的年代,荣新江研究认为,同光三年(925)曹议金已经开始称"太保","太保"称号使用时间不晚于928年。②又,据S.5957文书中"近故国太夫人"的记载,可知索氏夫人去世的时间应该在925—928年之间。

　　索氏夫人被称为"国太夫人",在石窟题记中也有体现,莫高窟98窟题记中记载:"郡君太夫人钜鹿□索氏一心供养",缺字被释作"故",③莫高窟108窟主室东壁门南侧供养人像列北向第二身题名:"□君□夫人钜鹿郡索氏一心供养",同列第三身题名:"□君太夫人广平郡宋氏一心供养"。④此处索夫人的题名可补作"郡君太夫人钜鹿索氏一心供养"。"国太夫人"指称索氏的意义不止于此一称谓,更让我们重新思考索氏夫人、甘州回鹘天公主在曹议金时期的地位变迁及其背后的政治意涵。

　　"国太夫人"索氏是最早嫁给曹议金的夫人。以往研究对曹议金的

图6-5　莫高窟第98窟东壁北侧曹议金夫人李氏、索氏供养像

---

① "北方圣天公主"即甘州回鹘天公主,"宋氏夫人"的生平可参P.4638《曹大王夫人宋氏邈真赞并序》。
② 荣新江:《归义军史研究——唐宋时代敦煌历史考索》,上海:上海古籍出版社,1996年,第100—103页。
③ 敦煌研究院编:《敦煌莫高窟供养人题记》,北京:文物出版社,1986年,第32页。
④ 敦煌研究院编:《敦煌莫高窟供养人题记》,北京:文物出版社,1986年,第61页。

几位夫人多有涉及，但观点不尽相同。姜亮夫认为曹元德为天公主生子，索氏夫人生子为曹元深。[①]王尧、陈践认为："曹议金四妻：长妻张氏，子元瑞早亡；次妻为回鹘夫人李氏，生子元德；次为索氏，生子元深；次为宋氏，生子元忠。"[②]马德认为，曹元德、曹元深均为议金之结发妻子索氏夫人所生，曹议金执掌归义军政权时，索氏可能已经去世。[③]赤木崇敏认为，继承曹议金节度使之位的曹元德，及其后的节度使曹元深，都是天公主的儿子。[④]笔者认为，曹元德、曹元深、曹元忠都不是天公主所生。曹议金时期，由于尚书某官（尚书为天公主儿子）与曹元德之间的矛盾，天公主的数位儿子同时遇害，[⑤]被害者包括年幼的诸郎君，可知加害者针对的不仅是尚书一人，而是回鹘天公主及其所生诸子这一势力集团。

图6-6　莫高窟第61窟东壁南侧天公主像

我们认为索氏夫人、宋氏夫人在曹议金担任归义军节度使之职以前应该就已经嫁给曹议金。且正是因为曹氏家族的姻亲关系，才使得曹议金能够较顺利地接替张承奉执掌敦煌政权。[⑥]甘州回鹘天公主嫁到敦煌的时间应该是在914—918年，或稍早一些。[⑦]甘州回鹘天公主之所以在石窟及文献中常位列于三位夫人之首，是基于其政治地位。通过深入分析相关文书，还可以发现，继承节度使之位的曹元德应当不是甘州回鹘天公主所生。P.4638《曹大王夫人宋

① 姜亮夫：《瓜沙曹氏世谱》，《浙江学刊》1983年第1期。

② 王尧、陈践：《归义军曹氏与于阗之关系补正——P.T.1284吐蕃文书译释》，《西北史地》1987年第2期。

③ 马德：《尚书曹仁贵史事钩沉》，《敦煌学辑刊》1998年第2期。

④ Akagi Takatoshi, "The Genealogy of the Military Commanders of the Guiyijun from Cao Family", *Dunhuang Studies: Prospects and Problems for the Coming Second Century of Research* (ed. by Irina Popova and Liu Yi), St. Petersburg: Institute of Oriental Manuscripts, Russian Academy of Sciences, 2012, p.9.

⑤ 郑炳林、杜海：《曹议金节度使位继承权之争——以"国太夫人"、"尚书"称号为中心》，《敦煌学辑刊》2014年第4期。

⑥ 杜海：《曹议金权力枝系考》，《敦煌学辑刊》2014年第2期。

⑦ 荣新江指出，曹议金与甘州回鹘天公主结亲在918年以前。荣新江：《归义军史研究——唐宋时代敦煌历史考索》，上海：上海古籍出版社，1996年，第310—311页。冯培红虽然没有明确说曹议金与甘州回鹘联姻是在914年以后，但从其叙述来看应持是观点："914年秋，曹议金上台，重建归义军，他颇有策略地采取了与甘州回鹘联姻的外交政策。"冯培红：《敦煌的归义军时代》，兰州：甘肃教育出版社，2013年，第310页。

氏邈真赞并序》记载：

> 夫人者，即前河西陇右一十一州节度使曹大王之夫人也……辞天公主，嘱托偏照于孤遗。别男司空，何世再逢于玉眷。郎君躃踊，二州天地而苍黄。小娘子悲啼，百鸟同哀而助泣。厶等谨奉旨命，略述数言，驻笔念悲，乃为赞曰：广平鼎族，暂诞河湟。禀灵山岳，降下遐方。年当笄岁，淑德恒彰。豪宗求娉，出事侯王。母仪婉顺，妇礼寻常。冰姿皎洁，桃李争芳。操越秋妇，德亚恭姜。谋孙育子，训习忠良。方保受荫，岳石延长。何今祸逼，下璧沉湘。辞天公主，偏照孤孀。执司空之手，永别威光。郎君躃踊，寸断肝肠。小娘子叫切，此世难望。①

此文中称曹议金为"前河西陇右一十一州节度使曹大王"，说明此时曹议金已经去世。据学者研究，曹议金的去世时间在935年。②文书称"辞天公主"，说明此时天公主还健在，而天公主去世的时间可能在天福八年（943）末不久。③那么，该文书的写作时间在曹议金去世之后，天公主去世之前，即935—943年间。文书记载了宋氏夫人去世前夕的情形，那么宋氏夫人去世的时间也可以限定在935—943年之间，在这期间，称"司空"者只有曹元德（935—938）、曹元深（940—941）。④荣新江、郑炳林认为，"司空"称号是指曹元德。⑤亦有学者在推断曹元忠是宋氏夫人儿子的基础上，进一步指出P.4638文书中宋氏夫人是和其生子曹元忠辞别。⑥那么，该文书中的"司空"到底是指曹元德、曹元深、曹元忠之中的哪一位呢？检索曹元德任节度使时期的相关文书，可以发现宋氏夫人在曹元德执掌归义军时期已经去世。如S.4245文书为曹元德时期的《造窟功德记》，⑦出现的人物称号有"司空""故父大王""国母天公主"等，没有宋氏夫人。P.3550《都

---

① 郑炳林、郑怡楠辑释：《敦煌碑铭赞辑释（增订本）》，上海：上海古籍出版社，2019年，第596—597页。

② 荣新江：《归义军史研究——唐宋时代敦煌历史考索》，上海：上海古籍出版社，1996年，第104页。

③ 徐晓丽认为，记载国母天公主生前最晚的文书是P.2178《破魔变文》。徐晓丽：《敦煌石窟所见天公主考辨》《敦煌学辑刊》2002年第2期，一文注释④。据荣新江研究，P.2178写作时间约在天福八年（943）末。荣新江：《归义军史研究——唐宋时代敦煌历史考索》，上海：上海古籍出版社，1996年，第113—114页。

④ 荣新江考证曹元德935年后称司空，曹元深940—941年称司空。荣新江：《归义军史研究——唐宋时代敦煌历史考索》，上海：上海古籍出版社，1996年，第107—113页。笔者认为最迟在939年以后，曹元德可能进称司徒。杜海：《曹元德称司徒考》，《敦煌研究》2015年第4期。

⑤ 荣新江：《归义军史研究——唐宋时代敦煌历史考索》，上海：上海古籍出版社，1996年，第108页。郑炳林、郑怡楠辑释：《敦煌碑铭赞辑释（增订本）》，上海：上海古籍出版社，2019年，第228页。

⑥ 冯培红指出："宋氏去世以后，李氏受嘱托照顾其遗孤曹元忠。"冯培红：《敦煌的归义军时代》，兰州：甘肃教育出版社，2013年，第314页。

⑦ 荣新江：《归义军史研究——唐宋时代敦煌历史考索》，上海：上海古籍出版社，1996年，第109页。马德：《莫高窟史研究》，兰州：甘肃教育出版社，1996年，第128页。

衙镌大龛功德记》也是曹元德时期的文书,①文中出现"司空""国母天公主""刺史",亦未提及宋氏夫人。可证宋氏夫人在曹元德称"司空"时期已经去世,那么P.4638文书中的"司空"不可能是曹元深、曹元忠,只能指曹元德。据文书可知,宋氏夫人去世之前曾经托孤于回鹘天公主,《赞》文中的"孤遗""孤孀"应具体指后文出现的"司空""郎君""小娘子","司空"被称为"孤遗",而此时天公主仍然在世,说明"司空"应该不是天公主亲生的儿子。而宋氏夫人的生子可以确知为曹元忠,因此"司空"很有可能是"国太夫人"索氏所生。也就是说,"司空"曹元德不是天公主或宋氏夫人所生,而是索氏夫人的生子。

通过以上研究,可知S.5957、S.663文书中的"国太夫人"即曹议金夫人索氏,索夫人最早嫁给曹议金。P.4638中"司空"是指曹元德,曹元德应该非"天公主"生子,而是"国太夫人"索氏所生。

至此,我们可以梳理出曹议金时期第一夫人的情况,曹议金执政伊始,甘州回鹘天公主以曹议金第一夫人的身份出现在各种场合。但是之后有一段时间出现了异常的情况,即约在曹议金称"太保"时期,"国太夫人"索氏成为曹议金的第一夫人。我们认为这种情况的出现应该与曹议金时期归义军政权内部的政治斗争有关,甘州回鹘天公主派系势力的不断发展,威胁到了曹氏家族在敦煌地区的统治。为了制约回鹘天公主一系的势力,曹议金以曹元德为刺史;封曹元德生母索氏夫人为"国太夫人",并以她取代甘州回鹘天公主第一夫人的位置。索氏夫人去世以后,甘州回鹘天公主仍以第一夫人的身份出现在文书中。

图6-7 榆林窟第16窟甬道曹议金及其回鹘夫人供养像

---

① 马德:《莫高窟史研究》,兰州:甘肃教育出版社,1996年,第129页。俄玉楠、郑怡楠:《敦煌写本P.3550〈都押衙镌大龛功德记〉考释》,《敦煌学辑刊》2013年第4期。

914年前后，曹议金迎娶甘州回鹘可汗之女，贞明二年（916）曹议金在甘州回鹘的许可下遣使中原，[1]甘州回鹘天公主在曹氏归义军前期政治地位很高。既然曹元德的生母是"国太夫人"索氏，不是回鹘天公主，那么敦煌文献中关于甘州回鹘天公主的儿子有没有记载呢？马德指出在S.6417文书中，被追念者包括天公主的儿子"尚书"及诸郎君。[2]检索资料，我们发现此说颇有道理。马德认为"尚书"曹仁贵是曹议金的儿子，此观点固然不能成立，但是他对天公主的儿子"尚书"的考察值得重视。天公主亲生子"尚书"的地位与曹氏归义军前期的政治形势密切相关。"尚书"是曹议金与天公主所生的儿子，且在天公主的扶持下，这位"尚书"亦觊觎归义军节度使之位。通过检索敦煌文书中的相关资料，可以发现在文书记载中，天公主儿子"尚书"多次出现，且他的地位一直很高。S.6417《国母天公主奉为故男尚书诸郎君百日追念文》记载：

> 时则有我国母天公主奉为故男尚书诸郎君百日追念之福会也。伏惟故尚书，天资直气，岳降英灵，怀济物之深仁，蕴调元之盛业。故得分符千里，建节百城……致使国母悲深丧目，庭亏问礼之踪。痛切肝肠，尝绝献甘之迹。空遗书剑，有苗不实芳兰。更想形仪，泣断趋庭之诲。[3]

从文书中可以明确知道，"尚书"是国母天公主的儿子，国母天公主因为尚书的去世"悲深丧目，庭亏问礼之踪。痛切肝肠，尝绝献甘之迹"，可知，丧子之痛对国母天公主精神上的伤害难以弥补，以致患上眼疾、食不甘味。据文书内容可知，这位已故的尚书曾经"分符千里，建节百城"，说明尚书可能曾经担任较高的职务，虽然不一定是实职，但其地位一定很高。S.6417《国母天公主奉为故男尚书诸郎君百日追念文》中提到天公主的儿子有"尚书""长史""司马"等，其中"尚书"的地位与P.2850文书中天公主儿子"厶官"的地位相符，S.6417中称尚书"分符千里，建节百城"，P.2850中称厶官"怀所（佐）国之宏规，韫安边之上略"。所以，P.2850文书中的"厶官"与S.6417中的天公主生子"尚书"很可能是同一人，都是甘州回鹘天公主的亲生子"尚书"。

S.663《某官佛事斋文》是曹议金称"太保"时期（925—928）的文书。文书中的"刺史"地位列在曹议金、公主、夫人之后，很可能是曹元德，他在执掌归义军节

---

① 甘州回鹘让曹议金遣使入朝，很可能因为曹议金娶了甘州回鹘可汗之女，重新确立了与甘州回鹘可汗的父子关系。荣新江：《归义军史研究——唐宋时代敦煌历史考索》，上海：上海古籍出版社，1996年，第310—311页。杨富学等认为，曹议金与回鹘公主的和亲时间在914—916年之间的可能性较大。杨富学、路虹：《甘州回鹘天公主再考》，《石河子大学学报（哲学社会科学版）》2019年第2期。

② 马德：《尚书曹仁贵史事钩沉》，《敦煌学辑刊》1998年第2期。

③ 中国社会科学院历史研究所等编：《英藏敦煌文献（汉文佛经以外部分）》第11卷，成都：四川人民出版社，1994年，第58页。

度使之位以前担任沙州刺史。①文书中"尚书"排列在刺史之后,地位次于节度使曹议金和刺史曹元德,②应指天公主的儿子。值得注意的是,在曹议金称"令公"时期,"尚书"的地位进一步提高。P.2058文书的时代在曹议金称"令公"时期(928—931)。其中"尚书"列于"令公"曹议金之后、天公主之前,同时文书又云"天公主助治",可推测天公主对尚书寄予厚望,试图扶持其子,以期在节度使位继承权的争夺中占据优势。至曹议金称"大王"时期,"尚书"地位依然很高。据S.1181文书正面"大王""天公主"的称号以及尾题"长兴二年",可知该文书是曹议金称"大王"时期的文书,抄写时间即在长兴二年(931)。S.1181V出现"大王"称号,末尾题记中有"道真 念记","道真"还见于北图329及敦煌研究院藏345号《长兴五年三界寺比丘道真藏经目录》,③可知S.1181正反两面抄写时代相近,该卷正、背面为同一时代,④因此文书正面的"□□尚书"和背面的"指挥尚书"应是同一人。"尚书"此时任职指挥使,官职低于曹元德,⑤但根据该文书中"尚书"的排名,可以看出"尚书"俨然位列曹议金之后。曹议金称"大王"之初,同时使用"尚书"称号的可能有两个人,即曹议金兄曹仁裕、天公主生子"尚书"。荣新江认为,S.1181文书中的"指挥尚书"应是曹议金兄长曹仁裕,因为据P.4638《曹良才邈真赞并序》记载,曹仁裕曾任都指挥史。⑥P.2049V《后唐长兴二年(931)正月沙州净土寺直岁愿达牒》中记载:"麦壹,送令公东行时回迎尚书日诸老宿买胡饼用","粟三,送路令公及回迎尚书等用"。王使臻认为,其中的"大王"指曹议金,"尚书"指曹仁裕。⑦不过,据P.2058文书中"尚书郎君"可知,曹议金称令公时期,"尚书郎君"较年幼,应为曹议金儿子。S.1181文书正面在"尚书"之后,紧接着又出现诸郎君,所以这位尚书很可能是指曹议金的儿子,而非兄长。因此,S.1181V中出现的"尚书"指称曹议金儿子的可能性较大;不过,"尚书"前加指挥二字,是否有可能专门与"尚书郎君"区别开来,也有待考证。又,据S.5952V、

---

① 马德认为刺史指曹元德、曹元深。马德:《尚书曹仁贵史事钩沉》,《敦煌学辑刊》1998年第2期。荣新江指出,曹元深是在曹元德执政晚年任沙州刺史。此处刺史可能指沙州刺史曹元德。在P.6006文书中,曹元德被称为"刺史司空"。荣新江:《归义军史研究——唐宋时代敦煌历史考索》,上海:上海古籍出版社,1996年,第110页。

② 有两种可能性:第一,将"刺史尚书"视作一人,"刺史尚书"可能指称曹元德;第二,根据此句意思,校作"刺史、尚书等固受(寿)","刺史"指曹元德、"尚书"指甘州回鹘天公主的生子,我们倾向于此种可能。

③ 道真前期的活动主要是主持三界寺经藏的收藏与编目工作。郑炳林:《敦煌碑铭赞辑释》,兰州:甘肃教育出版社,1992年,第517—520页。

④ 郑炳林、郑怡楠辑释:《敦煌碑铭赞辑释(增订本)》,上海:上海古籍出版社,2019年,425—426页。

⑤ 曹议金称大王时,曹元德为刺史,文书中还称元德为"节度副使",参见文书P.6006、P.4976。

⑥ 荣新江:《归义军史研究——唐宋时代敦煌历史考索》,上海:上海古籍出版社,1996年,第236页。

⑦ 王始臻:《敦煌遗书中的尺牍研究》,兰州大学,博士学位论文,2012年,第312页。

P.2638等文书记载,曹仁裕在长兴三年(932)后就已经开始使用更高级别的"仆射"称号。[1]而曹议金称"大王"的时间在931年后了,所以"大王""尚书"同时出现时,"尚书"指称曹仁裕的可能性不大。因此,笔者更倾向于认为,即S.1181V、P.2049V等文书中的"尚书"皆指称天公主生子。综上可以推测,这些文书中的"尚书"应是甘州回鹘天公主的生子,在天公主的扶持下,他的地位一步步提高。但是,"尚书"没能继承节度使的位置,根据S.6417可知,在曹议金去世以后的曹元德任节度使时期,尚书及其兄弟被杀害。

综上可知,曹议金时期存在着围绕节度使位继承权的争夺,可能这种争夺还很激烈,以上关于"司空""尚书"的文书可以给我们提供这种斗争的线索。但是曹议金在世时期,争夺继承权的斗争只能暗地里进行,因此这一时期的文书可能不能充分反映斗争的过程。但是在曹议金去世以后,过去隐藏在私底下的争斗便趋于白热化,S.6417的记载就是这场斗争结果的真实反映。曹议金本人可能就已经开始打压甘州回鹘天公主的势力,曹元德不过是继承了其父亲的统治策略。从曹氏归义军前期敦煌与甘州回鹘的关系看,早期曹议金通过与甘州回鹘联姻,缓解了敦煌的外部威胁,并且在甘州回鹘的周旋下与中原王朝建立起联系。但是之后曹议金就试图摆脱甘州回鹘的制约。同光二年(924)曹议金被册封为归义军节度使,同年年底,曹议金趁甘州回鹘内乱之机发兵征讨。925年击败甘州回鹘可汗狄银后,曹议金嫁女给甘州回鹘新任可汗阿咄欲,确立了曹议金为父、甘州可汗为子的新格局。另据学者研究,曹议金去世前夕的清泰元年(934)前后,归义军与甘州回鹘的关系变得非常紧张,甘州回鹘频频给敦煌使者等制造麻烦。曹元德执政后,亲自率兵出征甘州,P.4638V《清泰四年十一月十八日都僧统龙辩都僧录惠云都僧政绍宗等牒》载:"自从司空出境,天暖似觉重寒……伏望回军西陲,司空高悬玉镜……清泰四年十一月十八日。"可知曹元德在曹议金

图6-8　莫高窟第98窟甬道南壁
曹议金父子供养像

① 荣新江:《归义军史研究——唐宋时代敦煌历史考索》,上海:上海古籍出版社,1996年,第236页。

去世之后陈兵东界,以震慑甘州回鹘。

粟特曹氏家族通过在敦煌地区经营其家族的姻亲关系,使得家族实力和政治声望逐步提升。曹议金在张承奉时期凭军功崛起,并联络了相当一部分基层力量。914年,曹议金取代张承奉执政敦煌,建立曹氏归义军政权。曹议金掌权后采取了一系列灵活、务实的政策,稳定了归义军政权的内部统治,改善了与周边政权的关系,并且获得了中原王朝的册封,为敦煌政权的长期存在打下了基础。曹议金时期,敦煌归义军政权面临一系列内外困境,既需要维持内部各个大族共同统治敦煌的局面,又需要面对外部甘州回鹘的威胁(曹议金联姻甘州回鹘之后又派生出归义军政权内部曹元德与甘州回鹘派系的矛盾)。内部的敦煌大族、外部的甘州回鹘,既是曹议金积极合作、拉拢的对象,也是曹议金在稳定了敦煌政局之后,重点遏制的对象。在处理与敦煌本地大族的关系方面,曹议金本人积极与他们联姻,而曹议金的几个儿子虽然亦与汉姓大族联姻,但是这些传统敦煌大族的妻子都不是他们的第一夫人,汉族大姓的影响力因此逐渐减弱。与甘州回鹘的矛盾是曹议金时期面临的最大威胁,在处理与甘州回鹘的关系上,曹议金最初是通过和亲,缓解了二者的矛盾。和亲的意义不仅仅在于改善了归义军政权与甘州回鹘的关系,还在于通过迎娶甘州回鹘天公主并将其奉为第一夫人,某种程度上也是对敦煌本地大族的震慑。曹议金还发动对甘州回鹘的战争,并且取得了战争的胜利,从而摆脱了甘州回鹘的制约。曹氏归义军建立伊始,甘州回鹘天公主在敦煌的地位很高。天公主作为第一夫人,自然希望自己的儿子能接替曹议金的节度使位。曹议金也察觉到了甘州回鹘天公主的意图,于是着手布局。册封曹元德母亲索氏为"国太"夫人、任命曹元德为归义军节度副使,就是曹议金限制敦煌政权内部甘州回鹘派系势力的重要策略。曹议金实行了一系列务实的政策,曹氏归义军政权建立以后,随即取消了张承奉时期的帝号,重新奉中原王朝正朔,并努力通使中原。这是符合敦煌地区民众的心理追求的。也是曹氏归义军得以在敦煌乃至河西地区立足的政治基础。曹议金还与西面的于阗建立起良好的关系,于阗视敦煌为中原王朝的代理人。两国世代联姻,于阗国是曹氏归义军政权关系最亲近的盟友。曹议金的功绩在于他缔造了曹氏归义军政权的基础,他不仅是创立者,更是奠基者。曹议金具有极强的洞察力,他敏锐地洞察了当时敦煌地区的各种矛盾。通过灵活、务实的各项政策,为归义军政权营造了良好的内外环境,保障了敦煌地区社会经济的稳定发展,为敦煌政权的长期延续奠定了基础。

第二节　曹元德、曹元深时期的敦煌

由于曹元德、曹元深两位节度使在位时间较短,有些称号二者可能都曾经使用,曹元德称"司空"的时间开始于曹议金称令公时期(928—931),"司空"称号至少使用到938年。曹议金称令公时期,曹元德称"司空"的记载如下。P.3149《新岁年旬上首于四城角结坛文》记载:"伏惟我令公神姿杰世,天纵英雄……伏持胜福,司空云云。次用庄严天公主贵位,伏愿宠颜日厚,门来纳庆之珍。重若瑚琏,永贵镇祥之璧。夫人恒茂,恋花萼之芬芳。郎君神聪,慕忠贞而治物。"P.3765V记载:"令公宝位,等劫石而齐坚。夫人花颜,比贞松而不变。司空等诸郎君昆季,常增磐石之荣……又持胜福,次用庄严我府[主]令公贵位。伏愿南山作寿,北极标尊。常为菩萨之人王,永作河西之父母。又持胜福,伏用庄严夫人贵位,伏愿鲜颜转貌,桃李驰芳。播柔服于邦家,匡母仪于王室。司空等郎君,文操夏叶争芳,应小娘姊妹,红颜春花竞馥"。P.3567记载:"令公宝位,等劫石而齐坚。夫人花颜,比贞松而不变。司空等诸郎君昆季,常增磐石之乐……又持胜福,次用庄严我府主令公贵位。伏愿南山作寿,北极标尊。常为菩萨之仁王,永作河西之父母。次用庄严我国母夫人贵位,伏愿鲜颜转貌,桃李驰芳,播柔服于邦家,匡母仪于王室。司空等郎君,文採夏叶争芳。应小娘子姊妹,红颜春花竞馥。"两则文书中重复的内容较多,较为明显的不同是P.3567文书中出现了"国母夫人",可能指称甘州回鹘天公主。文书中出现的"令公"即指曹议金,"司空"位列"令公"之后,应当指称曹元德。据此我们认为曹元德称"司空"的时代可以提前到曹议金称"令公"时期,即最晚在931年曹元德已经号称"司空"。

曹议金称大王时期,P.6006文书中曹元德被称为"刺史司空","伏惟我大王云云……天公主、夫人恒泰,誓播美于宫闱。小娘子姊妹欢颜,每宠同于金燧。刺史司空昆季,永继绍于河湟"。P.2704《后唐长兴四年、五年(933—934)归义军节度使曹议金回向疏》则出现"司空助治","大王受宠,台星永曜而长春。功播日新,福寿共延于海岳。天公主抱喜,日陈忠直之谋。夫人陈欢,永阐高风之训。司空助治,绍倅职于龙沙。诸幼郎君,负良才而奉国。小娘子姊妹,恒保宠荣"。P.4976《儿郎伟》则称呼元为"副使司空","承大王重福,河西道泰时康……天公主善心不绝,诸寺造佛衣裳……夫人心行平等,寿同劫石延长。副使司空忠孝,执笔七步成章"。Ф.263、Ф.326文书背面有《河西节度使司空及天公主造三界大像头冠胸衣功德记》《河西节度使大王曹议金造大寺功德记》等一批关于"司空"的文书,文书中的"司空"当指曹元德。该文书正面《转经文》中出现了"令公"称号,"则我令公,先奉为国泰人安,无闻征战之名……伏愿我令公,抚运龙飞,垂

乾御宇。上膺青光赤符之瑞,下披流虹绕电之祯"。从文书中"上膺青光赤符之
瑞,下披流虹绕电之祯""膺天明命,握符而理金浑"的记载来看,此时"令公"曹议
金可能已获得朝廷册封。史载后唐长兴二年(931)春正月,"以沙州节度使曹义
金兼中书令"。这篇文书有可能就写于931年曹议金被册封之后、曹议金称"大
王"之前的一段时间。发愿文中很多文字是歌颂曹议金平定西土之功劳,反复称
赞其降服"四寇"的功绩,说明敦煌经历了较大规模的战争,军民士气高涨。
Φ.263V、Φ.326V文书的时间在曹议金末年、曹元德初年,是"司空"曹元德接任归
义军节度使前后的一批文书。文书中出现曹议金妻子"国母天公主",根据文书
中相关记载,如"国母天公主夫人,誓同助治","天公主郎君小娘子贵位",可以推
测,这一系列文书创作于曹议金、曹元德节度使位交替之际。P.3461《斋文一篇》
中提到"使主厶官",马德认为使主厶官是指曹元德,刺史指曹元深,这篇文书中
的一些内容和前述Φ.263V、Φ.326V中的一些句子内容相近,比如Φ.263V、
Φ.326V中"伏惟我河西节度使司空,龙胎特挺,膺文星统握河湟。凤骨奇能,禀
武宿再清陇右。机行获泰,五郡复值而烟销。计动无亏,四寇休征而跪伏。"
P.3461中则云:"伏惟我厶官,乃龙胎挺特,膺文星统握河隍。凤骨奇能,操禀□
宿再清陇右。机行获泰,五郡复值而烟消。计动无亏,四寇休征而跪伏",两句话
内容几乎一致,应该是指称同一人。且写卷中"伏惟我厶官,乃龙胎挺特"一句中,
"厶官"有修改痕迹,"厶"字原似写作"司"字,此卷或为草稿,故改"司"为"厶"。因
此,P.3461文书中的"使主厶官"应该是指"司空"曹元德。以上是曹元德早年称
"司空"的一些记载,通过对敦煌文献的检索,我们发现曹元德具有"司空"称号的
文书,最早的在曹议金称"令公"时期,即928—931年。

　　P.3556《清泰三年正月二十一日曹元德回向疏》记载:"司空禄位,荣宠共七宿
长晖;福荫咸宜,芳名以(与)五星争朗。"后署名"归义军节度留后使检校司空曹元
德"。P.3260《某年十二月二日曹元德状》署"归义军节度留后使检校司空曹元
德"。P.4638V《丙申年正月马军武达儿状》亦称曹元德为司空。P.4638V《清泰四
年十一月十八日都僧统龙辩都僧录惠云都僧政绍宗等牒》:"司空五才神将,降世
以定龙沙,七德变通,护六州而治莲府……自从司空出境,天暖似觉重寒……司空
高悬玉镜,愿照众情。"S.4291《清泰五年月十日敕归义军节度使牒》后署:"使检校
司空兼御史大夫曹元德。"P.3347《后晋天福三年十一月五日敕归义军节度使牒》
后署"检校司空兼御史大夫曹"。以上文书中的"司空"身份可以大致确定为曹元
德,最晚的一件曹元德称"司空"的文书在938年十一月。938年之后,曹元德的
称号可能又有晋升。P.3269《司徒发愿文》,不能排除其中的司徒是曹元德的可
能。P.2992V书状可能抄写于939年曹元德称"司徒"以后,至曹元德去世之前。

曹元德在939年去世,由于他称"司徒"的时间不长,保存下来的相关文书比较少,曹元德去世以后,还有关于他"太保"称号的记载。S.4245、P.2032V两篇文书中的"司空""太保"称号,可能分别指称曹元深、曹元德。其一,敦煌文献中曹元德称"司空"的记载最晚在938年十一月,939年曹元德的称号无法考证,但是根据相关文书,可知曹元德有可能在939年称司徒。曹元德的"太保"称号是在其本人去世以后由中原王朝诏赠,因此文书中同时出现"司空"和"太保"称号,就很难确定为同时指称曹元德。其二,曹元深在继承归义军节度使初期也称"司空",曹元深此称号可能在曹元德晚年已经开始使用,因此在曹元德晚年的文书中出现的"司空"称号,有理由被认为是指称曹元深。

在曹元德去世以后,其兄弟曹元深接替曹元德执掌节度使政权。曹元深940年继承节度使之位,继续使用"司空"称号。曹元德去世以后,由中原王朝诏赠"太保"称号。940年曹元深即位之初,仍使用"司空"称号,942年,曹元深晋升为"司徒",943年后晋册封曹元深为"太傅",但是直到天福九年(944),才看到曹元深称"太傅"的记载。曹元德、曹元深两任节度使在位时间总共有十年左右,或都曾经使用"司空""司徒"的称号,因此相关文书的年代容易引起混淆,根据敦煌文献的记载,曹元德去世后,曹元深的身体状况也不好,所以他在位不长时间也去世了。虽然如此,在曹元德、曹元深执政的十年时间里(935—944),面对曹议金去世后敦煌地区较紧张的形势,归义军政权实现了平稳的过渡,一方面牢牢地掌控了敦煌归义军政权的统治权力,另一方面积极争取并最终建立了与后晋王朝的联系,同时改善了与甘州回鹘的关系。至下一任节度使曹元忠时期,敦煌地

图6-9　莫高窟第100窟甬道南壁曹议金父子供养像

区社会呈现出长时间的繁荣局面,这与曹元德、曹元深时期的平稳过渡有很大关系。曹元德、曹元深、曹元忠兄终弟及的统治模式也为曹氏政权的长期稳定开辟了良好的局面。P.2642文献记录了曹氏归义军节度使兄终弟及的情形,以及敦煌地区流行的一场瘟疫。P.2642中出现了曹元德的儿子为其父亲祈福的发愿文,这位曹元德的儿子,应该就是曹延恭。他在曹元忠任节度使时期担任瓜州刺史,之后又继承了曹元忠的节度使之位。

曹元德对甘州回鹘采取亦攻亦和的战略,既在军事上表现出积极的态势,又努力争取和平的局面,最终敦煌通往中原的道路逐步变得畅通。同时,在曹氏归义军政权的帮助下,于阗使者顺利通使中原。这是曹氏归义军政权在丝路交通方面作出的重要贡献。曹议金时期遗留下来的问题,在曹元德、曹元深时期基本上得到了解决,经过这10年的过渡期,至曹元忠执政时,曹氏归义军政权呈现出稳定、繁荣的局面,这是曹元德、曹元深两任节度使努力经营和维系所取得的成果。

第三节　曹元忠时期的敦煌

曹元忠继承归义军节度使位以后,继续维持着和平、稳定的内外局面。曹元忠在位时间自944年至974年,长达30余年,为敦煌地区的繁荣做出了重要贡献。

曹元忠时期曾经与于阗联姻。早在西汉金山国时期张承奉就娶于阗公主为妻。曹议金与于阗国继续保持友好关系,于934年嫁女给大宝于阗国可汗。[1]敦煌文献中,曹议金嫁给李圣天的女儿被尊称天皇后。莫高窟第61窟、第98窟中都出现了这位于阗天皇后的供养人画像,特别是第98窟,其主室东壁门南侧第一身、第二身供养人画像题记为:"大朝大宝于阗国大圣大明天子……即是窟主;大朝大于阗国大政大明天册全封至孝皇帝天皇后曹氏一心供养。"[2]这说明曹议金时期非常重视与于阗国的关系。曹元德、曹元深时期,于阗国在敦煌政权帮助下,与后晋王朝建立了联系。曹元忠时期,敦煌与于阗的联姻,保持了双方世代友好的亲密关系。964年前后,大批于阗太子、公主来到敦煌,这可能与于阗地区的政变和李圣天的去世有关。962年李圣天去世,之后于阗局势并不稳定,于阗皇室成员、于阗官员、僧人大量到达敦煌。同时963年新任于阗皇帝积极联系中原,嫁女曹元忠。967年以后,李圣天之子从德太子重新登上王位。

---

① 荣新江、朱丽双:《于阗与敦煌》,兰州:甘肃教育出版社,2013年,第154—155页。
② 敦煌研究院编:《敦煌莫高窟供养人题记》,北京:文物出版社,1986年,第32页。

图6-10　榆林窟第31窟北
壁于阗国王供养像

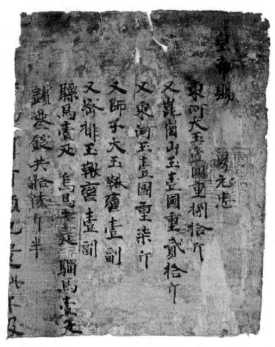

图6-11　羽686《于阗皇帝赐归义军节度使男曹元忠札》

　　但是目前尚不能断定这一时期于阗发生了一场政变,或者李圣天已经去世。因此还有一种可能,即在从德太子继位之前,李圣天一直是于阗皇帝。因此我们梳理出另外一条线索:962年,李圣天改元"天寿"年号,之后李圣天本人或曾亲赴敦煌,并且将自己的一个女儿嫁给曹元忠,同时派遣"从德太子"联络中原王朝,这就为967年李圣天传位给"从德太子(尉迟苏罗)"奠定了基础。这样的话,P.2826、羽686中的于阗皇帝为李圣天,他嫁女给曹元忠。李圣天、曹元忠之间的兄弟关系转变为翁婿关系。同时由于李圣天亦曾娶曹议金女儿为妻,因此"从德"太子与曹元忠之间还具有甥舅关系。通过检索敦煌文献,我们还发现一些关于曹元忠夫人于阗公主的相关记载,如P.2726《比丘法坚发愿文》、P.2733《礼佛施舍发愿文》。P.2726文书中记载公主"长处绣罗,风尘莫近",对于阗公主很少抛头露面的情形直言不讳。可知于阗公主或许性情如此,不乐于在公共场合出现。

　　同时,从目前的资料看,曹元忠时期于阗公主的地位并不突出。S.2678文书有《大汉乾德二年(964)四月廿二日归义军节度使敦煌王曹元忠之凉国夫人翟氏施巾题记》,其中"皇后"应是嫁给于阗国王李圣天的曹议金之女,[1]即曹元忠的

　　① 荣新江、朱丽双:《于阗与敦煌》,兰州:甘肃教育出版社,2013年,第161页。

姐姐，"夫人"是凉国夫人。文书中没有提到曹元忠夫人于阗公主，或许此时还没有嫁到敦煌。而于阗皇后排在曹元忠凉国夫人翟氏之前，表明其在敦煌地区备受推崇，说明于阗皇帝李圣天去世之后，敦煌政权仍然尊崇李圣天的夫人、曹元忠的姐姐于阗皇后。目前，李圣天去世的时间尚未有定论。如果李圣天与尉迟输罗王之间确实有一位"天寿""开运"皇帝，那么，曹元忠迎娶的于阗公主为"天寿—开运"皇帝之女；如果"天寿""开运"年间，李圣天仍在位，曹元忠迎娶的于阗公主则为李圣天之女。无论哪一种情况，根据前述羽686、P.2826文书以及相关记载，可推知此次联姻或是于阗皇帝主动提出，应是于阗国在动荡局势下争取外部支持的举措。曹元忠在政治上给予于阗皇帝支持，从羽686文书中所载物品看，于阗皇帝给予曹元忠丰厚的回报。曹元忠的岳父虽然积极开展与敦煌归义军政权的外交，将女儿嫁给曹元忠，但是，曹元忠夫人于阗公主的地位远逊于曹议金夫人甘州回鹘天公主和曹议金女儿于阗皇后。

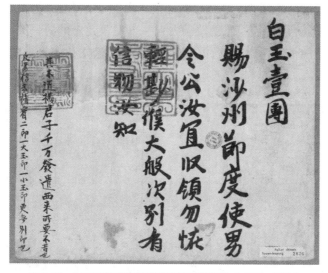

图6-12　P.2826《于阗皇帝赐沙州节度使男令公白玉一团札》

通过梳理敦煌文书中曹元忠的于阗公主夫人的记载，可以发现她在文书中出现不多，究其原因，一方面可能是由于于阗皇帝李圣天在政变中去世，而李圣天是曹元忠的亲姐夫，因此曹元忠对于阗新上任的皇帝在感情上已经不太亲近；另一方面也反映出敦煌的政权已经相对稳固了，因此不再刻意讨好外邦，敦煌政权的地位已经类似于甘州回鹘、于阗这样的独立王国。曹元忠时期，于阗国王李圣天先后派使臣于天福十二年（947）、乾祐元年（948）、建隆二年（961）朝贡中原，说明当时西域通往中原的道路是畅通的，而敦煌曹氏政权在丝路交通上无疑起着重要的作用。

图6-13　莫高窟第4窟东壁南侧于阗供养人像列

虽然目前的研究表明,翟夫人不是曹元忠的唯一夫人,曹元忠在963—967年之间还娶于阗公主为妻,但是翟氏夫人一直是曹元忠的第一夫人。曹元忠夫人翟氏是继回鹘天公主之后又一位活跃在敦煌政治文化舞台上的杰出女性,地位非常尊贵。

图6-14　榆林窟第19窟
甬道南壁曹元忠供养像

图6-15　榆林窟第19窟
甬道北壁凉国夫人供养像

翟夫人嫁到敦煌的时间比较早,第98窟北壁东端供养人像列东向第十一身题记:"新妇小娘子翟氏供养",即指曹元忠妻子翟夫人。莫高窟第98窟建成于

925年,那么翟夫人在925年之前就已经嫁给曹元忠。曹元忠于944年继任归义军节度使之位,此时翟夫人被称为"浔阳郡夫人"。直到955年,曹元忠被朝廷授予"太保"称号,翟氏夫人开始使用"凉国夫人"称号。不过,翟氏夫人除了使用"凉国夫人"的称号以外,还曾经被称为"北宅夫人"。敦研1+敦研369+P.2629文书《乾德二年(964)归义军衙内酒破历》、S.2241《归义军时期君者者与北宅夫人书》即曹元忠使用"北宅夫人"称号的相关记载。我们还发现敦煌文献中关于翟夫人称"国太凉国夫人"的记载,BD09015V《书启稿(拟)》有以下内容:"敕推诚奉国保塞功臣归义军节度使、敕受国慈母国太京(凉)国夫人浔阳翟氏、敕受国慈母国太京(凉)国夫人。"其中,"敕推诚奉国保塞功臣归义军节度使"一称号,曹元忠、曹延禄都曾经使用。《宋会要辑稿·蕃夷五》记载:"太祖建隆二年(961)十一月,元忠泪瓜州团练使曹延继(恭)并遣使贡至勒勒马。三年正月,制推诚奉义保塞功臣、归义军节度瓜沙等州观察处置管勾营田押蕃落等使、特进、检校太傅、同中书门下平章事、沙州刺史、上柱国、谯郡公、食邑一千五百户曹元忠,可依前检校太傅、兼中书令、使持节沙州诸军事、行沙州刺史、充归义军节度使、瓜沙等州观察处置管勾营田押藩(蕃)落等使,加食邑五百户,实封二百户,散官勋如故。"曹延禄任节度使时,继承了其父曹元忠的称号,榆林窟35窟供养人题记云:"敕

图6-16　莫高窟第98窟南壁曹氏女眷供养像

推诚奉化功臣、归义军节度瓜沙等州观察处置管[内]营田押番(蕃)落等使、特进、检校太师、兼中书令、敦煌王、谯郡开□□(国公)、食邑一千五百□曹延禄一心供养。"BD09015V文书称翟夫人为"慈母国太京(凉)国夫人",说明这篇文书的作者应该是曹延禄,那么此处的"敕推诚奉国保塞功臣归义军节度使"应即曹延禄,因为如果指元忠的话,在称号前面似乎应该加上一个"父"字。此外,曹延瑞也是翟氏夫人生子,根据华盛顿弗利尔美术馆30.39《乾德六年翟氏与行军司马曹延瑞水月观音像功德记》记载"慈母娘子翟氏一心供养",此翟氏即曹元忠夫人翟氏,说明曹延

禄、曹延瑞二人为曹元忠与翟氏生子。另外,假如"敕推诚奉国保塞功臣归义军节度使"称号指的是曹元忠,那么就说明曹元忠任节度使时期,翟氏夫人已经被称为"国太夫人"。但是我们在前文已经说明,曹元忠时期翟夫人一直被称为"凉国夫人",也有一条被称为"北宅夫人"的记载,但是没有发现翟夫人被称为"国太夫人"的记载。因此,BD09015V《书启稿(拟)》中的"敕受国慈母国太京(凉)国夫人"应该是在翟夫人在曹延禄时期的称号。张氏归义军时期,虽然翟氏有都僧统翟法荣这样具有号召力的人物,但是翟家子弟在归义军府衙任职者并不多,影响力也不大。曹氏归义军时期,翟氏家族与曹氏家族建立起了紧密的姻亲关系,相应地,翟氏家族成员在曹氏归义军时期的地位大幅提升,据统计,曹氏时期翟氏成员任职都指挥使、衙推、镇使、副镇使、都头、押衙等武职的有20余人,还有担任都渠泊使、水官、县令、知马官者若干。与张氏时期的情况相比,家族势力大幅提升。翟氏家族崛起,是从曹议金时期开始的。曹议金经营其权力基础,提拔了一批亲信将领,翟章定便是其中之一。曹议金的子女和翟氏家族联姻甚多,翟氏家族逐渐兴起。至曹元忠时期,翟夫人是节度使第一夫人,翟氏家族的权势更盛。通过翟氏家族的崛起过程,以及曹氏归义军时期普通家族(如慕容氏家族、氾氏家族等)地位的上升,还可以看到曹议金经营粟特曹氏家族在敦煌地区权力的过程。

自曹元忠以后,曹氏归义军节度使联姻的对象不再有张氏归义军时期的传统大族,说明曹氏家族在敦煌地区的统治已经趋于稳固,敦煌百姓接受并且拥护曹氏家族的统治。通过对曹元忠时期及整个曹氏归义军前中期政治的考察,我们认为敦煌政权内部已经完成了曹氏家族对张氏归义军时期传统大族的整体取代。比较张氏、曹氏两个阶段的归义军政权,可以发现在张氏归义军时期处于权力核心地位的张氏、索氏、李氏等豪宗大族,至曹氏归义军时期影响力越来越小。而以翟氏家族、慕容氏家族为代表的普通家族的势力,在曹氏归义军时期迅速上升,成为曹氏政权所依靠的重要力量。敦煌各个家族实力消长的过程,实际就是曹氏政权建立和巩固的过程。曹议金本人的联姻,是他稳固曹氏归义军政权的重要策略,曹议金子女联姻对象的逐渐改变,则是曹议金在逐渐削弱传统大族在敦煌的势力。曹元忠时期,传统大姓沦落为一般的家族。曹元忠以后的节度使,再未与张氏时期的传统大族联姻。曹延恭的夫人为慕容氏,曹延禄的夫人是于阗公主,曹宗寿的夫人是氾氏。在瓜州慕容归盈去世以后,曹元忠接替了瓜州刺史之位。曹元忠任归义军节度使时期,曹延恭出任瓜州刺史二十余年,曹氏家族已经在敦煌建立起了绝对的核心地位。通过曹议金的苦心经营,经过了曹元德、曹元深两任节度使的过渡期,至曹元忠任归义军节度使时,曹氏家族的核心地位已经完全确立,敦煌政权内部已经完成了曹氏家族对传统大族的整体取代。这一过程是发生在中原王朝的势力范围退出河西地区这个大背景之下的。由于中原王朝的羸弱,10世纪的河西已经成为诸民族政权林立的天下。敦煌地区汉姓大族的统治被粟特曹氏政权取代的过程,实际上是整个西北地区民族实力消长变化的缩影。同时,我们还应该看到,敦煌地区的粟特曹氏,是已经汉化程度很高的粟特后裔,虽然在婚姻以及生活方式上不完全与汉族相同,但是在语言、外貌等特征上,粟特曹氏与汉族已经没有多大区别。以汉文化为核心的敦煌政权,至曹氏归义军时期,形成了以曹氏家族为中心,各大家族的联合统治。曹氏归义军时期,我们之所以看不到民族斗争的迹象,是因为粟特人已经汉化,敦煌粟特曹氏对传统汉姓大族的取代,表现出来的不是民族矛盾或民族斗争,而仅仅是一个政治集团对另一个政治集团的取代。

曹元忠时期的稳定局面,是经过前几任节度使的苦心经营而打造的大好局势,曹元忠继承了其父兄留下的政治遗产,在内政方面做了不少改革。但是,此时的曹氏归义军政权已经逐渐丧失了向外开疆扩土的野心,在政治文化上表现出积极崇奉佛教的一面。曹元忠的崇佛表现在他大量开窟造像,举办法会,施舍发愿,以及刻版印刷佛经等方面,从文献的相关记载中,可以看到曹元忠夫妇对于佛像修造等事的重视。曹氏归义军初期,从某种程度上讲,节度使把崇佛当作巩固统治的政治手段。而曹元忠夫妇对佛教的虔诚,在他们的行动中表现得淋漓尽致。

曹元忠时期归义军的军镇由"六镇"扩充至"八镇",新增会稽、新乡二镇,二镇可能是于952年同时设立的。增设会稽、新乡二镇,目的是防御东面甘州回鹘等的入侵。此外,会稽、新乡二镇的设立还与曹元忠对瓜州军政权力的掌控有关,具体情况将在后文展开论述。诚如陈国灿所论:"归义军政权能孤踞河西近二百年,固然有多方面的原因,然而,对军镇的积极经营、合理布局,对军防的高度重视,以及军镇应变体制的强化,都曾起过巨大作用。正是这些军镇,在近二百年的时间里,有力地捍卫着归义军政权。"曹氏归义军前中期,敦煌县的乡制有所变革。改革的具体过程如下:曹氏初期敦煌县有十一乡、二部落;至曹元德时期,退浑、通颊二部落改部落为乡,敦煌县可能增至十三乡;至曹元忠时期,敦煌县变成了十乡建制。

曹元忠时期,敦煌通往中原的道路相对畅通,同时曹氏归义军政权与甘州回鹘政权保持着良好的关系,且根据双方的职责,可以得出当时双方管控的地域范围:甘州回鹘负责保证敦煌以东包括肃州、达怛在内的势力不侵扰敦煌,同时也有保护敦煌使者入贡中原道路畅通的责任。而敦煌则负责保证敦煌以西过来的强盗贼人不向东流窜。曹元忠时期,继续保持着与于阗良好的关系,于阗经过敦煌通往中原的道路保持通畅。曹氏归义军政权促成了于阗等西域邦国的使者、僧人成功进入中原。早在曹议金时期,归义军就试图打通东西交通,经曹元德、曹元深两任节度使的过渡时期,中原与西域的通道终于在曹元忠时代得以顺畅。曹氏家族统治的敦煌政权为丝路的畅通作出了重大贡献,此时的曹氏归义军政权在西域诸邦林立的形势下,已经站稳了脚跟,敦煌地区的内政外交都在稳固地向前发展。

第四节　曹延恭、曹延禄时期的敦煌

曹元忠继任归义军节度使之后,卸任瓜州刺史一职,此后可能就是由曹延恭来继任瓜州刺史的。曹元忠是在944年接替其兄曹元深执掌归义军节度使之位,946年,后晋以瓜州刺史曹元忠为沙州留后,也就是说可能在947年甚至更早,曹延恭已经出任瓜州刺史。《册府元龟》卷170《帝王部·来远》记载:"世宗显德二年正月,沙州留后曹元忠、知瓜州军州事曹元(延)恭各遣使进方物。以元忠为归义军节度使简较(检校)太保同平章[事];以元(延)恭为瓜州团练使,仍各铸印以赐之,皆旌其来王之意也",可知曹延恭在955年被册封为瓜州团练使。

974年,曹元忠去世,节度使之位传给了曹延恭。但是执政后不久,曹延恭即去世,S.3978《丙子年七月一日司空迁化纳赠历》,被认为是曹延恭去世年份的最重要证据。从敦煌文献和莫高窟题记的相关记载,可知曹元忠时期,曹延恭一直掌握瓜州军政,曹元忠去世后,延恭又接替继任归义军节度使一职,说明曹延恭是曹氏家族内部的一位实权人物。不过,从曹元忠、曹延恭、曹延禄三位节度使的继承过程来看,当时确实应该存在着曹氏家族内部对权力的争夺。P.3827+P.3660V《宋太平兴国四年四月权归义军节度兵马留后曹延禄牒》对曹延恭任归义军节度使前后的情形作了叙述:"[阙文]衔环之报,饿士蒙食,岂无代轴之功?以此排心,实无渝志。镉睿俟命,不知所裁。谨具状披告,干冒台严,无任兢惶忧疑之至。"曹延恭于974年接替曹元忠任归义军节度使,根据牒文,曹延恭任归义军节度使以后很快便任命曹延禄为"知瓜州军事,充归义军副使",既然已经充归义军副使,曹延禄很可能没有去瓜州任职。在这之后不久,即976年曹延恭便去世了,曹延禄接替归义军节度使之位。

慕容夫人应是曹延恭的第一夫人,并且可能是曹延恭唯一的夫人。前文已经论述了曹延恭在瓜州地区长期任职,并且具有很大的号召力。慕容家族通过与曹氏家族的联姻始终保持着在瓜州地区的影响力。慕容归盈与曹议金都是起家于张承奉执政时期,慕容归盈娶曹议金姐姐为妻,两人建立起密切的关系。曹议金执政后,慕容归盈一直出任瓜州刺史,直至天福五年(940)年去世。慕容归盈在瓜州的权力很大,与曹元忠时期曹延恭在瓜州的地位相似。史籍中记载,慕容归盈多次以瓜州刺史名义单独向朝廷入贡,有时进贡的财物数量比沙州、凉州还要多。这体现的是中原朝廷分置瓜、沙刺史的想法,不能完全代表敦煌的情况。但是史籍单独强调瓜州刺史慕容归盈,也可以证明,当时慕容归盈在瓜州地区的影响力确实很大。曹氏家族希望收回瓜州的实际控制权。940年慕容归盈去世以后,曹元忠接替出任瓜州刺史。慕容家族试图通过与曹氏家族的联姻,维持其在瓜州的权势。慕容归盈孙女嫁给曹延恭,则是维持慕容家族在瓜州地区权势最重要的联姻。虽然文献记载中没有体现曹延恭的慕容夫人与慕容归盈的关系,但我们推测慕容夫人应该是慕容归盈的孙辈,因为曹延恭即曹议金的孙辈,而曹议金和慕容归盈是同辈。通过联姻,慕容家族维持了其家族在瓜州乃至敦煌的地位,其家族成员在曹氏归义军时期出任官员者很多。

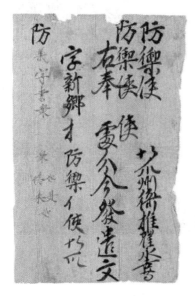

图6-17　羽701《防御使残稿》

图6-18　莫高窟第454窟南壁曹延恭夫人
慕容氏供养像

　　曹议金时期,慕容归盈在瓜州的势力强大,曹氏家族未能真正意义上实现对瓜州的完全控制。但此时沙州、瓜州是相互依存的关系,沙州与瓜州的矛盾尚未显现。940年慕容归盈去世以后,曹元深随即任命曹元忠为瓜州刺史,这是曹氏家族收回瓜州统治权的重要举措。曹元忠执掌归义军政权以后,曹延恭出任瓜州刺史。曹延恭与慕容氏的结亲,也为其控制瓜州军政提供了便利条件,曹延恭成为执掌瓜州的实力派人物。至此,曹氏家族完全掌握了瓜、沙二州的统治权。曹氏归义军政权中,由于归义军节度使府衙设在沙州地区,所以瓜州处于从属地位,但实际上沙州、瓜州都是敦煌政权的重要组成部分,并且中原王朝也要专门册封瓜州军政长官,甚至对瓜、沙长官"各铸印以赐之",使得瓜州具有独立的军政权力。因此无论慕容归盈还是曹延恭,都在瓜州拥有实际统治权,且控制瓜州的时间都在20年以上。曹元忠去世后,没有将节度使位传给其子曹延禄,而是由曹延恭接替归义军节度使之位,但很快曹延禄便接替曹延恭执掌归义军政权。《宋会要·蕃夷志》"瓜沙二州"条云,"制:权归义军节度兵马留后、金紫光禄大夫、检校司空、兼御史大夫、上柱国、谯县男曹延禄,可检校太保、归义军节度、瓜沙等州观察处置、营田、押藩(蕃)落等使,又以其弟延晟为检校司徒、瓜州刺史,延瑞为归义军衙内都虞候,母进封秦国太夫人,妻封陇西郡夫人。"曹延禄接替曹延恭之后,任命其弟曹延晟执政瓜州,于是,曹延禄、曹延晟、曹延瑞兄弟得以全面掌控敦煌瓜、沙二州的军政大权。

图6-19　慕容夫人曹氏出行图

　　张氏归义军时期,敦煌文书中出现大量的碑铭赞文书,内容主要是为节度使及重要官员歌功颂德。这些写本到895年之后文体发生了很大变化:由叙述家世沿革变为发愿为主的功德记,歌颂对象侧重于归义军统治群体。张氏归义军时期,敦煌汉姓大族势力强大,到了曹氏归义军初期,这种情况没有太大变化。敦煌政权形成了以曹氏家族为核心,敦煌各大家族联合统治的情况。可知曹氏归义军时期,修功德记表现出明显的群体性、政治性,是为其统治服务的。在敦煌文献的整理研究过程中,我们发现,到了曹氏归义军中期以后,这种趋势又发生了新的变化。张氏归义军时期的碑铭赞文书,常常要追述家族历史上的重要人物,这是我们所说的家族性;曹氏归义军时期的发愿文基本上不会向历史上追述,曹氏归义军前期的发愿文表现出群体性、政治性;而曹氏归义军中后期的发愿文,更注重罗列节度使家庭成员,兼及相关的亲信官员。由张氏归义军到曹氏归义军前期,再到曹氏归义军执政中后期,敦煌的功德记文书由"家族式"的书写模式,转换到了"统治群体的发愿"模式,继而又转换到"节度使家庭人员的发愿"模式。比如,曹元忠时期,在发愿文中除了为自己的家人发愿,还会将时任瓜州刺史列出,P.2733 文书中的"司徒""司空""仆射""尚书"应分别指曹延恭、曹延晟、曹延瑞等节度使家庭子弟。P.4055 文书中"司徒""司空""仆射"也是一起出现。两篇文书中的"司徒"即瓜州刺史曹延恭。可知,曹元忠时期的文书经常将"瓜州司徒"曹延恭一并列出。S.4625 文书在为曹延禄家人发愿的同时,还为时任"瓜州团练使"的曹延瑞发愿。根据以上对比,我们可以发现,曹元忠、曹延禄时期,任职瓜州刺史的人物,被列在发愿文中。这种情况,反映了瓜州地区首脑在曹氏归义军政权中的重要性。

在敦煌文书鸟形押的使用上,曹延禄继承了其父曹元忠的做法。艾利白(D.Eliasberg)对敦煌文献中鸟形押的使用情况做过统计,结果发现鸟形押在曹元忠、曹延禄时期的使用极多,而曹延恭时期未见一例。[①]在称号使用上,曹元忠、曹延禄时期表现出明显的继承性。964 年之后,曹元忠称"大王"。[②]曹元忠的"大王"称号,除了继承其父曹议金的"托西大王"称号外,更多地使用"敦煌王""西平王""天册西平王"等称号。此外,曹元忠还使用"推诚奉国保塞功臣"这一称号,此称号当与中原王朝的敕封有关。[③]曹延禄 984 年称"大王"以后,也使用了"敦煌王""西平王""天册西平王",以及"推诚奉国保塞功臣"称号,基本上沿用了其父称"大王"以后所使用的称号。S.4400、P.2649 是写于太平兴国九年(984)的《曹延禄醮奠文》,署名"归义军节度使、特进、检校太师、兼中书令敦煌王"。

《宋会要·蕃夷志》"瓜沙二州"条对曹延禄政权被推翻之前的情况有所揭示:

---

① Danielle Eliasberg,"Les Signatures en Forme d'Oiseau dans les Manuscrits Chinois de Touen—houang", *Contributions aux Études sur Touen—Houang* (sous la direction de Michel Soymié),p.39.

② 荣新江:《归义军史研究——唐宋时代敦煌历史考索》,上海:上海古籍出版社,1996 年,第 121 页。

③《宋会要辑稿》载:"推诚奉义保塞功臣、归义军节度瓜沙等州观察处置管勾营田押藩(蕃)落等使、特进、检校太傅、同中书门下平章事、沙州刺史、上柱国、谯郡公、食邑一千五百户曹元忠,可依前检校太傅、兼中书令、使持节沙州诸军事、行沙州刺史,充归义军节度使、瓜沙等州观察处置管勾营田押藩(蕃)落等使,加食邑五百户、实封贰伯户,散官勋如故。"(清)徐松辑:《宋会要辑稿》第 198 册《蕃夷五》,北京:中华书局,1957 年,第 7767 页。

（咸平）五年（1002）八月，权归义军节度兵马留后曹宗寿遣牙校阴会迁入贡，且言："为叔归义军节度使延禄、瓜州防御使延瑞将见害，臣先知觉，即投瓜州。盖以当道二州八镇军民，自前数有冤屈，备受艰辛，众意请臣统领兵马，不期内外合势，便围军府，延禄等知其力屈，寻自尽。臣为三军所迫，权知留后，兼差弟宗以权知瓜州，讫文表求降旌节。"①

咸平五年（1002），曹延禄被害时，瓜州防御史为曹延瑞。而据史籍记载，宋太宗太平兴国五年（980）任命的瓜州刺史是曹延晟。②其实，检索敦煌文书可以发现，在986年的文书中曹延瑞已经是瓜州团练，P.4622《雍熙三年（986）十月墨离军诸军事守瓜州团练使金紫光禄大夫检校司徒兼御史大夫曹延瑞疏》这篇文书中，明确记载曹延瑞为瓜州团练使。荣新江还指出，由于曹延瑞是瓜州最高执政官，所以当地所写的文书指称最高上司时，往往指瓜州的首脑，而不是归义军节度使，并认为S.374《至道元年（995）正月新乡副使王汉子等牒》中的司徒，也是指称曹延瑞。③可知曹延禄统治时期，瓜州地区的最高长官发生过由曹延

图6-20　榆林窟第19窟甬道南壁曹元忠及其子曹延禄供养像

晟到曹延瑞的转变，限于史料，具体情况我们不得而知。但是通过以上的分析可以知道，曹氏归义军时期，一直在试图强化对瓜州的控制，且节度使对瓜州地区的有效掌控，对于归义军政权有非常重大的意义。

曹元忠、曹延禄统治时期，是曹氏归义军历史上敦煌最为稳定的时期。曹元忠时期，在敦煌地区实行了一系列内政改革，如改革镇制、乡制等。曹延禄时期则一直延续着曹元忠的各项政策，安于瓜、沙二州的统治现状，直至在政变中被推翻。

①（清）徐松辑：《宋会要辑稿》第198册《蕃夷五》，北京：中华书局，1957年，第7767页。

②《宋会要·蕃夷志》载："瓜沙二州"条云："制：权归义军节度兵马留后……曹延禄，可检校太保、归义军节度……等使，又以其弟延晟为检校司徒、瓜州刺史，延瑞为归义军衙内都虞候。"（清）徐松辑：《宋会要辑稿》第198册《蕃夷五》，北京：中华书局，1957年，第7767页。

③荣新江：《归义军史研究——唐宋时代敦煌历史考索》，上海：上海古籍出版社，1996年，第128页。

第五节　曹氏归义军政权的覆亡

曹延禄时期相对稳定的政治局面,被曹宗寿发动的政变所打破。曹宗寿主要是利用了曹氏归义军内部瓜、沙二州之间的矛盾,同时,还有可能引入了归义军政权附近沙州回鹘的力量。曹宗寿以后,归义军政权与沙州回鹘的矛盾,成为归义军政权最大的威胁。在这一时期的西北政治格局之下,归义军政权的生存空间越来越狭窄,其生存状态越来越艰难。

在曹氏归义军后期,敦煌周围的回鹘等诸民族势力就已经对归义军政权构成威胁,主要表现为沙州回鹘势力在敦煌政权周边的兴起。沙州回鹘的兴起应该始自曹延禄时期,归义军政权的回鹘化以及最终的灭亡都与沙州回鹘有至关重要的联系。关于沙州回鹘,宋代的史料中就有相关记载,但是以甘、沙回鹘的形式出现。①杨富学据《宋会要·蕃夷四》中"甘、沙州回鹘可汗夜落纥密礼遏遣使"的记载指出,"沙州回鹘"一词的正式出现就在此时,并且在1036年建立了"沙州回鹘国"。②李正宇则认为,《宋会要·蕃夷五》《宋会要·蕃夷七》两条史料中的朝贡使皆为裴溢的名似,且入贡的时间都在三月,因此判断史籍所载沙州回鹘的入贡与归义军的入贡等同,并将沙州回鹘与归义军视为同一回事。③但是,"裴溢的名似应是沙州使节,但脱脱等人在编写《宋史》时,不仅对名字做了省称,而且还误会作甘州使节。之所以将使节的所属政权误'沙'为'甘',就是受到了《宋会要》笼统写作'甘、沙回鹘'的影响。"④刘玉权认为史籍中提到的"夜落纥密扎遏"为甘州回鹘、沙州回鹘共同的可汗,沙州回鹘与甘州回鹘有比较松散的依赖关系,但是并无严密的统属关系。然沙州回鹘承认夜落纥密扎遏为其共主,但似乎又有自己的可汗统领部众和管理内部事务。⑤森安孝夫则认为:"无论如何,'甘、沙州回鹘'是一个强调甘州回鹘的统一叫法,不管怎样也不能分解为两个名称","直到1014年,'沙州回鹘'这

①(清)徐松辑:《宋会要辑稿》第197册《蕃夷四》,北京:中华书局,1957年,第7714页;(元)脱脱等:《宋史》卷490《外国六·回鹘传》,北京:中华书局,1985年,第14114页;(清)徐松辑:《宋会要辑稿》第198册《蕃夷五》,第7767页;(清)徐松辑:《宋会要辑稿》第199册《蕃夷七》,第7844页。

②杨富学:《沙州回鹘及其政权组织——沙州回鹘研究之一》,段文杰等编:《1990年敦煌学国际研讨会文集·史地语文编》,沈阳:辽宁美术出版社,1995年,第177页;杨富学、牛汝极:《沙州回鹘及其文献》,兰州:甘肃文化出版社,1995年,第11页。

③李正宇:《悄然湮没的王国——沙州回鹘国》,段文杰等编:《1990年敦煌学国际研讨会文集·史地语文编》,沈阳:辽宁美术出版社,1995年,第150—151页。

④冯培红:《敦煌的归义军时代》,兰州:甘肃教育出版社,2013年,第446页。

⑤刘玉权:《沙州回鹘史探微》,敦煌研究院编:《1994年敦煌学国际研讨会文集——纪念敦煌研究院成立50周年·宗教文史卷》下册,兰州:甘肃民族出版社,2000年,第3页。

个名称才有独立的所指"。①无论过分
强调沙州回鹘，还是甘州回鹘，都稍显
武断。史料记载中，"沙州蕃族"（沙州
回鹘）与归义军政权常常一同出现。②
李正宇将"沙州节度使曹延禄"视为
"沙州蕃族首领"，③而实际上，元末在
编修《宋史》时，将《宋会要》中的诸条
记录合并列于咸平二年（999）之末，
"沙州节度使"改写为"沙州蕃族首
领"，这种改写恰可以与前述大中祥符
七年（1014）的情形相印证，即"沙州蕃
族首领"是为"节度使曹延禄"所遣使
节做导引。"沙州蕃族"即敦煌政权附
近的少数民族部落，他们可以为归义
军节度使做导引，而归义军在通往中
原路途上的主要障碍是甘州回鹘，这
说明"沙州蕃族"与甘州回鹘的关系密
切，即使"沙州蕃族"不完全是回鹘部
落，至少也应该是以回鹘主的诸民族
百姓共同生活的部落。沙州蕃族既然
为归义军政权做导引，说明其与归义

图6-21　榆林窟第39窟甬道回鹘
贵族供养人像(1)

军政权关系密切，因此沙州蕃族和甘州回鹘应不具有统属关系。学者认为
"史籍中关于甘、沙回鹘的记载应是一种笼统的说法，因为中原史官经常把西
北诸国的入贡一同叙述，有时连贡品也合计在一起。"④综合以上论述，我们认
为宋代史籍中单独出现的"沙州蕃族"，应该是在沙州周围以回鹘为主的部
落，即沙州回鹘的前身。同时，"沙州蕃族"与归义军政权也是互不统属的，但是
二者建立了良好的关系。

　　曹氏归义军中后期，敦煌周边诸政权、部落在逐渐壮大，许多以游牧生活方

　　①［日］森安孝夫著，梁晓鹏译：《沙州回鹘与西回鹘国》，《敦煌学辑刊》2000年第2期。
　　②（清）徐松辑：《宋会要辑稿》第198册《蕃夷五》，北京：中华书局，1957年，第7768、7844页；(元)脱
脱等撰：《宋史》卷6《真宗纪一》，北京：中华书局，1985年，第111页。
　　③李正宇：《悄然湮没的王国——沙州回鹘国》，段文杰等编：《1990年敦煌学国际研讨会文集·史地
语文编》，沈阳：辽宁美术出版社，1995年，第150—151页。
　　④冯培红：《敦煌的归义军时代》，兰州：甘肃教育出版社，2013年，第445页。

式为主且零星分布的部落,渐渐结成联盟,部落的主要民族成分为回鹘,且沙州周围的回鹘许多来自西州,敦煌文书 P.3272V《丁卯年(976)正月廿四日甘州使头阎物成去时书本》是归义军孔目官阎物成出使甘州时携带的书信,年代在 976年,可能是曹元忠致甘州回鹘可汗的书信,文书中记载"因为西州离乱,恶弱之人极多到来",说明西州回鹘政权在这一段时间或处于动荡状态,许多人逃亡至沙州附近,文书又说"自今以后,若有一人往甘州偷去,逐(随)处官人,必当刑宪"。说明曹氏归义军政权将这些逃亡者最大程度地截留在敦煌附近,不让其继续向东流散。因此,敦煌附近便有形成回鹘部落的可能。10 世纪时期,归义军政权与西州回鹘之间友好,荣新江指出二者的交往关系"为丝绸之路上的两个绿洲之间的文化交往提供了佳例"[1]。森安孝夫甚至指出,沙州回鹘隶属于西州回鹘政权,他认为,最晚在 11 世纪初叶,敦煌地区即出现了一个沙州回鹘集团,此回鹘集团一开始操纵曹贤顺为节度使的归义军政权,但是在 1023 年,便取代了曹氏归义军政权。[2]而杨富学则认为,10 世纪初,沙州回鹘集团的势力就开始逐步壮大,并且控制沙州。沙州回鹘是指以沙州为中心,统治着瓜沙地区的那一部分回鹘,与西州回鹘互不隶属。[3]根据文献资料的记载,可以知道早期的沙州回鹘,应即文献中出现的"沙州蕃族","沙州蕃族"与沙州回鹘是一回事,"沙州蕃族"的民族成分肯定以回鹘为主,可能夹杂着在沙州附近游荡的其他民族的部落残余。且沙州回鹘不像是西州回鹘的隶属政权,其来源当以离散的西州回鹘残部为主;应该也有来自东部的甘州回鹘部众,但是应当在 1028 年甘州回鹘灭亡以后,可能才有大量的甘州回鹘残部迁徙到沙州一带。总之,"沙州蕃族"(沙州回鹘)是沙州周围的回鹘等部残余部众,即寓居于沙州附近的东西离散的回鹘等族,他们长期聚居形成了部落,被称为"沙州蕃族"。

曹氏归义军时期,河西地区的达怛部落崛起。黄盛璋对《使河西记》中的河西部族逐一考证,并据 P.2155、P.3412、P.2741V 等敦煌文献,指出河西达怛主要分布在瓜、肃、沙等州,为甘州回鹘之属部。[4]陆庆夫从敦煌文献出发,结合传世

① 荣新江:《公元十世纪沙州归义军与西州回鹘的文化交往》,汉学研究中心编:《第二届敦煌学国际研讨会论文集》,台北:汉学研究中心,1991 年,第 583—603 页。

② [日]森安孝夫:《ウイグルと敦煌》,[日]山口瑞凤编:《講座敦煌》2《敦煌の历史》,东京:大东出版社,1980 年,第 331—338 页;《チベット文字で書かれたウィグル文仏教教理問答(P.t.1292)の研究》,《大阪大学文学部紀要》1985 年第 25 卷;《敦煌と西ウイグル王国—トウルファンからの書簡と贈り物を中心に》,《東方学》1987 年第 74 辑;[日]森安孝夫:《沙州ウイグル集団と西ウイグル王国》,《内陆アジア史研究》2000 年第 15 号,中央ユーラシア学研究会。

③ 杨富学:《沙州回鹘及其政权组织——沙州回鹘研究之一》,段文杰等编:《1990 年敦煌学国际研讨会文集·史地语文编》,沈阳:辽宁美术出版社,1995 年,第 175—200 页。

④ 黄盛璋:《敦煌于阗文书中河西部族考证》,《敦煌学辑刊》1990 年第 1 期。

史籍的记载,撰成《河西达怛考述》一文,对达怛人的分布、迁入河西的时间及其族属、达怛的国都所在、达怛与邻国的关系等问题详作探讨,肯定了在河西走廊北部,亦即今内蒙古额济纳旗存在着一个达怛国。①张久和对河西地区的达怛做过考察,认为"从唐末、五代到北宋初年,河西达怛从属于各个回鹘集团,在沙州、肃州、甘州等地活动,成为回鹘立足于河西的重要辅佐力量"。②白玉冬在《十世纪九姓达怛与丝绸之路贸易》一文的第一节《与沙州归义军政权保持外交关系的达怛》、第五节《九姓达怛与沙州归义军政权的交往》对达怛与曹氏归义军后期的通使交往做了专门讨论。③达怛国位于额济纳地区,与敦煌保持着往来,但也曾侵扰归义军政权。P.2970《阴善雄邈真赞并序》记载了阴善雄率领归义军军队拒战甘州回鹘与达怛组成的联军,血战于玉门,最终在酒泉将其击败。P.2155V《某年六月弟归义军节度使曹元忠致兄甘州回鹘奉化可汗仁美状》记载曹元忠时期,达怛贼100人在肃州人的引导下,入侵瓜州、会稽,造成了人口牛羊的损失。P.3412《宋太平兴国六年 十月都头安再胜、都衙赵再成、李衍悉鸡等状》记载了甘州回鹘,达怛、肃州家也与其联合,一起向西用兵,入侵瓜州。肃州家也是威胁敦煌政权的力量,据S.389《肃州防戍都状》,肃州家由龙家、通颊、达票、羌族构成,《新五代史·四夷附录三》"回鹘"条云:"又有别族号龙家,其俗与回纥小异。"④再结合上述文书中的记载,如P.2155V"被肃州家一鸡悉歹勺作引道人,领达怛贼壹伯已来",P.3412"回鹘、达怛及肃州家相合",可以看出,肃州与达怛、甘州回鹘的关系密切。根据P.2155V文书还可以知道,敦煌地区在受到达怛、肃州家的侵犯时,节度使会亲自致书甘州回鹘可汗,且言"到日伏希兄可汗天子细与寻问,勾当发遣,即久远之恩幸矣",这又说明,达怛、肃州家可能是甘州回鹘的盟友甚至是附庸,甘州回鹘的势力范围很大,达怛和肃州家都在其控制之内。居住在敦煌以西的南山也威胁着敦煌政权,P.3835V《戊寅年(978)五月十日归义军节度使曹延禄下寿昌镇帖》记载到南山抢掠紫亭镇的群牧。另外,S.5750V、S.2578、P.3718《张明集写真赞并序》、P.3718《李绍宗邈真赞并序》等都记载到南山政权对归义军的威胁。曹氏归义军政权东面面临着甘州回鹘、达怛、肃州家的威胁,西南面又有南山袭扰,曹氏归义军后期,在敦煌地区还出现了"沙州蕃族"(沙州回鹘)部落。可知,来自周边部落的威胁是敦煌归义军政权面临的

---

① 陆庆夫:《河西达怛考述》,《敦煌学辑刊》1992年第1、2期合刊。

② 张久和:《河西地区的达怛》,《西北史地》1997年第2期。

③ 白玉冬:《十世紀における九姓タタルとシルクロード貿易》,《史学雑誌》2011年第120编第10号;《10紀から11紀における"九姓タタル国"》,《東洋学報》2011年第93卷第1号。

④ (宋)欧阳修:《新五代史》卷74《四夷附录三》,中华书局,1974年,第916页。

最大危机。

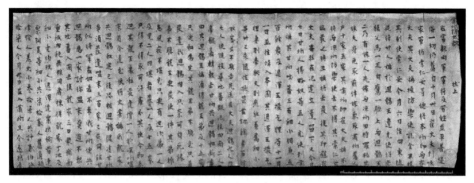

图6-22　S.389《肃州防戍都状》

　　1002年，曹延禄、曹延瑞为其从子宗寿所害。曹宗寿取代曹延禄任归义军节度使，史料对此有记载。《宋史·外国六》记载："［咸平］五年（1002），延禄、延瑞为从子宗寿所害，宗寿权知留后，而以其弟宗允权知瓜州。表求旌节，乃授宗寿节度使，宗允检校尚书左仆射，知瓜州，宗寿子为衙内都指挥使。"[1]根据史料可知曹宗寿是通过一场政变推翻曹延禄、曹延瑞的统治。钱伯泉认为是曹宗寿与甘州回鹘勾结发动的政变。[2]陆庆夫认为曹宗寿是与辽朝内外合势。[3]同时陆庆夫指出曹宗寿及其子曹贤顺是沙州回鹘的傀儡，并在沙州回鹘的挟持下发动政变。[4]冯培红认为有两种可能，一是根据《宋会要·蕃夷五》中"臣先知觉，即投瓜州……众意请臣统领兵马，不期内外合势，便围军府"的记载，可知曹宗寿投奔瓜州以后，招诱瓜州军队西来，与沙州城内的亲己派里应外合，一举推翻了曹延禄的统治；二是推测"内外合势"的外部势力当是指游牧于沙州城外的沙州回鹘，经曹宗寿勾结，联合发动政变，合力杀死曹延禄。并且受赤木崇敏观点的影响，认为"曹宗寿为曹延禄的从子，很可能就是曹元德或曹元深之孙、曹延恭之子，这样，归义军的统治权又到了赤木崇敏所说的'甘州回鹘派'手中"。[5]而赤木崇敏指出的"甘州回鹘系"势力，其实在曹元德时期就已经被肃清。[6]根据已有成果可知，学者们多是根据史料中的文字记载来推测政变的具体过程。如果我们在

　　①（元）脱脱等撰：《宋史》卷490《外国六》，北京：中华书局，1985年，第14124页。

　　②钱伯泉：《回鹘在敦煌的历史》，《敦煌学辑刊》1989年第1期。

　　③陆庆夫：《归义军与辽及甘州回鹘关系考》，《兰州大学学报（社会科学版）》1998年第3期；陆庆夫：《归义军晚期的回鹘化与沙州回鹘政权》，《敦煌学辑刊》1998年第1期。

　　④陆庆夫：《归义军晚期的回鹘化与沙州回鹘政权》，《敦煌学辑刊》1998年第1期。

　　⑤冯培红：《敦煌的归义军时代》，兰州：甘肃教育出版社，2013年，第427页。

　　⑥郑炳林、杜海：《曹议金节度使位继承权之争——以"国太夫人"、"尚书"称号为中心》，《敦煌学辑刊》2014年第4期。

文字记载的基础上,结合曹氏归义军时期历史演进的整体趋势来分析这次政变,
或许能使问题的讨论更加深入。

曹延禄统治敦煌20余年,在个人权势达到顶峰的时候,竟为自己的从子所
谋害,可知当时归义军政权内外是有一批人支持曹宗寿的。曹宗寿推翻曹延禄
的统治不可能是一蹴而就的,就这次政变来说,曹宗寿事先应该做了充分谋划。
因此我们认为,这次政变的发生,是来源于曹氏归义军政权长期积累的矛盾,以
下主要从两个方面进行分析。第一,归义军政权内部的瓜、沙矛盾。学者研究认
为,曹宗寿应该是曹延恭的儿子。[①]在曹元忠任归义军节度使时,曹延恭长期担
任瓜州刺史,从曹元忠、曹延恭、曹延禄三任节度使权力接替的过程来看,曹元
忠、曹延禄父子长期生活在沙州,应该属于沙州一派,而曹延恭则属于瓜州一派。
曹延恭任归义军节度使的时间很短即去世,没能在沙州站稳脚跟。[②]从这个角
度来讲,曹宗寿的政变某种程度上也可以视为曹延恭时期瓜、沙矛盾的延续。第
二,归义军政权与周边部落的矛盾。文献记载中称曹宗寿"统领兵马,内外合势,
便围军府。延禄等知力屈,寻自尽",可知曹延禄、曹延瑞在政变过程中是有反抗
的,但是最终抵挡不了曹宗寿的"内外合势"之师,力屈自尽。那么曹宗寿的"外
部"支持者很有可能是沙州地区的"沙州蕃族"(沙州回鹘)部落。这是曹宗寿利
用了曹氏归义军政权与周边部落的矛盾。

曹氏归义军后期在沙州兴起的"沙州蕃族"部落,[③]即"沙州回鹘"王国的前
身。999年,"沙州蕃族"就已经为归义军节度使曹延禄所遣使节做导引,一同入
京。[④]这就说明"沙州蕃族"(沙州回鹘)和敦煌东面的少数民族政权关系友好,
至少由于族属相近,他们之间更加容易交往。因此才会为归义军政权的使节做
向导。归义军政权的外交和通使会遇到很多麻烦,他们拉拢或示好沙州地区的
"沙州蕃族"(沙州回鹘)部落,目的是在外交通使过程中能够更好地周旋。这也
反映出敦煌政权拥有强大的适应能力,以中原文化代表者的身份置身于诸族林
立的丝绸之路,归义军政权虽然困难重重,但仍旧通过灵活的对外政策周旋于诸
政权之间,维持了长期稳定的统治。

---

① Akagi Takatoshi,"The Genealogy of the Military Commanders of the Guiyijun from Cao Family", *Dun-huang Studies: Prospects and Problems for the Coming Second Century of Research* (ed. by Irina Popova and Liu Yi), St. Petersburg: Institute of Oriental Manuscripts, Russian Academy of Sciences, 2012, p.8.冯培红:《敦煌的归义军时代》,兰州:甘肃教育出版社,2013年,第426页。

② 本书第五章第一节对此有详细论述。

③ (元)脱脱等撰:《宋史》卷6《真宗纪一》,北京:中华书局,1985年,第111页;(清)徐松辑:《宋会要辑稿》第198册《蕃夷五》,北京:中华书局,1957年,第7768页。

④ 冯培红:《敦煌的归义军时代》,兰州:甘肃教育出版社,2013年,第448页。

在曹宗寿、曹贤顺统治敦煌时期，沙州回鹘的势力不断壮大，而曹氏归义军政权也有回鹘化的趋势。并且归义军政权最终被沙州回鹘取代。陆庆夫认为曹氏归义军在974年曹元忠去世后不久，便出现了回鹘化倾向，且1002年曹宗寿杀害曹延禄的政变就是在沙州回鹘挟持下发动的。[①]李正宇认为，"沙州回鹘即沙州归义军政权"[②]，杨富学则认为，"到曹贤顺统治期间，瓜、沙归义军政权干脆就将自己称作'沙州回鹘'了"[③]。冯培红认为，"从《辽史》的记述来看，归义军末任节度使曹贤顺被当作沙州回鹘，说明粟特系的归义军政权发展到最后阶段，回鹘化倾向越来越严重"[④]。陆庆夫、冯培红的观点在于看到了曹氏归义军晚期回鹘化的严重现象，但是并没有将"归义军政权"等同于"沙州回鹘"；而李正宇、杨富学则认为曹氏后期"归义军政权"即史料中记载的"沙州回鹘"。

图6-23　榆林窟第39窟甬道回鹘
贵族供养人像(2)

《宋史·夏国传》记载："[天圣]八年(1030)，瓜州王以千骑降于夏。"[⑤]关于这位"瓜州王"的身份，吴广成认为即"回鹘瓜州王"曹贤顺，且瓜州回鹘为沙州分部，其王曹贤顺见德明势日炽热，率属请降。[⑥]刘玉权认为，"瓜州王"应该是曹贤顺的弟弟曹贤惠。造成瓜州王投降西夏的原因，是沙州回鹘人发动政变，

①　陆庆夫：《归义军晚期的回鹘化与沙州回鹘政权》，《敦煌学辑刊》1998年第1期。
②　李正宇：《悄然湮没的王国——沙州回鹘国》，段文杰等编：《1990年敦煌学国际研讨会文集·史地语文编》，沈阳：辽宁美术出版社，1995年，第150—151页。
③　杨富学：《回鹘与敦煌》，兰州：甘肃教育出版社，2013年，第258页。
④　冯培红：《敦煌的归义军时代》，兰州：甘肃教育出版社，2013年，第450页。
⑤　(元)脱脱等撰：《宋史》卷485《外国一》，北京：中华书局，1985年，第13992页。
⑥　(清)吴广成撰，龚世俊校证：《西夏书事校证》，兰州：甘肃文化出版社，1995年，第128页。

杀掉了归义军节度使曹贤顺。[①]1030年,曹贤顺的称号应该是"瓜沙州大王"[②],而曹贤惠即"以千骑降于夏"的"瓜州王",曹贤顺被沙州回鹘所杀,曹贤惠逃奔西夏,归义军灭亡,沙州回鹘崛起。[③]笔者也赞同此种观点。在《回鹘与敦煌》一书中,杨富学指出,"东西方回鹘汇聚沙州,进一步壮大了沙州回鹘人的势力。沙州回鹘势力逐渐成为曹氏归义军的中流砥柱。曹氏不仅在政治上依靠回鹘势力,在军事上也不得不依靠回鹘人来支持"。同时指出"回鹘人在当时已经取代归义军政权成为瓜、沙一带的实际主宰,归义军节度使即使名义尚存,也只能算作是傀儡"。[④]"沙州回鹘"取代归义军政权的政变,仅靠"瓜州王以千骑降夏"一条史料来说明,不具有充分的说服力。杨富学在论述时没有使用"瓜州王以千骑降夏"这条材料来说明归义军政权的灭亡,他把沙州回鹘取代归义军政权看成一种历史发展的趋势。其观点"沙州回鹘逐渐强大,并最终取代归义军政权"的这条历史线索,总体上概括了曹氏归义军后期敦煌地区的政治形势。不过,回鹘人是否成为瓜、沙一带的实际主宰?还有待于进一步考虑。此时,"宋庆融"作为归义军政权使者出使中原,说明敦煌汉姓大族的势力仍然存在,因此曹氏归义军末期敦煌的民族构成似乎并没有发生大的转变。由此可知,西北地区政权的更名、易代,实际并不能体现民族成分的变化,而是当地民众为了生存下去而采取的权宜之计;诸政权之间的争夺也本质上也不再是民族间的争夺,而是政治势力之间的斗争。经历了长期的民族融合,西北地区的历史已经成为华夏历史演进过程的重要组成部分。综合以上讨论,我们大致可以得知曹氏归义军政权灭亡的具体经过,曹氏归义军后期,沙州地区出现了"沙州蕃族"(沙州回鹘)部落。曹延禄时期,"沙州蕃族"部落与归义军政权关系良好,曾经为归义军出使中原担任导引。随着沙州回鹘的壮大,他们不仅在外交上帮助归义军政权,还参与了归义军的内政,支持曹宗寿推翻节度使曹延禄的统治。曹贤顺时期,"归义军政权"与"沙州回鹘"联合进行外交出使活动,并且"归义军—沙州回鹘联盟"名义上奉曹贤顺为最高首领,但是派出的使团中回鹘人起着关键作用,因此在史籍中经

---

① 刘玉权:《沙州回鹘史探微》,敦煌研究院编:《1994年敦煌学国际研讨会文集——纪念敦煌研究院成立50周年·宗教文史卷》下册,兰州:甘肃民族出版社,2000年,第7页。

② 关于敦煌文书中的"瓜沙州大王印",王艳明认为是曹宗寿使用的。王艳明:《瓜沙州大王印考》,《敦煌学辑刊》2000年第2期。冯培红则认为,曹贤顺也有可能称"瓜沙州大王",因为其被辽册封"敦煌郡王",很可能继承了其父的"瓜沙州大王"称号。冯培红:《敦煌的归义军时代》,兰州:甘肃教育出版社,2013年,第442页。

③ 冯培红:《敦煌的归义军时代》,兰州:甘肃教育出版社,2013年,第453页。

④ 杨富学:《回鹘与敦煌》,兰州:甘肃教育出版社,2013年,第266页。

图6-24 莫高窟第17窟"藏经洞"内景

常看到"沙州回鹘曹贤顺"的称号。"归义军政权"与"沙州回鹘"虽然组成了名义上的联盟,但是各有自己的行政体系,二者互不统属。1030年,"沙州回鹘"发动政变,曹贤顺被杀,曹贤惠率千骑逃亡西夏,曹氏归义军政权灭亡,代之而起的是沙州回鹘政权。以上即归义军政权灭亡的经过,曹氏归义军灭亡的过程也是沙州回鹘崛起的过程。

关于藏经洞封闭的时间及原因,学者做过许多讨论。敦煌藏经洞出土的一些佛经上的"瓜、沙州大王印",很有可能与曹氏归义军晚期的一次佛经清理活动有关。应该是判断藏经洞封闭时间的最重要标准。关于曹氏归义军时期的佛经清点活动,方广锠指出在曹氏政权的某一年,敦煌寺院进行了一次寺院藏书的大清点。清点后,将一大批残破无用的经卷、积存多年过时的文书与废纸,以及旧的幡画、多余的佛像等,统统集中起来,封存到第17窟中。[①]对于"瓜沙州大王印",学者做过不少研究,[②]王艳明的研究最为详细,他对"瓜沙大王印"的性质、数量、功能、使用者都做了专门的考察,还提出了"瓜沙州大王印"用于佛经清理活动的观点。他认为印章所钤的位置有四种情况:包首、经首、经尾和经背骑缝。从经首和经尾的钤印难以区分是否为清理佛经之用,但是包首和经背的印章很可能是后人加盖上去的。P.2413《大楼炭经卷第三》中,不仅经背骑缝处有钤印,还写《大楼炭经》两卷重"一行文字;Ф.125《善臂菩萨所问六波罗蜜经卷下》经尾及背部骑缝各存"瓜沙州大王印"一方,包首有"《善臂菩萨经》卷下重本";P.2318《光赞般若经卷第二》署有"八光赞般

① 方广锠:《敦煌藏经洞封闭年代之我见——兼论"敦煌文献"与"藏经洞文献"之界限》,饶宗颐主编:《敦煌文薮》下册,台北:新文丰出版公司,1999年,第181—205页。

② [俄]丘古耶夫斯基著,魏迎春译:《俄藏敦煌汉文写卷中的官印及寺院印章》,《敦煌学辑刊》1999年第1期;王克孝译:《敦煌汉文文书》附录一《俄罗斯科学院东方研究所圣彼得堡分所敦煌藏卷上的官方和寺院印章》,上海:上海古籍出版社,2000年,第251—252、256页;[日]森安孝夫:《河西归义军节度使的朱印とその编年》,《内陆アジア言语の研究》2000年第15期;王艳明:《瓜州大王印考》,《敦煌学辑刊》2000年第2期。

若经卷二";P.2177《佛说马有三相经》包首下书"言重"二字。这都表明曹氏归义军时期有过一次佛经清理活动。王艳明通过对曹氏归义军时期节度使相关称号的考察,认为是曹宗寿使用了"瓜沙州大王印"。他还将曹宗寿组织的这次佛经清理活动与藏经洞的封闭联系起来,说"我们将'瓜沙州大王印'的出现和使用定在曹宗寿时期,是因为曹宗寿时期发生了藏经洞的封闭事件。藏经洞的封闭与曹宗寿政权关系甚大,尤其与曹宗寿时的一次清经活动密切相关"。①冯培红对"瓜沙州大王印"相关问题再次做了深入详尽的论述。他肯定了"瓜沙州大王印"与佛经清理活动有关,认为"这是由官府出面清点并钤盖'瓜沙州大王印',表明这是一次归义军最高统治者出面整理佛经的活动"。冯培红更加明确了"瓜沙大王印"的使用情况和钤盖位置,指出"我们应当重视这枚官印目前仅见钤于佛经的特殊现象,当然同时也应该注意到,在其他更多的佛经上却没有钤盖此印。盖在这些佛经上的'瓜沙州大王印'的位置是完全相同的……也表示这是一次统一性的官方清点佛经的活动"。同时,通过对S.559《佛本行集经卷次目录》中钤印情况的考察,指出:"归义军官方主持的这次清点活动……还在佛经目录上对每一卷进行盖印确认,足见其细致与慎重,因此很可能就是藏经洞封闭前对即将封存之佛经所做的清点工作。"对于"瓜沙州大王印"的使用者,冯培红认为曹贤顺被辽册封为敦煌郡王,很可能继承了其父的"瓜沙州大王"的称号。且《宋史》卷485《外国一·夏国传》记载到天圣八年(1030)的一位"瓜州王",此"瓜州王"应该是曹贤惠,而其兄曹贤顺应即"瓜沙州大王"。②综上可知,这枚"瓜沙州大王印"的使用者可能是曹宗寿或者曹贤顺。该印章的使用与一次大规模的清理活动有关,且这次清理活动很可能是藏经洞封闭前的一次清理。1002年,曹宗寿任归义军节度使,曹宗寿称大王的时间至晚在1006年之前了,③或许即位后不久曹宗寿就自称"大王"。曹贤顺的被害时间应该在1030年。那么此次佛经清点活动的时间应该在1002—1030年之间,而藏经洞的封闭时间应该在这次活动之后不久。且藏经洞目前所见最晚的一篇文书,一般认为是Φ.32《宋咸平五年(1002)七月十五日敦煌王曹宗寿与济北郡夫人氾氏捐经题记》,④之后随着藏经洞封闭,曹氏归义军晚期的历史无敦煌文献可征。

---

① 王艳明:《瓜州大王印考》,《敦煌学辑刊》2000年第2期。
② 冯培红:《敦煌的归义军时代》,兰州:甘肃教育出版社,2013年,第441—443页。
③ 《辽史·圣宗纪》记载:"[统和二十四年(1006)八月],沙州敦煌王曹寿遣使进大食马及美玉,以对衣、银器等物赐之。"(元)脱脱:《辽史》卷14《圣宗纪五》,北京:中华书局,1974年,第162页。
④ 荣新江:《敦煌学十八讲》,北京:北京大学出版社,2001年,第78—80页。

第六节　曹氏归义军节度使的联姻与世系

敦煌归义军政权由张氏家族与曹氏家族相继执政。在张氏家族无力控制敦煌局面的情况下，曹议金经过长期经营，建立曹氏归义军政权，进而维护了敦煌地区一百多年的稳定。曹氏家族的政权性质及其族属特征，是学界讨论的重要问题，[①]也形成了一些共识。简单地说，即曹氏家族为粟特族后裔，但是已经汉化，外在特征与汉族无异，曹氏归义军政权仍然是五代宋初时期西北地区中原王朝的代理人。[②]过去的研究对记载曹氏家族渊源的文献、壁画等资料已经做了详尽考证，在此基础上，我们拟结合曹氏家族社会关系最重要的一环——归义军节度使的姻亲关系，来探讨曹氏归义军政权的世系。

1. 曹氏归义军节度使联姻

综观归义军政权的历史，可知这一时期的敦煌政权的变动，实际上与由敦煌大族构成的政治集团之嬗变有重要关系。曹氏归义军时期敦煌内外形势严峻，居于统治地位的曹氏家族不仅通过与敦煌当地大族联姻来巩固统治，还通过与回鹘、于阗的世代联姻来维持内外政局的稳定。曹氏归义军时期，敦煌文献中常以"国太""国母"来称呼重要的节度使夫人，若围绕这一问题进行探讨，可以大致还原曹氏家族苦心经营内外联姻的历史进程。

（1）"国太夫人"索氏

曹议金任节度使时，他的儿子曹元德称号为"司空"，[③]曹元德生母索氏被称为"国太"夫人。以回鹘天公主为代表的"回鹘派系"与"曹元德派系"的权力争夺是曹氏归义军初期政治进程中的重要历史事件。[④]曹议金册封索氏为"国太夫人"，目的在于平衡敦煌内部的政治势力。最终，"国太夫人"索氏之子曹元德，继承节度使位，归义军政权稳固控制在曹氏家族手中。

（2）曹元忠夫人翟氏被称为"国太夫人"

关于曹元忠的翟氏夫人，陈菊霞先生做了细致的研究，她指出了翟氏夫人在

---

① 荣新江：《敦煌归义军曹氏统治者为粟特后裔说》，《历史研究》2001年第1期；冯培红：《敦煌曹氏族属与曹氏归义军政权》，《历史研究》2001年第1期；李并成、解梅：《敦煌归义军曹氏统治者为粟特后裔吗？——与荣新江、冯培红先生商榷》，《敦煌研究》2006年第6期；沙武田：《敦煌石窟归义军曹氏供养人画像与其族属之判别》，中央文史研究馆、敦煌研究院、香港大学饶宗颐学术馆编：《庆贺饶宗颐先生九十五华诞敦煌学国际学术研讨会论文集》，北京：中华书局，2012年，第144—164页。

② 冯培红：《敦煌的归义军时代》，兰州：甘肃教育出版社，2010年，第458页。Akagi Takatoshi, "The Genealogy of the Military Commanders of the Guiyijun from Cao Family", *Dunhuang Studies: Prospects and Problems for the Coming Second Century of Research* (ed. by Irina Popova and Liu Yi), p.10.

③ "司空"地位在"尚书"之上，其母亲有资格被册封为国太夫人。

④ 郑炳林、杜海：《曹议金节度使位继承权之争——以"国太夫人"、"尚书"称号为中心》，《敦煌学辑刊》2014年第4期。

归义军政权中的高贵地位,对翟夫人的生平事迹做了详细考察。①虽然目前的研究表明,翟夫人不是曹元忠唯一的夫人。②但是不能否认,翟氏夫人在曹元忠时期始终为第一夫人,地位很高。且相关文献表明,在曹延禄任归义军节度使时期,曾称其母翟氏夫人为"国太夫人"。敦煌文书BD09015V《书启稿(拟)》中记载:"敕推诚奉国保塞功臣归义军节度使、敕受国慈母国太京(凉)国夫人浔阳翟氏、敕受国慈母国太京(凉)国夫人。"③其中,"敕推诚奉国保塞功臣归义军节度使"这一称号,曹元忠、曹延禄都曾经使用。④文书中慈母翟氏的身份不难判断,她被称为"凉国夫人",又是浔阳翟氏,那么无疑她就是曹元忠夫人翟氏。⑤而"敕推诚奉国保塞功臣归义军节度使"称翟氏夫人为"慈母",可知他是曹元忠和翟氏夫人的儿子曹延禄。

该文书中翟氏夫人还有"国太"称号,这一称号的使用时间,应是在其子曹延禄继任节度使之后。在曹元忠时期的敦煌文书中,翟氏夫人最开始被称为"浔阳翟氏",后又增加"凉国夫人"称号,⑥例如S.2687(2)《凉国夫人浔阳翟氏布施疏》载:

> 归义军节度使检校太师兼中书令敦煌王曹公之凉国夫人浔阳翟氏,敬造无色绣经巾一……于时大汉(宋)乾德二年(964)甲子岁四月廿二日题记之耳。⑦

S.5973文书载:

> 大王禄位,等劫石而恒坚,夫人花荣,同桂兰而永茂……开宝七年

---

① 陈菊霞:《归义军节度使夫人翟氏生平事迹考》,《敦煌研究》2013年第2期。

② [日]赤木崇敏:《10世纪コータンの王統・年号問題の新史料—敦煌秘笈 羽686文書一》,《内陸アジア言語の研究》XXVII,2013年,第101—128页,pls.III-IV。

③ 此材料为旗手瞳提供,特此致谢。

④ 曹元忠被中原王朝赠予"推诚奉义保塞功臣"称号,《宋会要·蕃夷志》"瓜沙二州"条云:"太祖建隆二年(961)十一月,元忠泊瓜州团练使曹延继(恭)并遣使贡至勒勒马。三年正月,制推诚奉义保塞功臣、归义军节度瓜沙等州观察处置管勾营田押蕃落等使、特进、检校太傅、同中书门下平章事、沙州刺史、上柱国、谯郡公、食邑一千五百户曹元忠,可依前……加食邑五百户,实封贰伯户,散官勋如故。"(清)徐松辑:《宋会要辑稿》第198册《蕃夷五》,北京:中华书局,1957年,第7767页。曹延禄则继承了其父曹元忠的这一称号,第449窟甬道南壁第一身供养人像题名"敕推诚奉国……"即曹延禄。榆林窟第35洞洞口南壁第一身的供养人题记为"敕推诚奉化功臣、归义军节度……曹延禄一心供养"。

⑤ 贺世哲:《从供养人题记看莫高窟部分洞窟的营建年代》,敦煌研究院编:《莫高窟供养人题记》,北京:文物出版社,1986年,第226页。

⑥ 贺世哲:《从供养人题记看莫高窟部分洞窟的营建年代》,敦煌研究院编:《莫高窟供养人题记》,北京:文物出版社,1986年,第226—227页。

⑦ 中国社会科学院历史研究所等编:《英藏敦煌文献(汉文佛经以外部分)》第5卷,成都:四川人民出版社,1990年,第126页。

(974)二月……①

可知直到曹元忠晚年,翟氏夫人一直使用"凉国夫人"(可简称"夫人")称号。

　　曹延禄于976年执掌归义军政权,太平兴国五年(980)四月,宋太宗正式任命曹延禄为归义军节度使,并且敕封其母为"秦国太夫人"。②《宋会要·蕃夷志》"瓜沙二州"条记载:

　　　　制:权归义军节度兵马留后、金紫光禄大夫、检校司空、兼御史大夫、上柱国、谯县男曹延禄,可检校太保、归义军节度、瓜沙等州观察处置、营田、押藩(蕃)落等使,又以其弟延晟为检校司徒、瓜州刺史,延瑞为归义军牙内都虞候,母进封秦国太夫人,妻封陇西郡夫人。

BD09015V《书启稿(拟)》中称"敕受国慈母国太京(凉)国夫人",可知翟夫人在接受朝廷册封"国太"夫人的同时,仍旧沿用"凉国"夫人称号,而不称"秦国"夫人。

　　曹延禄时期,关于"国太夫人"的记载还有两条,P.2855《回向发愿文》记载:

　　　　如此功德,奉用庄严:伏愿当今皇帝龙安九五,鹤响三千;命同南山,寿齐北极。更愿府主太保、国太万福,③管界安宁;太子诸王,金枝永茂;朝廷卿相,尽孝尽忠;郡县官僚,唯清唯直。更愿八方无事,四塞长清;万姓欢娱,三军喜泰。④

文书中出现了"太子"的称号,那么这篇文书是作于曹元忠时代以后。此外,文书P.2855中"更愿府主太保、国太万福"一句,是由"更愿府主大王、夫人万福"更改过来,很明显,这是将前一任节度使时期的文书拿来当范本使用。不难推断,"更愿府主大王、夫人万福"一句是称呼曹元忠及其夫人,曹延禄沿用前代的发愿文范文,只是将称号做了改动。因此,这两篇同时出现"太保""国太"称号的文书,我们判定为曹延禄时期。另S.4537文书记载:

　　　　府主太保,等乾坤而合运;国泰(太)夫人,永宠宫帷;刺使、郎君、小娘子延真之福会也。伏惟太保英筹凤著,道契神机……又持胜福,复用庄严我太保贵位:伏愿宝(保)兴禄位,镇静遐方;福比山岳以齐高,寿等海泉而[深]远。国太夫人,长隆延泰之欢。刺使、郎君、小娘子芳兰,并芬芬而盛叶。倾城寮佐,各尽节于辕门;合郡轮忠,保深诚而效主。

---

①　中国社会科学院历史研究所等编:《英藏敦煌文献(汉文佛经以外部分)》第10卷,成都:四川人民出版社,1990年,第6页。

②　(清)徐松辑:《宋会要辑稿》第198册《蕃夷五》,北京:中华书局,1957年,第7767页。

③　此处原抄作"大王""夫人",后改为"太保""国太",可知该文书在曹元忠时期已经开始使用,曹延禄时期照搬愿文内容,只是将相关称号做了修改。

④　上海古籍出版社等编:《法藏敦煌西域文献》第19册,上海:上海古籍出版社,2001年,第132页。"太保""国太"原来写作"大王""夫人"。

文书中"太保""国太"称号同时出现,与P.2855应属于同一时期的文书。

根据S.4537、P.2855两篇文书的记载,可知曹延禄称"太保"时期,其母亲翟氏夫人就已经有"国太"称号,据荣新江先生考证,曹延禄自开宝九年(976)至太平兴国五年(980),自称太保。而朝廷在980年下诏授予曹延禄"太保"头衔,实际是对既成事实加以肯定。[①]那么,曹延禄母亲的"国太"称号应该也是在976—980年间开始使用,中原王朝册封曹延禄母亲"秦国太夫人",是对既成事实的肯定。

关于"国太"夫人翟氏的记载还见于S.1398V《壬午年(982)酒破历》:"十六日国太随盘酒肆斗"[②],这篇文书的年代在982年,是在宋太宗册封曹延禄母亲为"秦国太夫人"以后,文书中的"国太夫人"即曹延禄的母亲翟氏。

(3)曹元忠夫人"于阗公主"的"国太"称号

敦煌文书S.4306《文样》中,出现了一位"国太公主",相关内容是:

> 伏愿大王,维城永固,磐石弥增,长为社稷之君懒,永作生灵之父母。伏愿夫人红颜永洁……伏愿近逝国太公主,三途永脱,九品(后缺)。

文中同时出现了"大王""国太公主"称号。"公主"所指称的人物,有三种可能,即曹议金夫人"甘州回鹘天公主"、曹元忠夫人"于阗公主"、曹延禄夫人"于阗公主"三者之一。甘州回鹘公主去世时间晚于曹议金,[③]因此曹议金称大王时期,甘州回鹘天公主不可能称"近逝国太公主"。笔者将其判定为曹元忠夫人"于阗公主"。曹元忠夫人除了与敦煌本地大族翟氏联姻,还西与于阗国王联姻,娶于阗公主。敦煌文书S.4306《文样》中记载的"国太公主",笔者认为是曹元忠去世以后,曹延禄对曹元忠夫人"于阗公主"的尊称。而曹延禄的夫人"于阗公主"在敦煌文书中没有使用"国太"称号。

(4)曹延禄夫人"于阗公主"的称号及相关问题

既然在曹延禄时期,曹元忠的翟氏夫人被称为"国太夫人",那么曹延禄时期,曹元忠的于阗公主夫人被称为"国太公主"也顺理成章。但需要注意的是,曹延禄本人也娶于阗公主。[④]笔者认为,曹延禄的于阗公主夫人在敦煌文献中是

---

① 荣新江:《归义军史研究——唐宋时代敦煌历史考索》,上海:上海古籍出版社,1996年,第125—127页。

② 中国社会科学院历史研究所等编:《英藏敦煌文献(汉文佛经以外部分)》第3册,成都:四川人民出版社,1990年,第12页。

③ 徐晓丽,认为记载国母天公主生前最晚的文书是P.2178《破魔变文》,据荣新江研究,P.2178写作时间约在天福八年(943)末,参见徐晓丽的《敦煌石窟所见天公主考辨》(《敦煌学辑刊》2002年第2期)一文注释4。

④ 贺世哲:《从供养人题记看莫高窟部分洞窟的营建年代》,敦煌研究院编:《敦煌莫高窟供养人题记》,北京:文物出版社,1986年,第227页。

以"国母夫人"的称号出现，下面笔者即对敦煌文献中记载的曹延禄的于阗公主夫人做一考察。

曹延禄娶于阗皇帝尉迟达磨的第三个女儿为妻，这位于阗公主见载于莫高窟第61窟、第202窟、第449窟、天王堂和榆林窟的35窟等。相关记载如下，第61窟东壁门北侧南向第七身供养人像题记："大朝大于阗国天册皇帝第三女天公主李氏为新受太傅曹延禄姬供养。"第202窟西壁龛下北侧宋供养人像列南向第一身题名："大朝大于阗国天公主……李氏供养。"莫高窟崖顶上的一个土塔"天王堂"，塔内东壁有《敦煌王曹□□圣天公主□□□□□建□□寺功德记》，记文存：

> 敦煌王曹□□圣天公主……粤有归义军节度使、特进、检校太师、兼中书令、敦煌王曹延……

榆林窟第35窟洞口南、北壁第一身的供养人，分别为曹延禄和于阗天公主的画像，题记为：

> 敕推诚奉化功臣、归义军节度、瓜沙等州观察处置管营田押番落等使、特进、检校太师、兼中书令、敦煌王、谯郡开□□、食邑一千七百□曹延禄一心供养。
>
> 大朝大于阗金玉国皇帝的子天公……

第449窟于阗公主的题记已经漫漶，贺世哲认为其"服饰与61窟东壁北侧补画的曹延禄姬于阗公主相像"。还有叶昌炽《缘督庐日记》光绪三十年（1904）九月初五条记敦煌王宗海所赠藏经洞出土绢画云："旁题一行'故大朝大于阗金玉国天公主李氏供养'。"[1]此绢画现藏于美国华盛顿的弗利尔美术馆。

综上可知，曹延禄迎娶的于阗公主，在敦煌石窟中被称作"天公主"，地位很高。但是过往的研究中并未注意到敦煌文献中对她的直接记载：一方面，曹延禄时期保存下来的文书相对不多；另一方面，曹延禄时期，其母曹元忠夫人翟氏仍然地位较高，并由中原王朝册封"国太夫人"，曹元忠的于阗公主夫人也尚且在世。但是如果我们不考虑曹延禄夫人"公主"的身份，而是以曹延禄夫人的角度出发，可以发现敦煌文书中关于于阗公主夫人的相关记载。笔者认为，敦煌文书中有一批文献中出现了"国母夫人"，其身份可以对应为曹延禄的夫人。正史中记载了宋廷对曹延禄及其母亲、妻子的册封。《宋会要·蕃夷志》"瓜沙二州"条记载：

> 制：权归义军节度兵马留后、金紫光禄大夫、检校司空、兼御史大夫、上

---

① 王国维：《观堂集林》卷20，北京：中华书局，1959年，第999页。

柱国、谯县男曹延禄,可检校太保、归义军节度、瓜沙等州观察处置、营田、押藩(蕃)落等使,又以其弟延晟为检校司徒、瓜州刺史,延瑞为归义军牙内都虞候,母进封秦国太夫人,妻封陇西郡夫人。

这里的曹延禄妻即曹延禄的于阗公主夫人李氏。若根据中原王朝的册封,曹延禄夫人于阗公主李氏在敦煌文书中被应该称为"夫人",笔者在敦煌文书中发现了相关文书,应即曹延禄及其夫人的记载,现将S.3557相关内容移录如下:

> 为谁所作?时则有我河西节度使府主太保,先奉为龙沙境域……夫人固寿,以天地而同长;太子仆射,郎君玉昆,保乾坤合其德。……应是合宅宗枝,同江河而延福。诸也(嘉)会也。伏惟太保神资杰世,天纵英雄……又持胜善,伏用庄严,则我国母夫人贵寿,伏愿长为宠后,光荣不绝于千春;会合乾坤,红颜转茂于百载。

该文书中出现了太保、太子、仆射,符合曹元忠、曹延禄时期文书的特点,曹元忠时期,翟氏夫人称"凉国夫人",可以排除这篇文书写于曹元忠时期的可能。因此我们推断文中的"国母夫人"称号就是曹延禄的于阗公主夫人,文书的时代在曹延禄称太保时期,即976—980年。S.4625《燃灯文(拟)》也有相关记载:

> 时则有我河西节度使令公,先奉为龙天八部,拥护敦煌。土地灵祇,保坚社稷。次伏惟令公已躬延寿,以(与)劫石而同长;团练、司空,等金石……又持胜福,次用庄严,则我令公贵位,伏愿宝(保)兴禄位……国母夫人贵位,伏愿长降延泰之欢。郎君、小娘子芳兰,并芬芬如盛叶。持炉都头贵位,伏愿叶玢岁厚。

该文书出现了"国母夫人",应与前面的几篇文书属于同一情况,"国母夫人"是曹延禄的夫人于阗公主。文书中的"团练",应是曹延禄时期其兄弟曹延瑞的称号,[1]因此,S.4625《燃灯文(拟)》这篇文书中的令公、国母夫人分别指称曹延禄和曹延禄的于阗夫人。S.4505文书中也有相关记载:

> 府主令公,等乾坤而合运。国母夫人,永宠宫帏。郎君、小娘子延贞之福会也。伏惟我令公英筹凤著,道契神机……又持胜福,复用我令公贵位,伏愿宝(保)兴禄位,镇静遐方;福比山岳以齐高,寿等海泉而深远。国母夫人,长隆延泰之欢。郎君以小娘子芳兰,并芬芬而盛叶。倾城寮佐,各尽节于辕门。阗郡输忠,保深诚而效主。

---

① 榆林窟第35窟中题记载:"节度副使、守瓜州团练使、金紫光禄大夫、检校司徒、兼御史大夫、谯郡开国男、食邑三百户曹延瑞。"张伯元《安西榆林窟》,成都:四川教育出版社,1995年,第251页。曹延瑞任瓜州团练使,检校"司徒",在文书中排名位于"司空"之前。此外曹延瑞被称为"团练",还见于敦煌文书P.4622中。

这篇文书应属于曹延禄称"令公"时期,其中的"国母夫人"应指曹延禄的于阗夫人。可知曹延禄的夫人"于阗公主"在石窟中被称呼为"天公主",在敦煌文献中则被尊称为"国母夫人"。

综合以上论述,在曹延禄统治时期,曹元忠的凉国夫人翟氏被称为"国太夫人";曹元忠的于阗公主夫人被称为"国太公主",曹元忠的于阗公主夫人在962—964年间嫁到敦煌,在曹延禄称大王时期(984—1002)去世。还需要提到的是,《辽史》卷14《圣宗纪五》记载:"[统和二十四年(1006)八月],沙州王曹寿遣使进大食国马及美玉,以封衣、银器等物赐之。"可知曹宗寿也曾号称"大王",那么S.4306文书有没有可能属于曹宗寿时期呢? 即曹宗寿称呼曹延禄的夫人于阗公主为"国太公主"。考虑到曹宗寿是通过政变上台,[1]因此这种可能性可以排除。

2.曹氏归义军政权世系的重构

关于曹氏归义军世系问题,日本学者藤枝晃于20世纪40年代进行了初步研究,绘制了曹氏归义军世系图,[2]土肥义和在此基础上对相关年代补充考订。[3]荣新江经过细致详尽的考证,厘清了曹氏归义军节度使世系年代问题,[4]并认为曹氏归义军与于阗、回鹘世代联姻,对归义军政权产生了重要影响。[5]赤木崇敏将曹氏归义军政权的研究进一步细化,涉及节度使的联姻、曹氏政权内部的派系划分等问题。他根据曹氏归义军节度使的联姻情况勾勒出曹氏归义军时期的节度使世系,还绘制出曹氏归义军世系表。[6]同时,他认为由于敦煌曹氏与东西两邦相互通婚,归义军政权内部也出现了甘州回鹘系、于阗系两派交替执政,前者有曹元德、曹元深、曹延恭、曹宗寿、曹贤顺,后者有曹元忠、曹延禄。[7]冯培红也指出:"曹延恭当为曹元德或曹元深之子,他的上台说明归义军的统治权从于阗一派又回到了甘州回鹘一派。"[8]该研究引出了一个重要

① (元)脱脱等撰:《宋史》卷490《外国六》,北京:中华书局,1977年,第14124页。

② [日]藤枝晃:《沙州帰義軍節度使始末(三)》,《東方学報》第13册第1分册,1943年。

③ [日]土肥义和著,李永宁译:《敦煌的历史》,《敦煌研究》1986年第4期。

④ 荣新江:《归义军史研究》,上海:上海古籍出版社,1996年。

⑤ 荣新江:《甘州回鹘与曹氏归义军》,《西北民族研究》1993年第2期;荣新江:《于阗王国与瓜沙曹氏》,《敦煌研究》1994年第2期。

⑥ Akagi Takatoshi, "The Genealogy of the Military Commanders of the Guiyijun from Cao Family", *Dunhuang Studies: Prospects and Problems for the Coming Second Century of Research* (ed. by Irina Popova and Liu Yi), St. Petersburg: Institute of Oriental Manuscripts, Russian Academy of Sciences, 2012, pp.8–13;[日]赤木崇敏:《10世紀コータンの王統・年号問題の新史料—敦煌秘笈 羽686文書—》,《内陸アジア言語の研究》XXVII,2013年,第101—128页,pls.III–IV。

⑦ Akagi Takatoshi, "The Genealogy of the Military Commanders of the Guiyijun from Cao Family", *Dunhuang Studies: Prospects and Problems for the Coming Second Century of Research* (ed. by Irina Popova and Liu Yi), St. Petersburg: Institute of Oriental Manuscripts, Russian Academy of Sciences, 2012, pp.8–13.

⑧ 冯培红:《敦煌的归义军时代》,兰州:甘肃教育出版社,2010年,第424页。

问题,即甘州回鹘系与于阗系对归义军政权的影响是否达到了左右归义军政权的程度,曹氏归义军政权是否可以依据节度使的对外联姻划分世系。曹元德任节度使时期,对甘州回鹘派系的势力做了清洗,[①]但不能否认的是,曹氏归义军的外交仍然与甘州回鹘有密切的关系,曹议金时期的朝贡通常是和甘州回鹘的使臣一同出发。前文通过对"国太"称号使用情况的考察,厘清了历任曹氏归义军节度使的姻亲关系,在此基础上笔者试图构建曹氏归义军政权世系,下面即对此做一详细论述。

(1)"甘州回鹘派系"的再考察

曹氏归义军时期,甘州回鹘处于敦煌与中原王朝的交通要道上,归义军常常依托甘州回鹘的支持入贡中原。曹氏归义军与甘州回鹘的关系大致可以分为两个阶段,曹元忠任归义军节度使以前是一个阶段,曹元忠任节度使以后是后一个阶段。

前一阶段,是敦煌与归义军政权之间的矛盾积累与爆发阶段,新建立的归义军政权,对外积极进取。这一时期,敦煌地区曹议金与曹元德、曹元深父子相继任归义军节度使,甘州回鹘可汗先后是天睦可汗、仁美可汗(924—925)、狄银可汗(926)、阿咄欲可汗(926—927)、仁裕可汗(928—933)执政,[②]天睦可汗为父,仁美、狄银、阿咄欲、仁裕为子。曹议金在处理与甘州回鹘的关系时,做了三件关键性的决策:一是曹议金迎娶甘州回鹘公主,归义军政权与甘州回鹘具备了姻亲关系这一条纽带;[③]二是发动对甘州回鹘的战争,嫁女于回鹘可汗,扭转了与甘州回鹘交往中的被动局面;[④]三是亲往甘州回鹘谈判,为归义军政权与甘州回鹘的长远关系奠定了基础,促成了930年归义军使臣入朝。对于前两点,学界已经有了充分的重视。[⑤]关于第三点曹议金亲往甘州回鹘一事的意义,我们再稍作申论。

首先,曹议金亲自前往甘州回鹘,可以看出其非同寻常的政治魄力。曹议金出访甘州回鹘,是在慕容归盈的调停后进行的。P.3016V《天成二年至三年

---

①《曹议金节度使位继承权之争——以"国太"、"尚书"称号为中心》,《敦煌学辑刊》2014年第1期。

② "天成三年(928)二月,其权知可汗仁裕遣都督李阿山等一百二十人入贡,明宗召对于崇元殿,赐物有差。其年三月,命使册仁裕为顺滑可汗。"(宋)薛居正:《旧五代史》卷138《外国列传二》,北京:中华书局,1976年,第1842页。

③ 通过曹议金的努力,最终在同光二年(924),曹氏归义军使者附甘州回鹘成功入贡。

④ 曹议金发动对甘州回鹘的战争,可汗狄银在战争中死去,新任的可汗阿咄欲娶曹议金之女,926年,回鹘使臣附甘州回鹘使臣入贡中原。

⑤ 相关研究主要有荣新江:《归义军史研究——唐宋时期敦煌历史考索》,上海:上海古籍出版社,1996年,第309—327页;杨宝玉、吴丽娱:《归义军政权与中央关系研究——以入奏活动为中心》,北京:中国社会科学出版社,2015年。

（927—928）慕容归盈致曹议金书》中记载：

> 昨得可汗书示……某乙闻此消息，尚自不可审明，伏望令公尊兄慈造特念，为此小瑕，不可断于万年之道路……昆季交通，千载莫绝。

此事件的原委杨宝玉做了详细论述，①新任甘州回鹘可汗仁裕对于"安千箱、张保山"事件的处理激怒了曹议金，从 P.3016V 文书中可以看出，曹议金有对甘州回鹘再次发动战争之意向。纵使慕容归盈从中调停而得以避免战争，但是曹议金还要亲赴甘州回鹘当面过问此事，表明曹议金对东西交通之事极为重视。

其次，曹议金拥有政治远见，他执政敦煌二十余年，经过励精图治，归义军政权得以振兴，然而此时河西走廊各个政权都处于上升势头，敦煌与甘州回鹘已经形成力量上的均势，即短期之内，互相都无法吞并对方。曹议金认识到敦煌政权的长久之计在于和平的政治环境，同时要扩大归义军政权影响力，维持敦煌地区经济的活力，必须保证东西通道的畅通。P.2992V（3）记载：

> 自去年兄大王当便亲到甘州，所有社稷久远之事，共弟天子面对商仪（议），平稳已讫，兄大王当便发遣一伴般次入京。

曹议金出访甘州，一方面议定"社稷久远之事"，为敦煌赢得了稳定的外部环境；另一方面，"当便发遣一伴般次入京"，表明其维护朝贡道路通畅的决心。

最后，我们认为曹议金此次出访，考虑到了可能到来的危险。P.2850《厶官燃灯祈愿文》记载：

> 时则有坐前持炉厶官，先奉为龙天八部……莲府大王，退延久载。亲征张掖，统鸿军以静东羌。讨伐狼徒，愿清平而归西国。慈母公主永荫长春……伏惟厶官……怀所（佐）国之宏规，韫安边之上略……先用庄严，奉为龙天八部：伏愿加威神力，晏陇道一方之（之一方）。善深冥状，引鸿军却归西塞。大王保寿，共天地而俱存。上下康宁，尽贺欢呼之契庆……亦愿厶官合家福延万叶诸（之）福会也。惟厶官乃天生英俊，异姓标奇。文武双全，忠孝兼备。

"厶官"是曹议金与回鹘天公主生子，这篇发愿文记载了曹议金称大王时期率军东进，"厶官"暂时佐守敦煌的情形。曹议金前往甘州和谈，甘州回鹘天公主之子"厶官"留守敦煌，这实际上是表明曹议金与甘州回鹘和谈的诚意。通过文书可知，曹议金出访甘州，是率领大军东进的，虽然是和谈，但是曹议金也做好了战争的准备，以防不测。前述 P.2992V 文书中记载"当便发遣一伴般次入京"，也可证

---

① 杨宝玉、吴丽娱：《归义军政权与中央关系研究——以入奏活动为中心》，北京：中国社会科学出版社，2015年，第115—118页。

明曹议金出访甘州有众多随从陪同,阵势盛大。最终甘州回鹘仁裕可汗慑于敦煌政权的实力,也为曹议金的诚意所打动,和谈为此后双方的关系奠定了基础,曹议金的出访达到了预定目的。

和谈以后,归义军使节在长兴元年(930)、长兴三年(932)、清泰元年(934)成功入贡朝廷。但是曹议金934年病重,935年去世,此间甘州回鹘发生了围困归义军使团的事件,[①]这是甘州回鹘对敦煌政权的试探。曹元德任归义军节度使以后,内政方面清除了甘州回鹘天公主一系的势力,[②]试图稳定外部局势。归义军朝贡虽然受到阻碍,但是并未发生战争,至曹元深时期,敦煌政权稳固发展,终于再次获得了朝廷降使册封。[③]曹氏归义军与甘州回鹘形成了力量上的均势局面。

后一阶段,曹元忠时期,归义军政权出现了内部的"瓜沙之争",但是矛盾尚不突出,敦煌地区得以持续稳定发展。甘州回鹘势力虽呈上升趋势,但此时党项势力崛起,阻碍了甘州回鹘与中原王朝的往来通使,[④]甘州回鹘战略重心东移。曹氏归义军政权逐步丧失了对外积极进取的态势,同时甘州回鹘经历了数次与西夏的战争,政权陷入危机,众多部落向西迁徙,敦煌周围来自东西两方面的少数民族部落聚集,形成了以回鹘为首的沙州蕃族部落,正史资料中对曹贤顺以后归义军朝贡中原政权的相关记载,多是以回鹘使者为导引。曹氏归义军后期内部矛盾重重,势力渐衰,归义军政权逐步沦为沙州蕃族部落的附庸。

(2)曹氏归义军政权与于阗

曹氏归义军时期重视与于阗国的关系,曹议金女儿嫁给于阗皇帝李圣天,曹元忠娶于阗公主,曹延禄娶于阗公主。曹议金女儿被称为"天皇后"[⑤],在敦煌地区始终受推崇。S.2678文书有《大汉乾德二年(964)四月廿二日归义军节度使敦煌王曹元忠之凉国夫人翟氏施巾题记》,文书中出现了"皇后",即曹元忠的姐姐、李圣天的夫人"天皇后","夫人"是凉国夫人翟氏。

天寿、开运年间新任的于阗皇帝,曾积极开展与敦煌政权的外交,将女儿嫁给曹元忠。与曹议金夫人甘州回鹘天公主和曹议金女儿于阗皇后相比,曹元忠

---

① 杨宝玉、吴丽娱:《归义军政权与中央关系研究——以入奏活动为中心》,北京:中国社会科学出版社,2015年,第133—145页。

② 郑炳林、杜海:《曹议金节度使位继承权之争——以"国太夫人"、"尚书"称号为中心》,《敦煌学辑刊》2014年第4期。

③ 《旧五代史》记载:"(天福五年)二月丁酉朔,沙州归义军节度使曹议金卒,赠太师,以其子元德袭其位。"(宋)薛居正等撰:《旧五代史》卷七九《晋书·高祖纪五》,北京:中华书局,1976年,第1038页。

④ 《旧五代史·党项传》载:"[后唐长兴三年(932)],河西回鹘朝贡中国,道其部落,辄邀劫之,执其使者,卖之他族,以易牛马。"(宋)薛居正:《旧五代史》卷138《外国列传二》,北京:中华书局,1976年,第1845页。

⑤ 曹氏归义军首任节度使曹议金将女儿嫁给于阗皇帝李圣天,被称为"天皇后",天皇后是曹元忠的姐姐。

迎娶的这位于阗公主在敦煌政权中并未受到推崇。

P.2826和杏雨书屋藏羽686号文书两封信件的书写时间在天寿、开运年间（963—967）。因此，信中虽然称曹元忠为"男"，但是书信的措辞、语气非常恭谨，送的礼品又异常贵重，表达出这位于阗皇帝希望获得曹氏归义军政权认可的迫切心情。

967年，李圣天的儿子尉迟输罗王（即"从德太子"）登上皇位。[1]于阗语文书P.5538a《尉迟输罗王致舅曹大王书状》是尉迟输罗刚刚继位不久写给曹元忠的信。[2]相关的文献记载还有P.2703《归义军节度使特进检校太师兼中书令敦煌王曹元忠状》：

> 不审近日圣体何似，伏惟俯为社稷生灵，倍加保重，远情恳切，谨状。舅归义军节度使、特进、检校太师、兼中书令、敦煌王曹元忠状。[3]

P.2703《舅归义军节度使特进检校太师兼中书令曹元忠状》：

> 早者安山胡去后，倍切攀思，其于衷肠，莫尽披剖……谨奉状起居，伏惟照察，谨状。舅归义军节度使、特进、检校太师、兼中书令敦煌王曹状。[4]

这两件状文是曹元忠写给于阗尉迟输罗王的，信中表达了对尉迟输罗王的关切。收信者尉迟输罗王在967年以后执政，曹元忠称"太师令公大王"的时间在964—974年，[5]那么这两封书信的年代可限定在967—974年期间。

前文已经考证，敦煌文书中的"国母夫人"即曹延禄的于阗夫人，这位于阗夫人在敦煌地区的地位很高。综上可知，曹议金女儿嫁给于阗皇帝李圣天，曹议金之子曹元忠、孙曹延禄都曾娶于阗国公主，敦煌与于阗世代联姻，关系密切。

（3）曹氏归义军时期敦煌大族地位的升降

曹议金善于利用敦煌社会各个阶层的力量，建立起自己的权力网络。敦煌各个家族实力消长的过程，实际上是曹议金经营其权力基础的过程。从另一个角度来讲，某个家族实力的变化，可以让我们对于曹议金的整体布局和策略有一个更具体、更直观的解读。

学者考证曹元德的夫人有翟氏、阎氏、索氏、张氏，曹元深的夫人有阎氏、张

① 荣新江、朱丽双：《于阗与敦煌》，兰州：甘肃教育出版社，2013年，第74页。
② H. W. Bailey, "Srī Viśa' Śūra and the Ta-Uang", *Aisa Major*, New Series, XI.1, 1964, pp.17-26；荣新江、朱丽双：《于阗与敦煌》，兰州：甘肃教育出版社，2013年，第74—75页。
③ 上海古籍出版社等编：《法藏敦煌西域文献》第17册，上海：上海古籍出版社，2001年，第313页。
④ 上海古籍出版社等编：《法藏敦煌西域文献》第17册，上海：上海古籍出版社，2001年，第314页。
⑤ 荣新江：《归义军史研究》，上海：上海古籍出版社，1996年，第130页。

氏、李氏、索氏，曹元忠的夫人为翟氏。[①]曹元德和曹元深虽然都与敦煌传统汉姓大族索氏、张氏、李氏联姻，但是曹元德的第一位夫人是出自翟氏家族，曹元深的第一位夫人是阴氏家族。自曹元德以后，居节度使第一夫人之位的，没有一人出自处于张氏归义军政权核心家族张氏、索氏、李氏、宋氏。这种局面的出现，实际上是出于曹氏归义军创始者曹议金的统治策略。

曹议金深知新生的曹氏归义军政权在敦煌的根基并不牢固，并且张氏归义军时期屡次发生的政变，也让曹议金时刻警惕来自政权内部的威胁。曹议金通过与敦煌大族索氏、宋氏的联姻，确立了曹氏家族在敦煌的地位。同时，曹议金迎娶甘州回鹘天公主为妻，此策略一方面是为了缓和与甘州回鹘的关系；而另一个方面，曹议金迎娶甘州回鹘天公主，并且奉回鹘公主为第一夫人，在某种程度上也是对敦煌当地大族的震慑。此外，曹议金通过扶持一批类似慕容氏、翟氏这样的新兴家族，遏制了张氏归义军时期的传统大族的势力。

以粟特曹氏为中心的归义军政权，自曹元忠时期步入长期稳定发展的局面。曹元忠第一夫人为翟氏，曹延恭第一夫人为慕容氏，曹延禄的第一夫人是于阗公主，曹宗寿的夫人是氾氏。同时，在瓜州慕容归盈去世以后，曹元忠、曹延恭先后出任瓜州刺史，其中曹延恭出任瓜州刺史二十余年，曹氏家族已经在敦煌瓜州、沙州建立起了核心统治地位。曹延恭、曹延禄、曹宗寿执政时期，敦煌内部的争夺是因家族亲缘及瓜沙地缘关系产生的权力斗争，不是甘州回鹘系与于阗系的争夺。结合曹氏家族的内外联姻情况，可以构建曹氏归义军权世系。

图6-25　莫高窟第61窟东壁南侧回鹘及于阗装女性供养人像

① 陈菊霞：《敦煌翟氏研究》，北京：民族出版社，2012年，第193—194页。

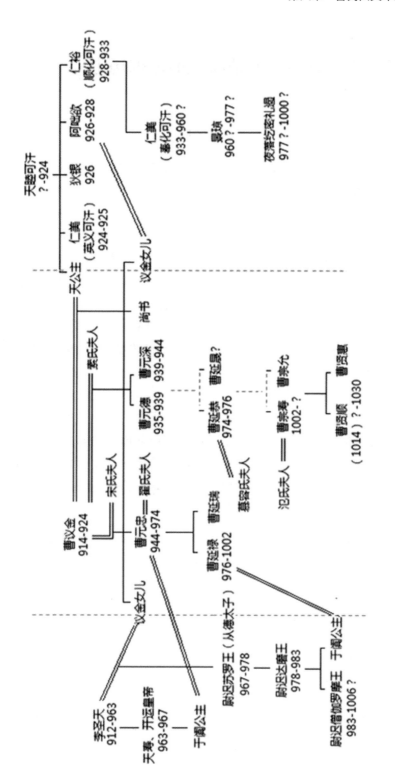

图6-26 曹氏归义军的内外联姻与政治示意图

第七章　西夏元明清时期的敦煌历史

第一节　西夏时期的敦煌

11世纪初,统治瓜州、沙州百余年的曹氏归义军政权逐渐式微,境内回鹘势力开始崛起。与此同时,党项军队开始向河西扩张。明道二年(1033),党项军队攻灭甘州回鹘政权,其部分回鹘散众向西涌入瓜沙地区,进一步壮大二州的回鹘势力。景祐三年(1036),西夏军队击败沙州回鹘势力并攻占瓜州、沙州,但次年沙州回鹘又将西夏军队逐出了沙州,建立起短暂统治沙州(敦煌)的沙州回鹘政权(1037—1052)。而西夏于1036年攻克瓜州后,于翌年(1037)设立瓜州西平监军司,由此形成了1037—1052年沙州回鹘政权与西夏短暂分治瓜州、沙州的局面。西夏最早于1053年攻破沙州回鹘政权,并再次占领了沙州,最终实现了对二州的完全统治。西夏时期在敦煌建立起较完备的行政建置和职官体系,敦煌的社会文化经济均有一定发展。

1.西夏军队攻占敦煌始末

自大中祥符元年(1008)八月开始,李德明多次发动攻打甘州、西凉的战斗。此后,其子元昊又多次攻打甘州和西凉州,并于天圣六年(1028)攻破甘州,于明道元年(1032)攻占西凉府,同年攻灭甘州回鹘政权。[①]元昊时期积极发动军事进攻,力图统一河西,成就党项霸业。在攻克甘州后,元昊的下一个目标立即对准甘州以西的肃州、瓜州和沙州。《续资治通鉴长编》记载:

> [赵元昊]私改广庆三年曰大庆元年。再举兵攻回纥,陷瓜、沙、肃三州,尽有河西旧地。将谋入寇,恐唃厮啰制其后,复举兵攻兰州诸羌,南侵至马衔山,筑城瓦川、凡川会,留兵镇守,绝吐蕃与中国相通路。

《长编》卷120景祐四年(1037)十二月又载:

> 赵元昊既悉有夏、银、绥、静、宥、灵、盐、会、胜、甘、凉、瓜、沙、肃,而洪、定、威、怀、龙皆即旧堡镇伪号州,仍居兴州,阻河,依贺兰山为固。

由此可见,党项军队一鼓作气,于1036年攻破瓜州、沙州。但据其他一些文献记

[①] 关于西夏攻灭甘州回鹘国的时间,学术界大多依据《宋史》记载认为在天圣六年(1028),但该记载与李焘《续资治通鉴长编》记载有悖。《长编》卷111明道元年十一月记载(第2593—2594页):"忽引兵袭夜落隔可汗王,破之,夺甘州。……既陷甘州,复举兵拔西凉府。"汤开建对此进行了细致考证,认为西夏最终攻灭甘州回鹘国在明道元年(1032)。汤开建:《甘州回鹘史二札》,《宁夏社会科学》1984年第2期。

载,西夏虽然在瓜州设立了监军司进行管辖,但在沙州却未站稳脚跟,被盘踞在沙州一带的回鹘势力驱逐出去。值得注意的是,自景祐四年开始,沙州地区开始向宋朝频繁进贡,至少有11次之多。

在这些沙州进贡的记载中,首次出现了"大使""副使"甚至"沙州北亭可汗"的记载,引起了学术界的强烈关注。李正宇根据沙州进贡使节中胡人充使以及使节出现甘州、龟兹两个回鹘国所用的"大使""副使"称号,推断景祐四年及以后的沙州统治者已非曹贤顺政权,而是回鹘政权。另外,萨温(saghun),在汉文史料中又写作索温、娑温、相温,即将军一职;梅录,回鹘文作buyruq,在汉文史料中又写作"密六""密录",是具有统兵职责的大臣。[①]榆林窟第39窟前室甬道北壁男性供养人像附有一则回鹘文题记,日本学者松井太先生对该题记进行了释读,汉译为:"此乃颉于迦斯(宰相)·相温·于越·毕里哥·伯克阁下之真影,愿他能得到上天之宠而幸福",并认为这位供养人虽然是地位高的回鹘上层贵族,但不是

回鹘王族。[②]这段题记中同时出现了宰相、相温、于越、伯克等回鹘政权中的高级官职。《辽史·百官志》记载:"属国职名总目:某国于越。……沙州回鹘敦煌郡王府。"[③]"于越"乃辽代属国所设立的职名。这就说明,榆林窟第39窟的这位回鹘男性供养人很可能就是王族。在曹贤顺统治时期,归义军政权曾臣服辽朝并成为其属国,因而始有于越之设。随着此后沙州回鹘力量的日渐壮大,他们在曹氏归义军统治末期已逐渐成为瓜沙地区的主宰,并承袭了于越之设。此外,《长编》卷131北宋仁宗庆历元年(1041)夏四月甲申条还出现了"沙州镇国王子"的记载。从以上出现沙州北亭可汗、于越、沙州镇国王子,以及沙州进贡使节中出现正使、副使、密禄(大臣)、娑温(将军)看,沙州回鹘的确具备了比较完整的政权组织。

图7-1　榆林窟第39窟回鹘男供养人像
(采自《中国敦煌壁画全集10·敦煌西夏·元》)

①　张广达:《西域史地丛稿初探》,上海:上海古籍出版社,1995年,第230—231页。
②　[日]松井太:《敦煌諸石窟のウイグル語題記銘文に關する箚記》,《人文社會論叢》人文科学篇30,2013年。
③　(元)脱脱:《辽史》卷46《百官志二》,北京:中华书局,1974年,第754—755、757页。

西夏再次占领沙州最早应在皇祐五年(1053)。因此,1037—1052年沙州回鹘与西夏形成了短暂分治瓜州、沙州的局面。自1053年开始西夏才实现了瓜州、沙州地区的完全统治。原先处于喀喇汗王朝与西夏中间地带、并起到缓冲作用的沙州回鹘政权覆灭,使得在地理上西夏与喀喇汗王朝进一步靠近。同时,西夏攻占河西、西进沙州之举,控制了西域地区与中原朝贡和经济往来的传统道路,引发喀喇汗王朝的不满。特别是西夏前期与北宋爆发了数次激烈战争,虽然沙州位于西夏西陲,在宋夏战争中并未受到直接波及,但在北宋连横策略下亦面临严峻的外部政治环境。西夏调瓜州、沙州军民参战,"十人发九人",造成二州人口的损失和军事防备的空虚。北宋绍圣四年(1097),喀喇汗王朝趁机在西线发起了对西夏的进攻,并由西向东攻占瓜州、沙州、肃州。《宋史·于阗传》记载:"绍圣中,其王阿忽都董娥密竭笃又言:缅药家作过,别无报效,已遣兵攻甘(瓜)、沙、肃三州。诏厚答其意。"[1]喀喇汗王朝应在攻破瓜州、沙州后很快撤出。最晚于西夏永安二年(1099)四月之前,西夏重新恢复了对瓜州、沙州的统治。同时,采取多种举措加强对肃、瓜、沙一带的统治。

2.西夏统治时期敦煌的行政建置

西夏统治瓜州、沙州前期,统治中心在瓜州。西夏建立之初,在国内共设立十二个监军司,其中有瓜州监军司但无沙州监军司。

1099年,西夏军队驱逐喀喇汗军队,恢复了对肃、瓜、沙三州的统治,并调整了该区域的军政设置。一方面,将甘州的甘肃军司西移至肃州新置肃州监军司;另一方面,在沙州新设沙州监军司,这样由西向东构筑起了沙州、瓜州、肃州三监军司的军政管理体系,自此大幅度加强对上述地区的统治和防卫。据《天盛改旧新定律令》记载,西夏中期在沙州设立的监军司,其级别高于瓜州监军司,同时全国仅有的两个经制司,其中一个即设在沙州,表明其统治中心又向西推进到了沙州。据《西夏书事》对监军司职设的记载:"诸军并设都统军、副统军、监军使一员,以贵戚豪右领其职,余指挥使、教练使、左右侍禁官数十,不分蕃汉悉任之。"[2]可知沙州监军司、瓜州监军司的最高官员应为正统军(或称都统军)、副统军,同时正统军、副统军也是统军司的正副将领。瓜州、沙州监军司的正职为监军使,但职位次于正统军和副统军。此外,除都统军、副统军、监军使由"贵戚豪右"担任外,其余较低级的指挥使、教练使、左右侍禁官可由党项人和汉人共同担任,不分族属。

瓜州和沙州各设立刺史一名,主要负责监军司辖区内的监察事务。由于沙

---

①(元)脱脱等撰:《宋史》卷490《外国六》,北京:中华书局,1977年,第14109页。

②(清)吴广成撰,龚世俊校证:《西夏书事校证》,兰州:甘肃文化出版社,1995年,第142页。

州位于西夏西陲,因此在沙州又设立负责边防地区理财的机构沙州经制司。西
夏还在瓜州和沙州分设转运司,负责处理催租及与水渠、田地相关事务。瓜州、
沙州分设州主和城主,在城池修缮和军备维护方面向监军司负责;在边境巡检和
城池守卫方面与边检校等一起向正统军、副统军负责。瓜州、沙州应延续了乡的
基层建置及作为基层民间组织的"社"。总体来看,西夏在瓜州、沙州建立起了完
备的行政体系。

3.西夏统治时期敦煌的社会经济

西夏时期敦煌的族属主要有党项人、汉人、吐蕃人、回鹘人、粟特人。西夏王
朝建立后,分左右厢设立十二个监军司,其中"右厢甘州路三万人,以备西蕃、回
纥"①,表明吐蕃人、回鹘人是河西地区的主要少数民族。当然,这里的"回纥"也
包括了西域的喀喇汗王朝。有关西夏时期敦煌人口数量的记载很少,曹氏归义
军末期,由于西夏攻灭甘州回鹘政权而导致部分甘州回鹘部众涌入瓜沙地区,敦
煌地区的人口数量有所增加。1036年党项军队发兵攻打瓜州、沙州时,又势必
导致二州人口的减少。特别是西夏于1053年第二次进攻沙州并击溃沙州回鹘
政权,沙州的回鹘人大量逃散,人口减少。当然,这一人口损失应随着党项人的
进入和社会秩序的逐步恢复而有所回升。此后瓜州、沙州人口又有几次变化,特
别是史料所反映的几次人口损失。首先是西夏前期的宋夏战争时期,西夏曾从
瓜州、沙州征发大量人户参战,"十人发九人"。在此背景下,瓜州、沙州人口数量
有较大减少。也正是在人口减少、兵力空虚的情况下,西域喀喇汗王朝曾一度攻
克瓜、沙、肃三州。其次是西夏贞观十年(1110)发生的严重旱灾导致的人口损
失。是年三月至九月,瓜沙地区长达半年没有下雨,发生严重的干旱,"牛羊无所
食,蕃民流亡者甚众"②,使得从事畜牧业的党项人大量迁徙他地。此外还有西
夏末期,蒙古军三次攻打瓜州和沙州而导致二州的人口减少。1205年蒙古军首
次进攻瓜州、沙州,大掠而归。1224年五月,蒙古军围困沙州半年,给沙州造成
了严重损耗,《西夏书事》记载:"军民困乏,食牛羊马驼殆尽。"③1227年,蒙古军
第三次进攻并最终攻占瓜州、沙州,虽然没有发生类似肃州的屠城行动,但瓜州、
沙州人口数量又有减少。

西夏时期,敦煌的农业、畜牧业及手工业得到进一步发展。瓜州和沙州设立
有转运司,专门负责两地的土地、水渠及地租等相关事务。瓜州、沙州虽然位处
西夏西陲,但得益于历史上的农业生产基础及较好的农业生产环境,加之在转运

---

① (元)脱脱等撰:《宋史》卷485《外国一》,北京:中华书局,1977年,第13995页。
② (清)吴广成撰,龚世俊校证:《西夏书事校证》,兰州:甘肃文化出版社,1995年,第462—463页。
③ (清)吴广成撰,龚世俊校证:《西夏书事校证》,兰州:甘肃文化出版社,1995年,第492—493页。

司的管理和推动下,当地的农业生产又得到了新的发展。榆林窟第3窟东壁南侧绘有五十一面千手观音经变中的生产画面,有农业耕作图、踏碓图、杂技图、酿酒图、锻铁图等,反映了西夏时期敦煌地区农业、手工业的发展状况。

图7-2　榆林窟第3窟五十一面千手观音变中的耕作图(采自《中国石窟·安西榆林窟》)

图7-3　榆林窟第3窟五十一面千手观音变中的踏碓图(采自《中国石窟·安西榆林窟》)

　　由于西夏的崇佛政策,敦煌成为河西乃至西夏佛教的圣地。莫高窟被称作"山寺",也被称作"圣宫""世界圣宫"。西夏文《圣立义海》记载:"沙州神山。山刻佛像。寺庙、众神居处多有。"①史金波译作:"沙州神山。山中佛像、精寺、圣

_____

　　①[俄]克恰诺夫、李范文、罗矛昆:《〈圣立义海〉研究》,银川:宁夏人民出版社,1995年,第59页。

众住处多有",并指出沙州神山当指敦煌的鸣沙山。①在唐宋时期敦煌碑铭赞文书中,称莫高窟为灵岩、仙岩。诸如敦煌文书 P.2641《莫高窟再修功德记》记载:"乃因闲静,趋慕仙岩。"P.3720《莫高窟记》记载:"晋司空索靖题壁号仙岩寺。"P.3800v《祈愿文》记载:"碧油引驾于仙岩,虎节随车而降阁。"②由此可见,圣宫、神山、仙岩、灵岩皆指鸣沙山下的莫高窟,其佛教艺术成为西夏佛教艺术的杰出代表。

第二节　蒙、元时期的敦煌

西夏后期,成吉思汗统一草原各部落,建立大蒙古国。此后,蒙古军开始对外发动征服战争。由于敦煌位于河西西部,离蒙古草原相对较近,故而成为蒙古军最早的掠夺地之一。根据《西夏书事》《元史》等史书记载,蒙古军经过西夏天庆十二年(1205)、乾定元年(1224)和蒙古太祖二十二年(1227)的三次战斗,最终攻克了西夏统治下之瓜州、沙州,也自此开始了敦煌历史上的蒙、元时代。

1.蒙古军攻克敦煌的历史过程

1205 年,蒙古军首次入侵西夏。《元史·太祖纪》记载:"岁乙丑,帝征西夏,拔力吉里寨,经落思城,大掠人民及其橐驼而还。"③《西夏书事》对此次侵夏记载更为详细:"(三月)蒙古初来侵,破力吉里寨。"文下进一步记载:"至是,引将怯古力凸、耶律阿海等部兵,入河西攻力吉里寨,破之,纵兵蹂瓜、沙诸州,李纯佑不敢拒。"可知在西夏军队未予抵抗的情况下,瓜州、沙州遭到大肆劫掠和破坏。此次蒙古军的行动带有对西夏军事实力和政治态度进行试探的意味,"通过探其虚实,为以后经略谋划南霸天下,拉开了持续征战的序幕"④。蒙古军撤走后,李纯佑下令对遭到破坏的城池进行修缮。

1206 年三月,"故主纯佑暴卒于废所"⑤,李安全与李纯佑母罗氏皇太后合谋,废李纯佑即位。1211 年,西夏再度发生政变,李遵顼废襄宗安全自立。西夏自李纯佑后出现了内忧外患的局面,而蒙古军则加强了对西夏的攻势。自1205 年首次进攻西夏后,蒙古军对西夏又进行了多次征伐,给西夏以重创。1224 年五月,成吉思汗在灭花剌子模后,以李德旺结漠北诸部谋拒蒙古为借

---

① 史金波:《西夏佛教史略》,银川:宁夏人民出版社,1988 年,第 126 页。
② 郑炳林、郑怡楠辑释:《敦煌碑铭赞辑释(增订本)》,上海:上海古籍出版社,2019 年,第 1175、695、1179 页。
③ (明)宋濂撰:《元史》卷 1《太祖本纪一》,北京:中华书局,1976 年,第 13 页。
④ 李范文主编:《西夏通史》,银川:宁夏人民出版社,2005 年,第 320 页。
⑤ (清)吴广成撰,龚世俊校证:《西夏书事校证》,兰州:甘肃文化出版社,1995 年,第 464 页。

口,①派军第二次攻打沙州。《西夏书事》有详细记载:"夏五月,蒙古兵围沙州,不克",文下具体记载:"蒙古主自西域还,闻夏国有异图,自将兵由河外攻沙州。逾月不下,遣部下兵夜穴城以入。守将籍辣思义纳火穴中,蒙兵多死,思义守城如故。"②

1205年,蒙古军轻而易举地攻破并掠夺瓜州、沙州。此次则力战而不能下,表明1205年后对沙州城的修复卓有成效,沙州城的军事部署也得到加强。此次蒙古军进攻沙州,遭到了西夏守军的顽强抵抗,只能进行围城。为防止西夏援兵来解沙州之围,蒙古军又于九月进攻银州。银州的失守和漠北诸部的溃散,迫使李德旺于同年十一月遣使蒙古请降,同时答应纳子为质,沙州才得以解围。《西夏书事》记载:"德旺闻银州不守,漠北诸部溃散,遣使诣蒙古军前请降,许以质子为信。蒙古主始解沙州围,城中坚守半载,军民困乏,食牛羊马驼殆尽。"③据《西夏书事》记载,1224年沙州守将为籍辣思义。沙州军民在守将籍辣思义的带领下顽强抵抗,用火攻击退了蒙古军攻城。此后,蒙古军对沙州进行了长达半年的围困,虽然最后由于西夏请降而解围,但对沙州造成了重大损耗。

1226年,蒙古军发动灭夏战争。《元史》记载"太祖二十一年(1226)春正月",《蒙古秘史》记载为"狗儿年(1226)秋天",《史集》记载为"鸡年(1225)秋天",《圣武亲征录》记载"乙酉(1225)秋,复总兵征西夏"。④《元史·太祖纪》对蒙古军经黑水城进攻河西诸州的战斗有简要记载:

> 二十一年春[丙戌]春正月,帝以西夏纳仇人[亦]腊喝翔昆及不遣质子,自将伐之。二月,取黑水等城。夏,避暑于浑垂山。取甘、肃等州。秋,取西凉府搠罗、河罗等县,遂蹿沙陀,至黄河九渡,取应里等县。

1225年秋,成吉思汗从蒙古草原南下,欲攻西夏。但在阿儿不合打猎时摔下受伤,众将建议先返回养伤,但成吉思汗派遣使者到西夏,希望李睍能道歉屈服,以在保持尊严的情况下退兵。但李睍的逃避责任和阿沙敢不匹夫之勇的言辞再度激怒了成吉思汗,也使成吉思汗对西夏的憎恨更加深刻,并立即发兵攻夏。1226年正月,成吉思汗正式发兵西夏,二月攻取黑水城。昔里钤部率所部从沙州来归顺成吉思汗。成吉思汗遂派遣小股部队驻扎敦煌,同时昔里钤部与

---

① 关于"漠北诸部"具体所指,美国学者德斯蒙德·马丁认为当指居于甘肃西部或沿额济纳河居住的撒里畏兀儿。与撒里畏兀儿居住在同一地域的还有两个部落,即汉文文献中的特勒和赤冈,这两个部落曾经可能是回鹘的附庸。而"漠北诸部"很可能是用以区分回鹘、特勒、赤冈与南面的党项和南山山区的吐蕃部落的。H.Desmond Martin,The Mongol Wars with Hsi Hsia(1205–1227), *Journal of the Royal Asiatic Society of Great Britain and Ireland*, 1942(3), pp.210–211.

② (清)吴广成撰,龚世俊校证:《西夏书事校证》,兰州:甘肃文化出版社,1995年,第492页。

③ (清)吴广成撰,龚世俊校证:《西夏书事校证》,兰州:甘肃文化出版社,1995年,第492页。

④ 敖特根:《成吉思汗对河西诸州的攻克》,《敦煌学辑刊》2005年第2期。

阿答赤(马官)忽都铁木儿奉成吉思汗之命诏谕沙州,沙州守将伪降并设伏,昔里钤部将自己的马让与忽都铁木儿,自己击败沙州西夏追兵而还。蒙古军于是围肃州,肃州守将为昔里钤部堂兄举立沙。举立沙很早就与蒙古输款约好,欲献城归附但被部下所杀。蒙古军克肃州,成吉思汗欲屠城,昔里钤部求情,但仅有举立沙亲族奴婢106户得免。由于举立沙的纳款献城举动,成吉思汗命其后裔担任世袭肃州达鲁花赤。蒙古军继续由西往东攻克甘州、西凉等地。1227年三月,速不台已攻克兰、洮、河诸州。瓜州、沙州最后陷落。西夏国主李睍投降,随后被杀,西夏王朝灭亡。至此,长达22年的蒙古灭夏战争结束,敦煌进入了其历史上的蒙、元时代。

2.蒙、元时期敦煌的军政管理体系

1227年蒙古军攻克敦煌后,沙州隶属于拔都大王,瓜州则被废弃。但其后沙州逐渐属于察合台势力范围。1236年拔都以诸王之长身份率军西征,1243年建立钦察汗国,实际已不可能领有敦煌。中统元年(1260)阿里不哥部下阿鲁忽更是将术赤系势力逐出河中地区,而该地在蒙哥时代则为拔都所占。[①]总体来看,在蒙古帝国时期,瓜州被废弃,沙州则先后成了拔都和察合台系诸王领地。

忽必烈建立元朝后,与西北诸王爆发了激烈战争,敦煌一带成为战争的前沿地区。鉴于河西在西北边防中的重要作用,元朝设立了甘肃行省,在敦煌设立沙州路总管府,并以瓜州属之。同时,鉴于察合台系后王出伯在元廷与诸王战争中的军事统帅地位及其建立的军功,元廷任命出伯家族出镇河西西部地区。通过设立路州行政建置以及任命诸王出镇,元廷在敦煌建立起完整的军政管理体系。

至元二年(1265),忽必烈任命董文用经略西夏中兴等路行省,并首次在瓜州、沙州等地屯田。此次董文用坐镇中兴,招谕流民,开通旧渠,"垦中兴、西凉、甘、肃、瓜、沙等州之土为水田若干。于是,民之归者,户四五万,悉授田种,颁农具"[②]。这一举措收到立竿见影的效果,中兴府、西凉府,以及甘、肃、瓜、沙等原西夏故地有四五万户流民回归乡里。至元二十三年(1286),元廷正式设立甘肃行省,"本省治甘州路,统有七路、二州"[③]。成立后的甘肃行省共统有七路:甘州路、永昌路、肃州路、沙州路、亦集乃路、宁夏府路、兀剌海路。

---

①　韩儒林主编:《元朝史》上册,北京:人民出版社,2006年,第261页。
②　(元)虞集:《道园类稿》卷50,明初翻印至正刊本。此据王颋点校:《虞集全集》下册,天津:天津古籍出版社,2007年,第854页。
③　(明)宋濂撰:《元史》卷91《百官志七》,北京:中华书局,1976年,第2307页。

至元十一年(1274),元廷在西域设驿,随后又"立于阗、鸦儿看两城水驿十三,沙州北陆驿二"①,这是窝阔台时期命按竺迩在敦煌设立驿站后,元廷再度在沙州设立驿站。至元十三年(1276)春正月,"王孝忠等以罪命往八答山采宝玉自效,道经沙州,值火忽叛"②,别十八里落入叛军之手,元廷遂命王孝忠在瓜州、沙州进行屯田。这一系列屯田设驿的举动为元廷正式在瓜州、沙州设立行政建置做好了准备。至元十四年(1277),元廷复立瓜州、沙州,③时隔五十年之后瓜州、沙州重新恢复了州的行政建置。至元十六年(1279)三月,南宋覆亡。元军灭宋不仅统一中原版图,还使忽必烈得以调大军进驻西域,对付诸王叛乱。战乱中有贫民内附沙州并乞粮,必须从肃州供给粮食。由于瓜州、沙州当时尚隶属肃州,但"沙州去肃州千五百里,内附贫民欲乞粮沙州,必须白之肃州,然后给予"④,求粮不便,因此元廷于至元十七年(1280)设立单独的沙州路总管府。《元史·地理志》载:"十七年,升为沙州路总管府,瓜州隶焉。"⑤此次沙州升为沙州路,并以瓜州隶之,对元代敦煌发展具有重要意义。

元朝在设立省、路、府、州、县行政体系的同时,也设立了派宗王镇守的制度。《经世大典·序录·屯戍》记载:"国初征伐,驻兵不常其地。视山川险易,事机变化,而位置之。前却进退无定制。及天下平,命宗王将兵,镇边彻襟喉之地(如和林、云南、回回、畏吾、河西、辽东、扬州之类)。"⑥豳王出伯、豳王南忽里、喃答失太子先后出镇河西西部及西域东部(肃州、瓜州、沙州、哈密)地区,其间元廷还曾派出伯家族之外的嗣越王阿剌忒纳失里短暂出镇沙州。随着元代中期出伯家族的支系化,出伯家族成员新获肃王、西宁王王号。豳王继续出镇肃州,肃王、威武西宁王先后出镇哈密,而西宁王则专镇瓜州、沙州并直至元末明初。因此,元朝时期敦煌地区形成了沙州路总管府、瓜州与诸王共同组成的军政管理体系。

第一代豳王出伯。据《史集》记载,出伯和合班为察合台曾孙,拜答儿之孙,阿鲁浑之子。⑦至元十四年(1277)瓜州、沙州设立的同时或稍后,出伯、合班兄弟率上万人军队投奔忽必烈,归顺元朝。《蒙兀儿史记》记载:"置本营为甘州,兼领瓜沙以西北至合剌火者畏兀儿地征戍事"⑧,可知当时出伯镇戍区域已包括瓜州、沙州。大德六年(1302)六月,御史台臣上奏:"瓜沙二州,自昔为边镇重地,今

　　① (明)宋濂撰:《元史》卷8《世祖本纪五》,北京:中华书局,1976年,第153页。
　　② (明)宋濂撰:《元史》卷9《世祖本纪六》,北京:中华书局,1976年,第177页。
　　③ (明)宋濂撰:《元史》卷60《地理志三》,北京:中华书局,1976年,第1450—1451页。
　　④ (明)宋濂撰:《元史》卷60《地理志三》,北京:中华书局,1976年,第1450页。
　　⑤ (明)宋濂撰:《元史》卷60《地理志三》,北京:中华书局,1976年,第1450页。
　　⑥ (元)苏天爵编:《元文类》卷41,北京:商务印书馆,1936年,第594页。
　　⑦ [波斯]拉施特主编:《史集》第二卷,余大钧、周建奇译,北京:商务印书馆,1983年,第174页。
　　⑧ (清)屠寄:《蒙兀儿史记》,(清)柯劭忞、屠寄:《元史二种》2,上海:上海古籍出版社,2012年,第345页。

大军屯驻甘州,使官民反居边外,非宜。乞以蒙古军万人分镇险隘,立屯田以供军实,为便",成宗同意其请。①由此出伯蒙古军正式进驻瓜州、沙州进行屯田。大德六年十一月,元廷命甘州军隶诸王出伯,②出伯开始正式镇戍甘州。大德八年(1304)十二月辛丑,"封诸王出伯为威武西宁王,赐金印"。元廷正式封出伯为威武西宁王,赐金纽驼印,位三等王。随后又赋予出伯更多权力,如大德十年(1306)四月丁未,"命威武西宁王出伯领甘肃等地军站事"③。大德十一年(1307),诸王出伯进封为豳王,④由三等诸王晋升为一等,佩金印兽纽。豳王出伯由甘州移驻肃州,此后豳王乌鲁斯正式形成。⑤在豳王出伯镇戍时期,肃州、瓜州、沙州、哈密均属其镇戍范围,因而瓜州、沙州只是其镇戍地区的一部分。

　　第二代豳王南忽里。出伯之子南忽里,《元史》中又记作南木忽里、喃忽里。关于南忽里获封其父出伯豳王封号的时间,《元史》记载互有矛盾。《元史·诸王表》记载:"喃忽里,延祐七年(1320)袭封。"⑥《武宗纪》则记载:"(至大元年十一月)乙丑,赐诸王南木忽里金印。"⑦至大元年(1308)出伯死后,十一月南忽里获赐金印,袭其父位。但直到皇庆二年(1313)上半年,南忽里才正式获封豳王称号,并以豳王身份出镇。在第二代豳王南忽里镇戍时期,瓜州、沙州仍只是其镇戍区域的一部分。

　　喃答失太子。泰定三年(1326)八月十五日由喃答失太子立于文殊山的《重修文殊寺碑》,是记载喃答失之前出伯家族世系的重要石刻资料。碑石正面为汉文,背面为回鹘文。该碑石与《贵显世系》《史集》《元史》之记载相合,可知喃答失为南忽里之子,喃答失太子继承了南忽里的权力继续镇戍包括肃州、瓜州、沙州在内的河西西部地区。令人疑惑的是,不仅碑文中称喃答失为太子,⑧而且在《元史》中从未载其有豳王封号。虽然喃答失袭其父南忽里位继续镇戍,但是元廷并未赐喃答失豳王封号。根据《元史·泰定帝纪》记载泰定元年(1324)阿剌忒纳失里出镇沙州,因此喃答失对瓜沙地区的镇戍止于泰定元年秋。而根据《重修文殊寺碑》,泰定三年时喃答失太子仍在位,这表明在喃答失镇戍时期,出伯家族

---

　　① (明)宋濂撰:《元史》卷21《成宗本纪四》,北京:中华书局,1976年,第452页。
　　② (明)宋濂撰:《元史》卷20《成宗本纪三》,北京:中华书局,1976年,第443页。
　　③ (明)宋濂撰:《元史》卷21《成宗本纪四》,北京:中华书局,1976年,第461、469页。
　　④ (明)宋濂撰:《元史》卷108《诸王表》,北京:中华书局,1976年,第2738页记载:"出伯,大德十一年由威武西宁王进封。"
　　⑤ 杨富学、张海娟:《蒙古豳王家族与元代西北边防》,《中国边疆史地研究》2012年第2期。
　　⑥ (明)宋濂撰:《元史》卷108《诸王表》,北京:中华书局,1976年,第2738页。
　　⑦ (明)宋濂撰:《元史》卷22《武宗本纪一》,北京:中华书局,1976年,第504页。
　　⑧ 关于蒙古诸王称太子的情况,杉山正明认为碑文中"太子"只是表示他们特殊地位的一种"称号",并非汉文"太子"的意义,亦不能据此对南忽里袭其父位产生疑问。参见[日]杉山正明:《モンゴル帝国と大元ウルス》,京都:京都大学学术出版社,2004年,第256页。

已出现支系化,其镇戍地已出现分化,沙州、肃州由外系诸王阿剌忒纳失里和喃答失太子分别出镇。

嗣越王阿剌忒那失里对沙州的短暂出镇。《元史·泰定帝纪》记载,泰定元年七月,"诸王伯颜帖木儿出镇阔连东部,阿剌忒纳失里出镇沙州,各赐钞三千锭"①。《元史·秃剌传》记载,阿剌忒纳失里父秃剌为察合台四世孙,在武宗登基的过程中建立功勋,随后封一等王越王并以绍兴路为其分地。但秃剌并不满足,言行多次僭越,最终于至大二年(1309)被诛。关于越王秃剌之子阿剌忒纳失里,《秃剌传》记载:"子西安王阿剌忒纳失里,天历初以推戴功,进封豫王。"②泰定帝登基(1324)后,嗣越王阿剌忒纳失里始被起用,作为豳王和西宁王之间的过渡性诸王而短暂出镇沙州。莫高窟北区石窟出土回鹘蒙古文文书 B163:46《阿剌忒纳失里令旨残片》中记载有发布令旨的 ara[///]širi,很可能即出镇过沙州的阿剌忒纳失里。③据《元史·诸王表》,天历二年(1329)出伯子忽塔迷失受封西宁王出镇沙州,④这表明嗣越王阿剌忒纳失里已于是年结束了对沙州的出镇,沙州的镇戍权从外王系又回到了出伯系。阿剌忒纳失里自泰定元年至天历二年(1324—1329)出镇沙州,共计五年。

出伯家族的支系化与西宁王系对沙州的出镇。沙州地区原为豳王出伯、豳王南忽里、太子喃答失的镇戍范围,其后突然由出伯家族之外的人物嗣越王阿剌忒纳失里进行镇戍。究其原因,应与出伯家族出现的支系化趋势有关。天历二年(1329),出伯家族成员新获肃王和西宁王两个王号,标志着出伯家族内部正式支系化。元廷将出伯家族的封号和镇戍地进行分解,由原先一个豳王王号继承人镇戍不同地区,转变为肃王、西宁王、豳王以不同王号分镇不同地区。

第一代西宁王忽塔迷失(1329年在位)。忽塔迷失在《元史》中又记作"忽答的迷失",是首位获封的西宁王。根据《元史·诸王表》,西宁王为二等王,赐金印螭纽。《元史·文宗纪》记载天历二年(1329)二月,"癸未,赐吴木楠子、西宁王忽答的迷失、诸王那海罕、阔儿吉思金银有差"⑤。但忽塔迷失镇戍沙州仅一年即晋封一等王豳王,史料中没有记载其在沙州活动的事迹。

第二代西宁王速来蛮(1330—1351年在位)。速来蛮为出伯之孙、伯颜塔失

①(明)宋濂撰:《元史》卷29《泰定帝本纪一》,北京:中华书局,1976年,第649页。
②(明)宋濂撰:《元史》卷117《秃剌传》,北京:中华书局,1976年,第2907页。
③ 敖特根:《敦煌莫高窟北区出土蒙古文文献研究》,北京:民族出版社,2010年,第92—114页。
④(明)宋濂撰:《元史》卷108《诸王表》,北京:中华书局,1976年,第2739页。
⑤(明)宋濂撰:《元史》卷33《文宗本纪二》,北京:中华书局,1976年,第730页。

之子。①据《元史·诸王表》，天历三年（1330）速来蛮受封西宁王，②出镇沙州。速来蛮推崇佛教，以功德主身份率领家族成员及沙州路总管府河渠司成员于至正八年（1348）勒立了《莫高窟六字真言碣》，同时出资重修了皇庆寺，其建寺事迹见载于《重修皇庆寺记》碑。从这些碑记中也可窥见速来蛮时期沙州地区社会安定和谐之局面。

图7-4　《莫高窟六字真言碣》拓片（采自李永宁《敦煌莫高窟碑文录及有关问题（二）》）

第三代西宁王牙罕沙（1351—？在位）。牙罕沙在《莫高窟六字真言碣》中作"养阿沙太子"，其时为至正八年（1348），西宁王速来蛮还在位，牙罕沙当时为太子。根据《重修皇庆寺记》记载，西宁王速来蛮于至正十一年（1351）去世，同时在碑中牙罕沙以西宁王身份出现，表明牙罕沙在其父死后继承西宁王位。至正十一年（1351）开始的农民大起义席卷元朝境内，对元朝南方统治造成了沉重打击。出镇沙州的西宁王牙罕沙临危受命，转镇四川，率领军队镇压起义军，并最终与其他元军一起攻破徐寿辉建立的天完政权都城蕲水，暂时解除了南方起义军对元朝的威胁。西宁王牙罕沙在镇压起义军的过程中立下汗马功劳，在攻克蕲水

---

① 胡小鹏：《元代西北历史与民族研究》，兰州：甘肃文化出版社，1999年，第43—44页。
② （明）宋濂撰：《元史》卷108《诸王表》，北京：中华书局，1976年，第2739页。

后不久回到沙州,继续出镇。

第四代西宁王速丹沙[?(1354年元月之后)—? 在位]。速丹沙是速来蛮之子,牙罕沙之弟。《元史》对西宁王的记载止于至正十三年(1353)十二月,是月西宁王牙罕沙在结束四川的战事后返回沙州继续出镇,因而《元史》等史书中未有速丹沙之记载。

第五代西宁王阿鲁哥失里。《明太祖实录》记载洪武二十四年(1391)正月,"沙州王子阿鲁哥失里等遣国公抹台阿巴赤、司徒苦儿兰等贡马及璞玉"①。《明史·西域传》记载基本相同:"洪武二十四年,蒙古王子阿鲁哥失里遣国公抹台阿巴赤、司徒苦儿兰等来朝,贡马及璞玉。"②这里的沙州王子或蒙古王子阿鲁哥失里,据考即《贵显世系》记载的速丹沙之子 Arkashirin(Argasiri)。③元朝灭亡后,甘肃行省仍由故元势力统治,河西西部地区也依旧处在豳王、西宁王、威武西宁王等出伯家族后裔的镇戍之下。洪武二十四年,由于威武西宁王兀纳失里经常阻截西域贡使,故而明军于是年八月对哈密发兵征讨。由于西宁王后王阿鲁哥失里服顺明廷,因而明军此次并未征讨西宁王。西宁王在沙州的出镇于明代转变为沙州卫。阿鲁哥失里后,困即来、买住被明廷授予指挥使执掌沙州卫,表明元代河西西部地区的诸王出镇体制正式变为明代的卫所制度,西宁王王号也最终终结。

3. 蒙、元时期敦煌的社会经济文化

蒙古帝国时代的大一统和空前辽阔的疆土,使敦煌不再处于西北边境地区。但在元朝建立后,敦煌实际又处在了元帝国与察合台汗国的边境地带。由于元朝疆土大致分为腹里地区和行省地区,就元廷中央和内地而言,甘肃行省被认为属于全国"极边之地"。诸如在至大二年(1309)八月中书省臣的上奏中即称"甘肃省僻在边陲"④。又如《经世大典·站赤》记载:"本省地在极边,往来经涉沙漠……人稀路回,所过艰险,比之岭北荒恶尤甚"⑤,对肃州亦记载其为"边远之地"⑥,而瓜州、沙州位于甘肃行省最西部,较肃州更为边远。因此,元代瓜州、沙州又常成为流置犯人的地方。在元朝与西北宗王爆发战争的背景下,包括敦煌地区在内的河西西部地区的军事、政治作用又再度凸显出来。也正是基于此,元初设立甘肃行省及沙州路总管府、瓜州,恢复了敦煌地区的行政建制与管理,同时在河西西部地区确立了以出伯为首的诸王镇戍制度。由此,元政府在河

---

① 《明太祖实录》卷207"洪武二十四年春正月"条,台北:"中研院"史语所影印本,1963年,第3084页。
② 《明史》卷330《西域传二·沙州卫》,北京:中华书局,1974年,第8559页。
③ [日]杉山正明:《モンゴル帝国と大元ウルス》,京都:京都大学学术出版社,2004年,第272—274页。
④ (明)宋濂撰:《元史》卷23《武宗本纪二》,北京:中华书局,1976年,第513页。
⑤ (明)解缙等编:《永乐大典》卷19421,北京:中华书局,1986年,第7235页。
⑥ (明)解缙等编:《永乐大典》卷19419,北京:中华书局,1986年,第7213页。

西地区建立起了有效的军政管理体系,以保证元代西北地区政治的稳定、边防的安全和中西交通路线的畅通。

　　沙州路总管府及瓜州的族属构成,正史未有明确记载。元代以前,敦煌地区就是一个多族聚居之地。蒙古帝国时期,在蒙古人席卷欧亚的征服战争中将大量中亚、西亚人带回内地,对元代及此后的民族格局产生了深刻影响。特别是紧靠西域的甘肃行省各地,这种影响更大。瓜州、沙州、肃州、甘州、亦集乃等地均形成了蒙古人、汉人、畏兀儿、党项人多族杂居之地。马可·波罗在游历沙州时记载:"居民多是偶像教徒,然亦稍有聂斯脱里派之基督教徒若干,并有穆斯林。"[1]这表明元初沙州城居民主要是信仰佛教的蒙古人、汉人和党项人,并有一定数量信仰伊斯兰教的居民和信仰景教的畏兀儿人。

图7-5　榆林窟第6窟前室西壁北侧蒙古族供养人
（采自《中国石窟·安西榆林窟》）

图7-6　莫高窟北区洞窟B105出土
青铜造十字架（采自《敦煌莫高窟
北区石窟》第2卷）

　　元朝继续在瓜州、沙州进行屯田。据《元史·兵制》记载:"大抵(勺)[芍]陂、洪泽、甘、肃、瓜、沙,因昔人之制,其地利盖不减于旧"[2],可见元代敦煌的耕种田地、水利设施仍旧可以发挥作用,具有良好的屯垦条件。大德六年(1302)六月己丑日,万余蒙古军进驻瓜州、沙州屯田,这表明大德六年之前,汪惟和的屯戍军应已撤离瓜州、沙州。这里屯驻甘州的大批蒙古军,史书虽然未详载,但应是出伯所属军队。御史台臣上奏获准后,出伯所属蒙古军万人进驻瓜州、沙州,并开始大规模的屯田。

---

①［法］沙海昂注:《马可波罗行纪》,冯承钧译,北京:中华书局,2004年,第190页。
②（明）宋濂撰:《元史》卷100《兵志三》,北京:中华书局,1976年,第2558页。

元朝统治者为了缓和帝国内部的矛盾,对不同宗教采取了相对宽容的态度。在所有宗教中,蒙古统治者尤其推崇佛教。世祖忽必烈时期,对萨迦派大力扶持,以八思巴为国师、帝师,统领全国佛教。元朝统治者对佛教特别是藏传佛教的推崇,后期固然有信仰的成分,但最主要的还是政治方面的考虑。敦煌地处元代多民族杂居的西北地区,其中蒙古、汉、党项、藏等族中有不少人信奉藏传佛教。藏传佛教不仅在沙州,也在豳王、威武西宁王、肃王出镇地区及察合台汗国得到了支持。此外,元代敦煌的汉传佛教也得到了发展。诸王(特别是西宁王系)及沙州路总管府官员,无论是基于对佛教的信仰、推崇还是政治方面的考虑,对敦煌境内的佛教特别是藏传佛教的发展采取了支持态度。元代石窟艺术是敦煌石窟艺术发展史上的最后一个高峰,莫高窟第3窟和第465窟是元代中原风格和藏密风格及其艺术成就的代表性洞窟。

第三节　明朝时期的敦煌

自洪武五年(1372)开始,明军发兵河西,发动了针对故元甘肃行省的军事行动。攻克甘肃后,明廷于洪武、永乐年间,在包括沙州在内的关西地区相继设立羁縻性质的关西七卫。其中,位处敦煌的是沙州卫及后来设立的罕东左卫。

1.明军攻克敦煌的过程

洪武三年(1370)春正月,明廷命徐达为征房大将军,李文忠、冯胜、冯愈、汤和副之,分道北征。洪武五年正月,宋国公冯胜为征西将军,陈德、傅有德分任左右副将出征甘肃。《明太祖实录》洪武五年六月记载:

> 戊寅。征西将军冯胜、左副将军陈德、右副将军傅有德率师至甘肃,故元将上都驴降。初胜等师至兰州,友德先率骁骑五千直趋西凉,遇元失剌罕之兵战败。至永昌又败元太尉朵儿只巴于忽剌罕口,大获其辎重牛马。进至扫林山,胜等师亦至,共击走胡兵。友德手射死其平章百花,追斩其党四百余人,降太尉锁纳儿加平章管著等。至是上都驴知大将军至,率所部吏民八百三十余户迎降,胜等抚辑其民,留官军守之。遂进之亦集乃路,元守将卜颜帖木儿全城降。师次别笃山口,元岐王朵儿只班遁去,追获其平章长加奴等二十七人,及马驼牛羊十余万。友德复引兵至瓜、沙州,又败其兵,获金银印马驼牛羊二万而还。[1]

《明史·太祖纪》及《明史·傅有德传》亦有简略记载。[2]此次明军沿河西走廊西进,击溃故元军队,先后攻占西凉、永昌、亦集乃、肃州、瓜州、沙州,故元甘肃行省

---

[1]《明太祖实录》卷74,台北:"中研院"史语所影印本,1963年,第1358—1359页。

[2]《明史》卷2《太祖本纪二》,北京:中华书局,1974年,第27页;《明史》卷129《傅有德传》,第3802页。

的统治迅速瓦解。

黑水城出土汉文文书中时代最晚的一件写于北元宣光二年(1372),《俄藏黑水城文献(汉文部分)》将该件文书命名为《宣光二年甘肃等处行中书省亦集乃分省咨文》,编号TK204v。《俄藏黑水城文献(汉文部分)》原卷记载:

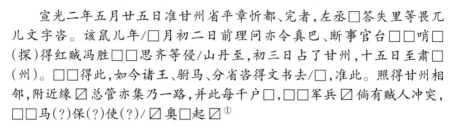

> 　　宣光二年五月廿五日准甘州省平章忻都、完者,左丞□答失里等畏兀
> 儿文字咨。该鼠儿年/□月初二日前理问亦令真巴、断事官台□□哨□
> (探)得红贼冯胜□□思齐等侵/山丹至,初三日占了甘州,十五日至肃□
> (州)。□□得此,如今诸王、驸马、分省咨得文书去/□,准此。照得甘州相
> 邻,附近缘☑总管亦集乃一路,并此每千户□,□□军兵☑倘有贼人冲突,
> □□马(?)保(?)使(?)/☑奥□起☑①

该文书记载了完者帖木儿率军守御的缘由,即亦集乃方面探得明军抵近的最新军事动向。由亦集乃方面探得的情报可知,"红贼"冯胜率所部从山丹而来,文书记载其时间为"该鼠儿年□月初二日"。"鼠儿年"即宣光二年,"□月"据下文判断当为"五月"。是年五月初三,冯胜所部占据甘州,十五日到达肃州。文书后残,据文意判断应为亦集乃方面所做的军事准备。TK204v文书内容相互连接,反映出明军攻占亦集乃分省前的军事动向及亦集乃方面的人事任命、军情侦察及军队调动情况。

值得注意的是,TK204文书(3)将冯胜所率明军称为"红贼"。元至正十一年(1351),爆发了郭子兴、韩山童、刘福通、徐寿辉等领导的农民大起义。由于起义军"以红巾为号",多为白莲教教徒,故而"时皆谓之'红军',亦称'香军'"。②由此,"红军"或"红巾军"成了对元末农民起义军的称呼。此外,在高丽史料中又有称呼红巾军为"红贼"的记载。至正十九年(高丽恭闵王八年,1359)元月,关先生所率领的中路红巾军攻克辽东,设立辽阳行省,随后红巾军对高丽发出威慑文告。郑麟趾等撰《高丽史》记载,是年二月乙酉,"红贼移文于我曰:'慨念生民,又陷于胡。倡义举兵,恢复中原。东蹿齐鲁,西出函秦,南过闽广,北抵幽燕,悉皆款附,如饥者之得膏粱,病者之遇药石。今令诸将严戒士卒,毋得扰民。民之归化者,抚之;执迷旅拒者,罪之。'"③这里的"红贼"即指红巾军。在各支起义军当中,朱元璋所部逐步发展壮大,最终完成了对南方各省的统一,并兴军北伐,建立明朝。故而元末又称明军为"红军"或"红贼"。

---

　　① 史金波、魏同贤、[俄]E·И·克恰诺夫主编:《俄藏黑水城文献(汉文部分)》第4册,上海:上海古籍出版社,1996年,第209页。
　　②《明史》卷122《韩林儿传》,北京:中华书局,1974年,第3682页。
　　③ [朝鲜]郑麟趾等著,孙晓主编:《高丽史》卷39《恭闵王二》,重庆:西南师范大学出版社,2014年,第1222页。

莫高窟第237窟(伯希和编号第84号洞)留存有一条汉文游人题记,伯希和在其石窟笔记中记载:"在过道右壁的汉文游人题记中,我释读出了以下一些(题记)",并对该条题记内容进行了记录:"统(?)兵官朵儿只巴/中书省左丞相(?)红军至/肃州赶(?)至同甘肃省(?)/平章侏等到此"①。根据上文考察,题记中记载"红军至肃州赶(?)至","红军"应即TK204v文书中记载的"红贼冯胜","红军至肃州赶(?)至"指明军在相继占领甘、肃、亦集乃等地后,又从肃州西进瓜州、沙州。明军从肃州追来,迫使大批故元官员和残兵向西逃至瓜沙一带,而元代及明初时期,肃、瓜、沙地区一直是豳王、西宁王出镇区域。题记中的"中书省左丞相(?)"官高从一品,他在明军沿河西走廊西进的情况下,也逃至瓜州、沙州一带;"统(?)兵官朵儿只巴",应即《明太祖实录》所载被明军击败于永昌的元太尉朵儿只巴或者于别笃山口逃走的元岐王朵儿只班。由此可知,《明太祖实录》、黑水城出土TK204v文书及莫高窟第237窟北元时期汉文游人题记,从不同角度或记录或反映了明军进军甘肃、攻克敦煌的战事,具有较高的历史价值。

2.明代嘉峪关的修建和关西七卫的设立

在攻克瓜州、沙州后,冯胜所部并未在当地设立行政建置进行管辖,而是在战后即班师返回,并在肃州西七十里修建嘉峪关。此后,明廷逐步构建属于明代九边之一的甘肃镇,并在嘉峪关以西地区相继设立起到拱卫甘肃镇作用的关西七卫。嘉峪关关城"望之四达,足壮伟观"②,据以抵御蒙古边患,阻隔蒙藏各部联系,并作为与西域朝贡往来的窗口。明人张雨在描述嘉峪关形胜时说:"河山襟带,羌戎通驿,南有雪山嵯峨万仞,北有紫塞延袤千里,西土保障之喉襟。"③《秦边纪略》亦称:"明收河西地,而以嘉峪为中外巨防,此河西之极而譬诸吐舌之末也。地无居人,为屯兵焉。四面平川而关在坡上,初有水而后置关,有关而后建楼,有楼而后筑城,长城筑而后关可守也。"④冯胜率军东返后,蒙古部众又重新回到瓜州、沙州一带游牧。

① [法]伯希和:《伯希和敦煌石窟笔记》,耿昇译,兰州:甘肃人民出版社,2007年,第158—159页。
② 吴生贵、王世雄等校注:《肃州新志校注》,北京:中华书局,2006年,第130页。
③ (明)张雨撰,薄音湖点校:《边政考》,呼和浩特:内蒙古大学出版社,2011年,第110页。
④ (清)梁份著,赵盛世等校注:《秦边纪略》卷4《肃州卫》,西宁:青海人民出版社,1987年,第236页。

图7-7　明代嘉峪关（采自《城池防御建筑：千里江山万里城》）

在修建嘉峪关后，明初又在河西之地设立甘肃镇。《明史·西域传》记载："原夫太祖甫定关中，即法汉武创河西四郡隔绝羌、胡之意，建重镇于甘肃，以北拒蒙古，南捍诸番，裨不得相合。"①《兵志》亦载："元人北归，屡谋兴复。永乐迁都北平，三面近塞。正统以后，敌患日多。故终明之世，边防甚重。东起鸭绿，西抵嘉峪，绵亘万里，分地守御。初设辽东、宣府、大同、延绥四镇，继设宁夏、甘肃、蓟州三镇，而太原总兵治偏头，三边制府驻固原，亦称二镇，是为九边。"②甘肃镇位于九边最西，防御任务艰巨、地位作用重要，对此明清时人多有阐发。如"盖以本朝边境，惟甘肃为最远，亦惟甘肃为最重。祖宗于此屯兵建阃，非但制驭境外之生夷，亦以抚绥境内之熟羌也"③，"各边止知防秋，而甘肃四时皆防，各边止知防房，而甘肃则又防番防回，兵马奔驰，殆无虚日"④，等等。甘肃镇下还设立有众

①《明史》卷330《西域传二·西番诸卫》，北京：中华书局，1974年，第8549页。
②《明史》卷91《兵志三》，北京：中华书局，1974年，第2235页。
③《明孝宗实录》卷74"弘治六年四月"条，台北："中研院"史语所影印本，1963年，第1392页。
④（清）王珏美修，曾钧等纂：《五凉全志》，台北：成文出版社有限公司（据乾隆十四年刊本影印本），1966年，第427页。

多卫所,并构筑起完善的防御体系,包括墩堡、驿站和边墙。[①]

此外,明代虽然有划嘉峪关而治的意图,但仍着力于在关西地区建立起能够支配的缓冲地带,构筑保卫嘉峪关和甘肃镇的外部拱卫体系。因此自洪武至永乐年间,相继在嘉峪关以西地区设置了七个羁縻卫所,即安定、阿端、曲先、罕东、沙州、赤斤蒙古、哈密七卫,史称"关西七卫"。基于元代豳王、西宁王、威武西宁王,以及安定王出镇关西地区的历史渊源和现状,明政府以蒙古首领分任关西七卫首领,授以官职,故又称"蒙古七卫"。关西七卫中最先设立的是安定、阿端、曲先三卫。洪武八年(1375)正月,明朝设立安定、阿端两卫,洪武九年前后设立曲先卫。安定、阿端、曲先三卫在明代史料中被称作撒里畏兀儿诸卫,属元代安定王封地。沙州卫、哈密卫、赤斤蒙古卫于永乐初年相继设立。洪武十三年(1380),明军对关西之地再次发动大规模军事行动。是年四月,濮英奏请督兵略地,开哈梅里(哈密)之路以通商旅,而当时盘踞在关西地区的正是元代出伯后王集团,分别为出镇肃州的豳王后裔、出镇沙州的西宁王后裔,以及出镇哈密的威武西宁王后裔。洪武五年冯胜进攻甘肃时,大败各地故元军队,并连克肃、瓜、沙三州。经过洪武二十四年(1391)的战斗,豳王家族可能已完全覆灭,兀纳失里也遭到沉重打击。洪武二十五年(1392),哈密遣使贡马骡请罪,明廷赐予白金、文绮。兀纳失里卒后,其弟安克帖木儿继承肃王位。此后,明廷先后设立沙州卫、哈密卫、赤斤蒙古卫。永乐二年(1404)九月,塔力尼率所部五百余人自哈剌脱之地来归。明廷诏设赤斤蒙古所,以塔立尼为千户。永乐八年(1410),塔力尼参与平定肃州哈剌马牙叛乱,"天子闻之喜,诏改千户所为卫,擢塔立尼指挥佥事,其部下授官者三人"[②]。根据《明太宗实录》记载,沙州卫的设立在永乐三年(1405),哈密卫的设立在永乐四年。永乐二年六月,安克帖木儿遣使来朝,表请赐爵,明廷将元代的威武西宁王、肃王王号改为明代的忠顺王。《明太宗实录》记载:"上(朱棣)曰:前代王爵,不足再论。今但取其能归心朝廷而封之,使守其地,绥抚其民可也。遂封为忠顺王,遣指挥使霍阿鲁秃等赍敕封之,并赐之彩币。"[③]永乐四年(1406)三月设立哈密卫。罕东卫的设立则在洪武三十年(1397),自此,作为甘肃镇外部拱卫体系的关西七卫相继设立完毕。

3.沙州卫、罕东左卫

明代在嘉峪关外设立的关西七卫,是一个整体的拱卫体系。七卫在明代联系较为密切,特别是处于嘉峪关正西的赤斤、沙州、哈密三卫,由于地理位置相

---

① 田澍:《明代甘肃镇边境保障体系述论》,《中国边疆史地研究》1998年第3期。
②《明史》卷330《西域传二·赤斤蒙古卫》,北京:中华书局,1974年,第8556页。
③《明太宗实录》卷32,台北:"中研院"史语所影印本,1963年,第573页。

近、又同出于元代出伯家族后王集团,因此联系更为密切。七卫中,处于敦煌境内的是沙州卫及其后设立的罕东左卫,因而明代时期的敦煌历史主要就是沙州卫、罕东左卫建置时期的历史。

沙州卫。沙州卫等关西七卫有别于内地卫所,是明代在嘉峪关外设立的羁縻卫所,不属于明代直接管辖之地。羁縻卫所既领军、屯田,又兼理民政,集军事职能与行政职能为一体。[①]关于沙州卫的设立时间,《明史·西域传》记载为永乐二年(1404):“永乐二年,酋长困即来、买住率众来归。命置沙州卫,授二人指挥使,赐印诰、冠带、袭衣。已而其部下赤纳来附,授都指挥佥事。”[②]沙州卫卫治在今敦煌市沙州镇以西的沙州故城,《肃镇华夷志》记载:“沙州城。肃州城西八百余里”[③],《重修肃州新志》记载:“沙州旧城即古敦煌郡治也,今在沙州之西,墙垣基址犹存。”[④]

永乐时期明朝国力强盛,沙州卫比较安定,与其他卫所之间基本能做到相安无事,因而在《明太宗实录》中也未留下有关沙州卫的过多记载。在政治上,明廷扶持困即来执掌沙州卫,并授予大小首领官职,凡功必赏。同时,对所犯失误及时补救,使沙州卫上下人心服顺。在经济上,给予沙州卫部众种子农具,使其发展生产,自给自足。当沙州卫部众出现饥困时,则给予必要的粮食赈济。上述举措,使得初创的沙州卫得到巩固。就沙州卫而言,奉命朝廷,谨修朝贡。同时在肃州出现内乱时,沙州卫与其他卫所一同出兵相助、事后迅速撤兵归卫,真正起到了拱卫明朝西陲的作用。

洪熙、宣德时期,沙州卫奉命明廷,多次派兵护送明朝使臣。洪熙元年(1425),曲先卫首领散即思联合安定卫首领劫杀朝廷使臣,陕西行都司土官、都指挥李英率军前去征讨曲先卫,沙州卫及其他卫所也派兵随同征讨。宣德六年(1431),明廷赏赐征讨曲先将士,对沙州卫也论功行赏。与此同时,沙州卫与诸卫之间的摩擦和劫掠也逐渐增多。罕东卫的一支部众开始侵入沙州境内居住,有些卫所还在沙州地区劫掠西域贡使和归明部众。总体看来,洪熙、宣德时期明朝对沙州卫的经济支持有所削减和限制,沙州卫与诸卫之间的摩擦和劫掠也日益增多,内外环境的日益严峻。尽管沙州卫处境出现了危机和挑战,但洪熙、永乐时期沙州卫仍然获得了较快发展。在都督佥事困即来执掌下,经过永乐三年至宣德九年(1405—1434)三十年的发展,沙州卫已是“户口滋息,耕牧富饶”,是

---

①　彭建英:《明代羁縻卫所制述论》,《中国边疆史地研究》2004年第3期。
②　《明史》卷330《西域传二·沙州卫》,北京:中华书局,1974年,第8559—8560页。
③　(明)李应魁撰,高启安、邸惠莉点校:《〈肃镇华夷志〉校注》,兰州:甘肃人民出版社,2006年,第162页。
④　(清)黄文炜撰:《重修肃州新志》,酒泉:甘肃省酒泉县博物馆,1984年,第486页。

沙州卫建置史上发展最好的时期。

正统八年(1443),担任沙州卫首领三十八年的困即来去世,"兄弟乖争,部众离贰",困即来长子喃哥和三子克罗俄之间的失和争斗,促使了沙州卫的衰弱和分裂。明廷对诸卫的威慑力和控制力日益下降,关西七卫之间的袭扰和劫掠开始频繁起来,赤斤蒙古卫至哈密之间的贡道不再安全,已到了不派兵护送就会被劫掠的地步。

瓦剌的威胁和侵扰是沙州卫最终废置的主要外部因素。在明朝西北方向,瓦剌开始与明朝激烈争夺对关西七卫的控制权,试图瓦解明朝嘉峪关外的藩篱体系。瓦剌态度日渐强硬和蛮横,要求沙州卫都督喃哥亲自送女去瓦剌结亲,如不从就威胁劫掠。但明廷态度暧昧,仍是对瓦剌好言相劝。在此背景下,沙州卫头目和部众对内附明朝或投靠瓦剌产生了分歧。与桑哥失力选择内附明朝不同的是,都督喃哥等萌生了投附瓦剌之意,明廷指示总兵官任礼相机收捕喃哥等入居甘州。九月,沙州卫都督喃哥兄弟反目争斗,部众分裂,喃哥奏请入居肃州小钵和寺居住。总兵官任礼考虑周密,对策详备。在沙州招抚部众时喃哥改变主意,为防止喃哥及其部众投靠瓦剌而造成隐患,任礼率兵及时跟进,将喃哥部众全部迁入甘州。自此,设立了四十一年的沙州卫彻底废置。

整体而言,正统时期明朝西北边疆政策日益保守,瓦剌开始与明廷激烈争夺对关西诸卫的控制权,关西地区的力量对比和政治格局出现了重大变化。在此背景下,沙州卫的内外生存环境日益恶化,逐渐不能自立。明初设立关西七卫是为拱卫河西安全,正如《秦边纪略》所言:"且河西之插入夷地,三面受敌者,西宁亦然。西宁如象唇,肃州如象鼻,形势同也。西宁撤四卫而藩篱单薄,肃州弃三卫而寇逼门庭,外侮同也。"[①]比较而言,在关西诸卫中,困即来执掌时期的沙州卫对明廷最为忠诚。因而明廷在困即来卒后派遣锦衣卫指挥同知丁全前往祭奠,并赞称困即来"抚治人民,迨今四十年余,忠诚一心"[②]。但由于上述多种原因,正统时期作为明朝嘉峪关及河西地区藩篱的关西诸卫逐步开始瓦解,沙州卫则最先废置。《明史·西域传》评论:"先是,太宗置哈密、沙州、赤斤、罕东四卫于嘉峪关外,屏蔽西陲。至是,沙州先废,诸卫亦渐不能自立,肃州遂多事"[③],恰好印证了《秦边纪略》一书对沙州等卫废置后所带来的恶果的分析,可谓一语中的。

罕东左卫。虽然罕东左卫设立较晚,但永乐时期其部众即活动于沙州南部

---

①（清）梁份著,赵盛世等校注:《秦边纪略》卷4《肃州卫》,西宁:青海人民出版社,1987年,第226—227页。
②《明英宗实录》卷119,台北:"中研院"史语所影印本,1963年,第2414页。
③《明史》卷330《西域传二·沙州卫》,北京:中华书局,1974年,第8562页。

与罕东卫交界地带。永乐至成化时期,在奄章特别是其子班麻思结的统领下,其部众逐渐兴盛,在沙州卫内徙后占据了沙州地区。《明史·西域传》记载:"即于沙州故城置罕东左卫。"①《重修肃州新志》记载:"沙州旧城即古敦煌郡治也,今在沙州之西,墙垣基址犹存",又载:"罕东左卫,在沙州卫故城。"②这表明罕东左卫的卫治地与此前的沙州卫是一致的,在管辖范围上也应基本相同。

班麻思结时期,曾参与了明军征讨曲先的军事行动。洪熙元年(1425),曲先卫首领散即思联合安定卫首领劫杀明廷使臣,陕西行都司土官、都指挥李英率军前去征讨曲先,罕东卫土官、指挥使却里加等参与征讨曲先。宣德六年(1431),明廷赏赐征讨曲先将士。宣德七年(1432)六月,班麻思结向朝廷声言曾参与征讨曲先,随即被授予罕东卫指挥使,这也是班麻思结首次出现于史料中。但与困即来不同,班麻思结野心较大,对明朝若即若离且多不奉命。明廷将责任归于困即来不能"睦邻绥众",同时又命罕东卫都指挥班麻思结还居本卫。然而正统时期北方瓦剌边患日盛,而明朝势力渐弱,对关西诸卫的威慑和约束力已不如前。班麻思结对明廷的要求并不奉命,仍然居住不还。而班麻思结时部众日益兴旺,势力渐强,开始逐渐侵入沙州卫统辖的核心区域。因此,困即来才不得不向明廷上奏,请求明廷命班麻思结归还所侵地区。此后,班麻思结又接纳了逃入沙州的赤斤蒙古卫指挥锁合者。正统六年(1441)沙州卫迁入明廷新修的苦峪城,正统八年沙州卫都督困即来去世,其长子喃哥和三子尔克罗俄领失和争斗,正统十一年(1446)明廷将沙州卫部众全部迁入甘州,沙州卫废置。在沙州部众全部迁走后,班麻思结"尽有其地",完成了对沙州的占领。

明景泰时期,嘉峪关以西的力量对比和政治格局再度出现重大变化。景泰六年(1455),也先遭暗杀身死,"自也先死,瓦剌衰,部属分散,其承袭代次不可考"③。而在瓦剌部众衰弱后未久,成化年间西域吐鲁番又迅速崛起。成化九年(1473)春,吐鲁番速檀阿力发动了吞并东方哈密的战争,"袭破其城,执王母,夺金印,分兵守之而去"。吐鲁番攻破哈密后,明朝西北边疆安全形势进一步恶化。围绕哈密问题,明廷与吐鲁番产生了激烈的交锋。吐鲁番势力日益狂妄,不断对明廷提出要求,且出尔反尔,不还哈密,而明廷则一味退让。《明史·西域传》中对此批评道:"时大臣专务姑息,致遐方小丑无顾忌。"④成化十五年(1479)九月,只克奏请如罕东、赤斤之例,立卫赐印。罕东左卫设立后,只克定期遣使入贡明廷。

①《明史》卷330《西域传二·罕东左卫》,北京:中华书局,1974年,第8565页。
②(清)黄文炜撰:《重修肃州新志》,酒泉:甘肃省酒泉县博物馆,1984年,第486、488页。
③《明史》卷328《外国传九·瓦剌》,北京:中华书局,1974年,第8503页。
④《明史》卷329《西域传一·吐鲁番》,北京:中华书局,1974年,第8530页。

成化十八年(1482),被迫从哈密移居苦峪的罕慎联合罕东、赤斤二卫攻破哈密城,还居故土。弘治元年(1488),明廷封罕慎为哈密忠顺王。但同年罕慎被吐鲁番速檀阿黑麻诱杀,哈密复为吐鲁番所据。弘治六年(1493),吐鲁番胁迫罕东左卫归附,但只克并不听从。《明史·西域传》记载:"去岁(1493)秋,吐鲁番遣人至只克所,胁令归附,只克不从。"①

此后,吐鲁番又对罕东左卫进行袭扰,并对苦峪、赤斤甚至肃州等地进行加以威胁,"诸部皆不能支"。吐鲁番速檀阿黑麻为了胁迫罕东左卫部众顺服并为其所用,对只克威逼利诱,动辄劫掠人口,引起罕东左卫部众上下仇恨。但都督只克忠心事明,不为所动。在对付吐鲁番问题上,明廷与关外卫所协同步调,做好军事进攻哈密的准备。弘治八年(1495),明军发兵关西,攻克哈密。弘治十年(1497),忠顺王后裔陕巴再次统领哈密,但仍时刻处在吐鲁番兵锋之下。弘治十七年(1504),罕东左卫遭到瓦剌部落和安定卫杀掠,"因款肃州塞求济",明廷对罕东左卫予以赈济,并敕令各位停止仇杀。正德三年(1508),罕东左卫内部番人互相仇杀,明廷加以诏谕和调节,"补修阿丹旧城,广沙州城,各令居之"②。正德四年(1509),罕东左卫内部番达两族再度仇杀,明廷令甘肃守官遣官往谕,令两族解仇。同时,命只克抚拘各族,息兵悔过。《明实录》对只克卒年未有记载,不过其最后一次出现于《明武宗实录》中是在正德八年(1513)十月。另据《明史·西域传》记载:"只克卒,子乞台嗣。十一年,吐鲁番复据哈密,以兵胁乞台降服,遂犯肃州"③,则只克约略卒于正德九年至十年间(1514—1515)。吐鲁番以军事威胁迫使新嗣位的乞台屈服,"分兵胁据处沙州斜众入寇"。肃州游击将军芮宁率众抵御吐鲁番军队,但至沙子坝一带,"贼以大兵围宁,而分兵缀存礼等,令不得合。宁势孤援绝,遂为所败,死焉。一军皆没,凡七百人"④。自此,"左卫不克自立,相率徙肃州塞内。守臣不能拒,因抚纳之"⑤。正德十一年(1516),乞台所部内迁,罕东左卫实际已经废置。

正统时期,阿端卫逐渐废弃,"不知所终"。吐鲁番崛起后,又多次侵入曲先卫、罕东卫杀掠。正德七年(1512),罕东卫、安定卫、曲先卫遭到蒙古首领阿尔秃厮亦不剌的蹂躏,曲先卫则"部族窜徙,其卫遂亡"⑥。王廷相在《与胡静庵论吐鲁番书》中称:"阿端一卫,不知所往矣。曲先则南入乌斯藏矣。赤斤、安定、罕

①《明史》卷329《西域传一·吐鲁番》,北京:中华书局,1974年,第8530页。
②《明武宗实录》卷36,台北:"中研院"史语所影印本,1963年,第872页。
③《明史》卷330《西域传二·罕东卫》,北京:中华书局,1974年,第8566页。
④《明武宗实录》卷145,台北:"中研院"史语所影印本,1963年,第2842—2843页。
⑤《明史》卷330《西域传二·罕东左卫》,北京:中华书局,1974年,第8566页。
⑥《明史》卷330《西域传二·曲先卫》,北京:中华书局,1974年,第8555页。

东,或数百为族,数十为落,皆内附肃州境土,如野鸟俱物为害,依人居止,衰败凋残,厌厌游游,止存气息矣,夫安望其振厉。"①自正德十一年吐鲁番击败芮宁军队并进攻肃州后,其兵锋日盛,"虎视河西"②。哈密被吐鲁番占据,罕东左卫不克自立,其都督乞台率众内迁,左卫实际已废置。赤斤蒙古卫位处肃州嘉峪关外,"益遭蹂躏。部众不能自存,尽内徙肃州之南山,其城遂空"③。嘉靖三年(1524),吐鲁番军队寇掠肃州、甘州。《明世宗实录》记载:"回酋速坛儿等二万骑入边围肃州城镇,巡官告急。兵部请调陕西延宁及庄浪四路游奇官军各三千,驰赴肃州,听都指挥陈九畴节制。"④此战重创肃州、甘州的军事防御体系以及当地社会安定:"肃州之衅,将官被其戕杀,兵民遭其荼毒。去年,甘州之寇,寨堡残破,不知若干;人畜杀虏,何止数万!比之正德十一年,又复数倍。"⑤对明廷上下产生巨大震动,"廷议绝之,闭关三年"⑥。

在罕东左卫等关西诸卫部众内迁后,吐鲁番势力占据了包括敦煌在内的关西地区,当地已无佛教信仰的土壤。吐鲁番信仰伊斯兰教,对佛教持排斥和敌视态度。据《重修肃州新志》记载:"雷音寺,即千佛洞,在城南四十里,不知建自何时……明时回人蹂躏,佛像屡遭破坏,龛亦为沙所掩,而画壁丹青者尚有存者。"雷音寺为莫高窟别称,吐鲁番势力占据敦煌后,其部众对莫高窟佛迹曾有破坏活动,莫高窟日益凋敝残破。清雍正时期光禄少卿汪漋《敦煌怀古》一诗写道:

> 明代西疆止酒泉,整师嘉峪欲穷边。
> 风摇柽柳空千里,日照流沙别一天。⑦

又有《游千佛洞》一诗,云:

> 阒寂凭谁顾,摧颓实可怜。
> 兹逢清塞遏,间眺化城边。
> 色相嗟多毁,丹青讶尚鲜。
> 问禅无释侣,稽首冷香烟。
> 字落残碑在,丛深漫草缠。

---

① (明)王廷相:《与胡静庵论吐鲁番书》,转引自陈高华编:《明代哈密吐鲁番资料汇编》,乌鲁木齐:新疆人民出版社,1984年,第378页。

② (明)严从简著,余思黎点校:《殊域周咨录》卷13《吐鲁番》,北京:中华书局,1993年,第460—461页。

③《明史》卷330《西域传二·赤斤蒙古卫》,北京:中华书局,1974年,第8559页。

④《明世宗实录》卷43,台北:"中研院"史语所影印本,1963年,第1130页。

⑤ (明)杨一清:《关中奏议》卷17《为捉获见习勾引大势回贼犯边夺取地方等事》,唐景绅、谢玉杰点校:《杨一清集》下册,北京:中华书局,2011年,第647页。

⑥ (明)严从简著,余思黎点校:《殊域周咨录》卷12《哈密》,北京:中华书局,1993年,第421页。

⑦ (清)黄文炜撰:《重修肃州新志》,酒泉:甘肃省酒泉县博物馆,1984年,第554页。

　　　　　徘徊荒刹外,怀往意悠然。[①]

　　这两首诗是明朝时期,特别是吐鲁番占据敦煌时期,莫高窟、榆林窟景象及敦煌当地佛教信仰的真实写照。

第四节　清朝时期的敦煌

　　明嘉靖七年(1528)至清康熙三十五年(1696),敦煌地区由西域吐鲁番部众占据并耕牧,清初又有青海蒙古部众游牧。康熙三十五年,清军开始进驻哈密。在开拓西域的历史背景下,包括敦煌在内的嘉峪关以西地区的重要中转站及后方基地作用再度凸显。康熙五十四年(1715)开始,清朝开始在关西地区逐步设立行政建置。雍正二年(1724),岳钟琪奏设沙州所千总。雍正三年(1725)建设沙州新城,沙州所正式设立,雍正四年升格为沙州卫。与此同时,大规模移民、屯田及基础设施建设等举措也及时跟进。乾隆二十五年(1760),清朝正式设立敦煌县。经过雍正、乾隆时期的大规模经营,敦煌社会已得到了恢复性发展。

1.清朝经营敦煌的过程

　　顺治元年(1644),清朝定鼎北京,但当时主要精力仍放在征剿各地农民军及前明势力的统一战争上,尚无暇顾及嘉峪关西的敦煌及西域地区。当时统治西域的是准噶尔汗国,准噶尔属清代厄鲁特蒙古部一支,为明代瓦剌后裔,明末清初崛起于西北。至首领噶尔丹时,不断发动兼并周边部族的战争,势力逐渐强大,取得了对西域的控制权。康熙初年,准噶尔部虽然与清朝维持着形式上的臣属关系,但噶尔丹在沙俄政府的支持和怂恿下,野心日益膨胀,不断制造事端。

　　在清军力图收复西域的大背景下,关西地区作为清军粮食及物资中转站的重要作用日益凸显,清朝开始在关西局部地区进行屯田。清朝对关西地区的经营遵从着由东向西、由近及远、逐步推进的思路,在离嘉峪关最近、也是最早屯田和驻军的西吉木等地设立了行政机构,也为日后在更西的沙州设立行政建置奠定了基础。清朝经营关西、敦煌的重要措施,就是在该地区设立卫所的行政建置,以处理移民屯田等民事事务。《重修肃州新志》对关西地区行政建置的设立过程有概括性描述:"本朝康熙五十四年,阿酋作乱,出师征讨,嘉峪关外渐加修复,初置赤金、靖逆二卫所,雍正初,柳沟、安西、沙州以次设卫。"[②]

　　雍正三年(1725)七月,岳钟琪接替年羹尧出任川陕总督,关西开发事宜得到更快推进。上任后,岳钟琪随即奏议安西开垦事宜:

---

①(清)黄文炜撰:《重修肃州新志》,酒泉:甘肃省酒泉县博物馆,1984年,第555页。
②(清)黄文炜撰:《重修肃州新志》,酒泉:甘肃省酒泉县博物馆,1984年,第479页。

> 窃查肃州口外布隆吉尔地方,驻兵设镇……其间官僚人役,兵丁家口,岁需谷粟甚多。而塞外穷荒,不产粮食。无论一兵,额饷不足。赡给妻孥,即倍支饷银,亦无从购买。若由内地輓运,不但竭帑病民,且穷塞转输,亦万难持久。故欲设兵久驻,首在筹算兵粮。而欲就塞外求粮,又莫过于屯垦。然边荒斥卤,水土异宜。必须遣人先行试垦,择其宜于苗稼之处,然后卜筑城堡,盖造营房,方为详慎。①

另据七月十一日安西总兵官孙继宗所上奏折记载,在安西、沙州地区进行了耕种,其中"沙州地方下种三百石"②,但耕种规模很小,而且才刚刚下种。从岳钟琪上奏可知,当时驻扎布隆吉兵丁及家属的粮食饷银尚需内地转运而来,代价很大。鉴于此,岳钟琪提出:"故欲设兵久驻,首在筹算兵粮。而欲就塞外求粮,又莫过于屯垦",这一思路获得了雍正帝的认可。由于布隆吉耕种条件较差,岳钟琪将目光放在了更西的沙州一带。

雍正四年(1726),川陕总督岳钟琪巡视沙州。六月初五,岳钟琪奏上篇幅浩大、条分明晰、通盘考虑的《川陕总督岳钟琪等奏陈会勘安西沙州城渠屯垦事务管见折》,向朝廷报告踏勘结果。他建议将总兵镇城移驻于布隆吉和沙州之间的杜尔伯津,并在沙州设立沙州协、置副将,同时将沙州兵丁从一千增至一千五。屯田耕种方面,据岳钟琪勘察,"沙州可垦之地约有三十余万亩,土既肥饶,气候亦暖。五谷蔬菜,凡内地所有,种之皆产",可见沙州地区具有良好的耕种条件。但由于"无人民开垦,置于荒弃",因此岳钟琪建议于当年冬天,从甘肃所属六十余州县卫所每处诏民40户、共计2400多户百姓到沙州耕种。③而在大量民户的到来之前,必须先设立官员机构进行管理。由此,岳钟琪正式提出在沙州设立处理耕种事务的卫守备:

> 再沙州地方辽阔,一经招垦,则粮赋日多,恐千总职微,不能整饬,应请设卫守备一员,方能管辖人民,办理庶务。再查赤金卫赋轻事简,应改设所千总,亦足料理合无。请将赤金卫现任守备改调沙州卫守备,另选赤金所千总一员。④

这一建议很快被批准,并于当年实施。据沙州协副将石之瑛《开设沙州记》记载:

---

① (清)岳钟琪:《奏陈塞外设镇垦田积粮管见等事折(雍正三年七月二十八)》,张书才主编:《雍正朝汉文朱批奏折汇编》第5册,南京:江苏古籍出版社,1991年,第660页。
② (清)孙继宗:《奏报安西屯田原给籽种牛具骡马银两数目折(雍正三年七月十一日)》,张书才主编:《雍正朝汉文朱批奏折汇编》第7册,南京:江苏古籍出版社,1991年,第512页。
③ (清)岳钟琪:《奏陈会勘安西沙州城渠屯垦事务管见折(雍正四年六月初五日)》,张书才主编:《雍正朝汉文朱批奏折汇编》第7册,南京:江苏古籍出版社,1991年,第396,397页。
④ (清)岳钟琪:《奏陈会勘安西沙州城渠屯垦事务管见折(雍正四年六月初五日)》,张书才主编:《雍正朝汉文朱批奏折汇编》第7册,南京:江苏古籍出版社,1991年,第399页。

"四年,川陕总督岳公巡边,至沙州相度地利,题请改卫,并招甘省无业穷民二千四百户,开垦屯种。"①由此可知,雍正四年岳钟琪踏勘沙州后,沙州卫于当年正式成立。

随着敦煌及西域地区形势的变化,沙州卫改设敦煌县,已成为必然趋势。沙州卫设立后开始了大规模的移民屯田,至雍正六年(1728)底、七年(1729)初,2405户移民已全部到齐,略微超过原计划的2400户,大大充实了沙州地区民户数量,迅速扩大了屯田规模。由于移民的大量到来,敦煌的社会经济得到了快速恢复和发展。在此情况下,敦煌原有的卫所建置和职官设置已逐渐难以应付敦煌民事的各个方面。此外,新到来的移民已经取代兵丁而成为当地屯田垦种的主要力量,敦煌地区逐渐从军事屯田阶段转变为正常的社会生产阶段。

更为重要的是,随着清廷对西域准噶尔部的平定,包括敦煌在内的关西地区已从边地转变为内地。乾隆二十年(1755)二月,清军兵分两路,北路军出乌里雅苏台,西路军出巴里坤,出征准噶尔。经过多次战斗,乾隆二十二年(1757)七月清军击溃准噶尔首领阿睦尔撒纳部。翌年(1758)二月,清军进军天山南路,力图一举统一西域。至乾隆二十四年(1759)秋,清政府完全统一了西域地区。

在此形势下,关西地区已无继续实行卫所建置的必要。②乾隆二十四年七月,陕甘总督杨应琚提请改卫为县:"安西、柳沟、沙州、靖逆、赤金、五卫裁汰。于安西设一府,安西、柳沟二卫改设一县,并驻安西。靖逆、赤金二卫改设一县,驻靖逆。沙州卫改设一县,驻沙州。"③杨应琚所奏,旨在将原来的五个卫所裁撤、合并,并改为府县。这一奏请于是年九月得到批准:"改甘肃安西镇为安西府。安西、柳沟二卫为渊泉县,靖逆、赤金二卫为玉门县,沙州卫为敦煌县。从总督杨应琚请也。"④该奏议虽然获得批准,但到第二年才得到实行。

乾隆二十五年(1760)十月,朝廷正式批复关西地区改置事宜,具体为:"新设安西府地方。应仍照五卫原管地界分拨,渊泉县照安西、柳沟二卫旧界,玉门县照靖逆、赤金、二卫旧界,敦煌县照沙州卫旧界管辖。"⑤

自此,敦煌县建置最终设立完毕。就整个关西地区的行政架构而言,原有的二厅(安西厅、靖逆厅)四卫(靖逆、安西、柳沟、沙州)一所(赤金),改为一府(安西府)三县(渊泉、玉门、沙州)的行政建置。乾隆三十九年(1774)再度作出调整,关

①(清)石之瑛:《开设沙州记》,(清)黄文炜撰:《重修肃州新志》,酒泉:甘肃省酒泉县博物馆,1984年,第543页。
②王希隆:《清代关西五卫述论》,《兰州大学学报(社会科学版)》1992年第3期。
③《清高宗实录》卷593,北京:中华书局,1985年,第607页。
④《清高宗实录》卷597,北京:中华书局,1985年,第654页。
⑤《清高宗实录》卷622,北京:中华书局,1985年,第993页。

西地区形成了安西直隶州及所属敦煌县、玉门县的行政区划。沙州卫改为敦煌县后,衙属机构也进行了相应的调整。如原沙州卫署改为知县署,原卫千总署改为典史署,原都阃署改为儒学署。沙州卫原有监狱,由新设府经历兼管。原有驿站,则归敦煌县管理。军事机构方面,《敦煌县志》记载:"敦煌由卫改知县,由协改参将。民之有县令,兵之有主将。"①沙州营除了武职主官参将,还设立了沙州营守备、左右哨千总与把总及黄墩堡把总等武职。关于沙州所、沙州卫,以及敦煌县历任文职、武职的任职情况,吕钟《重修敦煌县志》进行了细致而全面的辑录。②乾隆二十五年敦煌县的正式设立,对以后的敦煌历史与敦煌社会产生了深远影响。

图7-8　1907年斯坦因拍摄敦煌县城东门"迎恩门"内牌坊

(采自《敦煌旧影:晚清民国老照片》)

2.清代敦煌移民问题与人口变化

雍正三年(1725)下半年,川陕总督岳钟琪多次派人前往沙州踏勘耕种条件。雍正四年(1726)初,岳钟琪亲自前往沙州踏勘,查得沙州共有三十多万亩(约200平方公里)田地可以耕种,"土既肥沃,气候亦暖",具有优越的耕种条件。但当时沙州并没有民户进行开垦,既有的兵丁人数太少,且"素不习农",以致大量土地闲置荒芜。岳钟琪深感可惜,经过缜密思考,他向朝廷提出移民屯田之策:

①(清)苏履吉、曾诚纂修:《敦煌县志》卷4《官师志》,第147页。

②吕钟修纂,王渊等校点:《重修敦煌县志》卷9《官司志》,兰州:甘肃人民出版社,2002年,第220—249页。

> 现在沙州之地,除酌留五万余亩,仍查兵之有余丁者,方准拨给耕种外,如耕种不完,应与所余剩之二十四万余亩,尽行招民开垦,方充有济,计招民一户给地一百亩,共应招二千四百户。①

岳钟琪首先对土地数量进行了查验,并算得需要移民共 2400 户。同时对移民的保障措施进行了周全设计:"每户给牛二只,农具一副,籽种六石,修盖住房,银三两。应先饬其本籍,地方官给与搬家车价盘费。俱令明岁二月之初,来到沙州,趁时播种。"至于移民的选择,岳钟琪认为有两点应当注意:第一要就近。如果从太远的地方移民,很可能会出现"携老挈幼,惮于跋涉,观望不前"的情况,影响移民效率和效果,增加移民所需费用。第二,要选择熟悉耕种的可靠民户,以免移民中出现游手好闲之徒。基于这两点考虑,他提出:

> 臣等愚见,以为莫若按甘肃新旧八府属内,将现在有丁无地及年荒失业之穷苦农民,令各州、县、卫所,每一处各查出三四五六十户不等,按照道路远近,眷口多寡,动用正项钱粮给予车价盘费,务于今年冬底,合计各处招足二千四百户,陆续发往,于明年二月之初,齐到沙州,方为有益。查甘肃八府属共计六十余州县卫所,每一处约招民四十户,共可招二千四百余户。
>
> 倘或招不足数,及有再多之处,俟临时另议。②

从甘肃各府县选择移民,符合就近的原则。同时,选择有丁无地和年荒失业的贫苦农民,既能解决当地人多地少的矛盾,又能充分发挥他们的农耕技术,还能最大限度地开发沙州的富饶耕地,可谓一举多得。根据计划,从甘肃八府 60 个州县卫所中,每处招民 40 户,恰好为 2400 户。同时,计划雍正四年冬天各地完成招募工作,遣发沙州,并于翌年二月到齐。

概而言之,雍正移民大体分四批迁至沙州:首批 730 户移民于雍正五年(1727)闰三月至四月间抵达;第二批 544 户移民于六月初一日后陆续到达,但因天气炎热、水土不服暂时安置于安西兵房居住,稍后到达沙州;第三批 149 户在第二批后到达,未载具体时间,但相隔时间不长,由于安西兵房不够,暂时安置在柳沟卫,稍后到达沙州;最后一批近 1000 户移民,于雍正六年(1728)十月至雍正七年(1729)二月之间到达。此次原计划移民 2400 户,实际移民 2405 户,如果按每户5 人计算,则移民人数可达 1.2 万人左右;以每户 4 人计算,则为 9620 人。总之,雍正年间移民敦煌的人数应在 10000 人至 12000 人左右,上下略有浮动。

---

① (清)岳钟琪:《会勘安西、沙州城渠屯垦事务管见折(雍正四年六月初五日)》,张书才主编:《雍正朝汉文朱批奏折汇编》第 7 册,南京:江苏古籍出版社,1991 年,第 396 页。
② (清)岳钟琪:《会勘安西、沙州城渠屯垦事务管见折(雍正四年六月初五日)》,张书才主编:《雍正朝汉文朱批奏折汇编》第 7 册,南京:江苏古籍出版社,1991 年,第 397 页。

雍正年间移民及其屯垦取得了显著成效,"家给人足,莫不欢欣乐业"①,敦煌的人口数量也得到了较快增长。道光版《敦煌县志》记载:

> 东西南北乡共六隅,计二千四百四十八户,男女计二万八百四十口。
> 按:敦煌户口,自迁户以来,按一户种地一分。嗣后田无开垦,故户亦无加增,男女则岁有增减。近来人丁繁衍,视迁户时,已什相倍蓰矣。②

上述记载中以"东西南北乡共六隅",总共统计出2448户、20840口,表明这个数字应是道光时期敦煌六隅四乡的人口数量。由于户数与田地数相挂钩,一户对应田地一分,因此在田地没有显著增加的情况下,户数也不会发生太大变化,但是户下的人数却得到较快增加。从康熙中期开始,在较长时期内陕甘人口一直保持了比较稳定的增长态势,在道光、咸丰年间人口臻于极盛。③而就敦煌而言,雍正至道光时期,敦煌虽偶有自然灾害及粮食歉收情况,但并未有战乱发生,因此敦煌人口数量也应保持稳定增长的态势。从《敦煌县志》记载看,道光时期增加到2448户、20840人,相较于雍正七年的2405户、9625~12000人,已经"什相倍蓰"。除了上述六隅四乡的农业人口外,敦煌县城及其毗邻区域还生活有官员、商人、教师、僧人、工人等各阶层和各职业的人口。如来自山西、陕西的商人来敦煌从事贸易,"近亦渐入土著,置田起屋,俱入户民"④。这些外地商人来敦煌后,建设会馆,从事贸易,并逐渐定居。专门从事造屋筑墙、烧砖制器的工人,也生活在县城。生活于敦煌县城及毗邻区域的非农业定居人口,至乾隆时期应增长到相当规模。道光、咸丰时期,亦即同治兵燹之前,敦煌六隅四乡的农业人口加上县城及周边的非农业人口,人口总量在3万至4万人之间应当是比较合理的。

3.敦煌社会经济

雍正四年(1726),岳钟琪专门前往口外关西地区,勘察沙州等地的耕种条件,在所上《川陕总督岳钟琪等奏陈会勘安西沙州城渠屯垦事务管见折》中提道:

> 臣等窃勘得沙州可垦之地约有三十余万亩,土既肥饶,气候亦暖。五谷蔬菜,凡内地所有,种之皆产。时无人民开垦,置于荒弃,殊属可惜。⑤

由此可见,沙州拥有大量的可耕之地,而且土地较为肥沃,日照充足。内地种植的五谷蔬菜,在沙州均能种植收获。因此无论从可耕土地的肥度还是数量,都较

---

① (清)石之瑛:《开设沙州记》,(清)黄文炜撰:《重修肃州新志》,酒泉:甘肃省酒泉县博物馆,1984年,第545页。

② (清)苏履吉、曾诚纂修:《敦煌县志》卷2《地理志·田赋》,第112—113页。

③ 路伟东:《清代陕甘人口专题研究》,上海:上海书店出版社,2011年,第242页。

④ (清)苏履吉、曾诚纂修:《敦煌县志》卷7《杂类志·风俗》,第347页。

⑤ (清)岳钟琪:《川陕总督岳钟琪等奏陈会勘安西沙州城渠屯垦事务管见折(雍正四年六月初五日)》,张书才主编:《雍正朝汉文朱批奏折汇编》第7册,南京:江苏古籍出版社,1991年,第396页。

"边荒斥卤,水土异宜"的布隆吉地区要优越得多。据岳钟琪勘得,沙州共有24万亩可耕之地。除1000余名兵丁耕种4万到5万亩土地外,还剩还有24万余亩,即2400余顷(约160平方千米)。因此,岳钟琪奏议招徕移民2400户,每户给地100亩进行开垦,以使地尽其利。这一计划也于雍正五年(1727)初至七年(1729)初完成。以可耕之地的数量及相应的移民数量相比,沙州24万亩地、2400户移民均远远超过了当时柳沟卫的106户及地2120亩、靖逆卫的561户及地约11604亩,以及赤金所的270户及地5400亩。

按照岳钟琪的计划,沙州的24万余亩可耕之地,以每户分得土地100亩计,总共需要移民2400户。据《重修肃州新志》记载:"通计二千四百五户,共给地二千四百五顷,督令尽力开垦。"2405顷,共24.05万亩田地。需要指出的是,虽然户民到来后仍按照每户100亩、共2405顷(24.05万亩)分给田地,但实际上由于移民之初,敦煌水渠较少,因而只能在党河及水渠所能浇灌的田地耕种。据常钧《敦煌随笔》记载:"因地多水少,每户止种近水地五十亩。共升科地十二万二百五十亩。"[1]同时,虽然岳钟琪勘得沙州有24万亩可耕之地,但由于大量可耕土地属于生地,"其生地内有荒墩、土堆,令其刨平,红柳树根,令其刨挖"[2],因此尚需经过平整开垦后才能成为耕地。而当时兵丁人数较少,移民也是分拨到来,人力有限。由于上述两个原因,每户所分给的100亩田地内,实际只能耕种距离水渠较近的50亩田地。基于此,以2405户合计1202.5顷、即12.025万亩田地,作为此后升科的田地数量。

移民到达敦煌后,由官府出资、移民出力,在沙州外城建盖房屋居住。与此同时,将来自同一州县的移民编为一坊,各坊居住于城内。并将分布于城外50至80里范围内的垦区划分为东南、中南、西南、东北、中北、西北六隅。由于移民生活在城内各坊,而土地分布于六隅四乡,因此每年开春时,移民就得携家带口前往耕耘。据常钧《敦煌随笔》记载:"妇子散处原野,结茅而居。浇毕冬水,搬回城内。终岁勤苦,略无宁息"[3],足见当时耕种之辛苦。乾隆七年(1742)以后,移民逐渐从沙州外城迁往六隅田地,作为城内生活的"坊"与耕地的"隅"完全结合,大大方便了农民上地耕作。同时,农户迁居六隅田地,也促进了卫(县)城与六隅垦区功能的分离。

---

① (清)常钧:《敦煌随笔》卷下《户口田亩总数》,《中国西北文献丛书》第98册,北京:线装书局,2006年,第389页。

② (清)黄文炜撰:《重修肃州新志》,酒泉:甘肃省酒泉县博物馆,1984年,第491页。

③ (清)常钧:《敦煌随笔》卷上《沙州》,《中国西北文献丛书》第98册,北京:线装书局,2006年,第382页。

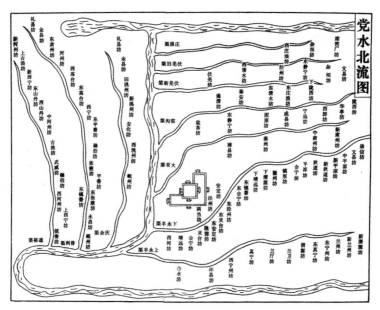

图7-9 《党水北流图》中的水渠流向及各坊分布图
（采自道光版《敦煌县志》、王渊《清代敦煌移民》）

敦煌的土壤、气候、水渠等耕种条件,均较关西其他地方优越。雍正四年岳钟琪查勘沙州时,即发现敦煌"土既肥饶,气候亦暖。五谷蔬菜,凡内地所有,种之皆产"①。雍正五年(1727)九月初九岳钟琪所上《奏报安西沙州屯垦收获分数及植产种类情形折》记载了当时的部分作物种类:"再民户皆系惯于庄稼之人,于二麦之外又种有糜子、青稞、高粮、扁豆、豌豆、大豆以及红花、棉花等项,土厚力勤……臣查安西。沙州屯垦民户,既有二麦之丰收,又有各种之树艺。"②清代常称粮食收成为"二麦",敦煌亦然。"二麦"指夏季作物,以大麦、小麦为主;"秋禾"为秋季作物,种类较多,有高粱、谷粟、糜、黍、荞麦及豆制品等。③据《重修肃州新志》记载,雍正时期敦煌生产的谷物种类有小麦、大麦等7种;蔬菜有葱、韭菜、莱菔(白萝卜)、红萝卜、蒜,共5种;瓜类有哈密瓜、西瓜、王瓜等4种;药类有枸杞、甘草,共2种;花卉则未有记载。④至道光时期,品种又增加很多。《敦煌县志》记载的谷物较《重修肃州新志》上列谷物种类多出的有大豆、高粱、玉高粱(玉米)、荞

---

① (清)岳钟琪:《奏陈会勘安西沙州城渠屯垦事务管见折(雍正四年六月初五日)》,张书才主编:《雍正朝汉文朱批奏折汇编》第7册,南京:江苏古籍出版社,1991年,第396页。

② (清)岳钟琪:《奏报安西沙州屯垦收获分数及植产种类情形折(雍正六年九月初九日)》,张书才主编:《雍正朝汉文朱批奏折汇编》第7册,南京:江苏古籍出版社,1991年,第418页。

③ 马国英:《晚清粮食收成分数研究(1875—1908)》,《西北师大学报(社会科学版)》2015年第3期。

④ (清)黄文炜撰:《重修肃州新志》,酒泉:甘肃省酒泉县博物馆,1984年,第495页。

麦、蚕豆、黄豆、红豆、豇豆、扁豆、白豆、赤小豆、刀豆、芥子、大燕麦、小燕麦,多出15种,合计22种;蔬菜多出的有芹菜、白菜、菠菜、甜菜、葫芦、莴笋、山药、茄子、芫荽(香菜)、荠菜、苋菜、马齿菜、苜蓿、沙葱、野韭菜,多出15种,合计20种;瓜类多出白西瓜(籽瓜)、菜瓜、香瓜、芝麻梨瓜,多出4种,合计8种;药类多出菟丝子、白蒺藜、黄花、地丁、蔴黄、莱菔子、白芥子、催生草、透骨草,多出9种,合计11种;花卉则有石榴、牡丹、菊花等16种。①由上述对比可见,道光时期敦煌地区出产的谷物、蔬菜、瓜、药、花卉等种类,均较雍正时期多出很多,内地能产的作物,敦煌大多也能种植产出,印证了岳钟琪所言。

清代的敦煌,由于移民的大量到来和社会经济的逐步复兴,当地传统的佛教信仰逐渐恢复。敦煌新建了大佛寺和地藏寺,同时莫高窟香火也日渐兴旺,敦煌百姓形成了四月初八佛诞节固定前往莫高窟巡礼烧香的风俗。除了佛教外,敦煌还有道教、伊斯兰教等宗教信仰。由于与敦煌百姓日常的生产生活紧密相关,因而民间信仰在敦煌非常流行。供奉着各种神祇的庙宇多达上百座之多,遍布于敦煌县城内外及六隅四乡各坊。

图7-10　伯希和考察队1908年摄莫高窟大佛殿(现第96窟)外景

(采自《敦煌旧影:晚清民国老照片》)

---

① (清)苏履吉、曾诚纂修:《敦煌县志》卷7《杂类志·物产》,第368页。

第八章　敦煌艺术史

　　敦煌石窟泛指敦煌及其附近地区的石窟,包括敦煌莫高窟、西千佛洞,肃北五个庙、一个庙,瓜州榆林窟、水峡口下洞子、东千佛洞、旱峡石窟以及玉门昌马石窟等,分别属于古敦煌、晋昌两郡,因主要石窟莫高窟位于古敦煌郡,各石窟的艺术风格又同属一脉,且敦煌又是古代两郡的政治、经济、文化中心,因此将这些石窟统一称为“敦煌石窟”。

　　莫高窟俗称千佛洞,各个历史时期又有“仙岩寺”“崇教寺”“皇庆寺”“雷音寺”等不同称谓,这些称呼都是在一段时间内以一窟、一寺之名对整个莫高窟的代称。莫高窟位于今敦煌市东南25公里鸣沙山东麓的断崖上,洞窟坐西朝东,正面为三危山,一条名为宕泉(俗称大泉)的河流从窟前流过。在鸣沙山的断崖上密密麻麻开凿的这些石窟,大小不一,上下错落如蜂窝状。断岩属酒泉系砾石岩层,南北延续数公里,高约40至50米,由积沙与卵石沉淀黏结而成,鹅卵石较为坚硬,沙层却疏松,很难抵御水的浸泡和大风的腐蚀,不适合雕刻。因此,古人因地而制宜,先在崖面上凿成洞窟的形状,再在洞窟壁面上抹泥涂粉,平整墙面后绘画,又用木桩、树枝、木板、木片及茇茇草等扎成塑像骨骼,表层敷泥塑成塑像。壁画与石刻相比更易于作画,因此表现内容更为详尽、细腻、丰富,这是莫高窟与中国其他石窟相比最大的特点。莫高窟窟区全长1.7公里,分为南区和北区两个部分,南区有洞窟487个,北区有洞窟248个,其中新编洞窟243个,共计洞窟735个(图8-1)。莫高窟始建年代有西晋末年、东晋永和九年(353)和前秦建元二年(366)三说。根据武周圣历元年(698)《李君(克让)莫高窟修佛龛碑》、敦煌文书P.3720和莫高窟第156窟前室北壁晚唐墨书题记《莫高窟记》的记载,一般采用前秦建元二年说。现存最早洞窟为北凉时期所建,历经北魏、西魏、北周、隋、唐、五代、宋、回鹘、西夏、元十个朝代的连续修建,历时千余年之久,保存有壁画约45000平方米,历代塑像3000余身,影塑1000余身,唐代、宋代窟檐五个,是集建筑、雕塑、壁画三者结合的综合佛教艺术遗存,也是中国古代唯一不曾中断的佛教美术馆。下面以时代为线索对敦煌莫高窟各个时期的石窟艺术进行简单的介绍。

图8-1　敦煌莫高窟外景

第一节　敦煌北凉石窟艺术

北凉时期在莫高窟有第267、268、269、270、271、272、275共7个洞窟,其中代表洞窟有第268、272、275窟,又称"北凉三窟"。根据樊锦诗、马世长、关友惠对敦煌莫高窟北朝洞窟的分期可知,这一组洞窟当为十六国北凉(401—439)时期开凿。[①]

第268窟的洞窟形制为禅窟,窟形狭长,平棋顶,西壁开一个浅龛,南、北两壁各有禅室两间,壁面上现存的千佛为清代重新绘制,从剥落处来看,露出了底层壁画。西壁龛内塑交脚佛像。像高0.76米,身穿右袒式袈裟,龛内两侧画供养菩萨,龛外两侧画胡跪的供养菩萨。龛下为供养人画像,壁画为重层,表层上排南侧为女供养人,一身着汉式大袖裙襦,另一身着汉胡混合式小袖衫裙;北侧男供养人,均着汉式深色衣袍,与敦煌、酒泉十六国时期壁画墓葬中人物的衣冠相似。

第272窟的洞窟形制为穹窿顶方形窟,正壁开龛塑像。西壁居中开一个圆券大龛,龛楣两端有兽头形龛柱,龛内塑倚坐佛像,高1.38米。佛像背光装饰为火焰忍冬纹,还饰有千佛和飞天,两侧绘胁侍菩萨。龛外南北两侧绘满各种坐式供养菩萨,共计37身,姿态没有一身是相同的,造型优美。窟顶略带穹窿形,又有叠涩式藻井,是穹窿顶向覆斗藻井顶演变的过渡形式,东、南、北三披天宫栏墙下面画飞天。洞窟东、南、北三壁画千佛,南、北两壁中间各有一铺说法图(图8-2)。

第275窟的洞窟平面为纵长方形,窟顶为纵向人字披形,起脊较宽。西壁中央塑主尊交脚弥勒菩萨,高3.4米,头戴宝冠,长发垂肩,胸挂璎珞,肩披长巾,腰系长裙,裙上饰方泥条间刻阴线的衣褶,右手残,左手作"与愿印"置于膝上,交脚坐于双狮座上,造型雄健,比例适度,面相丰圆,嘴角含笑,神态文静和悦,塑像背

---

① 樊锦诗、马世长、关友惠:《敦煌莫高窟北朝洞窟分期》,敦煌文物研究所编:《中国石窟·敦煌莫高窟》一,北京:文物出版社,1982年。

图8-2 莫高窟第272窟全景

后有三角背靠。主尊两侧绘胁侍菩萨和供养菩萨,供养菩萨有坐有跪,或礼拜,或听法,或持花供养,菩萨面部都有一个大的黑圈,这是晕染变色后留下的痕迹。南、北两壁上段西起各为两个阙形龛和一个双树龛,龛内分别塑交脚弥勒菩萨和思惟菩萨,中段分别绘本生故事画和佛传故事画,下段绘供养人、供养菩萨和三角垂帐纹,前壁大部已毁。北壁的本生故事画有"毗楞竭梨王身钉千钉""虔阇尼婆梨王剜身燃千灯""尸毗王割肉贸鸽""月光王施头""快目王施眼"。构图简练,以故事的主要人物为中心,用一两个画面表现出了故事的主要情节。南侧壁佛传故事画,绘释迦牟尼为悉达太子时,出王城四城门游玩,遇到老人、病人、死人,看到人间各种痛苦,最后遇到僧侣,决心出家修行的画面,构图为横卷式单幅形式,每幅画有榜题一方(图8-3)。

北凉时期的洞窟形制各不相同,第268窟为禅窟,西壁开浅龛塑像、南、北两壁各开两个小禅室。第272窟为穹窿顶方形窟,正壁开龛塑像。第275窟为纵向人字披顶长方形佛殿窟,西壁塑像,南、北壁开龛塑像,龛有阙形和双树龛两种。窟内均为单身塑像,多为交脚弥勒菩萨和倚坐佛,上面龛内还塑有思惟菩萨,彩塑造像的衣冠服饰,有的身穿右祖式袈裟,有的高髻宝冠,上身半裸,下身腰系羊肠大裙,衣裙上装饰密集的衣纹,给人以薄纱透体之感。

壁画可主要分为尊像画,佛传、本生故事,供养人画像及图案纹样四类:

图8-3 莫高窟第275窟全景

一是此期的尊像画有：小型说法图，特点是构图严谨、内容紧凑，如第272窟南、北两壁的说法图；千佛，排列整齐、色彩缤纷，似有一定的规律，如第272窟；供养菩萨，排列有序、体态婀娜，似随风起舞，如第272、275窟；飞天，又称乾闼婆、紧那罗，高居天宫楼阁，欢畅地奏乐歌舞，如第272窟窟顶。

二是佛传、本生故事画：第275窟南壁绘佛传中出游四门的事迹，北壁绘有本生故事画五个，故事依据《六度集经》和《贤愚经》等佛经绘制而成，内容多为六度修行，表现出忍辱牺牲的精神。故事画采用主体式单幅画构图形式，排列在同一个横卷上，既可单独欣赏，又可连续观看。单幅画只表现故事中主体人物的主要情节，构图简练，特点明确，一目了然。

三是供养人像：形象较小，高不及尺，多分布于壁面下部，第268窟男供养人像身穿交领大袖长袍，女供养人像着交领右衽长衫和长裙；第275窟的男供养人像，头裹巾帻，上衣为交领、窄袖、束腰，下穿宽腿裤，脚蹬靴。

四是图案纹样：第268窟窟顶斗四平棊与第272窟藻井，均为三层叠套方井，井心绘圆形大莲花，错叠的井角绘火焰纹、飞天等；井边绘忍冬纹、云气纹，纹样简练朴实。[①]

北凉石窟艺术是在本土汉晋文化艺术基础上，直接受到龟兹佛教石窟艺术，同时也不同程度地受到其他艺术的影响。佛和菩萨造型面相丰圆，额宽、眉眼上斜、大眼、鼻直、大嘴薄唇、嘴角上翘，面带微笑，体态健壮，肩宽胸平，姿态端庄，少动态，手法简朴。壁画人物面部晕染采用凹凸法，面部轮廓、眼眶、腹部及肚脐均用圆圈晕染，眼睛和鼻梁涂以白粉，以表现人物面部和肢体的立体感。在着色方面主要以土红为底色，并充分吸收了西域式明暗晕染之法，使得壁画色调单纯、淳厚，富有激情。

第二节 敦煌北朝石窟艺术

1.北魏时期

北魏，由于设置了专门抄写佛经的机构，使佛教在敦煌有了进一步的发展。同时北魏统治者也积极提倡开窟造像，使敦煌莫高窟在北魏时期洞窟有所增多，现存有第259、254、257、251、265、263、260、487等窟，根据分期排年，时代相当于北魏中期(约465—500)。[②]

---

① 段文杰：《十六国北朝时期的敦煌石窟艺术》，敦煌文物研究所编：《敦煌研究文集》，兰州：甘肃人民出版社，1981年。

② 樊锦诗、马世长、关友惠：《敦煌莫高窟北朝洞窟分期》，敦煌文物研究所编：《中国石窟·敦煌莫高窟》一，北京：文物出版社，1981年。

洞窟形制除有个别殿堂窟外,均为新型中心柱窟,柱前屋脊有仿横梁斗㽎和硬山屋顶,以形成人字披顶,中心柱四面上下两层开龛,南、北壁上层开阙形龛。龛内塑像除释迦、多宝二佛并坐外,均塑佛苦修、禅定、降魔、说法四相,其中中心塔柱东向面塑倚坐佛像居多,龛左右两侧塑有胁侍菩萨,上层阙形龛内还塑有交脚弥勒菩萨像,象征兜率天宫。

第254窟,洞窟前部为人字披顶,后部为平㽎顶,人字披南北两端有木质的斗拱和脊枋,洞窟中央有中心塔柱连接地面与窟顶。塔柱四面开龛,东面开一大龛,为洞窟内主龛,龛内主尊塑交脚弥勒佛,高1.90米,波状发髻,内着僧祇支,外罩右袒式袈裟,衣纹为阴刻线,紧贴身体,给人一种薄纱透体之感;南、西、北三面均开双层龛,南北两面上层为阙形龛,内塑交脚弥勒菩萨,下层为圆券形龛,内塑释迦苦修佛像,西向上下两层均为圆券龛,内塑禅定佛。

第259窟,形制比较特殊。平面方形,前部为人字披顶,后部为平㽎顶,西壁中部造成一个向前突出的半个中心塔柱,仅在正面开龛造像。正面开一圆券龛,内塑释迦、多宝二佛并坐说法,左像高1.4米,右像高1.43米,均为“游戏坐”,正面龛外两侧和塔柱两侧各塑一胁侍菩萨,南北两壁凿上下两列龛,龛内塑像,北壁上层四个阙形龛,内塑交脚菩萨,下层三个尖楣圆券形龛,龛内分别塑一佛二菩萨一铺三身,西起第一龛内塑结跏趺坐佛、第二龛内为倚坐佛、第三龛内为趺坐佛,南壁大部分已经残毁(图8-4)。第259窟这种特殊的洞窟形制学术界有两种观点:一种认为是中心塔柱窟的不成熟不完备的形式,另一种认为已属从中心柱窟向殿堂窟转变的一种过渡形式。

图8-4 莫高窟第257窟中心塔柱东面像龛内倚坐像

　　莫高窟北魏时期的塑像开始出现成铺组像,各窟主尊除了第254窟为交脚弥勒佛和第259窟为释迦多宝二佛并坐之外,其余均为倚坐释迦像。第257窟中心塔柱东向面龛内塑像就属于此种造型,此像高1.87米,着偏右袒式袈裟,内着僧祇支,衣纹线用贴泥条加阴刻线的方式表现(图8-5)。主尊佛或菩萨的两侧增加了左右胁侍菩萨。第260窟中心塔柱东向面主尊也是倚坐佛像,龛外塑两菩萨,左侧菩萨身材修长,斜披络腋,左手持物上举,右手下垂,下身着长裙,裙角紧贴墙壁;右侧菩萨裸上身,双肩披巾,右手上举,左臂下垂,左手残,下身着裙,二菩萨均侧身低头,侍立于龛外左右两侧。有第257、435窟主尊左右两侧塑天王像和力士像。第257窟中心塔柱东向面龛外两侧塑天王像,南侧一身已经缺失,现只存北侧一身,此天王胁侍于主尊倚坐佛像的龛外北侧,作直立姿态,身躯粗壮,面相丰圆,双目圆睁,张嘴微笑,上身着甲,彩绘的甲片可见,胸前左右两片胸甲石青色,腰系绿色膝裙,下着长裙,肩挂披巾绕臂而下,跣足,是莫高窟北朝唯一的彩塑天王像。第435窟中心塔柱东向面还出现了力士像,第435窟中心塔柱东向面龛内主尊塑像为倚坐佛,龛外左右塑二力士,北侧一身,略残,高0.94米,面目狰狞,竖眉鼓目,鼻子粗大,颧骨高起,嘴巴张开,牙齿脱落,颈上青筋暴露,胸骨露出,上身交叉披巾,下身着裙,立于莲台上。两侧壁龛内,造像特征是结跏趺坐佛、交脚菩萨、思惟菩萨共存。中心塔柱南向面或西向面的双树形龛内,多塑结跏趺坐的苦修像。塑像中的主尊倚坐像和半结跏趺坐像均穿右袒式袈裟,衣摆为两层,衣纹线为阴刻线,结跏趺坐佛多穿通肩或双领下垂袈裟。菩萨像服装以裙披式为主,也有少量的络腋、通肩和右袒。

图8-5　莫高窟第259窟内景

图8-6 莫高窟第254窟尸毗王本生

　　这一时期的壁画,形式基本较为固定。四壁上段多是天宫伎乐、下段为力士,中段是千佛、故事画和说法图。故事画题材除了佛传和本生故事外,还增加了外道皈依、沙弥守戒自杀等因缘故事。佛传有第254窟降魔说法图,本生故事有第254窟表现忍辱施舍的摩诃萨埵太子舍身饲虎,还有尸毗王割肉贸鸽本生。尸毗王本生故事画位于北壁第二幅,以尸毗王割肉的场面为中心,用五个画面表现了尸毗王割肉贸鸽本生的故事情节(图8-6)。还有第257窟表现因果报应的九色鹿本生。因缘故事有第257窟表现外道皈依的须摩提女请佛缘、弊狗因缘,以及宣扬遵守佛戒的沙弥守戒自杀缘。这些故事分别依据《贤愚经》《增一阿含经》及《经律异相》等佛经绘制而成。

　　构图上有单幅一个情节的,有单幅同时画出多个情节的,也有情节连续排列的横卷式连环画。说法图中有三佛说法图,白衣佛说法。三佛说法图位于第263窟南壁后部中层,画面中央三尊立像,均着右祖式袈裟,中间一尊有双树和帷幔,左右二佛头上有华盖,两侧二胁侍菩萨站立,头戴宝冠,裸上身,天衣交叉胸前,腰系长裙(图8-7)。有的洞窟中还画出了莲池及西方三圣阿弥陀、观世音、大势至。在构图上,既有一佛二菩萨的小说法图,也有菩萨众多的大型说法场面。第251窟北壁说法图就是大型说法的场面,画面为一佛二菩萨四供养菩萨四飞天的布局,中央佛结跏趺坐于莲台上,身穿偏右祖式袈裟,有火焰纹头光和背光,右手扬掌,左手握袈裟衣角,左右二菩萨站立,头戴宝冠,裸上身,天衣交叉披身,下身着长裙,后面左右两侧各画两身供养菩萨,双手合十,上面左右两侧均画二飞天,在天空飞舞。在说法图和故事画中,人物服饰为西域装和菩萨装,中原汉式服装很少。装饰图案应用十分广泛,洞窟顶部的藻井、平棊和龛楣、佛座及佛、菩萨的背光、头光、主题画四周的边饰,都绘有图案,纹样有莲花、忍冬、飞天、力士等,供养人画在龛下或主题画下面,形象很小,按身份地位排列。

敦煌石窟北魏艺术在石窟形制、人物造型,衣着披帛、画幅构图等方面,都体现了佛教为适应汉民族观念、审美所做的艰辛努力。

2.西魏时期

敦煌西魏时期的石窟艺术,是北魏皇室东阳王元荣家族(约525—556)统治敦煌时期的石窟艺术。525年,东阳王元荣任瓜州刺史,北魏分裂为西魏和东魏,敦煌属西魏,元荣继续任职。元荣带来了中原的神话题材和传自南朝的"秀骨清像"一派艺术风格,使敦煌石窟的艺术风格大变,掀起了敦煌艺术汉化的高潮。敦煌现存西魏时期的洞窟有第246、247、248、249、285、286、288、431、432、435、437共11窟。[1]

洞窟形制有中心塔柱窟、禅窟、殿堂窟和龛形窟四种类型,中心塔柱窟有第437、435、431、288、246、248窟,除了第248窟,其他都有前室,前室均被后代重修。第248窟为此期典型的洞窟,形制为中心塔柱窟,塔柱四面各开一个单层龛,龛内塑像。东向面和南向面龛内塑说法像,西向面龛内塑苦修像,北向面向龛内塑禅定像,四面龛外两侧均塑二菩萨立像。禅窟只有第285窟,此窟前室平面呈横长方形,敞口,主室平面方形,覆斗顶,中央设有低矮的中心佛坛,西壁开三大龛,龛内均塑像。中间大龛内塑倚坐佛像,身穿双领下垂式袈裟,两侧小龛内各塑一小禅僧像,结跏趺坐,手结禅定印,身穿田相袈裟,南北两壁各开四个小禅室,供僧人坐禅用(图8-8)。殿堂窟有第249、247两窟,皆单室,覆斗顶,平面呈长方形,西壁开一龛。第249窟洞窟平面方形,西壁居中开一圆券形大龛,龛身较低,这是西魏时期新出现的洞窟形制。龛形窟只有第286窟,此窟位于第285窟门道上方,人字披窟顶,窟内无龛和塑像。从以上的形制来看,这一时期洞窟的功用是禅修、观像和礼拜。

---

① 樊锦诗、马世长、关友惠:《敦煌莫高窟北朝洞窟分期》,敦煌文物研究所编:《中国石窟·敦煌莫高窟》一,北京:文物出版社,1981年。

图8-7　莫高窟第263窟三佛说法图

图8-8　莫高窟第285窟内景

西魏时期的塑像主尊有佛像和交脚菩萨像。佛像依然是以北魏时期的苦修、禅定、降魔、说法四相为主,说法像多倚坐像,手结"与愿印"和"施无畏印",禅定和苦修像结跏趺坐,施"禅定印"。主尊两侧均有胁侍菩萨,形成每铺塑像一佛二菩萨的组合。另外,此期塑像还出现了禅定比丘形象,位于第285窟西壁左右两侧的小龛内,比丘禅定像,结跏趺坐,头戴风巾,身穿田相袈裟,手部隐去,神态镇定自若,面带微笑,表现出了禅修时略有所悟的神态。第432、288窟中心塔柱四面龛的上部分别贴影塑供养菩萨和影塑千佛,以作为陪衬。第432窟中心柱北向龛上的影塑供养菩萨,现保存三身,高约0.35米,均穿大袖长袍,胡跪,双手合十或持莲包。造像风格上呈现两种样式:一种是面相长圆,身躯雄健,上身裸露,身穿西域式袈裟和披巾长裙,这是对北魏风格的继承;另一种是面相羸瘦,身躯扁平,着高领大袖服,胸前系小结,外罩对襟式袈裟,这种样式明显受南方秀骨清像、褒衣博带风尚的影响。

西魏时期的壁画内容题材较多,形式也不十分固定,因此还是依据尊像画、故事画、传统题材画、供养人画和装饰图案画五大类进行介绍。

此期的尊像画有七佛说法图、无量寿佛说法图、千佛、天宫伎乐、诸天外道和金刚力士。七佛说法图位于第285窟北壁上部,高约1米,大多为一佛二菩萨造型,佛均结跏趺坐,二菩萨侍立,唯有最西端一铺为二佛并坐,二菩萨侍立左右,每一铺说法图下方都绘有供养人并写有发愿文,也有学者认为是过去八佛,不管是七佛还是八佛,这种图像在西魏第285窟出现,而在之前的洞窟之中未见,应该有着特殊的意义。说法图下方有数量较多的供养人画像,以示供养。故事画中佛传有第431窟中心塔柱南面向上层龛外绘有"乘象入胎"和"夜半逾城"两个画面,还有婆罗门闻偈舍身本生故事,五百强盗成佛、沙弥守戒自杀、化跋提长者姊及度恶牛等因缘故事,表现形式有纵向长卷连环画、横卷式连环画、单幅画等。第285窟南壁的五百强盗成佛图就是采用了横卷连环画的形式,画面表现了五百强盗与官兵作战、因寡不敌众被擒,被挖去双眼放逐山林,任其自生自灭,佛为其说法及皈依成道等故事情节(图8-9)。

随着东阳王元荣统治敦煌的开始,中原流行的艺术风格及传统神话题材的内容被随之带到敦煌,并迅速入绘于莫高窟的洞窟之中,有东王公、西王母、伏羲、女娲、风神、雨师、雷公、霹电、飞廉、羽人、开明、禺强等。代表洞窟有第249、285两窟,第249窟窟顶西披中间绘有阿修罗王、雷公、霹电、乌获、雨神等;南披绘有西王母(帝释天妃)乘凤车,下方画白虎、乌获和巨人在奔跑,西部画有野牛、黄羊等动物;北披分别绘有东王公(帝释天)乘龙车、前后有乌获、羽人、禺强、飞廉、开明等;东披画有摩尼宝珠、力士、朱雀、孔雀及开明等图像。供养人画像主要绘于壁画下方,男女分列成行,比丘或比丘尼在前面引导,世俗人物随后,既有王公贵族和侍从像,也有少数民族人物形象。男像有汉装和胡装,前者笼冠、曲领,大袖长袍,蔽膝,纷头履;后者毡帽,裤褶,束带,蹬靴。女像头梳高髻,穿大袖襦和间色长裙,其中以第285窟北壁七佛说法图下方的供养人画像最为典型。另外第285窟的窟顶四披也绘有伏羲、女娲等传统题材的形象。装饰图案有华盖式藻井,井心垂大莲花,四边桁条上饰忍冬、云气、火焰纹,井外饰垂幔、彩铃、四角悬挂兽面、玉佩、流苏、羽葆。龛楣、边饰、椽间图案内的主要纹样有莲荷纹、忍冬纹、鸟兽纹、神怪飞天纹、云气纹、火焰纹、星象纹、棋格纹。

图8-9　莫高窟第285窟南壁五百强盗成佛图局部

敦煌西魏时期的石窟艺术人物绘画技法明显表现出两种风格：一种是身材壮实，菩萨裸露上身、下身系裙，色彩艳丽，且壁画底色为土红色的风格，这明显是北魏艺术风格的继承与延续；另一种是人物身材修长，相貌清瘦，眉目疏朗，面带笑容，身穿汉式方领大袖衫，腰束络带，色调清新明快，线条秀劲洒脱，且壁画底色为白色，这种风格据说是东阳王元荣从中原带来的新画风。第249、285、288窟均是这一时期洞窟的代表。

3.北周时期

北周（557—581）时期，令狐整、韦瑱、段永、李贤、于义等先后执政敦煌。这一时期，政治清明，社会安定，丝绸之路畅通无阻，敦煌石窟的开凿也较为兴盛，开凿的洞窟有第290、294、296、297、299、301、428、430、432、438、439、440、441、442、461共15窟。[①]

敦煌北周洞窟形制仍为殿堂窟和中心塔柱窟，其中方室单龛形殿堂窟增多，中心塔柱数量减少。方室单龛窟一般平面为方形，覆斗顶，西壁开一大的圆券龛。中心塔柱窟四面均开单层龛，有第442、428、290窟，其中第428窟是北朝最大的中心塔柱窟，宽10.8米，进深13.75米，保存比较完整。主室窟顶为人字披，后部为平棊，后部中央有中心塔柱，塔柱四面各开一圆券龛，龛内塑一佛二弟子，龛外各塑一菩萨侍立左右。四壁壁画分布为三层，上层为影塑千佛，中层为多幅佛传及本生故事画，下层为供养人行列和三角垂幔。中间的故事画，东壁门南画萨埵太子本生，门北画须达拏太子本生。南壁画卢舍那佛一铺和说法图等，北壁画说法图、降魔变等，西壁画说法图、金刚宝塔、涅槃、二佛并坐等（图8-10）。

[①] 樊锦诗、马世长、关友惠：《敦煌莫高窟北朝洞窟分期》，敦煌文物研究所编：《中国石窟·敦煌莫高窟》一，北京：文物出版社，1982年。

　　北周时期的塑像组合已经成铺出现,皆是一佛二弟子二菩萨。主尊多为说法像,坐姿有倚坐和结跏趺坐两种。第428窟中心塔柱四面均塑结跏趺坐说法像。第290窟中心塔柱龛内造像比较特别,此中心塔柱四面开单层龛,龛内外均塑一佛二弟子二菩萨塑像一铺,其中西面向龛内主尊塑一身交脚弥勒菩萨像,其余三龛龛内主尊均为倚坐像。第290窟中心塔柱东向面龛内中央佛倚坐,身穿双领下垂式袈裟,袈裟一角搭在左臂上,衣纹线厚重;龛内左右塑二弟子,左侧年轻,相貌清秀,身穿双领下垂式袈裟,右侧为年老弟子形象,面相苍老,一手抚胸;这一老一少两身弟子形象,已经体现出了塑像组合中弟子塑像的初步特征。龛外两菩萨立像,头戴宝冠,面部白皙,双眼下部有晕染的痕迹,裸上身,双肩披巾,下身着长裙,裙角紧贴洞窟墙壁,右手置于胸前,左手下垂,手提净瓶。其他洞窟主尊大多塑释迦倚坐说法像,中心柱四面壁上的影塑皆是千佛。这一时期塑像主尊以释迦倚坐说法像为最多,同时在成铺塑像中,佛像两侧增加了弟子像,这可以说明北周时期洞窟功能供养、礼拜的性质大为增加。

图8-10　莫高窟第428窟洞窟全景

　　在壁画题材上,尊像画方面千佛的比重有所增加,除了画在四壁之外,洞窟顶上也开始出现。千佛皆着通肩袈裟,头光、背光、袈裟的颜色一般四色一组有规律地排列。故事画在题材和数量上有显著增加,出现了画面相对完整的佛传故事画。此佛传故事画绘于第290窟,布满洞窟窟顶人字披的两披,总共描绘了80多个故事情节,除了常见的乘象入胎、树下诞生、步步生莲、九龙灌顶、出游四门、夜半逾城、降魔成道等情节外,还画出了太子诞生时瑞应的许多画面,使这幅故事画情节跌宕,故事曲折,引人入胜。佛传之外,还有须达拏、萨埵、须阇提、善事太子、睒子及独角仙人等本生故事画，微妙比丘尼、梵志夫妇摘花坠命等因缘故事画，还有福田、涅槃等经变画。其中第428窟东壁门南北两侧的萨埵和须达拏太子本生故事画为北周时期本生故事画的经典。第428窟须达拏太子本生画面分为三排，共用了24个情节表现了须达拏太子布施大象、被驱逐入山、一路布施，以及最后将一双儿女布施给老婆罗门等情节。画面生动活泼，深入挖掘出了人物内心的活动世界，比如在表现施象的情节时，画家既表现了太子施象时坚毅的神态，而且着重塑造出了八位道人在请求施象时的毕恭毕敬、可怜兮兮、让人同情之态，又表现出了在得到大象之后的八人共同骑着大象离去的那种兴高采烈、得意扬扬的神态（图8-11）。故事画构图上有所发展，出现了凹字形、波浪形、"之"字形、"S"形等叙事结构。

北周时期供养人画像一般绕窟一周排列，而且数量大大增加，其中第428窟是敦煌莫高窟供养人数量最多的洞窟，多达一千多身。男性着装有两种，一种是头裹折檐巾帻、发髻上插簪导、着红色裤褶型；另一种是头戴高冠、身披大衣型，第290窟南壁下层中间一身大的供养人画像就属于此种类型。此身供养人画像前面有比丘数身作引导，身披长袖圆领大衣，形体特别高大，其衣冠服饰与此窟顶佛传故事画中的国王形象无异，可能是一个王公的形象。女供养人，有的内穿襦裙，外罩圆领长袖大衣，有的是裙襦外加披帛；还有的上穿窄袖小衫，肩搭披巾，下系曳地长裙。北周时期供养人画像人物服装都已经汉化了。装饰图案趋于简单化，天宫栏墙大多已经不画天宫，只画出由方形花砖构成的凹凸平台，中原汉式的伎乐在上方凌空飞舞，纹饰主要是四出忍冬纹。

图8-11　莫高窟第428窟东壁门北须达拏太子本生

总之，敦煌北周时期的石窟艺术同时受到中原和西域艺术的影响，塑像造型健壮，结构严谨，壁画特别是故事画内容比前代更为丰富，表现儒家思想的忠君、孝养、布施等内容的本生因缘故事画大大增加。由此可见,中国传统的儒家思想对北周佛教的影响。

第三节　敦煌隋代石窟艺术

敦煌隋代艺术是指隋朝581年立国到唐代武德初年这一段时间的敦煌石窟艺术。大定元年(581),北周隋王杨坚废宇文阐称帝,为隋开皇元年,北周亡。立国之初,隋王朝主要对吐谷浑和突厥采取有力的军事措施。开皇元年(581)八月,派遣行军元帅元谐等率领步骑数万人击破吐谷浑,并留行军总管贺娄子幹镇守凉州。开皇二年(582),突厥入侵兰州,凉州总管贺娄子幹率兵将其击退。开皇四年(584),贺娄子幹发凉、甘、瓜、鄯、廓五州兵马再次击败吐谷浑。在对待突厥方面,开皇四年,沙钵略可汗请和亲。开皇五年(585),突厥阿波可汗与沙钵略分裂,沙钵略得到隋朝援助,击破阿波可汗,与隋立约,以碛为界,遣其子库合真入朝。之后,隋文帝又采用和亲政策,使隋代的西北边境得以巩固。

隋历两帝,立国三十七年,都十分佞佛。隋初,文帝采取了许多措施弘扬佛教。开皇元年(581)颁诏天下,任听民众出家,继续发布命令统计人口出钱营造经像。开皇三年(583),颁布诏令修复北周废弃的佛寺。开皇四年,敕命天下,凡是北周已入官但是没有被毁坏的佛像再次进行安置。开皇十三年(593),再次下诏修复周武帝灭佛时所毁坏的佛像和遗留下来的佛经。开皇二十年(600),下诏禁止毁坏佛教、道教等造像,如果有违反者以恶逆不道论处。这一系列措施,使隋朝的佛教发展空前。

这些推行佛教的举措也对敦煌莫高窟产生了重要的影响。莫高窟第302窟中心柱北向面留下了"开皇四年六月廿一日"题记,第305窟北壁有"开皇五年正月"题记。隋统一全国以后,根据《莫高窟记》记载,僧人善喜在莫高窟造讲堂。仁寿元年(601),诏命天下诸州名胜建灵塔,分送舍利于三十州,于十月十五日同时起塔。命令天下的舍利塔内都要作神尼智仙之像,并造等身释迦六躯置沙门法藏所住寺院。传至敦煌,是命高僧智嶷送舍利到瓜州崇教寺(莫高窟)起塔。这些记载,均体现了隋代敦煌佛教之兴盛。

隋朝建立,因大力扶植佛教,广建佛寺,大造经像,因此在全国各地区迅速兴起了兴建寺庙、石窟的风潮。隋代新建的石窟寺有河南安阳宝山石窟等,北朝时期开凿的炳灵寺、麦积山、龙门、天龙山、响堂山等石窟在这一时期均有不同程度的续建。最能体现隋代佛教造像事业兴盛的则是敦煌石窟。特别是莫高窟迎来了一个黄金时期。莫高窟在隋代短暂的三十七年里,开凿了大量的洞窟,现存隋代洞窟有101个,其中北朝窟经隋代重修的有6个。以时间长短来比较,莫高窟在隋代修建石窟无疑是最多的。隋代石窟集中于莫高窟南区，多紧接北朝石窟向南或北成组依次开凿。一部分位于崖面第三层，以北周第428窟为界限以北的石窟带，此区隋代石窟由第427窟到第406窟，从第405窟开始到第378窟；另一部分位于第二层，从西魏第285窟以南至第276窟，主要是第276到284等窟；另一部分从第301窟以北至第319窟等。总的分布位置在南区偏北的位置。

敦煌隋代石窟艺术是上承北朝遗风、下开唐代的先河，始终处在一个探索、变化和发展的过程中。莫高窟隋代艺术在形式、技法和风格上，以汉晋文化为基础，吸取中原和西域两种不同文化，探索创造出了新的艺术风格。此时期形制主要继承了北朝的人字披中心柱型和覆斗窟型，个别窟将中心柱改为须弥山式。窟内开始出现南、北、西三壁开龛，双重内外龛等形式，龛内开始出现佛床。这一时期的代表窟有第292、302、305、412、418、419、420、427等窟。在造像上，北周出现的一佛二弟子二菩萨的塑像组合已经普遍流行，有的洞窟中还出现了十大弟子的塑像。另外，天王、力士和天王脚下踩踏的小鬼等塑像也开始丰富起来，由于大乘佛教的流行，开始出现了"三身佛""三世佛"等新题材。造像高大，仪容额宽颐广，头大，身短。神情仪态比北朝时期更为丰富，主要表现出了佛的庄严、亲切，菩萨的虔诚及衣饰的华贵，阿难的稚气和迦叶的老成练达。壁画内容上除沿用北朝时期的佛传、本生、因缘故事外，开始出现了阿弥陀净土变、维摩诘经变、法华经变、弥勒上生经变、药师经变等，但这些经变构图均较简单。在用色上吸取了中原敷金彩、重青绿、间朱赭的特点，因而形成华丽细腻的画风，与北朝时期笔力洒脱、朴实疏朗的画风并存。人物晕染，既保持了北朝遗意，又表现了南朝新风。在衣饰披帛的花纹图案上，传统的忍冬、花鸟纹与新传入的波斯狮凤纹、联珠狩猎纹、兽禽纹等相互辉映。这些无不反映了对南北、中外、佛教或非佛教的种种艺术进行大胆吸收、融合和革新，使敦煌艺术走上成熟并开创一代新风的道路。

根据分期排年将隋代的洞窟分为三期，第一期洞窟有7个，即第250、266、302、303、304、305、309窟，时代相当于开皇元年至开皇九年(581—589)期间。此期石窟多位于洞窟中部崖面第二层第285窟以北，与今天的小牌坊相对。石窟多继承北周石窟遗风，原因是隋代初期，国家立国不久，南北没有统一，隋王朝的主要力量和精力都集中于南北统一问题上，处于边远地区的敦煌不会有太大的变化，中原的艺术也对敦煌的影响不大。

第二期的洞窟有34个，即第436、433、425、423、422、419、418、417、416、404、402、253、262、434、421、414、413、412、411、410、407、406、405、403、315、293、295、312、274、429、420、427、292等窟。一部分分布在崖面第三层第428窟以北至402

窟,以及第428窟以南的少数几窟,另一部分分布于隋代前期洞窟以北区域。时代相当于开皇九年至隋末(约589—618)。这一时期石窟出现了一批绘塑精美的大中型洞窟,塑像方面除佛、菩萨、弟子之外,增加了天王、力士、地神等塑像,壁画上,本生故事画增多,涅槃、药师、弥勒上生、阿弥陀、维摩诘等经变大量出现,说明此时期石窟艺术处于全盛时期。隋统一全国之后,推行种种崇信、弘扬佛教的举措,使得敦煌石窟艺术与前期相比发生了巨大变化,此时期敦煌石窟艺术的壁画题材是在国家统一、佛教信仰统一,以及中原文化转到敦煌产生巨大作用之后,同时吸收西域艺术的形象而出现的。

第三期的洞窟有39个,即第391、255、278、314、58、59、63、64、276、277、283、284、400、399、398、397、396、394、392、390、389、388、379、317、318、395、362、56、401、383、279、244、280、281、313、393、298窟。一部分分布于崖面第三层,第二期以北第400窟至379窟一段(图8-12);另一部分位于南区第二层中段第285窟以南区域,还有就是主要分布于第一层中段。时代相当于武德初年。这一时期石窟艺术塑像向初唐样式发展,壁画方面本生故事画消失,说法图成为最主要的题材,不仅数量增加,而且画幅增大。一些洞窟在东壁门上还画有七佛。①

图8-12　莫高窟南区北段第三层隋代洞窟平面图

另外,隋代还重修北朝六窟,编号是第254、267、268、269、270、271窟。

第四节　敦煌唐代石窟艺术

1.初唐时期

唐代立国近三百年,政治、经济和文化都达到了封建社会的巅峰,唐代佛法大兴,佛教艺术也得到了极大的发展。这一时期在莫高窟开窟230多个,而且在榆林窟、西千佛洞等石窟也都保存有数量不等的洞窟。学术界将唐代石窟分为初唐、盛唐、中唐、晚唐四个时期。②

莫高窟初唐时期的石窟是指唐朝立国到武则天统治结束(618—704)这一段

① 樊锦诗、关友惠、刘玉权:《莫高窟隋代洞窟分期》,敦煌文物研究所编:《中国石窟·敦煌莫高窟》二,北京:文物出版社,1984年。
② 史苇湘:《关于敦煌莫高窟内容总录》,敦煌文物研究所编:《敦煌莫高窟内容总录》,北京:文物出版社,1982年。

时间在莫高窟开凿的洞窟。此期,莫高窟新建洞窟46个,主要为覆斗顶殿堂窟,有些洞窟局部有变化。另外还有佛坛窟、中心柱窟,最重要的是初唐时期还出现了大像窟。覆斗形殿堂窟中有少数洞窟在龛外两侧设置了与龛底等高的方台,台上塑像。

彩塑主要表现说法群像,有一佛二弟子二菩萨一铺五身;一佛二弟子四立菩萨,或一佛二弟子二坐菩萨二立菩萨,或一佛二弟子二菩萨二天王一铺七身;一佛二弟子二菩萨二力士二瑞兽一铺九身。主尊佛像有立像和坐像,主尊立像造像较少,只存于第203、300窟两窟中,这种造像一般依山而立,右手下垂结印,左手握袈裟衣襟,单独出现或旁边有两胁侍菩萨。这种依山而立的主尊造像形式被称为凉州瑞像,以第203窟的造像最为典型,保存最好。此像位于洞窟西壁龛内,佛像依山而立,面相略方,头顶肉髻为波浪形,肩宽胸平,身穿偏右袒式袈裟,右手垂直下伸,左手握袈裟置于胸前,袈裟衣纹自然;左右两侧各塑一菩萨,立像,头顶高髻,面相丰满,长眉细眼,上身裸露,腰躯微扭,长裙覆足,衣纹线条流畅,立于圆形莲台上。其他主尊为坐像的成铺造像以第322窟的塑像最为典型。此窟平面为方形,西壁开一大龛,龛口为双层,龛内塑一佛二弟子二菩萨二天王。中央塑释迦佛,结跏趺坐于须弥座上,面相庄严肃穆,身穿双领下垂式袈裟,右手施无畏印,左手置于左膝上。左右二弟子站于莲台上,身穿袈裟基本相同,二弟子在年龄上差别不是很大,外侧二菩萨姿态衣饰也基本相同。外层龛口内站两天王,为胡人形象,身穿盔甲,踩踏于小鬼之上,威风凛凛(图8-13)。另外,这一时期还塑造了高35米的大型倚坐弥勒像,此大型弥勒塑像为倚坐,右手施无畏印,左手置于左膝上,是唐代武周时期典型的造像,虽经历代重修,但原塑胎体没有改变,依然保存着初唐大像的特征。

初唐时期壁画有以下两个特点:

第一,继续沿袭隋代的风格,西壁龛内塑像,龛外两侧画佛传或维摩诘经变,其余三壁绘千佛,中间绘有说法图。此期南、北两壁的说法图占

图8-13 莫高窟第322窟西壁龛内塑像

据了壁面中央,而且不断扩大,以第57、322等窟为代表。第57窟西壁龛内塑像,龛外两侧画佛传,南北两壁画千佛,中央画说法图,第57窟南壁中央的说法图,画面人物众多,构图紧凑,主尊佛居中趺坐于金刚狮子座上,左右侍立二弟子,观世音和大势至等十菩萨,两侧有二力士护卫,顶上双树两侧,画二飞天飞舞,抛撒香花。第322窟西壁开龛塑像,龛外绘维摩诘经变,南北两壁画千佛,千佛中央也画说法图。南壁中央的说法图,主尊佛倚坐像,两侧各画三菩萨拥立,菩萨身姿秀丽,有的持莲花、有的持琉璃碗、有的作念佛状,下方两身供养菩萨,中间摆放一香炉。初唐早期,出现这种较多延续隋代造像艺术风格的原因是武德至贞观前期因东西交通尚未畅通,中原新的造像风格没有传到敦煌,因此莫高窟初唐早期的石窟艺术沿袭隋代的艺术更多一些。

第二,通壁巨幅的经变画开始出现,并迅速流行。主要的经变画有西方净土变、观无量寿经变、弥勒净土变、维摩变、涅槃变等。初唐时期净土经变画大量出现,并于第431窟出现了最早的观无量寿经变。第431窟为北魏洞窟,初唐重新修建,在洞窟下方北壁画有观无量寿经变的未生怨,西壁画有十六观中的前十三观,南壁绘九品往生。画面采用传统的横卷式构图,未生怨部分将不同时间的故事情节分别绘制于一个横向宫城的多重院落内,十六观画面分为上下两排,九品往生以平列条幅的形式逐一表现。维摩诘经变以第220、332、335、341、342等窟为代表,均是巨幅经变。第220窟的维摩诘经变位于洞窟东壁门南北两侧,通壁巨幅,门南主要表现维摩诘,下方表现各国王子,门北表现文殊菩萨,下方为中原帝王问疾(图8-14)。第332窟维摩诘经变位于洞窟北壁后部,将维摩诘和文殊菩萨置于同一壁内,而不是同龛的左右两侧或门的左右两侧,内容比第220窟更加庞杂,人物众多,也是以问疾品为主要表现对象,左侧是文殊菩萨问疾,右侧是维摩诘论道,周围部众围绕。药师经变只有第220窟一铺,画面以东方药师七佛和八接引菩萨为主体,两旁为十二药叉大将,上方左右两侧是骑狮的文殊菩萨和骑象的普贤菩萨(图8-15)。此期弥勒上生和下生经相结合,出现了完整的弥勒经变。

贞观十六年(642),唐政府打开通往西域的门户,到贞观后期至高宗时期,特别是丝绸之路畅通之后,敦煌艺术进入一个全新时期,出现第220、205、335等典型洞窟。其中第220窟线描、色彩、晕染方法均属中原一脉。整窟壁画出自高手,是敦煌壁画上乘中的精品。另外重修第431窟出现了敦煌最早的观无量寿经变。这些都是这一时期艺术的精华。武则天掌权以后,中国佛教发展风起云涌,武则天佞佛,为了称帝,用佛教大造舆论,因此全国兴起一股造《大云经》《宝雨经》、祥瑞,以及建造弥勒大像的浪潮。这股潮流也传到敦煌,敦煌莫高窟在此时兴起了一个修建石窟的高潮,第96窟就是在这种背景下开始建造的,另外这一时期的洞窟还有第321、332等窟,均是这一时期的典型洞窟。

图8-14　莫高窟第220窟东壁维摩诘经变

图8-15　莫高窟第220窟北壁药师经变

2.盛唐时期

盛唐敦煌石窟艺术是指唐神龙年间至贞元二年(786)的敦煌石窟艺术。这一时期,唐朝经历了"开元盛世"到"安史之乱"的政治变故,国运开始衰落。吐蕃政权乘机向唐西北地区发动军事进攻,河西地区逐步被吐蕃占领。从此期敦煌修建的石窟来看,明显可分为两个时期,既有开元前后开凿的第217、205、130、45、46等窟,也有吐蕃进攻河西地区时期修建的第148等窟。这一时期共计建窟97个,代表窟有第217、215、205、130、45、46、66、320、444、445、446、172、171、103、79、180、185、148、194、31、123、199等窟。

　　敦煌盛唐时期洞窟形制主要继承初唐殿堂窟,以覆斗形顶、西壁开一龛的洞窟为多。另外,还有第130窟的大像窟(南大像),第46、225窟三龛窟,第79窟长方帐形龛及第148窟西壁佛床上塑涅槃大像、南北两壁各开一帐形龛的涅槃窟。第46窟窟顶为覆斗顶,洞窟南、西、北三壁各开一龛,西壁绘释迦牟尼塑说法像一铺七身,现存六身;南壁涅槃像一铺,现存佛涅槃像及脚下的弟子像;北壁塑过去七佛立像,存六身。此三龛窟塑像布局独特,值得我们今后深入研究。

　　盛唐时期敦煌彩塑进入极盛时代,与壁画形成绘塑结合的典范,是唐代泥塑艺术保存至今极为珍贵的实物。彩塑主尊一般为释迦佛或弥勒佛,两侧各塑二弟子、二菩萨、二天王、二力士,另外在塑像后的龛壁上绘出另外八大弟子、六菩萨、二天王,形成环侍于佛侧的十大弟子、八大菩萨、四大天王,使佛龛内产生一种层次分明、济济一堂的艺术效果。这与北朝隋代塑像追求佛性相反,盛唐已逐步在佛、菩萨像上追求生动的人性。说明在唐代,特别是盛唐时期,人们对佛教信仰的方式发生了彻底变化。弟子迦叶则被塑成深谋远虑、老成持重的形象;阿难则是相貌英俊、潇洒倜傥、谨淳忠厚、彬彬有礼的青年形象;菩萨像普遍女性化,表现出了温柔亲切、善解人意之美;天王则是高大威猛、叱咤风云的形象;而力士则通常被表现为肌肉暴起、孔武有力的形象。第45窟西壁龛内塑像是盛唐时期塑像的经典,西壁开一平顶敞口龛,龛内塑一佛二弟子二菩萨二天王一铺七身。龛内正中释迦牟尼佛,身穿红色袈裟,内着僧祇支,结跏趺坐,左手置于膝上,右手施无畏印。两侧弟子为迦叶和阿难,表现出了迦叶老成持重,阿难英俊潇洒。两菩萨立像,身体呈"S"形,形态生动,表现出了女性的妩媚和柔美。两天王踩踏于小鬼之上,威风凛凛(图8-16)。

图8-16　莫高窟第45窟西壁龛内塑像

盛唐壁画仍以经变画为主,题材有观无量寿经变二十铺,法华经变(包括"观音普门品""见宝塔品")十三铺,维摩诘经变三铺,弥勒经变十四铺,阿弥陀净土变七铺,华严经变一铺,药师净土变三铺,天请问经变一铺,如意轮观音变一铺,不空绢索观音变二铺,涅槃变三铺,普贤变三铺,文殊变三铺,报恩经变二铺,千手千眼观音变三铺,另外还有佛顶尊胜陀罗尼经变三铺,金刚经变两铺,佛教史迹画二铺。这一时期佛教净土宗依然流行,而且还出现了以观世音为主尊的观音经变,在第205、45等窟均有表现。第45窟的观音经变位于洞窟主室南壁,以通壁巨幅的形式加以表现,画面中央画观音菩萨立于宝盖之下,面目慈祥,手提净瓶,左右两侧分别画观音化现和救诸难的情节,并保存有大量的墨书榜题,是盛唐时期观音经变的代表作品(图8-17)。随着密宗的发展,密教图像也进入敦煌石窟之中,第148窟南北两壁龛内的密教图像最具代表性。与此同时,北传的禅宗也在敦煌地区有所发展,出现了第217、31窟两幅金刚经变。

图8-17　莫高窟第45窟南壁观音经变

盛唐时期供养人像有了很大发展,除了绘于洞窟主室四壁下方较小的供养人画像之外,开始出现了位于甬道南北两壁的高大供养人画像,第130窟甬道南北两壁晋昌太守乐廷瓌和都督夫人太原王氏全家礼佛图就是代表。南壁的太原王氏礼佛图,经过敦煌研究院的画家段文杰先生复原临摹后,焕发出了新的神韵与光彩。此画面共有12人,其中以太原王氏身材最为高大,与真人等高,头饰抛家发髻,着碧衫红裙,双手捧香炉,恭敬向佛,身后二女站立,三位主人身后均是侍女,侍女们持扇、抱瓶、捧琴,左顾右盼,神态自然逼真(图8-18)。此供养人画像身材高大,处于甬道口的显要位置,说明人与神的地位发生了本质的变化,也说明供养人像的性质在发生深刻的变化。

盛唐石窟的装饰图案是敦煌图案中最精美的,佛光、藻井、边饰、服饰等图案都是色彩绚丽、纹样细致、变化多样的。以图案为主的藻井,形式都不雷同,色调、纹样组合皆各具异趣。

图8-18　莫高窟第130窟太原王氏礼佛图(临摹品)

3.中唐时期

唐天宝十五年(756),安禄山起兵反叛,吐蕃政权也趁机入侵西北边境,河西陇右诸郡相继陷落。地处河西走廊最西端的孤城——沙州,也在苦守十余年之后,于贞元二年(786)陷落吐蕃。大中二年(848)张议潮率众在敦煌起义,赶走吐蕃统治者,恢复了唐治。因此,学界将吐蕃陷落敦煌到张议潮起义这一时间段称为吐蕃统治敦煌时期。

吐蕃赞普崇尚佛教,因此河西地区虽处在吐蕃统治之下,敦煌佛教艺术不但没有衰落,而且在继承前期艺术的基础上有所发展,这一时期修建洞窟57个,学术界将此期的艺术称之为中唐时期的石窟艺术。

中唐时期洞窟形制主要为覆斗顶殿堂窟、涅槃窟、中心佛坛窟及七佛窟,以覆斗形殿堂窟居多。覆斗形殿堂窟的代表窟有第112、154、159、231、361等窟。涅槃窟为第158窟,此窟平面呈横长方形,窟顶呈盝形,西壁以绘塑结合的形式表现涅槃经变。佛床上塑释迦牟尼涅槃巨像,西壁壁面上画涅槃经变的其他内容,南壁塑立佛一身,北壁塑倚坐弥勒佛一身(图8-19),是中唐时期体现涅槃十方三世佛思想的特殊洞窟,其艺术特色在整个敦煌石窟之中也是独一无二的。中心佛坛窟有第234、161窟,七佛窟为第365窟。

图8-19　莫高窟第158窟内景

　　彩塑以说法像为主,另外还有涅槃像、七佛像。洞窟塑像大多毁坏,保存较好的说法像均为一铺七身,以第154、159等窟为代表。第159窟西壁开一盝顶帐形龛,龛内马蹄形佛床上塑一佛二弟子二菩萨二天王一铺七身。其中主尊佛已经不存,两侧弟子,青年弟子内穿团花锦镶边绿绸衫及长裙。年老弟子身着山水纳,绣花长裙。两侧菩萨,立像,南侧一身,头梳高髻,发披两肩,上身穿小花内衣,戴项饰,下着团花罗裙,身躯胯部稍有"S"形扭曲,形体丰腴健美;北侧一身上身裸露,斜披巾,束团花锦裙,右手上举,手指丰柔有力,身躯修长,亭亭玉立。两侧二天王踩于小鬼之上,身穿盔甲,造型魁伟。这铺塑像是莫高窟中唐时期塑像的杰作(图8-20)。第365窟洞窟形制也为平面横长方形,券形顶,佛床横贯全窟,佛床上塑像七佛并坐,莫高窟仅存此一窟。

　　中唐时期壁画的特点有以下四个方面:

　　第一,经变画数量大大增加,主要有阿弥陀经变、观无量寿经变、弥勒经变、药师经变、报恩经变、涅槃经变、法华经变、华严经变、金光明经变、楞伽经变、天请问经变、金刚经变、文殊变、普贤变等,其中以阿弥陀、观无量寿、弥勒等经变较多。而且每一个洞窟的南北两壁一壁的经变画不再是通壁巨幅,而是增加到两幅、三幅,甚至更多,第154窟南北两壁各画四铺经变画。

　　第二,不空绢索观音、如意轮观音、十一面观音、千手千眼观音、千手千钵文殊等密宗图像在这一时期有所增多。同时,出现于初唐时期的屏风画在此期流行起来。屏风画中一类是对洞窟龛内塑像的补充,另一类是对主壁下方经变画

图8-20　莫高窟第159窟西壁龛内塑像

的补充。

第三,兴起于初唐时期的凉州瑞像等造像,在第203、300、323等窟中均以塑像的形式在西壁龛内主尊的位置表现。到了中唐时期则以新的形式、位置进入第231、236、237等窟之中,被绘制于西壁龛内盝形顶的四披,这也是中唐时期壁画艺术的一大特色,展示了壁画丰富的内容。特别是维摩诘经变中的吐蕃赞普礼佛图和吐蕃供养人像表现了中唐壁画的时代政治特色。人物造型真实,线描纯熟,色调清雅,神情娴静,风格清新恬和。

第四,中唐时期的经变画开始出现一定的对应关系,比如法华经变对华严经变,西方净土变对东方药师经变,天请问经变对弥勒经变,报恩经变对维摩诘经变,这些对应关系反映了佛教信徒对佛教思想的理解。

4.晚唐时期

大中二年(848),张议潮率众起义,赶走吐蕃统治者归唐,收复瓜州、沙州,建立归义军政权。大中五年(851),唐王朝授张议潮归义军节度使之职,统领河西十一州。张议潮之后,张淮深、张淮鼎、索勋、李氏兄弟、张承奉相继执掌归义军政权,直到唐亡。此期敦煌石窟继续营建七十余个,学界称其为晚唐时期,又因为这一时期基本处于张议潮家族统治之下,因此将此期的石窟艺术称之为张氏归义军时期的石窟艺术。

张氏归义军时期的石窟形制在继承前期形制的基础上出现两类新的洞窟:一是大型背屏式中心佛坛窟出现。中心佛坛窟,洞窟一般面积巨大,平面方形,覆斗形顶,有长甬道,主室中心稍后砌有佛坛,坛上塑佛、菩萨、弟子、天王、力士等塑像,坛四周与四壁之间保持距离,可作通道。有的坛前有阶陛,可登坛上,一般坛后沿有宽4米以上、厚约1米直接窟顶的背屏。此期的中心佛坛窟有第16、85、94、138、196窟。第196窟主室中央设佛坛,坛后沿有背屏通向窟顶,佛坛为单层马蹄形。坛上现存塑像均为原塑,原为一铺七身,现存五身,一佛二弟子一菩萨一天王。佛像结跏趺坐于莲座之上,身躯健硕,佛左侧的年老弟子,内穿团花镶边的衬衣和绣花长裙,外罩山水衲,袒右肩,脚蹬僧履,虔恭侍立,启唇欲言。仅存的一身菩萨,"游戏坐",左手置于膝部,右手上举,头微右倾,若有所思。仅有的一身天王,叉腰、抬臂、屈腿,践踏恶鬼,宽厚的脸上,眸子突出,怒目下视(图8-21)。这铺较大的塑像,伟岸耸立于佛坛上,有石雕的凝重感。

图8-21 莫高窟第196窟中心佛坛及塑像

另一个特点是出现了影窟。影窟是为纪念高僧大德而修建的影室。中唐时期影窟开始出现,晚唐时期开始流行。影窟均附属于主窟,一般开凿于主窟的前室或甬道的两侧,洞窟较小,洞窟面积大不过七八平方米,小不及一平方米。平面均近似方形,顶部覆斗顶,或平顶,窟内一般塑绘有高僧影像,塑像后壁绘近事女、比丘尼、菩提树、香袋、净瓶等图像。莫高窟现存影窟有第17、137、139、174、357、364和443窟等,其中以第17窟最具代表。第17窟即著名的藏经洞。洞窟开凿于第16窟甬道北壁,平面长宽各2.7米左右,高约3米,覆斗形顶,坐北朝南,北壁修有禅床式低坛,坛上僧洪辩像,北壁西侧树下绘近事女,左手持巾,右手执杖;东侧树下画比丘尼,双手执扇,扇上绘龙凤图案;中间画菩提树,树间挂布囊、净瓶。洪辩坐于床上,床西侧面绘双履(图8-22)。

图8-22　莫高窟第17窟(藏经洞)

　　这一时期彩塑保存较少,唯有第196、85等窟中心佛坛上保存有原塑塑像。其中第196窟坛上现存结跏趺坐佛、迦叶、阿难及北侧的菩萨、天王各一身,为晚唐塑像的代表作。其中北侧的这身菩萨是晚唐彩塑的精品,菩萨"游戏坐",左手置于膝部,右手上举,头微右倾,若有所思,身躯丰厚硕壮,肌肤莹白,安详端坐,给人以很强的质感,既显示其男性魁岸的体魄,又兼有女性丰腴腻滑的肌肤。另外,晚唐时期还出现了一种特殊的塑像——影像。影像就是专门供奉高僧形象,供家族、门人、弟子祭祀和瞻仰的邈真像。以第17窟中的晚唐高僧洪辩的影像最为经典,此像写实,身着田相袈裟,通肩裹体,结跏趺坐,手结禅定印而隐去,神态严肃庄重,头部颅顶丰隆,面部饱满,额角和颧骨轮廓豁朗,额部和眼角有皱纹,目光含蓄有神,眉头略蹙,若有所思,眉脊、眼角、鼻准、嘴角表现出中年高僧庄重矜持的神情和气派。

　　莫高窟晚唐时期的壁画特色是:

　　第一,经变画的数量在前期的基础上又有所增多。在中心佛坛窟一窟之中的经变画多达十余种。第85窟共绘有经变画十三铺,第138窟十二铺,第196窟十铺。

　　第二,劳度叉斗圣变出现。第9窟南壁、第196、85窟西壁均有绘制,而且是以通壁巨幅的形式加以表现。最大的壁画有40平方米左右。

　　第三,屏风画的内容,特别是主壁下方的屏风画不再是经变画的补充,而是绘制了一些佛、菩萨(第138、196等窟)及贤愚经变(第85窟)。

　　第四,供养人画像增多而且画幅增大。洞窟主室的供养人一般没有真人高,但是甬道南、北两壁的供养人画像与真人等高或比真人还要高大,且供养人题名均写上全部官职、职位,以表现这些供养人显赫的身份地位。

　　第五,出现了大型的出行图。莫高窟第156窟东、南、北壁的下方,分别绘"河西节度使张议潮统军出行图"及"宋国河内郡夫人宋氏出行图"。南壁的张议潮出行图,采用长卷式构图,由南壁西端起,表现了军乐、歌舞、仪仗队、乘胜前进的大军,捧有旌节的大将,张议潮穿红袍,骑白马,已行至桥头,前后有军士护卫(图8-23)。这两幅出行图,人物众多,内容丰富,是世俗供养人画像的经典作品。

　　第六,经变画内容增加了劳度叉斗圣变、报父母恩重经变、密严经变、贤愚经变等,而且贤愚经变以屏风画的形式出现,也是这一时期壁画艺术的创新。

图8-23　莫高窟第156窟张议潮出行图局部

第五节　敦煌曹氏归义军时期的石窟艺术

　　唐末张承奉建立了西汉金山国政权,可是好景不长,回鹘政权来侵,张承奉被迫退位。五代初期,政权到曹议金手中,曹议金重新建立归义军政权,曹氏家族中议金、元德、元深、元忠、延恭、延禄、宗寿、贤顺等先后任归义军节度使。此时辖区已缩小为瓜沙地区六镇,实力大为减弱,但由于曹氏政治举措得当,故而政治稳定,四邻和睦,经济繁荣。佛教文化与艺术形成地区性的繁荣景象。节度使衙门还设立了画院、伎术院,民间也成立了画行,形成了院派特色。这一时期的代表洞窟有第55、61、98、108、146、152、454窟。

　　曹氏归义军时期的石窟形制基本上沿袭晚唐的中心佛坛窟,但洞窟规模更大,较晚唐窟更为宏伟壮观。第98窟是曹议金的功德窟,坛为双层坛,上层马蹄形,下层方形,无台阶,有背屏。坛上现存五代塑跌坐佛一身,左右两侧各存一弟子,为清代塑像。另外,还有一身道教塑像,放置于佛的前面,应该是从

别的洞窟移来,不属于第98窟所有(图8-24)。这一时期的下层洞窟多数前修
木构殿堂,中、上层窟前修有木构窟檐、栈道。可惜多数已毁,目前仅存四座窟
檐,其中第427、444、431窟窟檐均属于曹氏归义军时期,而且三座窟檐还分别
有乾德八年(970)、开宝九年(976)、太平兴国五年(980)的建造纪年。这些窟
檐与壁画中的大量建筑图像资料,珠璧相映,都是研究五代、宋时期敦煌建筑
的珍贵资料。

图8-24 莫高窟第98窟中心佛坛

塑像也是塑于中心佛坛上。由于此时的中心佛坛窟位置大都处于莫高窟的
第一层,都经历了从开窟到清代乃至民国的不间断利用,致使窟内塑像或被毁、
或被修改得面目全非,除了第55窟坛上塑弥勒三会之外,其余塑像大多被后
代重修或残毁。第55窟主室后部设巨大的中心佛坛,坛为双层坛,上下两层均
为马蹄形,且保存有台阶和背屏。佛坛上现存倚坐弥勒佛像三身,分别塑于坛
上南、西、北三面,主要表现弥勒三会(图8-25)。

壁画内容有经变画、故事画、佛教史迹画、装饰图案、供养人画像、佛像画等
类型,虽然与晚唐的洞窟相似,但是都具有各自的时代特色。经变画有二十种之
多,各种经变均已形成固定格式,公式化严重。

此期的壁画艺术有以下八个特点:

第一,通壁的劳度叉斗圣变增多,第6、55、98、108、146、454等窟西壁都绘有
通壁的劳度叉斗圣变。第25、53、72、342等窟中也绘有此内容。

第二,贤愚经变以屏风画的形式大量出现,第98、55、108、146窟主室南西北

图8-25　莫高窟第55窟中心佛坛及塑像

壁下方均绘有联屏贤愚经变,最多达三十几扇。

第三,屏风画内容进一步增多,不仅出现了贤愚经变,而且佛传、须达拏太子本生故事也被绘入屏风画中。第61窟南西北壁下方屏风画内画佛传,第454窟屏风画内画佛传和须达拏太子本生故事。

第四,佛教史迹画出现了当地的题材,如第72窟刘萨诃因缘变,系组合北魏高僧刘萨诃的河西事迹于一壁,为五代所独有。

第五,在第61窟,西壁出现巨幅的五台山图,为莫高窟最大宗教圣迹图。

第六,第220窟出现新样文殊,在此文殊变中,驯狮昆仑奴变成了于阗国王,并有题记云:"大圣感得于阗国王于……时",独具艺术与时代特色(图8-26)。

第七,供养人画像已成为石窟的主要内容之一。一家一族,祖宗三代,排列一窟,等身画像、超身巨像,排列在甬道两侧或绕窟一周,托名供佛,实为宣扬豪门世族,肖像画的成就十分显著。第98窟东壁南侧的于阗国王画像,身躯高大,气宇轩昂,头戴冕旒,身穿衮服,与汉家帝王服饰大体相同(图8-27)。

第八,出现了新的经变画,即八大灵塔变。画面绘于第76窟东壁,以窟门为界,南北各画四塔,分上下两排。下排四塔已毁,上排四塔完好,根据榜题记载,分别是释迦牟尼佛降生第一塔,初转法轮第三塔,祇园精舍第五塔,猕猴奉蜜第七塔。

敦煌莫高窟虽在此时仍有相当数量的洞窟开凿,可是就石窟艺术整体而言,已经开始衰落了。

图8-26　莫高窟第220窟甬道北壁新样文殊

图8-27　莫高窟第98窟东壁门南
于阗国王供养像

第六节　敦煌回鹘、西夏、元时期的石窟艺术

　　10世纪后期至12世纪初叶,世居瓜沙地区的回鹘政权,逐渐形成一股强大势力。在曹氏家族衰微、无力抵御外力入犯的情况下,瓜沙地区的回鹘势力,于1030年前后掌握了瓜沙政权,史称"沙州回鹘"。1036年,党项军队夺取肃州、瓜州、沙州之时,进行抵抗力量的是沙州回鹘军队,此后沙州回鹘仍然在肃、瓜、沙等州一带活动,大概在北宋末南宋初,沙州回鹘消失。沙州回鹘时期的艺术,指居住于瓜沙地区的回鹘族于莫高窟、榆林窟、西千佛洞等处开凿或重修的敦煌石窟艺术。这一时期在敦煌莫高窟修建1窟,重修15窟,榆林窟现存2窟,西千佛洞现存5窟。其艺术早期沿袭宋代洞窟的遗风,在后期则形成了具有简率粗放、构图疏朗、色调明快、装饰趣味浓郁、人物造型圆润丰满的民族风格。内容题材上新出现了十六罗汉图、行脚僧图、回鹘男女供养人像和一些新的装饰图案,形成题材、艺术上独具特点的沙州回鹘艺术。第409窟东壁门北的回鹘女供养人画像是敦煌回鹘期壁画的代表,此像是重修第409窟的功德主,头戴桃形大凤冠,宽发双鬓抱面,耳垂大环,身着大翻领窄袖长袍,这种服饰是典型的回鹘装

（图8-28）。

西夏时期的敦煌艺术，是指西夏
统治瓜沙地区时期所营建、重修的敦
煌石窟艺术。11世纪上半叶党项族
崛起，1036年李元昊攻占了瓜沙地
区。西夏王朝笃信佛教，在瓜沙造窟
颇多（大多系重修旧窟）。在莫高窟
凿建1窟、重修60窟，在榆林窟营建
和重修10窟，在东千佛洞营建和重
修2窟，在五个庙石窟营建和重修3
窟。窟型因循宋制，彩塑出现供养天
女新题材，面像服饰均如宋塑，具有
西夏成熟的艺术感。这一时期代表
性的洞窟主要是榆林窟第2、3、10、29
等窟。此时的石窟艺术深受吐蕃密
教影响，故藏密内容增多，形成显、密
并存局面。壁画以大乘显教艺术为
主，密教次之。窟内中央砌藏密多层
曼陀罗，壁画中汉画传统多表现在大
乘显教题材中，主要有文殊变、普贤
变、西方净土变、天请问经变、法华经
变、维摩诘经变、水月观音变等。如
榆林窟第29窟水月观音图是其代
表。榆林窟第3窟的文殊变、普贤
变，于敦煌艺术中独树一帜，为不可
多得之佳作。在这一时期，还出现了
非正统佛教的神话题材——唐僧取
经故事画。藏密题材壁画有曼陀罗、
五方佛等。汉密题材壁画有不空绢
索观音、如意轮观音、十一面观音、五

图8-28　莫高窟第409窟门北回鹘女供养人画像

图8-29　莫高窟第3窟千手千眼观音变

十一面千手千眼观音等，其中榆林窟第3窟五十一面观音像最具汉密特色。供
养人中，有汉族、党项族、回鹘族，有国师、贵族、官员、童仆等，其中榆林窟第29
窟贵族官员像，圆面高准，体格魁伟，身材高大，具有北方少数民族气概。

　　蒙元敦煌石窟艺术指蒙古族于南宋宝庆三年(1227)占据沙州至明洪武五年(1372)冯胜西征、沙州归明的一百四十余年期间的敦煌石窟艺术。1227年元朝占领沙州,提倡"三教平心"。佛教倡密宗,汉密、藏密并存。这一时期莫高窟新开洞窟8个,重修洞窟19个。现在保存有当时画塑艺术品的洞窟4个,即第3、95、464、465窟。虽然第95、465窟究竟是否为元代开凿,学术界还存在很大争议,由于没有定论,笔者还是采用传统的观点暂时将其归入元代洞窟。元代的洞窟形制以覆斗顶殿堂窟、覆斗顶圆坛窟为主。汉密以第3窟为代表,内容多为千手千眼观音。这是第3窟南壁的千手千眼观音变,此图观音像有十一面、四十大手,其中二大手高举化佛、二大手合掌、二手托钵,周围环绕飞天及部众,人物衣冠均为中原形式(图8-29)。绘画技法以多种线描塑造形象,出神入化,达到了佛教艺术线描造像的最高水平。藏密以第465窟为代表,此窟中央设一圆形佛坛,坛上塑像已不存,南北两壁和西壁各画密教曼陀罗三铺,东壁画曼陀罗两铺,丰富而鲜艳的色彩,构成了此窟的艺术特色(图8-30)。

　　敦煌石窟艺术创始于366年,现存最早洞窟时代为十六国北凉时期,结束于1368年,其间延续千余年,时代更替,思想演变,内容出新,风格各异,形成了一部完整的敦煌佛教艺术史。印度佛教艺术经中亚、西域传至敦煌,经历了逐渐中国化的历程,南朝汉化的佛教艺术,通过中原,沿着丝绸之路传至敦煌,交汇于莫高窟,并通过敦煌传至西域,反馈中亚和印度。东来西去必经的敦煌,在交汇中吸收融合,逐渐形成了中国化的佛教艺术,给世界佛教文化和艺术以巨大而深远的影响。由此可见敦煌石窟艺术的独特魅力所在。

图8-30　莫高窟第465窟洞窟内景

后　记

　　《敦煌历史与艺术》是甘肃省社科规划重点招标课题"敦煌通史与敦煌艺术史研究"（项目编号：20ZD011）的研究成果。2023年，我们已经完成了《敦煌通史》的撰写与出版。敦煌石窟艺术史内容丰富、自成体系，同时也是敦煌史的重要组成部分。因此，《敦煌历史与艺术》一书则是对敦煌史全面、完整的呈现。历史上，东西方文明通过丝绸之路长期交流融合，敦煌通史与敦煌艺术史研究，展现了汉代至清代敦煌历史、敦煌艺术史发展的宏大历程，是丝绸之路历史与艺术史的缩影。

　　敦煌及其周边保存有丰富的考古文物和文献遗存，通过史料的解读和对史实深入、系统的整合研究，汉代至清代的敦煌历史脉络可以清晰展现出来。敦煌莫高窟是丝绸之路文化的汇集之地，敦煌艺术在交汇融合中逐渐形成了中国化的佛教艺术等；敦煌石窟艺术延续千余年，内容出新，风格各异，形成了一部完整的敦煌艺术史。敦煌通史与敦煌艺术史，是丝绸之路东西方文明交往交流交融的产物，体现出历久弥新、和谐共在、融通盛美的敦煌文化精髓。

　　本书由郑炳林负责体例设计和编撰提纲。各章的撰写人分别为：第一章《两汉时期的敦煌历史》由郑炳林、司豪强撰写，第二章《魏晋北朝时期的敦煌历史》由杜海、段文岗撰写，第三章《隋及唐前期的敦煌历史》由吴炯炯撰写，第四章《吐蕃统治时期的敦煌历史》由陈继宏撰写，第五章《张氏归义军时期的敦煌历史》由魏睿骜撰写，第六章《曹氏归义军时期的敦煌历史》由杜海撰写，第七章《西夏元明清时期的敦煌历史》由陈光文撰写，第八章《敦煌艺术史》由张景峰撰写。天津人民出版社王玲女士为本书的出版付出了辛勤的劳动，特此致谢！

郑炳林

2025 年 5 月 8 日